金融科技

RISK MANAGEMENT OF INFORMATION TECHNOLOGY

Compliance Management, Technical Prevention and Control and Digitalization

信息科技风险管理

合规管理、技术防控与数字化

李燕 林卫华 杨春明 秦志华 赖胜枢 ◎著

机械工业出版社
CHINA MACHINE PRESS

图书在版编目（CIP）数据

信息科技风险管理：合规管理、技术防控与数字化 / 李燕等著 . —北京：机械工业出版社，2023.4

（金融科技）

ISBN 978-7-111-72420-9

I.①信… II.①李… III.①互联网络 – 应用 – 金融风险 – 风险管理 – 研究 IV.①F830.9

中国国家版本馆 CIP 数据核字（2023）第 009887 号

信息科技风险管理：合规管理、技术防控与数字化

出版发行：机械工业出版社（北京市西城区百万庄大街 22 号 邮政编码：100037）

策划编辑：韩 蕊   责任编辑：韩 蕊

责任校对：丁梦卓   张 薇   责任印制：刘 媛

印　　刷：涿州市京南印刷厂

版　　次：2023 年 4 月第 1 版第 1 次印刷

开　　本：186mm×240mm　1/16   印　　张：23.25

书　　号：ISBN 978-7-111-72420-9   定　　价：109.00 元

客服电话：（010）88361066　68326294

版权所有·侵权必究

封底无防伪标均为盗版

Preface 序

随着中国经济的迅速崛起，中国的金融行业也在快速发展。英国《银行家》杂志发布 2021 年全球银行 1000 强排名（基于一级资本）显示，中国共有 144 家银行上榜，一级资本总规模（2.96 万亿美元）接近美国的两倍（1.58 万亿美元）。

中国最大的四家国有大型银行——中国工商银行、中国建设银行、中国农业银行和中国银行已经连续 4 年占据榜首前四位。其中，中国工商银行连续 9 年蝉联该榜单的榜首，一级资本达到了有记录以来最高的 4399 亿美元，排名第二的中国建设银行一级资本达到 3616 亿美元。排名第三的中国农业银行和第四的中国银行的一级资本规模分别增长 21.1% 和 18.1%。

中资银行的资本水平持续呈现显著增长的态势，2020 年一级资本总额同比增长 18.6%，全球平均值为 12.7%，美国的银行为 8.5%。目前，在全球 1000 强银行一级资本总额中，中资银行占比为 30%，而这一比例在 2011 年只有 11%，2001 年只有 5%。

在中国金融业的高速发展中，金融科技是其迅速发展的动力之一。金融科技及金融信息系统在金融发展中扮演着至关重要、不可替代的角色。为了保障金融科技的发展与金融企业的战略目标一致，提升金融科技的核心竞争力，使金融科技能更好地为金融业务服务，金融机构的信息科技治理是一项非常重要的工作。通常认为，信息科技治理的对象包括：信息科技战略、信息科技组织、信息科技系统架构、信息科技基础设施、信息科技风险、信息安全、信息科技运营等方面。可见，金融机构信息科技风险管理是信息科技治理中最重要的内容之一。

金融机构信息科技风险管理涉及信息科技工作各领域，包括信息科技治理、信息科技风险管理本身、信息安全、信息系统开发、测试及维护、信息科技运行、业务连续性管理、信息科技外包、信息科技审计。对于金融机构信息科技从业者而言，每个领域都包含着非常深邃的理论知识，技术实践上也是在不断地迭代更新。因此需要从理论和技术实践上对整个金融机构风险管理进行深入的研究与探索。

本书对此做了大胆的尝试，对金融机构信息科技风险管理从理论到实践做了详细阐述，实属难能可贵，是金融科技从业人员全面了解金融机构风险管理的好教材。

梁礼方
前工商银行软件开发中心总经理，国家特殊津贴获得者

Preface 前言

为什么要写这本书

本书作者均奋战在金融科技前沿领域多年，在致力于利用信息科技赋能金融机构业务发展的道路上贡献着自己的力量。我们决定将各自积累的信息科技风险管理方面的经验整理出来，编撰成书，在对经验进行总结并加以分析的同时，探索更多合理、高效的信息科技风险管理最佳实践。

信息科技对金融业务发展所起的作用是举足轻重的。近年来，金融机构在战略规划中相继引入科技引领的概念。作为金融机构信息科技从业人员，我们笃信信息科技是一个非常有用的工具，一个兼具产品思维和管理思维、拥有高质增效能力的工具。这个工具如果在金融机构的业务发展中被很好地利用，可以帮助业务部门在开拓市场的过程中乘风破浪、激流勇进，创造丰硕成果；如果用不好信息科技这个工具，则可能引发信息科技风险，不仅损害金融机构业务的发展，还可能破坏金融业的安全和国家金融体系的稳定，信息科技风险甚至成为唯一可能使银行业务在瞬间全部瘫痪的重要风险。那么如何在充分利用好信息科技赋能金融机构业务发展的同时，做好金融机构信息科技风险管理，是本书将重点探讨的内容。

金融机构风险管理的关键在于得到金融机构上上下下、里里外外相关人员的重视，在金融机构信息科技的各个领域做好全面的风险管控，避免百密一疏。

写作本书的目的，并非要大家谈虎色变，惧怕信息科技风险而因噎废食，而是让读者在充分认识和理解信息科技风险管理的基础上，更好地利用信息科技的手段促进本机构的业务发展。风险管理做得足够好，往往能够创造更多、更好的机会。希望本书能够帮助广大读者在日后的工作中更好地管理信息科技风险，在本职工作中努力创新，利用信息科技工具推动本机构业务的发展，创造更辉煌的未来。

读者对象

- 金融机构高层管理人员。
- 金融机构首席信息官。
- 金融机构业务部门、信息科技部门工作人员。
- 金融机构的 IT 服务商等。

本书特色

相较于其他关于信息科技风险的图书，本书的主要特点如下。

- 本书对金融机构信息科技风险管理进行了较全面的论述。对于金融机构信息科技风险管理的八大领域，本书均有细致而完整的梳理和分析，并提出了独到的见解。
- 本书注重理论与实践相结合，内容分为合规管理和技术防控两部分。第一部分针对信息科技风险管理的监管要求加以分析和说明，并总结出行之有效的方法论。第二部分本着技防胜于人防的观点，结合业界在各个领域的最新发展动态，提出了信息科技风险管理的信息化、自动化和智能化实施方案，概括了各场景下信息科技风险管理的最佳实践。
- 本书紧扣热点，针对金融科技技术应用蓬勃发展以及近年来提出的信息技术自主可控等话题进行了探讨，并根据作者的从业经历，给出了一系列可快速落地的方案。

如何阅读本书

本书分为两部分。

第一部分为合规管理（第 1~9 章），主要分析了新时代金融机构信息科技风险的态势，并逐一阐述金融机构信息科技风险管理八大领域。

第二部分为技术防控（第 10~21 章），从技术防控角度阐述了各个细分领域风险管理信息化、自动化和智能化的最佳实践，并对金融机构信息科技风险管理的未来进行了展望。

勘误和支持

由于作者的水平有限，书中难免会存在一些错误或者不准确的地方，恳请读者批评指正。如果你有更多的宝贵意见，也欢迎发送邮件至邮箱 3294212@qq.com。期待能够得到你们的真挚反馈。

致谢

经常有朋友问我：你工作如此之忙，为什么还有时间写书呢？我通常会用一句"鸡汤"来回复："人的差异在于业余时间，业余时间生产着人才，也生产着懒汉、酒鬼、牌迷、赌徒。"

于我而言，写书绝不是任务或负担，而是极其有限的闲暇中的一点乐趣。总结下来，写书无非三个关键要素：一是灵机一动的构思，本书的构思起源于一次闲谈，然后整体架构在半小时内一气呵成；二是志同道合的伙伴，我们五位作者，工作时是搭档，写书时是战友；三是笔耕不辍的坚持，凭着日拱一卒的耐心和毅力，坚持每周末交一节，聚沙成塔、集腋成裘。所以，很庆幸我们终于迎来付梓之日。

感谢林卫华、杨春明、秦志华、赖胜枢几位伙伴，我们性格各异，专业各有所长。林卫华是历史忠粉，日常谈古论今、旁征博引，有着22年扎根银行IT业务领域的深厚功底，厚积薄发、挥洒自如；杨春明是细心暖男，话不多，事不拖，人不作，近20年专注于银行开发领域，攻下无数大小项目，精耕细作，脚踏实地；秦志华是技术宅男，十几年潜心于枯燥紧绷的运维工作，对业务连续性风险及防范措施如数家珍，专业敬业、笃实好学；赖胜枢是安全标杆，在信息安全领域深耕多年，对安全合规有着近乎偏执的"洁癖"，对安全技术有执着的追求和热爱，为人处事自带安全属性，正直谨言，言信行果。

感谢这些年指导我、帮助我的领导和同事，从你们身上，我学到很多专业知识和工作经验，我这些年的成长离不开你们的支持；感谢一路陪伴我的朋友和家人，你们是我的精神支柱。

玉经磨琢多成器，剑拔沉埋便倚天。本书不敢称玉，权当抛砖。

李 燕

行万里路读万卷书，一直是我的人生追求。含英咀华这么多年，从他人处汲取精神食粮已然习以为常；然则自己写书，聊表反哺之心，却是意外偶得。

感谢在大行和城商行二十二年的科技工作经验，通过研发、架构、运维等多个IT专业领域工作岗位的历练，让我养成了凡事盘根究底的习惯，造就了对技术的执着追求，对科技风险的极度敏感。过往经年，走的每一步，无论坦途还是坎坷，都成就了今天的积淀。

感谢所有的领导和同事，当年仰望崇拜的大佬，或者并肩作战的伙伴，现在很多都已成为业界泰斗。相濡以沫、同舟共济建立起来的情分，是我一生最宝贵的财富。感谢亲朋好友和家人的理解和支持，你们是我永远的坚强后盾。

感谢戮力同心、奋楫笃行的几位兄弟，李燕（虽是女士，但在银行IT界只有"女汉子"）、杨春明、秦志华和赖胜枢，每到周末大家为了共同目标而挥洒汗水的日子，都会成为今后的美好回忆。更喜岷山千里雪，三军过后尽开颜。现在我们终于一起迎来了欢笑的时刻。

林卫华

文末搁笔，心绪驳杂。人的一生就是一个不断在学习的过程。专业、爱好、生活、工作、与人相处、与己相处。不断地经历，不断地去领会与整理，然后潇潇洒洒地，向前走。写书也是如此，通过输出和输入的不断交替，你会为了新知识去吸取养分，去读书思考，也会把自己的思考转化成文章，再次传递给读者，如此反复和循环下去，得到提升的，不仅是自己的写作水平，更是自己的心智和思维。

　　感谢本书写作团队的李燕、林卫华、秦志华和赖胜枢，感谢所有在写书的过程中给予我支持的人，所有经历，于我都是礼物；所有相遇，于我都是宝藏。

杨春明

　　金融机构业务连续性关乎国家金融安全稳定，关系银行业务正常开展，监管机构有着非常清晰的指标要求。作为金融行业科技工作的老兵，10多年的商业银行工作经历，4000多个日日夜夜，我深深了解业务连续性管理工作的不易，多少次火速应急，梦中惊醒，业务连续性要求永远像达摩克利斯之剑悬挂于头顶。在煎熬中不由开始思考，保障商业银行业务连续性的核心与关键到底是什么？业务连续性建设是否有普适的方法与客观的规律？静下心来，不断地自我发问，并结合多年的经历进行自我分析与解答，通过对多年经验的总结，将填过的坑、补过的洞、受过的教训加以总结、分析与提炼，希望能带给读者们一点点启发，能为仍奋斗在金融机构科技战线的从业人员带来帮助，能在金融行业中有一点点的应用和推广。

　　已记不清多少个周末与节假日闭门码字，今日回首，很庆幸能够坚持不懈，很庆幸没有半途而废。感谢全力支持我的家人，这么多个不能陪伴的日日夜夜，鼎力支持，毫无怨言；感谢其他作者的帮助，有你们才能坚持到今天！

秦志华

　　感谢李燕、林卫华、杨春明和秦志华，一群靠谱的人在一起做一件有意义的事情，在写作过程中大家互相帮助、互相鼓劲，在繁忙的工作之余，充分利用晚上、节假日点点滴滴的时间来查资料、整理思路、讨论问题和奋笔疾书。

　　感谢机械工业出版社的编辑们，不厌其烦地指导我们写作，帮我们审稿、改稿，没有他们的帮助我们是很难完成这本书的。

　　感谢全力支持我的家人们，一直以来无怨无悔地支持我，帮我在工作、写作和家事之间找到了平衡点。

　　感谢自己，虽然有各种困难，但最终都一一克服了，并取得了新的进步。

赖胜枢

Contents 目 录

序
前言

第一部分 合规管理

第1章 新时代金融机构信息科技风险概述 2

1.1 新时代金融机构信息科技风险态势 2
    1.1.1 金融机构信息科技风险的概念 3
    1.1.2 金融机构信息科技风险监管发展历程 4
    1.1.3 国际金融机构信息科技风险管理现状与趋势 6
    1.1.4 国内金融机构信息科技风险管理现状与特点 8
1.2 金融机构信息科技风险管理整体架构 9
    1.2.1 八大领域的监管合规 9
    1.2.2 监管合规的技术辅助 13
1.3 本章小结 15

第2章 信息科技治理 16

2.1 董事会履职 16
    2.1.1 董事会的职责 16
    2.1.2 董事会信息科技管理相关职责 18
2.2 高管层履职 19
    2.2.1 监管对高级管理层的要求 19
    2.2.2 高级管理层的职责 20
    2.2.3 信息科技管理委员会和首席信息官 21
2.3 组织架构设计 21
    2.3.1 信息科技风险防范的三道防线机制 21
    2.3.2 三道防线协同机制 22
    2.3.3 其他业务部门 23
2.4 信息科技战略规划 23
    2.4.1 信息科技规划方案的制定 24
    2.4.2 信息科技规划的实施方案 26
    2.4.3 信息科技架构的开发与管理 27
    2.4.4 信息科技架构的具体设计 30
2.5 科技预算控制 32
    2.5.1 科技预算的组成及编制方法 32
    2.5.2 预算执行及效益分析评价 34
    2.5.3 科技预算闭环管理机制 36

2.6 本章小结……37

第3章 信息科技风险管理……38

3.1 风险管理体系……38
    3.1.1 工作职责……38
    3.1.2 组织架构和汇报路线……39
    3.1.3 科技风险与全面风险的关系……39

3.2 工作机制……39
    3.2.1 风险管理策略和制度……40
    3.2.2 风险评估领域和方法论……41
    3.2.3 常见风险评估项目……42
    3.2.4 风险监测……44
    3.2.5 突击检查……46
    3.2.6 日常突发事件管理……46
    3.2.7 非现场监管报表报送……48
    3.2.8 整改追踪和效果回顾……48

3.3 本章小结……49

第4章 信息科技审计管理……50

4.1 审计管理体系……50
    4.1.1 工作职责……50
    4.1.2 组织架构和汇报路线……51

4.2 工作机制……51
    4.2.1 审计制度……51
    4.2.2 内外审计领域和方法论……51
    4.2.3 常见的审计方法和审计项目……52
    4.2.4 整改追踪和效果回顾……54

4.3 本章小结……54

第5章 信息安全管理……55

5.1 信息安全管理体系……55
    5.1.1 组织架构……55
    5.1.2 制度体系……57
    5.1.3 ISO27001 信息安全管理体系……59

5.2 信息安全事件管理……61
    5.2.1 信息安全事件分类……61
    5.2.2 信息安全事件管理组织架构……62
    5.2.3 信息安全事件识别……62
    5.2.4 信息安全事件报告……63
    5.2.5 信息安全事件处置……63
    5.2.6 信息安全事件复盘……63

5.3 信息安全意识管理……64
    5.3.1 信息安全意识培训体系设计……64
    5.3.2 信息安全意识培训实施……64

5.4 本章小结……66

第6章 开发与测试风险管理……67

6.1 开发风险管理体系……67
    6.1.1 开发风险管理体系框架……67
    6.1.2 组织架构……69

6.2 项目周期中的开发风险管理……70
    6.2.1 启动阶段风险管理……71
    6.2.2 需求分析阶段风险管理……72
    6.2.3 系统设计阶段风险管理……73
    6.2.4 编程阶段风险管理……73
    6.2.5 测试阶段风险管理……74
    6.2.6 投产阶段风险管理……74

6.3 开发质量保障……74
    6.3.1 软件能力成熟度集成模型……75
    6.3.2 单项目管理与项目群管理……76
    6.3.3 应用成熟度管理……80

6.4 测试管理……85
    6.4.1 测试成熟度模型集成……85
    6.4.2 测试管理组织架构……86
    6.4.3 测试管理体系……88

6.5 业务部门参与风险管理……89

	6.5.1 需求阶段 …………………… 89	8.3.2 业务连续性管理评估 ………… 117
	6.5.2 测试阶段 …………………… 90	8.4 本章小结 ………………………… 118
	6.5.3 验收结算 …………………… 90	
	6.5.4 项目后评价阶段 ……………… 90	第9章 外包管理 ………………………… 119
6.6	本章小结 ………………………… 91	9.1 外包管理体系 …………………… 119
		9.1.1 外包战略 …………………… 119
第7章 运维管理 ………………………… 92		9.1.2 外包管理组织架构 …………… 121
7.1	运维管理体系 …………………… 92	9.1.3 外包管理制度体系 …………… 122
	7.1.1 运维服务体系 ………………… 92	9.2 外包商管理机制 ………………… 123
	7.1.2 运维组织架构 ………………… 95	9.2.1 外包商准入 …………………… 123
	7.1.3 运维流程管理 ………………… 97	9.2.2 外包商退出 …………………… 124
7.2	日常运维管理 …………………… 100	9.2.3 外包商持续监测和风险评估 …… 124
	7.2.1 机房基础设施运维 …………… 100	9.3 日常外包管理 …………………… 125
	7.2.2 网络运维 …………………… 101	9.3.1 外包人员日常管理机制 ……… 126
	7.2.3 服务器和存储运维 …………… 102	9.3.2 外包人员信息安全管理 ……… 126
	7.2.4 基础软件运维 ………………… 102	9.3.3 外包人员考评管理 …………… 127
	7.2.5 应用运维 …………………… 103	9.4 降低外包依赖度 ………………… 128
7.3	运维指标体系 …………………… 104	9.4.1 外包依赖风险分析 …………… 128
	7.3.1 指标体系设计原则 …………… 104	9.4.2 降低外包依赖的措施 ………… 129
	7.3.2 指标体系设计结果 …………… 105	9.4.3 效果衡量 …………………… 130
	7.3.3 指标体系监测和运行机制 …… 108	9.5 本章小结 ………………………… 130
7.4	本章小结 ………………………… 110	
		第二部分 技术防控
第8章 业务连续性管理 ………………… 111		
8.1	业务连续性管理体系 …………… 111	第10章 信息科技治理数字化转型 …… 132
	8.1.1 业务连续性整体框架 ………… 111	10.1 全生命周期工具化、线上化 …… 132
	8.1.2 组织架构 …………………… 112	10.1.1 信息科技管理工具的整体
8.2	业务连续性管理与执行 ………… 113	架构 ………………………… 133
	8.2.1 业务连续性管理 ……………… 113	10.1.2 信息科技管理工具的协同
	8.2.2 应急处置 …………………… 115	关系 ………………………… 135
	8.2.3 灾难恢复 …………………… 116	10.2 项目管理工具 ………………… 138
8.3	业务连续性演练与管理评估 …… 116	10.2.1 业务架构 ………………… 139
	8.3.1 业务连续性演练 ……………… 117	10.2.2 技术架构 ………………… 141

10.2.3 功能实现 ... 143
10.2.4 预期效果 ... 144
10.3 架构管理工具 ... 145
 10.3.1 业务架构 ... 145
 10.3.2 技术架构 ... 148
 10.3.3 功能实现 ... 149
 10.3.4 预期效果 ... 151
10.4 本章小结 ... 152

第 11 章 风险管理技术化 ... 153

11.1 日常监测工具化 ... 153
 11.1.1 信息科技风险监测体系及监测系统 ... 153
 11.1.2 信息科技关键风险指标的自动化监测 ... 155
11.2 监管数据报送自动化 ... 156
 11.2.1 源数据质量治理 ... 157
 11.2.2 监管数据自动采集 ... 161
 11.2.3 监管数据自动校验 ... 163
 11.2.4 监管数据自动报送 ... 164
11.3 本章小结 ... 165

第 12 章 审计管理 ... 166

12.1 现场审计系统 ... 166
 12.1.1 业务架构 ... 167
 12.1.2 技术架构 ... 168
 12.1.3 功能实现 ... 170
 12.1.4 预期效果 ... 171
12.2 非现场审计系统 ... 172
 12.2.1 业务架构 ... 172
 12.2.2 技术架构 ... 173
 12.2.3 功能实现 ... 174
 12.2.4 预期效果 ... 175
12.3 信息系统审计工具 ... 175

12.4 审计系统中金融科技的应用 ... 177
 12.4.1 金融科技背景下内部审计面临的挑战 ... 177
 12.4.2 大数据智慧审计系统的技术应用架构 ... 177
 12.4.3 金融科技在审计系统中的应用 ... 179
 12.4.4 预期效果 ... 180
12.5 本章小结 ... 181

第 13 章 安全技术架构 ... 182

13.1 安全技术架构的组成 ... 182
 13.1.1 机房安全 ... 182
 13.1.2 网络安全 ... 184
 13.1.3 系统安全 ... 189
 13.1.4 应用安全 ... 192
 13.1.5 终端安全 ... 194
 13.1.6 数据安全 ... 196
13.2 安全评估和安全态势感知 ... 198
 13.2.1 渗透测试 ... 198
 13.2.2 网络安全态势感知技术架构 ... 201
 13.2.3 安全态势感知实施效果 ... 205
13.3 安全运营 ... 206
 13.3.1 组织架构 ... 206
 13.3.2 安全运营体系 ... 207
 13.3.3 安全运营实施效果的评价和持续改进 ... 210
13.4 本章小结 ... 211

第 14 章 开发与测试管理 ... 212

14.1 开发管理工具的体系建设 ... 212
 14.1.1 数据管理——数据管控平台 ... 214
 14.1.2 接口管理——服务治理 ... 217
 14.1.3 配置管理——持续集成与持续发布 ... 219

14.2 测试管理工具的体系建设 ………… 222
 14.2.1 测试技术体系 …………… 222
 14.2.2 测试管理平台 …………… 223
 14.2.3 自动化测试 ……………… 225
 14.2.4 性能测试 ………………… 229
14.3 账务差错风险规避与解决 ………… 231
 14.3.1 产生账务差错风险的两大
    原因 ……………………… 232
 14.3.2 账务差错风险的规避手段 … 233
 14.3.3 账务自动轧账的设计 …… 233
14.4 联机批量冲突风险的应对方案 …… 238
 14.4.1 联机批量冲突风险的分析
    归类 ……………………… 238
 14.4.2 数据处理冲突风险的解决
    方案 ……………………… 239
 14.4.3 资源使用冲突风险的解决
    方案 ……………………… 241
 14.4.4 联机批量冲突的案例分析 … 243
14.5 系统更替式升级风险应对方案 …… 244
 14.5.1 应用系统功能更替的风险 … 244
 14.5.2 应用系统数据迁移的风险 … 247
 14.5.3 应用系统与其他系统的耦合
    风险 ……………………… 249
14.6 本章小结 …………………………… 250

第15章 数据中心的运维管理 ………… 251
15.1 信息科技运维技术体系 …………… 251
 15.1.1 运维一体化体系架构 …… 252
 15.1.2 配置管理数据库 ………… 254
 15.1.3 监控一体化管理 ………… 257
 15.1.4 操作一体化管理 ………… 259
 15.1.5 IT服务管理 ……………… 261
15.2 运维的标准化、自动化和智能化 … 263

15.2.1 运维标准化建设 ………… 264
15.2.2 运维自动化建设 ………… 266
15.2.3 运维智能化建设 ………… 268
15.3 本章小结 …………………………… 272

第16章 金融机构基础设施系统 ……… 273
16.1 金融机构基础设施基本组成 ……… 273
16.2 金融机构数据中心机房的建设 …… 275
 16.2.1 数据中心机房规划设计的
    问题与方法 ……………… 275
 16.2.2 数据中心机房关键模块的
    建设 ……………………… 280
16.3 两地三中心的建设与运维 ………… 288
 16.3.1 主数据中心 ……………… 288
 16.3.2 灾难备份中心 …………… 303
16.4 本章小结 …………………………… 311

第17章 外包管理平台 …………………… 312
17.1 外包管理系统 ……………………… 312
 17.1.1 业务架构 ………………… 312
 17.1.2 技术架构 ………………… 313
 17.1.3 功能实现 ………………… 313
 17.1.4 预期效果 ………………… 315
17.2 外包信息共享平台 ………………… 315
 17.2.1 业务架构 ………………… 316
 17.2.2 技术架构 ………………… 316
 17.2.3 功能实现 ………………… 317
 17.2.4 预期效果 ………………… 319
17.3 本章小结 …………………………… 320

第18章 金融科技相关技术与
     风险管理 ……………………… 321
18.1 金融科技相关技术在风险管理
   中的应用 …………………………… 321

18.1.1　人工智能和大数据 ………… 321
18.1.2　区块链 …………………… 324
18.1.3　云计算与边缘计算 ………… 324
18.1.4　5G 和物联网 ……………… 325
18.2　新技术应用的风险防范 …………… 326
18.2.1　人工智能和大数据 ………… 326
18.2.2　区块链 …………………… 328
18.2.3　云计算 …………………… 330
18.2.4　边缘计算 ………………… 331
18.2.5　5G 和物联网 ……………… 332
18.3　本章小结 ………………………… 334

第 19 章　业务风险技术防范 ……… 335

19.1　金融业务风险分析 ………………… 335
19.1.1　金融业务风险的含义 ……… 335
19.1.2　金融业务风险的种类 ……… 336
19.1.3　金融业务风险管理发展历程 … 337
19.2　业务风险技术的防范措施 ………… 338
19.2.1　建设智能风控体系的步骤 …… 338
19.2.2　智能风控技术框架 ………… 340
19.2.3　智能风控的应用场景 ……… 341
19.3　本章小结 ………………………… 342

第 20 章　信息技术自主可控 ……… 343

20.1　信息技术自主可控现状 …………… 343
20.2　信息技术自主可控面临的问题 …… 345
20.3　信息技术自主可控的推进策略 …… 346
20.3.1　总体原则 …………………… 347
20.3.2　整体规划 …………………… 347
20.4　信息技术自主可控的应用与
　　　预期效果 ………………………… 348
20.5　信息技术自主可控的挑战 ………… 349
20.6　本章小结 ………………………… 349

第 21 章　总结及展望 ……………… 350

21.1　总结和启示 ………………………… 350
21.2　未来展望 …………………………… 352
21.3　本章小结 …………………………… 355

第一部分 *Part 1*

合规管理

随着科技生产力的快速发展,信息科技在金融领域的应用,无论从广度上还是从深度上,都达到了前所未有的水平。当前全球金融行业的运营与发展已经对信息科技形成了高度依赖。在金融行业进入强监管的年代,金融机构信息科技风险的管理也成了金融机构监管单位以及各家金融机构首要关注的风险管理课题。本书第一部分将从合规管理的角度,对金融机构信息科技风险管理进行探讨。

第一部分首先对新时代下金融机构信息科技风险管理的概念进行分析和阐述,然后针对金融机构信息科技风险管理八大领域的内涵和主要管控措施逐一进行论述。每章将从金融机构风险管理的理论基础开始剖析,分析合规管理对信息科技风险管理的重要性,并从组织架构、制度流程设计等角度对金融机构提升信息科技风险管理水平的最佳实践进行阐述,旨在帮助读者提升信息科技风险管理的意识水平,并从实际操作角度提出切实可行的行动方案。

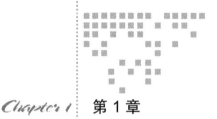

第 1 章
新时代金融机构信息科技风险概述

20 世纪 70 年代，中国银行引进理光 -8 型（RICOH-8）主机系统，拉开了我国金融机构信息科技发展的序幕。经过几代演变，我国金融机构信息科技发展已经从最初的仅限于解决部分重复的手工劳动阶段，发展到了基于人工智能、区块链、云计算、大数据、5G 和物联网等金融科技能力，围绕客户提供主动场景金融服务阶段。随着我国经济的快速发展，我国金融业已经成为全球主要的金融科技市场之一，同时也是金融科技领域的重要创新中心。随着我国金融业改革开放步伐的逐渐加快，我们迎来了金融科技高速发展的历史性机遇，正处于金融机构信息科技发展的新时代。

新时代金融机构信息科技的发展，不可避免地伴随着新科技风险的产生。如何管理新时代金融机构信息科技风险已经是摆在众多金融机构从业人员，特别是金融 IT 从业人员面前的必答题。本章将从新时代金融机构信息科技风险态势和金融机构信息科技风险管理整体架构两个部分，对新时代金融机构信息科技风险进行概述。

1.1 新时代金融机构信息科技风险态势

在金融机构信息科技诞生之初，金融机构信息科技风险即相伴而生。随着金融机构信息科技的进一步发展，金融机构信息科技风险态势也在不断变化之中。本节将针对新时代金融机构信息科技风险态势进行探讨：首先对金融机构信息科技风险的概念和风险监管的发展历程进行诠释；其次在分析国际金融机构信息科技风险管理现状与趋势的基础上，对比论述国内金融机构信息科技风险管理的现状和特点。

1.1.1 金融机构信息科技风险的概念

信息科技风险在不同行业、不同角度甚至不同时期，均被赋予了不同的定义和内涵。摩根士丹利曾将信息科技风险定义为机构信息、系统和基础设施受到网络和内部威胁。在《巴塞尔协议》中，信息科技风险的定义是任何由于使用计算机硬件、软件、网络等系统所引发的不利情况，包括程序错误、系统宕机、软件缺陷、操作失误、硬件故障、容量不足、网络漏洞及故障恢复等。

这些定义更多是从技术角度做的诠释。对于金融机构而言，2009年中国银行业监督管理委员会（以下简称"银监会"）发布的《商业银行信息科技风险管理指引》是我国金融业信息科技监管的一部重要法规，也是金融科技创新和风险控制能力的衡量基准、准入依据。《商业银行信息科技风险管理指引》中的解释可以作为权威定义。

《商业银行信息科技风险管理指引》中首先定义了信息科技是指计算机、通信、微电子和软件工程等现代信息技术，在商业银行业务交易处理、经营管理和内部控制等方面的应用，包括信息科技治理、建立完整的管理组织架构、制定完善的管理制度和流程。信息科技风险是指信息科技在商业银行运用过程中，由于自然因素、人为因素、技术漏洞和管理缺陷产生的操作、法律和声誉方面的风险。

总体而言，金融机构信息科技风险具有如下特点。

- 突发性：金融机构信息科技风险的发生往往是猝不及防的，例如因为基础设施被破坏，造成突发性服务中断，产生经营风险。由于互联网等现代通信技术的普及，巨额资金可以瞬间通过银行网络发生转移，从而导致银行资金面临流动性风险。
- 快速传递：随着互联网通信技术的快速发展，当前绝大多数金融机构形成了互联互通的网络，导致局部风险可以通过网络迅速蔓延，从而导致更大范围的风险。
- 跨越时空：随着互联网、移动业务的发展，金融机构通过业务线上化突破了地域的限制，但是这让每一笔交易的交易对象和交易动机的确认变得更加困难。
- 多元化：服务渠道的多元化和客户服务场景的多元化，导致金融机构信息科技风险也出现了多元化的演变，对风险及其影响的框定往往十分困难。
- 责任难以区分：随着金融信息化的迅猛发展，金融机构信息科技系统不限于金融机构自身，还涉及电信、电力、供应商、外包商、合作机构等多个行为主题。宕机、服务中断等事故的原因往往是多方面的，事故责任通常难以准确区分。

《商业银行信息科技风险管理指引》中除了给出了金融机构信息科技风险的定义，还进一步提出了信息科技风险管理的概念，即旨在通过建立有效的机制，实现对商业银行信息科技风险的识别、计量、监测和控制，促进商业银行安全、持续、稳健运行，推动业务创新，提高信息技术使用水平，增强核心竞争力和可持续发展能力。

1.1.2 金融机构信息科技风险监管发展历程

在讨论金融机构信息科技风险监管发展历程之前，先介绍金融机构监管的发展历程。金融机构监管的发展趋势和监管实践是随着经济金融化和金融技术手段现代化的发展而不断更新迭代的。

以银行业为例，按照银行创新教父 Brett King 的观点，银行业经历了 1.0、2.0、3.0 时代，已经进入 4.0 时代，银行服务也从最初的物理网点发展为无处不在、嵌入生活的智能银行服务。在此过程中，金融监管也先后经历了传统监管、电子化监管、数据集中监管和智慧监管 4 个时期。信息科技风险监管作为金融监管的一个分支，与金融机构信息科技的发展息息相关。我国金融信息科技的发展经历了电子化、信息化、互联网化和移动化、数字化和智能化 4 个阶段，金融机构信息科技风险监管也经历了从无到有、从信息化到智能化的发展过程。

1. 电子化时期与信息化早期：金融机构信息科技风险尚未得到重视

从金融业引入计算机开始，我国金融行业电子化拉开了序幕。那时候还不叫信息技术或者 IT（Information Technology），而是电子化。当时金融服务基于物理网点实现，金融行业的科技能力更多体现在代替手工记账上，解决银行业务人员大量重复性的手工劳动。由于无法按照客户的业务需求编程，也没有一个真正的金融核心应用系统，仅实现了银行一部分业务的自动化，因此我们称之为电子化时期。由于这一时期并没有真正意义上的金融机构信息科技的概念，因此金融机构信息科技风险管理也就无从谈起。

1987~1988 年，经过 IBM 定制化开发的 SAFII 系统在工商银行的网点大量上线，标志着我国金融业正式进入信息化时代。此时金融机构的科技发展已经不局限于简单的电子记账，而是借助金融应用系统实现金融业务的信息化管理。一方面，早期金融机构的业务仍以物理网点为主，基于物理网点的业务发展十分有限，对金融信息系统的应用往往也需要手工的复核；另一方面，由于早期国内各大银行并未实现系统的总行大集中（例如工行最初上线的 SAFII 系统就是在全国 50 个大中型城市分别设立 50 个中心，安装 100 套大型机系统），因此当时信息科技的风险影响有限。此时，金融机构信息科技的风险并未得到重视。

2. 总行大集中与互联网化推进：金融机构信息科技风险得到重视

金融监管机构开始重视金融机构信息科技风险主要是基于以下三方面变化。

2001~2002 年，中国工商银行完成了全国信息系统的总行大集中，随后各大行也纷纷开启了信息系统的集中运行模式。对于这些银行而言，信息系统的风险已经不再局限于某一地域部分网点的业务影响，信息系统一旦发生宕机或者不可用的情况，将影响该行全国范围内的业务办理，造成的经济损失和社会影响往往是非常大的。

2002~2003 年，中国人民银行牵头研发中国现代化支付系统（China National Advanced Payment System，CNAPS）并在全国推广上线，实现了全国各银行各个网点的互联互通。

CNAPS 的上线，助力我国不同的金融机构之间业务往来的秒级办理，也在一定程度上造成了金融机构之间信息系统风险的蔓延。一方面，由于 CNAPS 提供的便利性，各个不同金融机构之间的业务往来更加紧密，某一家金融机构的系统出现宕机，导致业务无法办理的情况，往往一定程度上影响其他机构与该机构之间的业务往来；另一方面，在不同机构之间的应用系统实现互联互通的情况下，我们实际上无法做到绝对的系统间灾难隔离，当某一家金融机构的系统出现宕机风险时，往往会影响与之互联的其他金融机构的系统运行（例如 2014 年 6 月 23 日，某大行系统宕机，导致很多金融机构的支付清算系统出现运行缓慢的情况）。

网上银行业务的兴起，使得金融机构的业务进一步延伸到物理网点之外。1997 年，招商银行首先推出网上银行业务，此后的 2001～2002 年，工行、建行、中行、交行和农行先后推出了自己的网上银行业务。网上银行业务的兴起，使得金融机构的业务不再局限于物理网点，而是进一步借助信息科技得以延伸。信息科技对金融机构业务发展的重要性已经非常突出。

2006 年，银监会发布了《银行业金融机构信息系统风险管理指引》，随后又于 2009 年发布《商业银行信息科技风险管理指引》，标志着金融机构信息科技风险的监管被纳入监管机构重点关注的领域。

3. 信息化深入与移动化发展：金融机构信息科技风险监管进入信息化

随着金融机构信息化的进一步深入发展，金融机构的业务种类和业务范围也得到了极大的延伸。金融机构已经不满足于只向客户提供基本业务，而是推崇以客户为中心的全方位金融服务理念。手机银行业务随之兴起，金融业务的移动化发展促使金融机构信息科技在金融行业中占据举足轻重的地位。

可以说，此时金融机构各项业务办理已经离不开信息科技。信息科技系统的任何风险都将直接或间接伤害金融机构正常的业务办理以及经济效益，甚至对金融机构的声誉造成影响。

与此同时，监管部门也开启了金融机构信息科技风险信息化管理的历程。2013 年，监管部门上线了非现场监管系统，通过信息化的手段，开始直接对各个金融机构的系统运行情况进行实时的监测与分析，从而改变了过去现场监管和手工数据报送等原始的检查方式。在此基础上，2014 年，监管部门正式将信息科技风险管理纳入金融机构监管评级中，如今已经占到金融机构监管评级 10% 的比重。

4. 数字化与智能化金融时代：金融机构信息科技风险监管进入智能化

近年来，随着人工智能、区块链、云计算、大数据、5G 和物联网技术与金融科技的深度融合，金融机构的经营模式与服务理念都发生了很大的变化。金融机构信息科技的发展已经能够做到引领金融业务的发展。此时，金融机构信息科技风险的监管如果仍局限于信息化的管理与分析，将无法有效跟进金融科技发展的趋势，对于科技引领业务发展的过程中可能出现的"科技作恶"的风险就有可能无法及时发现并加以规避和解决。

管理先行应该是当前金融信息科技监管必须秉承的思路。近年来，随着金融科技（Financial Technology，FinTech）的兴起，监管科技（Reg Tech）也紧随其上，并逐步被各个国家的监管机构加以重视，其发展的速度与步伐已经不逊于金融科技。

人工智能和大数据等技术同样也可以在金融信息科技监管领域发挥巨大的作用，通过数字化、智能化的手段，及早分析和预测各个金融机构潜在的信息科技风险，并及早加以警示与防范，也是保证我国金融稳定，维护金融业务良性发展的重中之重。

1.1.3 国际金融机构信息科技风险管理现状与趋势

对国际上金融机构信息科技风险管理的现状与趋势进行分析对我们来说有一定的借鉴意义。本节我们先看具有代表性的英美两国金融信息化风险管控的现状，然后分析国际上发达国家金融信息化风险管控的主要手段。

1. 英美两国金融信息化风险管控现状

英国是现代金融制度的诞生地，也是全球领先的金融服务中心，其金融业务品种复杂多样，涵盖银行、保险、证券、外汇、基金、衍生产品等各类品种，不仅业务品种繁多，而且对交易的跨地域性和即时性的需求非常高。对于英国而言，金融信息科技的强有力支持就显得非常重要了。英国金融业的普遍做法如下。

- ❑ 制定各类信息科技风险管控制度，并在实践过程中不断完善，确保制度的落地执行。
- ❑ 设立专门的机构负责制度的执行，确保制度得以贯彻。
- ❑ 对金融信息系统的要求，一方面要尽可能通过信息系统替代手工业务，减少人为因素的风险；另一方面要尽量精简系统，避免系统过于复杂导致意外事件的发生。
- ❑ 注重数据的安全性、可用性、可靠性和可记录性。
- ❑ 注重意外事件的应急响应和处置，并举一反三，避免同样问题再次发生。

美国信息科技风险管理起步早，美国也是对金融科技风险监管最细致、最全面的国家，有着近百个 IT 风险有关的法律、规范、标准和指南，举例如下。

- ❑ 信息科技服务外包商的监管要求。
- ❑ 决定监管关注程度的风险评级体系。
- ❑ 信息科技风险对金融机构整体经营的影响矩阵。
- ❑ 在信息科技领域对公司治理的要求。
- ❑ 国际合作的标准和要求。

2. 国际信息科技风险标准体系一览

国际上对于金融信息风险的标准化已经做了长期的积累，其中部分标准已经被我国引入并使用。目前国际上普遍采用的风险管理标准体系如表1-1所示，其中比较典型的是信息安全管理体系ISO27000和金融技术风险评级体系参考标准COBIT。

表1-1 风险管理标准体系

标准所属领域	标准名称
操作风险	COSO、BASEL Ⅱ
IT治理	COBIT、ITIL
信息安全管理	ISO27000、FISMA、GLBA、HIPAA、Systrust
详细政策控制要求	NIST、FFIEC

信息安全管理体系ISO27000系列包含多个具体标准。
- ISO27001 信息安全管理体系
- ISO27002 信息技术—安全技术—信息安全管理实践规范
- ISO27003 信息安全管理体系—实施指南
- ISO27004 信息安全管理体系—指标与测量
- ISO27005 信息安全管理体系—风险管理
- ISO27006 信息安全管理体系—认证机构的认可要求
- ISO27007 信息技术—安全技术—信息安全管理体系审核员指南。

其中ISO27001是主标准，于1993年由英国贸易工业部设立，适用于企业、政府机构等各种类型的组织，属于信息安全管理体系的认证。

金融技术风险评级体系参考标准COBIT（Control OBjectives for Information and related Technology，信息系统和相关技术控制目标）由美国信息系统审计与控制协会于1996年提出，已经成为众多国家和地区的政府部门、企业对IT的计划与组织、采购与实施、服务提供与技术支持、监督与管控等进行全面考核与评定的业界标准。COBIT已经成为国际上公认的IT管理与控制标准，它将信息科技风险评级分为IT规划与组织、系统获得与实施、交付与支持和信息系统运行监控4个控制域，覆盖了整个信息系统的全部生命周期。

3. 国外金融信息科技风险管控的主要手段

国外金融信息科技风险管控的主要手段如下。
- 注重信息化建设与风险管理的协同发展：将信息化建设、系统运行、管理决策和风险管理四方面相互关联，形成相互支持、相互制约的共同体。
- 通过行业规范和安全产品工具提升风险防控水平：通过各类风险策略的规范理论体系、风险控制的技术标准、信息安全方面的规范标准和信息技术外包评估标准等规范，有效提升信息化过程中的风险防控水平。
- 持续加大风险管控力度：确立风险意识的文化，对风险进行现实的评估，确立风险承担制度，将风险管理纳入信息化建设的日常工作中。

1.1.4　国内金融机构信息科技风险管理现状与特点

近年来，我国金融业取得了突飞猛进的发展，金融科技应用能力也已经走在了国际前沿。信息科技已成为金融机构实现经营管理、业务运行、分析决策、行业创新的强大技术保障。与此同时，在金融机构信息科技风险管理领域，已经实现了从被动监管到主动管理的转变。

1. 监管驱动

当前，我国监管部门对金融机构信息科技风险管理提出了严格的法律和监管要求。

国家法律法规层面，对于金融机构信息科技风险管理提出了非常严厉的要求，先后出台《中华人民共和国个人信息保护法》《中华人民共和国网络安全法》《中华人民共和国数据安全法》，在个人信息使用与保护、网络安全等级保护、数据分类分级使用与安全管控方面都有着非常明确的要求。这些法律法规是各个金融机构必须恪守的准绳。

我国金融机构，包括银行、证券公司和保险公司都要接受中国人民银行的统一管理。针对金融科技信息化领域，中国人民银行每年都会下发各类管理要求。由于中国人民银行是支付清算系统的主体，因此各金融机构作为接入方，也同样必须遵循中国人民银行的相关要求，如《中国现代化支付系统运行管理办法》等。此外，对于近年来日益兴起的金融科技，中国人民银行同样也颁布了《金融科技创新安全通用规范》等条例。

中国银行保险监督管理委员会（后文简称"银保监会"）负责贯彻落实党中央关于银行业和保险业监管工作的方针政策和决策部署，这些年也发布了很多针对信息科技风险的文件，均对商业银行提出了非常严格的强制性要求。各大金融机构在应对来自监管合规和自身业务安全运营的需求方面也付出了巨大的努力，投入了大量的成本。

金融机构除了要遵循国家法律法规、中国人民银行和监管部门的各类要求，也需要遵循社会上的一些技术标准和规范，典型的如个人信息保护方向的《信息安全技术　个人信息安全规范》（GB/T 35273—2020）、《信息安全技术　个人信息去标识化指南》（GB/T 37964—2019）等，数据安全方向的《信息安全技术　大数据服务安全能力要求》（GB/T 35274—2017）、《信息安全技术　数据交易服务安全要求》（GB/T 37932—2019）等。这些都是金融机构为提升自身信息科技风险管控能力而必须努力遵守的规范和标准。

2. 自身驱动

随着人工智能、区块链、云计算、大数据、5G 和物联网等技术的飞速发展，金融科技应用能力也得到了提升，当前各个金融机构均已经开始利用金融科技尝试业务发展。为了保证业务平稳开展和良性发展，实现更大的创收，金融机构信息科技风险管理变成了主动自发的要求。各个金融机构需要不断提升信息科技风险管控能力，以适应不断变化的 IT 环境，以及防止系统中断、交易差错、信息泄密等严重危害金融机构自身声誉的事件。

外部监管驱动和金融内部需求两个方面，都需要金融机构充分利用信息化手段，来实现信息科技管理的标准化和规范化程度，进而达到信息科技风险管理的可视化、可量化及智能化。

在满足监管要求的过程中，各个金融机构对本机构的信息科技风险开展持续的风险识别、风险评估和问题整改等相关工作。近年来，随着强监管时代的到来，各个金融机构深刻认识到，金融科技风险管理的工作已经无法仅停留在纸面上，并在多个方面同时开展行动，努力提升自身对监管要求的满足程度。对于各个金融机构而言，特别是中小金融机构，信息科技风险管理方面普遍存在的问题以及应对措施如表 1-2 所示。

表 1-2　信息科技风险管理存在的问题及应对措施

信息科技风险管理存在的问题	应对措施
信息科技风险管理工作的专业技术和管理人员不足	培养和招聘相关人才，并设立专职岗位
信息科技风险管理仍旧停留在人工处置阶段	研发和购置符合本行管理要求的信息科技风险管理系统，完成信息科技风险管理的信息化建设
信息科技风险管理工作的开展存在缺乏标准化要求和工作流程、效率低下的问题	建立标准化的工作要求和工作流程，并形成管理制度，在机构内贯彻执行
风险管理工作中的数据停留在纸面，无法持续对风险管理工作进行回溯和数据分析	建立信息科技风险管理的大数据分析能力，进一步提升监管应对水平

1.2　金融机构信息科技风险管理整体架构

当前，金融机构信息科技风险管理整体上分为信息科技治理、信息科技风险管理、信息科技审计管理、信息安全管理、信息科技开发及测试、信息科技运行及维护、业务连续性管理和信息科技外包管理八大领域。监管部门对每一个领域均有非常严格的合规要求。为了满足各个领域的合规要求，金融机构从业人员要持续努力。我们将努力方向总结为两个词：守正，出奇。

"守正"就是要加强监管合规理论的学习，认同监管合规的管理要求，能够从自身意识上提高认识，在信息化建设过程中通过建立标准化的管理流程真正落地信息科技风险的合规管理。

"出奇"则是要借助信息技术的手段，帮助 IT 部门实现信息科技风险的自动化、流程化管控，甚至随着金融科技应用能力的提升，通过数字化、智能化的手段努力提升自身的风险管控水平，在监管合规方面做到主动先行，进而提升组织机构的信息科技管理水平。下面我们对上述两个方面做一简略论述。

1.2.1　八大领域的监管合规

我们先从"守正"的角度了解金融机构信息科技风险管理八大领域的要求以及我们需要努力的方向。

1. 信息科技治理

信息科技治理领域主要包含两方面要求。

（1）信息科技组织架构方面，要求做到以下几点。

- 设立信息科技管理委员会，董事会、高管层具备信息科技管理、决策所需的能力和经验，能够有效履行信息科技治理的职责。
- 配置首席信息官，作为高管参与重大决策。

（2）信息科技对业务发展的专业支持和匹配度方面，要求做到以下几点。

- 建立明确的科技战略规划，并与业务战略规划协调一致。
- 信息系统技术架构满足业务架构。
- 信息科技人员具备自主可控的能力，保持人员稳定性，在信息科技方面的投入能够满足本机构信息科技发展的需要。

2. 信息科技风险管理

信息科技风险管理领域主要包含两方面要求。

（1）信息科技风险管理体系方面，要求做到以下几点。

- 信息科技风险纳入全面风险管理，并由风险管理部统一负责。
- 风险管理部配备一定数量的具备专业背景和技能的专职信息科技风险管理人员，形成信息科技风险管理的组织架构，并向董事会汇报。
- 建立信息科技风险管理策略和管理制度，管理策略和管理制度完备，并建立信息科技风险评估及风险处置工作机制、流程和方法。

（2）信息科技风险管理日常运作方面，要求做到以下几点。

- 开展信息科技风险识别工作，监测关键风险点指标，并定期评审、改进，及时向高管层及有关部门报告风险监测结果。
- 要求开展信息科技风险评估工作，并进行风险处置。

3. 信息科技审计管理

信息科技审计管理领域主要包含两方面的要求。

（1）信息科技审计管理体系方面，要求做到以下几点。

- 将信息科技审计职责落实到审计部门，审计制度涵盖信息科技审计相关内容。
- 信息科技审计岗位的人员具备足够的能力水平，并保持审计工作的独立性和汇报路线的合理性。

（2）信息科技内外部审计活动方面，要求做到以下几点。

- 确保近三年重要信息系统审计、数据中心审计、重大项目审计覆盖率达到100%。
- 确保近两年信息科技审计整改率接近100%。

- 确保近三年信息科技专项审计占比达到100%。

4. 信息安全管理

信息安全管理领域主要包含两方面的要求。

（1）信息安全管理及执行力方面，要求做到以下几点。
- 要求建立合理的信息安全组织架构，设立专职信息安全岗位，明确信息安全管理职责。
- 确保信息安全管理体系的完整性，明确信息安全的总体方针和安全策略，说明安全工作的总体目标、范围、原则和安全框架等。
- 确保安全管理制度健全，须涵盖物理安全管理、人员安全管理、系统建设安全管理、系统运维安全管理、终端安全管理、数据安全管理等方面的要求。
- 信息安全管理制度须定期评价并修订，信息安全管理各项措施须严格落实，执行过程中不得存在重大缺陷。
- 减少和控制信息安全事件的发生。对当年发生的造成一定损失或影响（如经济损失、数据篡改、重大舆情、监管通报、系统宕机、业务中断等）的信息安全事件，须严格区分管理责任和技术性问题。

（2）信息安全技术保障能力方面，要求做到以下几点。
- 信息安全技术体系必须完整，安全保障措施必须有效，包括物理安全、网络安全、主机安全、应用安全、数据安全、终端安全等。
- 确保重要信息系统、互联网系统的安全性，对重要信息系统、互联网系统进行安全评估（如交易类系统的全面风险评估、互联网系统的渗透测试检测等）情况，及时对安全漏洞进行修补。

5. 信息科技开发及测试

信息科技开发及测试领域主要包含两方面的要求。

（1）信息科技开发测试管理体系方面，要求做到以下几点。
- 确保开发测试项目管理组织架构的合理性。
- 建立规范的信息科技开发测试管理制度和流程，明确需求管理、开发管理、质量保障、问题管理、版本管理、项目后评价等管理要求。
- 要求项目生命周期管理流程必须包括需求分析、设计、开发或外购、测试、试运行、部署、维护和退出等环节，系统开发方法与信息科技项目的规模、性质和复杂度必须匹配。
- 确保本年度重大项目计划完成率达到100%。

（2）信息科技开发测试管理中的风险控制方面，要求做到以下几点。
- 信息科技风险管理须涵盖信息科技项目生命周期管理的各重要环节。
- 必须建立必要的开发测试安全隔离措施，包括生产系统与开发系统、测试系统的有效隔离,生产系统与开发系统、测试系统的管理职能隔离,应用程序开发和测试人员未经允许不可进入生产系统,测试环节如使用生产数据需要经过严格脱敏等。
- ❏ 确保业务部门在信息系统开发及测试相关阶段的参与度。

6. 信息科技运行及维护

信息科技运行及维护领域主要包含两方面的要求。

(1)信息科技运行及维护管理系统方面,要求建立规范的信息科技运行及维护管理制度和流程,涵盖事件管理、问题管理、配置管理、容量管理、变更管理、服务水平管理、可用性管理,并确保信息科技运行维护管理制度和流程落实到位。

(2)信息科技运行及维护方面,要求做到以下几点。

- ❏ 实施运行维护管理平台(工具)和监控管理平台(工具)等信息化措施,提高运行与维护管理效率。
- ❏ 实现对运行维护全流程的管理和关键基础设施、网络、主机、系统运行情况的监控及运维管理。
- ❏ 确保重要信息系统应用层面监控覆盖率、考察重要信息系统可用率、核心业务系统交易成功率均满足监管要求的较高水平。

7. 业务连续性管理

业务连续性管理领域主要包含两方面的要求。

(1)业务连续性管理体系方面,要求做到以下几点。

- ❏ 建立日常业务连续性管理组织,业务连续性管理组织的职责必须清晰且完善,业务连续性管理相关部门的设置必须合理,并制定业务连续性管理政策和制度。
- ❏ 必须开展业务影响分析,明确业务的恢复优先级和恢复目标。
- ❏ 制订业务连续性计划并建立信息科技突发事件应急处置机制。
- ❏ 定期开展业务连续性演练,并评估与改进,确保重要业务的业务连续性演练覆盖率达标。

(2)业务连续性管理日常运作效果方面,要求做到以下几点。

- ❏ 信息科技基础设施必须满足当前及未来3~5年的业务发展需要,生产中心、灾备中心建设必须符合相关监管要求,不得存在重大隐患。
- ❏ 确保重要信息系统灾备覆盖率达到100%。

8. 信息科技外包管理

信息科技外包管理领域主要包含三方面的要求。

(1)外包管理组织架构和外包战略方面,要求做到以下几点。

- ❏ 建立清晰的外包管理组织架构,明确高管层、信息科技外包管理主管部门和执行部门的风险管理职责。

- 制定与自身规模、市场地位相适应的外包战略，并有针对性地获取或提升管理及技术能力，降低对外包服务提供商的依赖。

（2）信息科技外包管理方面，要求做到以下几点。

- 外包项目立项前须进行风险评估，满足合理的外包服务提供商准入标准，并对重要外包服务提供商开展尽职调查。
- 外包合同条款必须完整、明确，必须包括对外包服务提供商的必要约束条款，并且签订外包保密协议。
- 对外包服务的过程进行监控，并对外包服务提供商进行评价，督促其不断提升外包服务水平。
- 对重点外包服务提供商的风险管理、年度审计工作提出明确要求。
- 建立恰当的应急预案，应对外包服务提供商可能出现的重大问题。

（3）跨境、关联及非驻场外包管理方面，要求做到以下几点。

- 对于跨境外包服务，外包过程中须充分考虑跨境外包带来的国别风险，必须有相应的风险处置措施。
- 对于关联外包服务，外包过程中须建立关联外包服务的内部控制及风险管理标准和机制，确保关联外包有关决策的独立性，加强对关联外包管理的约束力，确保对关联外包活动的风险控制水平。
- 对于非驻场外包，须制定非驻场外包的内部控制及风险管理标准和机制。

以上是从"守正"角度分析的金融机构信息科技风险监管八大领域的要求，对于上述要求，我们必须建立标准化、制度化的工作流程，通过严格的分级管控以及标准的工作规范，确保相关的措施得以落地执行。

1.2.2　监管合规的技术辅助

借助数字化、智能化的手段，我们可以更加主动地提升信息科技风险管控的水平，达到"出奇"的效果，具体包括如下方面。

1. 科技治理数字化转型

在努力提升自身科技治理水平的过程中，我们可以通过建立完整的科技管理工具体系，实现科技治理的线上化和数字化。与其他业务系统架构一样，科技管理工具也应具备完整的体系架构，根据科技治理的各个领域要求各司其职。

打破信息孤岛，形成信息科技治理完整的决策链，持续提升信息科技治理的水平。其中最典型的是信息科技项目管理工具和架构管理工具的实施，有效提升信息科技的项目管理水平和整体架构规划的管控能力。

2. 风险管理技术化

信息科技风险千变万化，简单通过人为的信息科技风险管理显然已经不合时宜。开发简单有效的日常监测工具，实现信息科技风险的实时与准实时监测，并对信息科技管理的关键点进行动态计算和监测，可以及时、有效地发现潜在的风险，提升信息科技风险管理的水平。同时，针对信息科技的监管报送要求，可以借鉴业务日常监测的监管数据报送方式，通过自动化的方式完成数据采集和数据报送，确保数据报送的准确性和及时性。

3. 审计管理信息化

对于审计管理，无论现场审计还是非现场审计，我们可以通过信息化的手段，开发系统工具，完成信息科技审计的管理，提升信息科技审计的效能。

4. 安全技术架构

对于信息科技安全技术管理，墨守成规地比照各类制度规范和标准，可以说是舍本逐末。信息科技安全技术管理的根本在于构建完善的安全技术体系，包括机房安全、网络安全、系统安全、应用安全、终端安全和数据安全等。通过构建安全技术体系，明确职责清晰的安全组织架构，推动良性的安全运营，提升信息科技安全管理水平。

5. 开发和测试管理信息化

开发和测试的效能一直以来是信息科技从业人员所追求的，开发和测试管理领域的信息科技风险把控也是不容忽视的。开发和测试管理工具体系在于有效控制开发和测试风险的同时，协助提升开发、测试效能。同时，对于金融业务系统的开发，质量把控是尤为重要的，那么如何利用技术手段有效把控系统质量风险，同样也是信息科技人员应考虑的问题。

6. 运行和维护管理信息化

生产的运行和维护往往是信息科技风险管控的关键。对于金融机构而言，生产运行和维护的压力十分繁重，如果不借助信息化的管理工具，基本上不可能有效应对运行和维护风险。建立管监控一体化的生产运维工具体系，并在标准化运维的基础上进一步实现自动化运维，在运维数据充分积累的基础上进一步实现智能化运维，已经成了当前各大金融机构努力的重点方向。

7. 业务连续性技术体系

业务连续性领域的风险管理同样不能纯粹靠人工管理去实现，这样无异于守株待兔。好的业务连续性风险管理一定是建立在好的业务连续性技术体系之上的。本地高可用、同城双活、异地灾备已经是当前金融机构业务连续性体系的基本要求。同时，对于系统运行过程中的业务连续性保证，例如联机 7×24 小时运行的技术研究，也是提升业务连续性水平的基本要求。

8. 外包管理的信息化

对于繁重又难以管理的外包风险，同样要借鉴信息化的管理思路，通过建立外包舆情监测系统、外包管理系统、外包信息共享平台，达到提升外包管理效能的目的。通过技术化的手段提升外包管理效能，是外包管理风险管控的最重要的手段。

9. 金融科技相关技术与风险管理

近年来，随着人工智能、区块链、云计算、大数据、5G和物联网等技术的普及，各机构的金融科技能力逐步提升，已经充分改变了金融机构的业务流程和服务模式。那么新技术的运用能否在信息科技风险管理领域发挥作用呢？新技术运用过程中，有没有潜在的风险呢？我们不应忽略对这些问题的探索。

10. 业务风险的技术防范能力建设

对于潜在的业务风险，简单地通过人为手段无法及时发现和解决。通过技术手段，可以及时发现和防范潜在的业务风险，对于渠道类、客户管理类、产品服务类、财产管理类和管理信息类的风险，均可以在第一时间发现和解决。有效发挥科技的效能，金融机构可以全面控制业务风险。

11. 信息技术自主可控

近年来，科技能力自主可控的要求已经上升到一定的高度。金融行业作为掌握国家经济命脉的重要行业，信息技术的自主可控更是需要放在第一位。对于金融机构而言，信息技术自主可控面临着哪些困难，我们应该如何突破等，是必须面对的问题，也是需要不惜代价去付诸努力的方向。

1.3 本章小结

本章从新时代金融机构信息科技风险态势和管理架构两个方面进行了概述。有了这些背景知识，下面我们进入本书的正式内容。

Chapter 2 第 2 章

信息科技治理

近年来，金融行业主要的监管部门都对信息科技治理提出了明确的要求，例如《商业银行信息科技风险管理指引》，开篇即明确规定了商业银行法定代表人、商业银行董事会、高级管理层等角色在信息科技治理方面的职责。在发生信息科技风险事件时，监管机构往往先从信息科技治理方面着手分析原因并提出相应要求。因此，信息科技治理在金融机构信息科技风险管理中占据着格外重要的位置。

2.1 董事会履职

由于董事会对金融机构包括信息科技活动在内的经营活动及其合规性负最终责任，因此董事会的履职情况是信息科技治理工作中的重要一环，也是决定金融机构信息科技风险管理水平的关键要素之一。

2.1.1 董事会的职责

金融机构董事会应当承担信息科技风险管理的最终责任，在公司章程中应明确董事会的信息科技风险管理职责，包括审定风险管理和内部控制政策等。金融行业主要监管要求都对董事会职责做出了明确的规定。

《商业银行信息科技风险管理指引》规定，商业银行的董事会应履行以下信息科技管理职责。

❏ 遵守并贯彻执行国家有关信息科技管理的法律、法规和技术标准，落实银保监会相关监管要求。

- 审查批准信息科技战略,确保其与银行的总体业务战略和重大策略一致。评估信息科技及其风险管理工作的总体效果和效率。
- 掌握主要的信息科技风险,确定可接受的风险级别,确保相关风险能够被识别、计量、监测和控制。
- 规范职业道德行为和廉洁标准,增强内部文化建设,提高全体人员对信息科技风险管理重要性的认识。
- 设立一个由来自高级管理层、信息科技部门和主要业务部门代表组成的信息科技管理委员会,负责监督各项职责的落实,定期向董事会和高级管理层汇报信息科技战略规划的执行进展、信息科技预算和实际支出、信息科技的整体状况。
- 在信息科技治理过程中,形成分工合理、职责明确、相互制衡、报告关系清晰的组织结构。加强信息科技专业队伍的建设,建立人才激励机制。
- 确保内部审计部门进行独立有效的信息科技风险管理审计,对审计报告进行确认并落实整改。
- 每年向银保监会及其派出机构报送信息科技风险管理年度报告。
- 确保信息科技风险管理工作所需资金。
- 确保所有员工充分理解和遵守信息科技风险管理制度和流程,并安排相关培训。
- 确保涉及客户、账务以及产品等信息的核心系统在中国境内独立运行,并保持最高级别的管理权限,符合银保监会监管和实施现场检查的要求,防范跨境风险。
- 及时向银保监会及其派出机构报告本机构发生的重大信息科技事故或突发事件,并按相关预案快速响应。
- 配合银保监会及其派出机构做好信息科技风险监督检查工作,并按照监管意见进行整改。
- 履行信息科技风险管理其他相关工作。

《商业银行数据中心监管指引》规定,商业银行应充分识别、分析、评估数据中心外包风险,包括信息安全风险、服务中断风险、系统失控风险以及声誉风险、战略风险等,形成风险评估报告并报董事会和高管层审核。

《银行业金融机构外包风险管理指引》规定,银行业金融机构董事会负责审议并批准外包的战略发展规划、风险管理制度、范围及相关安排,并定期审阅本机构外包活动的相关报告。

《银行保险机构信息科技外包风险监管办法》规定如下。
- 银行保险机构董(理)事会或其授权设立的专业委员会应负责推动建立信息科技外包及其风险管理体系,审批信息科技外包战略,审议重大外包决策。
- 外包项目立项前,金融机构应当审慎检查项目与信息科技外包战略的一致性,根据项目内容、范围、性质对其进行风险识别和评估,制定相应的风险处置措施,不因外包活动的引入而增加整体风险。重大外包项目应向董事会、高管层报告。
- ❑ 金融机构董事会及高级管理层应审慎检查重大项目的风险评估报告。

《银行业重要信息系统突发事件应急管理规范（试行）》规定如下。
- ❑ 董事会应定期听取风险状况分析、信息系统重大突发事件、现有应急管理政策重大修改等汇报。
- ❑ 风险管理部门应制定应急管理政策和基本管理制度并报董事会和高级管理层审定。
- ❑ 定期分析风险状况和总结信息系统突发事件应急管理成效，并向董事会和高级管理层报告。
- ❑ 应急演练结束后，金融机构应撰写应急演练情况总结报告，大型或重要的应急演练总结报告应提交董事会和高管层。

《商业银行业务连续性监管指引》规定董事会应负责如下内容。
- ❑ 审核和批准业务连续性管理战略、政策和程序。
- ❑ 审批高级管理层业务连续性管理职责，定期听取高级管理层关于业务连续性管理的报告。
- ❑ 审批业务连续性管理年度审计报告。

《银行业金融机构重要信息系统投产及变更管理办法》规定金融机构董事会及高级管理层应审慎审议重大项目的风险评估报告。

2.1.2　董事会信息科技管理相关职责

从以上监管要求可以看出，董事会信息科技管理相关职责如下。
- ❑ 遵守并贯彻执行国家有关信息科技管理的法律、法规和技术标准，落实金融机构监管部门的相关监管要求，包括但不限于及时向监管部门报告本机构发生的重大信息科技事故或突发事件、按相关预案快速响应，配合监管部门做好信息科技风险监督检查工作，并按照监管意见进行整改等。
- ❑ 审查批准信息科技战略，确保其与本机构总体业务战略和重大策略一致，评估信息科技及其风险管理工作的总体效果和效率，同时，应确保信息科技风险管理工作所需资金充足。金融机构可在本机构总体战略规划的框架下，结合自身信息科技风险的实际情况，制定本机构的信息科技战略，信息科技战略须经董事会审查批准。董事会通过的信息科技相关决策，可纳入督办事项，明确办结质量、办结标准和办结时间，统一督办，并在中间过程及时进行检查和督促。
- ❑ 掌握主要的信息科技风险，确定可接受的风险级别，确保相关风险能够被识别、计量、监测和控制，确保全机构信息科技风险管理的总体有效性与合规性。董事会应听取和审议信息科技风险管理工作的情况汇报、重大信息科技项目进展及重大信息科技突发事件处理报告，建立信息系统运行风险监控机制、信息科技风险检查及整改机制，有效控制和化解信息科技风险。此外，董事会应确保内部审计部门进行独立有效的信息科技风险管理审计，对审计报告进行确认并落实整改。
- 董事会应具备信息科技治理的专业能力，董事会相关成员应具备信息科技管理、决策所需的能力和经验。同时，在建立良好的公司治理基础上进行信息科技治理，形成分工合理、职责明确、相互制衡、汇报路线清晰的组织结构。加强信息科技专业队伍的建设，建立人才激励机制。此外，董事会应规范职业道德行为和廉洁标准，增强内部文化建设，提高全体人员对信息科技风险管理重要性的认识，并确保所有员工充分理解和遵守信息科技风险管理制度和流程，并安排相关培训。

2.2 高管层履职

董事会是金融机构最高决策层，高管层（即高级管理层）由董事会任命，向董事会汇报工作。金融机构高管层根据董事会授权，负责落实和监控本机构的信息科技风险管理职责。

2.2.1 监管对高级管理层的要求

金融机构高级管理层负责落实和监控本机构的信息科技风险管理政策。金融行业主要监管部门对高级管理层的职责做出如下明确要求。

《商业银行信息科技风险管理指引》规定如下。

商业银行应设立首席信息官，直接向行长汇报，并参与决策。首席信息官的职责如下。

- 直接参与本银行与信息科技运用有关的业务发展决策。
- 确保信息科技战略，尤其是信息系统开发战略，符合本银行的总体业务战略和信息科技风险管理策略。
- 负责建立一个切实有效的信息科技部门，承担本银行的信息科技职责。确保履行信息科技预算和支出、信息科技策略、标准和流程、信息科技内部控制、专业化研发、信息科技项目发起和管理、信息系统和信息科技基础设施的运行、维护和升级、信息安全管理、灾难恢复计划、信息科技外包和信息系统退出等职责。
- 确保信息科技风险管理的有效性，并使有关管理措施落实到相关的每一个内设机构和分支机构。
- 组织专业培训，提高人才队伍的专业技能。
- 履行信息科技风险管理的其他相关工作。

应设立一个由来自高级管理层、信息科技部门、风险管理部门、法律合规部门、审计部门和主要业务部门的代表组成的专门信息科技管理委员会，负责监督各项职责的落实，定期向董事会和高级管理层汇报信息科技战略规划的执行进展、信息科技预算和实际支出、信息科技管理的整体状况。

《银行保险机构信息科技外包风险监管办法》规定如下：

- 银行保险业金融机构高级管理层应负责制定信息科技外包战略，明确信息科技外包风险主管部门和信息科技外包执行团队，明确信息科技外包及其风险管理职责，审议信息科技外包管理流程及制度，监控信息科技外包及其风险管理成效。
- 外包项目立项前，金融机构应当审慎检查项目与信息科技外包战略的一致性，根据项目内容、范围、性质对其进行风险识别和评估，制定相应的风险处置措施，不因外包活动的引入而增加整体风险。重大外包项目应向董事会、高管层报告。
- 银行业金融机构董事会及高级管理层应审慎审查重大项目的风险评估报告。

《银行业重要信息系统突发事件应急管理规范（试行）》规定如下：

- 风险管理部门应制定应急管理政策和基本管理制度并报董事会和高级管理层审定。
- 应定期分析风险状况和总结信息系统突发事件应急管理成效，履行向董事会和高级管理层报告的职责。
- 应急演练结束后，金融机构应撰写应急演练情况总结报告，大型或重要的应急演练总结报告应提交董事会和高管层。

2.2.2 高级管理层的职责

金融机构高级管理层负责落实和监控本机构的信息科技风险管理政策。

金融行业主要监管要求都对高级管理层职责做出了明确要求。

- 负责本机构重大 IT 项目的审定，听取信息科技风险评估报告和监督风险政策执行情况，负责监督各项职责的落实。
- 在内审部门设立专门的负责信息科技内部审计的岗位。
- 建立与业务相适应的信息科技管理部门，配备足够的信息科技人员，以支持业务的发展和信息系统运行。
- 设立或指定部门承担信息科技风险管理责任，负责开展信息科技风险的识别、评估、监督和报告，该部门的信息科技风险管理报告路线应独立于日常信息科技管理工作。
- 贯彻落实总行信息科技战略规划及规章制度，按照监管部门及总行要求建立信息科技管理制度。对信息科技岗位进行规范化，运用岗位分析、岗位评价来设计合理的级别体系。
- 高级管理层应具备信息科技治理的专业能力，分管信息科技的成员如首席信息官应具备信息科技管理、决策所需的能力和经验。

2.2.3 信息科技管理委员会和首席信息官

信息科技管理委员会可制定《议事规则》等相关章程，设立一名主任委员，由分管信息科技的金融机构领导如首席信息官担任。由于信息科技涉及面广，建议主任委员最好由金融机构一把手担任。若干名委员则由相关部门负责人担任，并可设立秘书和办公室，负责日常工作。该委员会定期（如每季度）或不定期（如按需）召开会议，由专人将相关决策纳入督办事项，明确办结质量、办结标准和办结时间，统一进行督办，并及时检查和督促。

首席信息官应处于金融机构高级管理层序列，由金融机构具有丰富的信息科技工作经验的资深专业人士担任。首席信息官直接参与本机构与信息科技运用有关的业务发展决策，确保信息科技战略符合本机构总体业务战略和信息科技风险管理策略，并负责建立一个切实有效的信息科技部门，承担本行信息科技职责，确保信息科技风险管理的有效性，并使有关管理措施落实到相关的每一个内设机构和分支机构。金融机构应根据本机构业务和信息科技的发展阶段、战略重点等，适时调整并完善首席信息官的职能及工作流程，保障首席信息官履行职责所需的授权和资源。

2.3 组织架构设计

金融机构应根据监管规定和自身需要，按照合规、高效的原则，建立和不断完善信息科技风险管理组织架构，确保信息科技风险管理各项措施实施到位，从而有效控制信息科技风险。

2.3.1 信息科技风险防范的三道防线机制

为全面加强信息科技风险管理，金融机构应建立信息科技风险防范三道防线机制，形成完整的信息科技风险防控体系，让三道防线各司其职、分工合作并有效发挥作用。信息科技风险三道防线的各个部门职责不同，应保持独立性，同时又应互相协助、互相监督、互相补充。

第一道防线是指信息科技管理部门。各级信息科技部门（包括研发中心、数据中心、测试中心等二级部门，以及分支机构的信息科技部门）承担信息科技风险的直接管理责任。

第一道防线除了承担信息系统的研发、测试、运维等工作以外，还应开展信息科技风险控制目标的制定、风险控制措施的执行、风险应急处置、风险总结等工作，通常包括不断制定和完善信息科技制度，优化信息科技基础架构，强化网络安全防范体系，及时开展各种风险自查工作等。

信息科技部门的员工应具有相应的专业知识和技能，重要岗位应制定详细完整的工作手册并适时更新，确保员工了解、遵守信息科技策略、指导原则、信息保密、授权使用信息系统、信息科技管理制度和流程等要求，评估关键岗位信息科技员工流失带来的风险，做好候补员工和岗位接替计划等防范措施。信息科技部门通常向分管信息科技的金融机构领导（如首席信息官）和高级管理层下设的信息科技管理委员会报告。

第二道防线是指信息科技风险管理部门，由风险管理部或内控合规相关部门负责。信息科技风险管理部门对第一道防线进行检查、监督和指导，确保第一道防线控制的有效性，并将信息科技风险纳入全面风险管理体系，建立信息科技风险的控制标准和分类分级标准，对信息科技风险进行全面评估、监测、计量和报告。

风险管理部门通常向分管风险管理的金融机构领导（如首席风险官）和风险管理委员会报告，和第一道防线保持独立。

第三道防线是指信息科技审计部门。审计部门按监管要求和风险状况，以独立的第三方立场开展信息科技审计工作，对整个信息科技风险管理过程进行监督；进行全面、独立、客观的审计和评价，发现问题，提出建议，督促整改，检查评估信息科技部门风险管理、内控合规的充分性和有效性。审计部门通常直接向董事会或其下属的审计管理委员会报告，和信息科技部门及风险管理部门保持独立。

2.3.2 三道防线协同机制

建立信息科技风险防范的三道防线机制，是基于金融机构内部控制的根本要求，将有关自我控制、检查管理和监督评价三类内控保障活动分别交由前台业务部门、中台风险管理部门和后台审计部门分工合作的组织方式。

三道防线机制是全面覆盖组织经营管理各机构、各环节，实现信息共享、合作互动、适当交叉、合理覆盖的内控保障活动机制，基本特点如下。

- ❑ 第一道防线强调信息科技部门对信息科技管理工作的实时控制，并开展自我评估、自我整改。
- ❑ 第二道防线强调风险管理部门对第一道防线进行指导和检查，督促整改。
- ❑ 第三道防线强调内部审计部门对第一道防线和第二道防线进行独立的再监督和再评价，并督促一、二道防线及时整改。

建立信息科技风险防范三道防线机制，实现前台、中台和后台的分离和制衡，形成完整的信息科技风险防控体系，三道防线各司其职、分工合作并有效发挥作用，从而共同防范信息科技风险。

为了更有效地协同信息科技风险防范三道防线工作，金融机构可建立三道防线联席会议机制。

- ❑ 参会人员：该会议由分管信息科技风险防范三道防线部门的金融机构领导（如一把手、首席信息官、首席风险官等）、三道防线部门负责人、三道防线业务骨干等参加，会议由金融机构一把手或首席信息官主持召开。

- 议事机制及议事内容：该会议定期（如每半年或每季度）召开，听取和审议信息科技风险相关重大事项、三道防线工作报告，回顾上期会议工作任务落实情况，开展重点问题讨论等。该会议必要时可邀请其他相关业务部门、法律合规部门、办公室、财务部门等相关部门负责人参与。
- 日常工作：可由信息科技部门负责日常的会议组织、会议纪要、会议要求落实督办等工作，并牵头组织三道防线部门之间的沟通协调工作。

2.3.3 其他业务部门

信息科技是为业务发展服务的。金融业已经跨入"互联网+"时代，信息科技对金融机构业务发展的支撑作用越来越显著，自助端、移动端、PC端等新型入口大幅提升了银行的服务能力。

信息科技既取代了大量的手工劳动，降低了运营成本，又为客户提供了更好的体验，并提升了客户黏性。进一步地，信息科技既要服务业务发展，也要起到引领业务发展的作用。科技人员应该积极充分地了解、分析业务需求，减少重复建设，在现有业务模式的基础上、在对风险与效益进行有效平衡的前提下规划系统开发。

系统上线后，科技人员也要主动反思信息系统生产过程中存在的问题，对系统进行改进，更好地帮助业务发展提出建设性的建议。

信息科技风险具有全局性的特点，因为信息技术已经渗透到金融机构的每一个业务部门、业务流程。信息科技要与业务深度融合，信息科技风险不仅是信息科技部门及信息科技二、三道防线的事情，也是金融机构所有业务部门的事情，需要业务部门深度参与信息系统的设计与开发，保证系统需求、用户验收测试（User Acceptance Test，UAT）和系统投产后验证工作的质量，在信息系统上线后，要对信息系统业务使用安全如访问权限控制、网络安全、数据安全等承担责任，切实控制业务用户共用或借用、任意下载客户信息等风险，与信息科技部门一起承担第一道防线职责。此外，要增强业务人员的信息科技风险意识，积极配合信息科技三道防线开展各种信息安全意识提升工作。

综上，信息科技风险管理要贯穿于金融机构的各级机构、各部门和各条线的管理和业务流程之中，信息科技风险防范三道防线要和业务部门相互促进、相互监督、共同发展。

2.4 信息科技战略规划

对于各个金融机构而言，信息科技治理中的信息科技战略规划（Information Technology Strategic Plan，ITSP）既是重点，也是难点。重点在于其是整个金融机构信息科技发展方向和发展路径的选择，是全行业务发展战略的体现，从最高层面决定着整个金融机构信息科技治理的水平。难点在于对于金融机构而言，信息科技战略规划的制定涉及整个金融机构的方方面面，并非一个信息科技部门就能完成的，需要整个金融机构上下协同，部门间横向通力合作。

对于任何一家金融机构，尤其是中小金融机构而言，信息科技战略规划的制定与实施，考量着这家金融机构首席信息官的能力水平，也考量整个金融机构对信息科技发展的重视程度。

笔者并没有首席信息官的履历，对于科技战略规划只能略窥门径，本节从四方面加以论述。

2.4.1 信息科技规划方案的制定

中小型金融机构多使用企业架构（Enterprise Architecture，EA）方法论制定信息科技规划方案。Enterprise 是指企业可以被定义为任何复杂的项目群（Program）、项目（Project）或组织（Organization）；Architecture 可以理解为事物的组成结构及关系。企业架构从金融机构全局的角度审视与信息化相关的业务、信息、技术和应用间的相互作用关系以及这种关系对金融机构业务流程和功能的影响。本节我们按照 EA 方法论，谈一谈金融机构信息科技规划方案的制定思路。

按照问题导向，我们先讨论一下金融机构信息化建设存在的普遍问题。

从国内外各个金融机构的实际现状看，金融机构信息化建设普遍存在的问题如下。

1）大量重复建设和浪费。当前很多金融机构的信息科技系统建设处于被动服务业务部门的阶段。然而同一家金融机构的不同业务部门之间或多或少存在业务功能的重叠，加上各个业务部门的强势以及各自为政的情况出现，往往导致信息系统建设出现大量重复建设和浪费的情况。

2）大量信息孤岛和数据烟囱。很多金融机构在建设信息系统时缺乏规划，业务需要什么就建设什么，导致所建设的系统之间不相连，数据不共享，最终形成大量的信息孤岛和数据烟囱。

3）大量推导重来和失败。由于缺乏与业务长远发展战略的紧密结合，因此信息科技部门所建设的系统往往被动地满足业务当前的需求。系统在不断修修补补中变得臃肿不堪，牵一发而动全身。一方面，每一次微小需求的变化都可能需要付出大量的改造成本；另一方面，往往因梳理不完善，一次微小的变动就可能触发其他业务功能产生问题。

对于任何一家金融机构而言，只有结合整个金融机构业务的长远战略规划，做到自顶向下的信息科技架构规划，才能有效规避上述问题。

对于金融机构而言，信息科技规划设计的工作重点如下。

❑ 首席信息官必须与金融机构其他高层领导达成共识。
❑ 信息科技部门要与业务部门进一步达成共识。
❑ 确定 IT 发展的战略方向和原则。
❑ 确定近期 IT 投资组合和优先级。

明确这 4 个工作重点后，金融机构的信息科技规划作为一个项目就可以正式启动了。

如图 2-1 所示，金融机构的信息科技规划项目可以分为项目启动与现状分析、IT 战略与架构规划、IT 执行计划 3 个阶段。

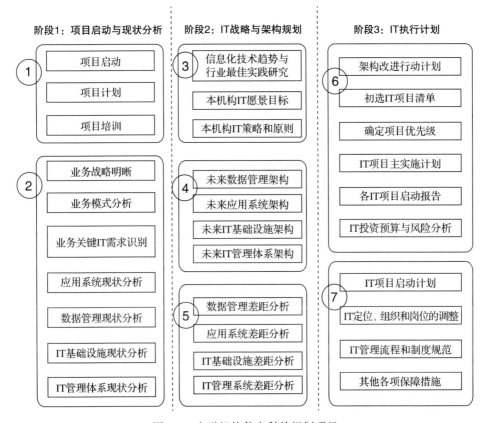

图 2-1　金融机构信息科技规划项目

项目启动与现状分析阶段分为两个步骤。

1）启动信息科技规划项目，对参与规划项目的人员进行培训。

2）与高层和业务部门沟通，梳理整个金融机构的业务战略，明确整个金融机构的业务模式和业务流程。识别业务部门的关键 IT 需求。在此基础上，对整个金融机构应用系统现状、数据管理现状、IT 基础设施现状和 IT 管理体系现状进行梳理和分析。

IT 战略与架构规划阶段分为三个步骤。

1）对当前业界信息化技术发展趋势与金融业的最佳实践进行研究，并确定本机构金融科技发展的愿景目标、发展策略和原则。

2）规划未来的数据管理架构、应用系统架构、IT 基础设施架构和 IT 管理体系架构。

3）根据第二步规划的结果，对比现状并分析在数据管理、应用系统管理、IT 基础设施管理和 IT 管理系统方面的差距，找准后续发力的方向。

IT 规划完成后，进入执行阶段，总体分为两个部分。

- 根据前面的差距分析，制订 IT 架构改进行动计划。初选待实施的 IT 项目清单并根据实际需要编排优先级，确定 IT 项目的主要实施计划。按照所规划的步骤启动各个 IT 项目，并做好 IT 投资预算和风险分析。
- 制订 IT 项目启动计划并根据 IT 规划明确 IT 架构在金融机构的定位，进行 IT 组织结构调整以及岗位调整，修改并完善 IT 管理流程和制度规范，采取各种保障措施确保 IT 规划稳步推进。

2.4.2 信息科技规划的实施方案

制作再完美的信息科技规划，如果不能有效、稳步实施，就是空中楼阁。本节从组织架构保证、制度规范保障、规划实施主体和规划实施落地 4 个方面加以论述。

1. 组织架构保证

对于任何金融机构而言，信息科技战略规划一定要有一个能够有效落地执行的组织。通常为了保证信息科技规划稳步推进，在设计信息科技规划的同时，往往会提出金融机构信息科技的组织架构调整方案，以达到与信息科技规划实施相匹配，有效推进信息科技规划实施落地的目的。

组织架构的调整包括以下内容。

- 设立科技委员会。在董事会层面设立科技委员会，指导科技战略规划的制定和实施。
- 设立首席信息官。作为科技战略规划的主要负责人，首席信息官将带领全行完成科技战略规划的实施与落地。
- 设立科技管理委员会。部分金融机构将科技管理委员会与其他管理委员会合并，例如"营运与科技管理委员会"。科技管理委员会需要业务部门的参与，共同监督金融科技战略规划的执行，并在必要的时候参与决策。
- 调整信息科技组织架构。划分信息科技内部科室，岗位编制与人员部署需要重新按照科技战略规划的要求进行优化。确保信息科技部门每一位同事都能够各司其职，共同推进科技战略规划的实施与落地。

2. 制度规范保障

保障制度规范则是需要根据新的科技战略规划，重新审视全行科技管理制度和流程，使其与科技战略规划执行的需求相匹配。例如新项目的准入流程、主辅数据源的管理与使用流程、底层技术架构的管理办法、生产运维的管理制度等，均需要更好地满足整个金融机构信息科技规划推进的需求。

3. 规划实施主体

信息科技规划实施的主体是首席信息官及信息科技部门，也包括金融机构各个相关业务部门。此外，实施信息科技规划时，还应重点考虑项目管理办公室（Project Management Office，PMO）的作用。这里需要解释一下，很多人对 PMO 有很大的误解，认为 PMO 只是做一些项目管理工作。实际上，站在战略规则执行的角度，PMO 就是信息科技战略执行的司令部。PMO 根据既定的 IT 战略规划，分期推进，并不断调整，最终确保整个金融机构科技战略规划顺利落地。重视科技战略规划执行的机构，一定要重视 PMO 在战略规划执行中的作用。

4. 规划实施落地

金融机构的科技战略规划往往跨度达 3～5 年，我们可以分期实施，逐步推进。通常，我们可以采用 PDCA 循环的方法论循序推进。首先对科技战略规划进行分期实施，明确近期要做的和长期要做的，按照实施计划逐步明细的原则逐步推进。每一期按照先计划、再执行的原则实施，并在执行中不断检查可能出现的偏差，不断调整策略。

PDCA 循环

是美国质量管理专家沃特·阿曼德·休哈特（Walter A. Shewhart）首先提出的，由戴明采纳、宣传后获得普及，所以又称戴明环。全面质量管理的思想基础和方法依据就是 PDCA 循环。PDCA 循环的含义是将质量管理分为 4 个阶段，即 Plan（计划）、Do（实施）、Check（检查）和 Action（处理）。在质量管理中，要求把各项工作按照制订计划、实施计划、检查实施效果的顺序推进，将成功实施的纳入标准，不成功的留到下一循环去解决。这一工作方法是质量管理的基本方法，也是企业管理各项工作的一般规律。

2.4.3 信息科技架构的开发与管理

信息科技规划的制定和实施，离不开信息科技架构的开发和管理。对于金融机构而言，信息科技架构的开发和管理是信息科技治理中非常重要的一部分。在实际的架构开发和管理中，我们需要一套行之有效的方法论。本节简单介绍一下近年来被广大金融机构普遍接受并使用的 TOGAF 架构管理方法。

TOGAF 由国际标准权威组织 The Open Group 制定。The Open Group 于 1993 年开始应客户要求制定系统架构的标准，在 1995 年发表 The Open Group Architecture Framework（TOGAF）。TOGAF 的基础是美国国防部的信息管理技术架构（Technical Architecture For Information Management，TAFIM）。它是基于一个迭代过程的模型，支持最佳实践和一套可重用的现有架构资产，可以帮助企业设计、评估并建立组织的正确架构。TOGAF 的关键是架构开发方法（Architecture Development Method，ADM），通过可靠的、行之有效的方法，发展能够满足商务需求的企业架构。

TOGAF 的核心内容是 ADM，配以架构能力框架和理论、业务能力、业务愿景和驱动、业务持续性和工具等模块并提供辅助性的理论支持。ADM 由 10 个阶段组成，如图 2-2 所示。

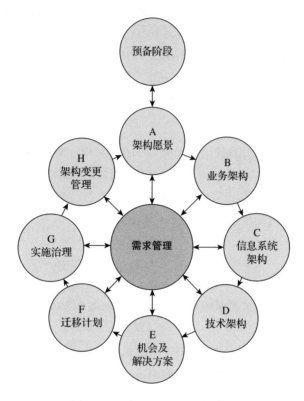

图 2-2　组成 ADM 的 10 个阶段

- 预备阶段：建立基础，定义企业体系结构的范围。
- 架构愿景：体系结构外观的高级视图。
- 业务架构：对业务（尤其是流程）进行详细的现状评估和未来观点开发。
- 信息系统架构：对信息系统、应用程序、数据进行详细的现状评估。
- 技术架构：对技术架构和基础架构进行详细的现状评估。
- 机会及解决方案：开发组件以切实的方式定义目标体系结构。
- 迁移计划：制定相应的路线图。
- 实施治理：治理路线图的实施。
- 架构变更管理：对体系结构进行长期监督，例如开始新的开发周期以细化目标状态。
- 需求管理：各个阶段的需求和需求的集中管理。

每个阶段由目的（Objective）、输入－步骤－输出（Input-Step-Output）、实施方法（Approach）组成。实际使用方法则是从上往右完成一个迭代周期。TOGAF 的每一个阶段都有非常详细的资料和步骤描述。每个阶段都有详细的活动、可交付成果、前提条件、目标等描述，其中阶段 A 到阶段 D 具有相同的结构，针对不同的体系结构层。这些阶段共同为信息架构开发或转换项目奠定基础。

TOGAF 架构开发方法具有如下特点。

1. 事物模块化

事物模块化来自"面向对象"的开发方法。面向对象的 4 个基本要素是抽象、封装、继承、多态，使复杂的软件系统设计成为可能。采用面向对象演进的建模思想，把复杂的企业架构细分成多个部分进行描述，再通过对象之间的联系、对象与其存在环境之间的联系重新组合起来成为一个整体。TOGAF 作为企业架构的一种，沿用了这一概念，在核心层中的业务架构、信息系统架构、技术架构中大量运用面向对象及建模的手段来达到对企业架构进行结构性描述的目的。

2. 理论模块化

TOGAF 把企业架构搭建过程中一些重要的方法和步骤归纳为 10 个阶段。这 10 个阶段用面向对象的思维方式来描述，就是把概念、方法、逻辑、步骤这一类抽象对象作为实例进行描述，并把抽象对象合并为单个模块，最终把模块组合成一个完整的理论体系。

TOGAF 框架中对象的最小单位是对事物抽象描述的理论或概念。例如业务阶段输出的业务功能，在现实中没有可映射的实物，是人类对固定的业务流程、业务逻辑所带来的可重复实现的后果的抽象描述。理论在 TOGAF 框架中被当作一个实体或部件来使用，使得对架构搭建起关键作用，可重复使用的概念、方法、逻辑、步骤都固定下来。这对于我们在工作实践中总结经验、自研发展理论体系提供了新的思路和方法。理论模块化的另一个作用就是理论插件化，这一点在 TOGAF 理论体系中得到极致发挥。既然理论也可以是部件，那么即使来自不同理论体系的理论，只要所描述的对象一致，就可以随意组合和替换了。

3. 流程动机化

TOGAF 框架在预备阶段和架构愿景阶段中非常重视策略和动机的判别。在架构升级中，判别需求提出者、利益相关者、业务策略和业务动机，对架构项目的设计、实施和检验都非常重要。一方面通过对策略和动机的判别和认知，使项目利益相关者达成共识，使利益得到保护，减少项目进行中的阻力；另一方面通过询问"什么、如何、谁、为什么、哪里、何时"（What、How、Who、Why、Where、When，W5H）的问题，从这 6 个方面描述基线架构和目标架构，得到全面的项目蓝图，同时也弄清架构项目的动机和目的。实际工作中，这样的思维方式除了让我们对现状和目标有了准确把握之外，还可以增强沟通，增进协作，提高工作效率。

4. 流程规范化

受理论模块化的影响，一些方法、步骤的抽象理论也成为规范，可以重复使用。TOGAF 作为信息系统框架，受到软件开发架构框架影响的一个表现在于，把需求管理（Requirement Management）和变更管理（Change Management）这些本来用于软件开发和实施相关的步骤以流程模块的形式规定下来。可以看出，信息系统框架有被软件开发框架延伸发展的趋势。

5. 多重描述化

企业框架很强调对事物从不同的视角，考虑不同的因素（W5H）进行多重描述。只有对架构的相关元素做不同角度的分析，才能确保对建模时所描述的信息系统是全面的、完整的，所生产的模型和联系是有效的。

2.4.4 信息科技架构的具体设计

对于金融机构而言，信息科技架构分为两部分——业务架构和IT架构，如图2-3所示。其中业务架构是把金融机构的业务战略转化为日常运作的渠道，业务战略决定了业务架构，包括业务的运营模式、流程体系、组织结构、地域分布等内容；IT架构指导IT投资和设计决策，是建立金融机构信息系统的综合蓝图，包括应用架构、数据架构和技术架构三部分。

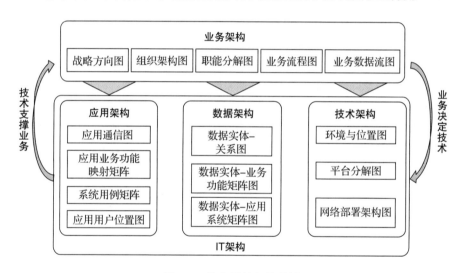

图2-3 信息科技架构设计

1. 业务架构

业务架构来自金融机构业务发展战略规划，可以理解为金融机构业务发展战略规划的具体落地。业务架构包含以下内容。

- ❑ 战略方向图：规划金融机构业务发展的战略方向。
- ❑ 组织架构图：为实现金融机构业务发展而最终确定的组织架构。
- ❑ 职能分解图：金融机构各个业务部门、各个岗位的职能分解和工作分工。
- ❑ 业务流程图：金融机构各类业务的处理流程。
- ❑ 业务数据流图：各类业务处理过程中以及处理完成后数据流转的需求。

2. 应用架构

应用架构用于满足金融机构业务架构的需求和信息科技应用架构的规划部署。应用架构展现的是信息系统服务、逻辑应用构建和物理应用构建，包含以下内容。

- 应用通信图：表示应用间的相互调用关系，也叫应用交互图。
- 应用业务功能映射矩阵：不同的业务功能与应用的对应关系。通过该图可以明确每一种业务需要哪些应用系统去承载。我们也可以根据这个图快速得出重要业务所对应的重要应用系统清单。
- 系统用例矩阵：在使用用例故事描述业务的需求后，将每个用户故事所对应的应用系统一一对应，形成系统用例矩阵。
- 应用用户位置图：对于应用系统中的用户，可以很方便地统计出其所归属的营运机构，便于金融机构用户的管理以及业务的绩效考核。

3. 数据架构

数据架构用于满足金融机构业务架构的需求，匹配业务数据流图，结合应用架构对整个金融机构的数据存储和部署进行设计。数据架构展现的是数据实体、逻辑数据构建和物理数据构建，包含以下内容。

- 数据实体-关系图：一方面用于每个数据实体（数据库表）的信息字段组成、键值组成，另一方面用于表述不同数据实体的关联关系。
- 数据实体-业务功能矩阵图：将每一个业务功能与同其相关的数据实体一一对应。当需要梳理重要业务功能所关联的数据实体时，可以快速得出结果。
- 数据实体-应用系统矩阵图：每一个数据实体对应应用的归属关系。要特别注意主辅数据源设计在该图中的表示。通过该图可以清晰地看出，对于相同冗余存放的数据，哪个应用的数据是主数据，哪个应用的数据是辅数据。

4. 技术架构

技术架构是应用架构和数据架构的底层实现，展示的是平台服务、逻辑技术构建和物理技术构建，包含以下内容。

- 环境与位置图：以金融机构数据中间机房空间布局为基础，标识底层每台服务器的具体位置及其承载的具体应用和数据。
- 平台分解图：对于平台部署的分解图示，例如分布式部署的具体规划。
- 网络部署架构图：数据中心整体网络的部署架构图，标明整个数据中心网络的分区情况，以及应用系统的部署情况。

信息科技架构是信息科技战略规划的最终落地，也是信息治理的重要环节，需要我们在规划设计落地的过程中加以实践和完善。

2.5 科技预算控制

对于金融机构而言，科技预算的管理控制是董事会管理层关切的话题之一。原因有两点。一是数额日益庞大。特别是近年来，我国在金融科技领域的投入大幅增长。以银行业为例，从2018年投入不到1000亿元增长到2020年投入2000多亿元，短短两年时间已经实现翻倍，仅2020年15家主要上市银行的科技投入增长就超过了37%。如此庞大的科技预算，没有一个有效的管控机制，必然会产生很大的风险。二是各金融机构越发关注科技预算投入产生的效益。在金融科技快速发展的今天，金融机构之间的竞争主要体现在金融科技的效益产出方面，科技预算的投入能否产生满足甚至超出预期的效益，也是各个金融机构关注的风险点。

2.5.1 科技预算的组成及编制方法

在探讨科技预算控制之前，我们先来了解一下科技预算的组成。科技预算主要包括电子设备运转费、应用基础优化费、新产品/新业务研发费和计划外预留4个部分。

1. 电子设备运转费

电子设备运转费是保障金融科技业务正常运行的基础预算，可以说是科技预算中最基本的成本投入，包括基础硬件、基础软件和各应用系统的维保费，信息安全服务费，IT基础设施建设和设备采购费，基础软件购置费，网络通信服务费，耗材以及电子设备、域名、证书等费用，技术服务费（专利软件著作权申请服务、桌面运维服务），新设机构IT基础设施费等。

电子设备运转费一般占到整个科技预算的20%~30%，属于金融科技预算的基本投入，是金融机构业务正常运转的基本保障。对于这部分预算投入要予以充分的保障，同时也必须确保投入的精准有效。

2. 应用基础优化费

应用基础优化费通常属于应用系统的二次开发投入，即对于已经建设完毕的新产品和新应用系统，进行持续的改造升级所需要投入的费用。

3. 新产品/新业务研发费

新产品/新业务研发费是为满足金融机构业务发展的需要而全新开发的产品或应用系统所需的费用，其研发往往具备创新性。

应用基础优化费和新产品/新业务研发费都属于应用研发方向的费用，占整个科技预算的大头，通常为60%~80%。

需要说明的是，根据中华人民共和国财政部、国家税务总局、中华人民共和国科学技术部《关于完善研究开发费用税前加计扣除政策的通知》（财税〔2015〕119号，简称"119号文件"）

规定,研发活动,是企业为获得科学与技术新知识,创造性运用科学技术新知识,或实质性改进技术、产品(服务)、工艺而持续进行的具有明确目标的系统性活动。具有创新性的新产品/新业务研发费是可以享受研究开发费用税前加计扣除政策的,而应用基础优化费因为是对现存产品、服务等的重复或简单改变等活动,不得享受加计扣除政策。

4. 计划外预留

除电子设备运转费以及应用软件研发费外,通常为了应对计划外的科技预算支出,在每年年初的预算编制中,也会做少量的计划外预留,便于紧急情况下支出使用。

整体来看,对于一个金融机构而言,其科技预算的组成是非常复杂的,无论电子设备运转费还是应用软件研发费,其组成条目都非常烦琐。对于如此烦琐的科技预算,其编制过程同样也是非常烦琐的。典型的金融机构科技预算的编制过程如图2-4所示。

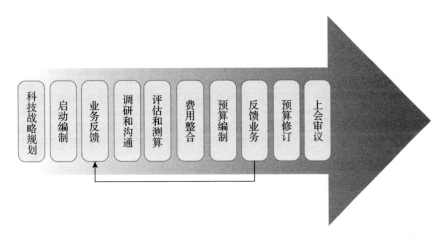

图 2-4　金融机构科技预算编制过程

1)科技战略规划。科技预算的编制工作,必须以科技战略规划为贯穿始终的依据,科技战略是为整个金融机构的业务战略服务的,科技预算的编制工作必须与整个机构的科技战略规划相吻合。

2)启动编制。在一个科技预算周期开始前(通常是在上一年的年末启动下一年的科技预算编制工作),启动科技预算的编制工作。该工作通常由信息科技部门发起。

3)业务反馈。科技部门向各业务部门发起需求征集,调研各业务部门在下一年度的科技需求,包括新产品/新业务的开发需求,现有应用系统的升级改造需求,以及可能存在的硬件采购、网络专线服务需求等。这里需要特别说明的是,科技部门自身也是科技预算投入的重要需求部门,科技预算需求的征集也包括科技部门,其中最基础的电子设备运转费则主要由科技部门负责提出需求,此外也包括科技部门自身应用产品的开发需求等。

4)调研和沟通。在收集各业务部门提出的科技需求后,对于业务部门的需求是否纳入科技预算,还需要进行充分的调研和沟通。调研包括业务真实需求的调研、同业的调研等,沟通即与业务部门确认业务部门所提出的科技需求的必要性和成本收益。综合调研和沟通结果,确定是否满足科技战略规划的要求。

5)评估和测算。主要是对各部门(包括科技部门自身)提出的科技需求的费用投入做一个初步的评估和测算,并得出预算明细。评估和测算的方法包括同业横向借鉴、历史纵向比较等。

6)费用整合。在评估测算得出每一个科技需求条目的预算费用后,进行整合并分类汇总。

7)预算编制。根据费用整合的结果,编制全年科技预算情况。此时要注意与往年科技预算的比较,以及测算与全行上一年的营运收入占比等。

8)反馈业务。将测试并整合的科技预算按部门反馈给提出需求的相关部门,进一步征集业务部门的意见和建议。在反馈给业务部门的科技预算中,要强调各个部门总的科技预算情况,与上一年增减的幅度,与科技战略规划的匹配度等信息,便于业务部门根据反馈情况对自身提出的科技需求进行回顾和决策。

反馈业务部门后,业务部门可能会对此前提出的科技需求做出相应的调整,此时需要重新进行调研和沟通、评估和测算、费用整合、预算编制以及反馈业务等环节的工作。如此往复多次,直到与业务部门达成一致意见为止。

9)预算修订。在与业务部门达成最终的一致意见后,对整个科技预算进行修订并定稿,而后编制全年的科技预算报告,准备上会。

10)上会审议。科技预算的评审最终要通过董事会审议。在董事会之前,往往需要逐级评审,金融机构的上会审议细节各有差别,但整体流程是一致的。

通过上述流程,科技预算的编制过程就完成了。在科技预算编制完成之后,进入科技预算执行环节。

2.5.2 预算执行及效益分析评价

项目预算编制完成且通过包括董事会在内的各层评审后,进入预算执行及执行后的效益分析评价阶段。

预算的执行就是根据整体规划,申请立项,并按照既定的实施计划完成预算项目的实施。我们需要关注预算执行后的效益分析评价,并贯穿于预算执行的全生命周期。下面按照立项阶段、执行阶段、执行后评价阶段进一步介绍预算执行以及效益分析评价。

1. 立项阶段

预算执行之前,首先要进行立项。尽管年度预算已经通过了金融机构内部各层会议的评审,但是完整的预算管理体系要求在预算执行之前,应该通过立项流程,进行全面的、深入的、更加谨慎的分析评价，并再次按照组织机构内部的管理要求进行评审把关，此时除了关注预算执行的方案外，还需要重点考虑预算执行的效益和价值体现。

从完整和准确的效益分析考虑，应该充分做好同业调研和考察，科学评价预算执行的可行性，判断与内部资源的吻合度，掌握预算执行的重点和价值点。根据科技战略的整体规划，充分应用平台化思维和产品化思维，尽可能避免为单个产品建立新系统的情况。对于新建系统应该先考虑能否建成跨部门的基础系统，而不是为单个业务部门的需求建立系统，减少系统重复建设，降低科技成本。在立项材料中用定性指标和一定数量（至少 3 个）的定量指标描述业务价值，并明确定量指标的取数逻辑。

2. 执行阶段

预算执行的过程中，需要聚焦价值的实现，在预算执行时充分考虑业务的价值，特别是在业务项目的实施过程中，要求设计人员、开发人员、测试人员聚焦业务价值点，将工作重点放在创造业务价值的功能或环节上。加强过程管理，尤其是重点管控预算支出及过程风险，确保按时保质保量完成既定目标，并在预算执行阶段，确定能够准确获取效益分析指标的方法，并在执行后及时准确地获取效益分析指标的结果，以便用于预算执行后评价。

3. 执行后评价阶段

预算执行后，是否达到既定目标，是否产生了预期的效益和价值，是执行后评价阶段需要关注的内容。

- ❑ 信息科技部须确保预算执行成果能按时上线，不因工作进度、产品质量等原因导致既定价值受损。
- ❑ 上线一段时间（通常以 3 个月至一年为衡量周期）后，按照既定的效益分析指标，定期获取上线效果并及时反馈给业务部门。具体指标包括上线系统使用人数、客户数量、业务笔数等。
- ❑ 业务需求部门须持续分析指标的实现情况，与原定目标进行对比分析。对于与原定目标尚存较大差距的，须及时分析原因，并采取必要和有效的措施推动原定目标的最终达成。提出业务需求的部门对预算的投入产出负责，及时总结投产后业务运营的情况并优化执行过程，确保价值实现，持续提升价值创造能力。

需要特别指出的是，对于预算执行以及效益分析评价，最重要的是制定效益分析指标。针对这一点，我们必须掌握两个原则：一是生产应用原则，即科技项目应以生产应用为最终目的，将项目是否投入实际应用、是否创造实际业务价值作为重要衡量依据；二是定性定量兼顾原则，即业务系统可以用定量指标，而金融机构的科技系统往往还承担监管类系统、内部管理系统等建设任务，难以用定量指标衡量价值，需要兼顾定量指标和定性指标，指标体系可以按获客、收益、效率、成本、监管、营销 6 个维度建立。

- 获客：在一定时间内带来的客户数量，例如个人客户数、票据贴现客户数、保险客户数、私行客户数、商户数、合作平台数等。
- 收益：在一定时间内带来的销售额度，例如年销售量、平台年交易量、年日均存款量、银承秒贴业务量、年中收入等。
- 效率：新建系统和系统优化，节约了员工操作系统的时间、缩短了业务办理的时间，提高了工作效率。
- 成本：新建系统和系统优化，节省了开发、对接等工作的成本，例如商品积分兑换成本、系统对接成本、代扣成本。
- 监管：按照监管要求，在一定时间内完成改造，例如存量零售、对公浮动利率贷款的利率定价方式转换。
- 营销：在一定时间内对系统、产品的推广使用率，例如绩效考核系统的使用部门数量、产品的点击率。

2.5.3 科技预算闭环管理机制

对于金融机构而言，信息科技预算的管理显然不限于年初完成制定并通过董事会评审。在整个科技预算的执行过程中，还需要持续不断地跟进，进行全生命周期的闭环管理。为应对随时可能出现的不可预知的风险，需要有一个完整的科技预算闭环管理机制。

针对科技预算的闭环管理机制，我们仍然可以运用戴明环理念，将科技预算全生命周期管理分为预算编制、预算执行、定期回顾和定期调整4个阶段，如图2-5所示。

1. 预算编制

按照科技预算的组成和编制方法，进行全年科技预算编制。此时，需要根据科技战略规划考虑全年的科技预算需求。

2. 预算执行

按照科技预算执行及效益分析评价，有计划地对既定的科技预算进行落地执行。在实际执行过程中，需要注重预算执行的流程，确保合规性。也要注重预算项目的实施效果，确保价值效益的最终体现。

3. 定期回顾

以半年或者季度为周期，定期对全年预算

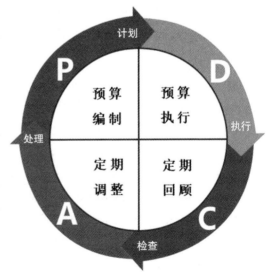

图2-5 科技预算闭环管理

的执行情况进行回顾，对于预算执行的偏差，及时发现并总结归纳。具体情况包括但不限于以下示例。

- 在实际执行过程中，预算项目可能出现执行结果偏离预期的情况，部分预算项目实际执行费用可能超出拟定的预算成本。
- 在实际执行过程中，可能出现年初预算执行遗漏的预算项目，或者突发的、需要紧急投入使用的预算项目。此时可能需要占用计划外预留费用，或者从其他项目预留费用中调剂。
- 在实际执行过程中，可能出现年初预算已经拟定的项目，随着时间的推移、市场的发展以及监管政策的变化，最终决定取消不再执行的情况。

针对上述情况，我们需要通过定期的回顾来及时识别并统筹管理。

4. 定期调整

针对定期回顾发现的预算项目执行偏离情况，及时进行调整，对年初的预算编制进行重新拟定，并上会评审。除针对定期回顾发现的情况进行及时调整外，信息科技部门应主动向业务部门发起意见征集，请业务部门对全年预算编制剩余未执行的预算项目进行确认，包括未执行的预算项目是否仍按计划执行、预算项目费用是否需要进行调整、是否需要补充新的预算项目等。同时信息科技部还需重点关注计划外预留项的使用情况，确定是否需要及时予以调整。

根据定期调整的情况，重新拟定全年的预算编制表，并编写预算调整说明材料，重新上会评审。同时，针对定期回顾和定期调整的情况，也要积累经验，在下一年度的科技预算编制中将其纳入最初预算编制的考虑因素。

2.6 本章小结

信息科技治理是信息科技风险管理八大领域的第一项，其重要性不言而喻。信息科技治理包括董事会履职、高管层履职、组织架构设计、信息科技战略规划和科技预算控制，这些工作都是金融机构高管层需要重点关注并重点参与的，信息科技治理的风险管理水平将直接决定其他七大领域的风险管理水平。

第 3 章 信息科技风险管理

信息科技风险管理是金融机构信息科技风险三道防线的第二道防线。金融机构需要不断建设和完善风险管理体系，建立有效的日常工作机制，及时发现和防范信息科技风险。

3.1 风险管理体系

金融机构需要明确风险管理的职责、组织架构，梳理信息科技风险和全面风险管理的关系，从而建设有效的信息科技风险管理体系。

3.1.1 工作职责

信息科技风险管理通常由信息科技风险管理部门负责，其主要职责是通过建立有效的管理机制，实现对信息科技风险的识别、计量、监测和控制，促进金融机构安全、持续、稳健运行，推动业务创新，提高信息技术使用水平，增强本机构的核心竞争力和可持续发展的能力。

信息科技风险管理部门的主要工作职责包括：制定、审批和落实信息科技风险管理策略和制度，控制目标和管理流程，建立和落实信息科技风险指标体系及风险评估、风险监测相应的方法和工具，定期对信息科技风险状况和主要风险领域进行评估，参与灾难恢复应急演练，对信息系统应急预案、演练计划、演练报告等提出意见和建议，开展现场和非现场的监测和风险排查工作，及时对发现的问题和风险进行通报并督促整改，负责对信息科技风险管理情况进行总结分析，定期向高级管理层报告。

3.1.2 组织架构和汇报路线

信息科技风险管理部门员工应具备信息科技专业背景及技能，作为关键岗位应做好人员备份工作。风险管理部门应保持独立性，通常向分管风险管理的金融机构领导（如首席风险官）和高级管理层下设的风险管理委员会报告，并可应董事会或监事会要求进行专门汇报。

3.1.3 科技风险与全面风险的关系

金融机构全面风险管理是一个过程，该过程由金融机构的董事会、管理层和员工全面参与实施，应用于战略制定并贯穿于企业所有活动，旨在识别并管理可能会影响金融机构目标实现的潜在风险，使其控制在金融机构风险偏好的容忍范围内，为金融机构目标的实现提供合理保障。全面风险管理强调全员风险管理文化和全过程风险控制，要求金融机构在经营管理的所有过程、环节都执行风险管理流程，以确保金融机构总体经营目标的实现。

信息科技风险是金融机构全面风险管理的重要内容。巴赛尔委员会将银行业金融机构面临的风险分为信用风险、市场风险、操作风险、流动性风险、国家风险、声誉风险、法律风险、战略风险等，其中操作风险是指由于不完善或有问题的内部操作、人员、系统或外部事件而导致的直接或间接损失的风险，信息科技风险主要表现为操作风险，但也会连带导致法律风险和声誉风险。

信息科技风险是指信息系统在规划、开发、建设、运行、维护及退出过程中，由于技术和管理缺陷产生的操作、法律和声誉等风险，主要包括信息科技治理风险、信息安全风险、信息科技开发和测试风险、信息科技运行和维护风险、业务连续性运作风险、信息科技外包风险等。

信息技术的快速发展，尤其是大数据、云计算、区块链、互联网和移动互联网等新技术在金融行业的广泛应用，大大拓展了金融机构的业务范围和服务方式。伴随新技术应用而来的信息科技风险也更加复杂、多样和难以管控，其可能造成的损失和影响也更加巨大，因此信息科技风险开始得到金融机构董事会、监事会和高级管理层的关注。

风险管理部门负责金融机构全面风险管理的整体工作，需要将信息科技风险纳入全面风险管理体系，定期（如每半年或每年）对风险管理情况进行分析和评估，并向高级管理层报告。

3.2 工作机制

金融机构需要建立信息科技风险日常工作机制，制定合理可行的信息科技风险管理策略，落实信息科技风险管理制度，不断完善风险评估方法论，及时有效地开展各项风险评估工作。

3.2.1 风险管理策略和制度

1. 风险管理策略

金融机构要运用风险管理的方法，整体管控信息科技风险，要结合本机构特点和实际情况来制定信息科技风险管理策略。分类分级策略是信息科技风险管理的基准，金融机构信息科技风险管理部门要牵头制定和落实全行信息系统分类分级标准、信息科技风险分级标准、信息科技风险事件分级标准，从而统一全辖的信息科技风险管理的逻辑和语言。金融机构应根据信息系统的重要程度和风险级别，在系统开发、测试、变更、运维等阶段，根据风险级别采取差异化的风险管控措施，确保涉及核心业务或关键信息资产的系统得到优先保障和重点管理。

信息系统按重要程度可划分为一级信息系统（核心信息系统，如核心银行系统）、二级信息系统（重要信息系统，如手机银行系统、网上银行系统等）、三级信息系统（一般信息系统，如办公自动化系统、在线学习系统等）。各级信息系统实行清单制管理。

注意，这里的等级和网络安全等级保护里的等级是不一样的，这里的等级是金融机构内部的等级划分，是金融机构根据信息系统的重要性划分的等级，而网络安全等级保护里的等级是金融机构外部的标准，是国家标准。在国标里，信息系统的业务信息和系统服务被破坏后，按照对受侵害客体的侵害程度将信息系统分成 5 个安全保护等级（从第一级到第五级逐级增高）。

信息科技风险按发生可能性可分为高可能性、中可能性和低可能性，风险影响程度可分为重度、中度和轻度。根据风险发生可能性和风险影响程度，可以计算出风险等级。风险等级可分为重大风险、中等风险和低风险，如表 3-1 所示。根据风险级别制定相应的风险防范措施，比如重大风险应立即采取控制措施，中等风险尽快采取控制措施，低风险要在限定时间内采取控制措施等。

表 3-1 风险等级矩阵

影响程度	可能性		
	3（高）	2（中）	1（低）
3（重度）	9（重大风险）	6（重大风险）	3（中等风险）
2（中度）	6（重大风险）	4（中等风险）	2（低风险）
1（轻度）	3（中等风险）	2（低风险）	1（低风险）

应综合考虑信息科技风险事件的影响范围、影响对象、损失大小、持续时间、发生时段等因素，将信息科技风险事件划分为一级事件（如信息科技灾难性事件）、二级事件（如重大信息科技风险事件）、三级事件（如较大信息科技风险事件）、四级事件（如一般信息科技风险事件）等。

可以参考金融行业监管要求对信息科技风险事件进行分级，例如《银行业重要信息系统突发事件应急管理规范（试行）》规定，突发事件依照其影响范围及持续时间等因素，可分为三级：

特别重大突发事件（Ⅰ级）、重大突发事件（Ⅱ级）和较大突发事件（Ⅲ级）。

2. 风险管理制度

金融机构应根据本机构需要和实际情况，制定信息科技风险管理制度，包括但不限于《信息科技风险管理指引》《信息科技风险评估指引》等。

《信息科技风险管理指引》可以在总则中明确指引的目的、信息科技定义、信息科技风险定义、信息科技风险管理的目标等，然后根据有关法律法规要求和监管要求，按照信息科技风险管理八大领域展开，为建立和完善信息科技风险管理体系、加强信息科技风险管理提供指引。

《信息科技风险评估指引》可以明确信息科技风险评估的牵头部门、风险评估分类、风险评估流程、风险应对原则和应对措施等，从而规范信息科技风险的评估过程，达到及时发现风险、及时处置风险的目的。

3.2.2 风险评估领域和方法论

信息科技风险评估应覆盖信息科技风险八大领域，一般按以下流程实施。

1. 制订风险评估计划

风险评估计划中应包括风险评估范围、计划实施时间、实施人员、所需资源等。其中，全面风险评估范围应覆盖信息科技风险八大领域，专项风险评估范围根据相关监管要求和金融机构实际情况而定。信息科技风险评估牵头部门应和被评估部门做好沟通，对风险评估计划及相应安排达成共识。

2. 开展风险识别工作

由风险评估牵头部门根据风险评估计划制定《信息科技风险评估表》，然后组织被评估部门进行风险初步识别。被评估部门应以评估表为基础，结合实际工作情况，对评估表中所列风险进行确认，也可根据初步识别情况对评估表进行有针对性的增减。完成一次风险评估后，风险评估牵头部门可以对评估表进行维护和更新。

3. 开展风险定级工作

风险定级工作主要包括确定风险发生可能性和确定风险影响程度两项工作。

1）确定风险发生可能性。风险评估人员应根据监管要求、本机构实际情况、历史数据、同业情况等信息，评估风险发生的频率，并采用人员访谈、制度查阅、记录调阅、现场观察等方式，评估风险是否有相应的控制措施以及实际控制效果，最终确定风险发生可能性。风险发生可能性可分为高可能性（可能性等级3）、中可能性（可能性等级2）和低可能性（可能性等级1）。可能性评级可以进行量化，也可以以相应人员、资源、制度、流程或标准是否存在控制措施为依据，判断控制措施是否完善和是否得到有效执行。

2）确定风险影响程度。确定风险对信息科技工作目标及本机构总体业务目标实现的影响程度。风险影响程度可分为重度（影响程度等级3）、中度（影响程度等级2）和轻度（影响程度等级1）。影响程度评级可以根据以下因素综合考虑：造成的信息系统突发事件等级、监管处罚情况、财务损失（包括风险应对成本、客户流失等）情况、声誉受损情况等。

4. 计算风险等级

根据风险发生可能性和风险影响程度，计算风险等级。风险等级可在综合考虑风险发生可能性和风险影响程度的基础上，根据预先定义的风险矩阵图进行计算。

3.2.3 常见风险评估项目

金融机构监管部门要求金融机构开展信息科技风险评估相关工作。金融机构通常根据监管要求，由风险管理部门或者信息科技部门牵头，通过组织自行评估或者聘请第三方评估机构评估等方式开展，形成全面或者专项的信息科技风险评估报告，并向高级管理层和董事会报告。主要监管要求如表3-2所示。

表3-2 信息科技风险评估主要监管要求

监管制度	监管要求	风险评估频率	归类
《商业银行信息科技风险管理指引》	商业银行应制定持续的风险识别和评估流程，确定信息科技中存在隐患的区域，评价风险对其业务的潜在影响，对风险进行排序并确定风险防范措施及所需资源的优先级别（包括外包供应商、产品供应商和服务商）	不涉及	总体要求
《商业银行数据中心监管指引》	商业银行信息科技风险管理部门应制定数据中心风险管理策略、风险识别和评估流程，定期开展风险评估工作，对风险进行分级管理，持续监督风险管理状况，及时预警，将风险控制在可接受水平	定期	数据中心风险评估
	商业银行进行数据中心选址时，应进行全面的风险评估，综合考虑地理位置、环境、设施等因素对数据中心安全运营的潜在影响，规避选址不当引发的风险，避免数据中心选址过度集中	按需	
	商业银行应统筹规划灾难恢复工作，定期进行风险评估和业务影响分析，确定灾难恢复目标和恢复等级，明确灾难恢复策略、预案并及时更新	定期	
	商业银行应充分识别、分析、评估数据中心外包风险，包括信息安全风险、服务中断风险、系统失控风险以及声誉风险、战略风险等，形成风险评估报告并报董事会和高管层审核	按需	
	商业银行在选择数据中心外包服务商时，应充分审查、评估外包服务商的资质、专业能力和服务方案，对外包服务商进行风险评估，考查其服务能力是否足以承担相应的责任。评估内容包括外包服务商的企业信誉及财务定性、外包服务商的信息安全和信息科技服务管理体系、银行业服务经验等。提供数据中心基础设施外包服务的服务商，其运行环境应符合商业银行要求，并具有完备的安全管理规范	按需	
	商业银行应要求外包服务商每年至少开展一次信息安全风险评估并提交评估报告	每年	

(续)

监管制度	监管要求	风险评估频率	归类
《银行业金融机构重要信息系统投产及变更管理办法》	银行业金融机构应充分识别、分析、评估重要信息系统投产及变更风险，包括系统功能缺陷、客户信息泄露、业务中断、交易缓慢或其他因素可能造成的操作风险、法律风险和声誉风险，并形成风险评估报告	按需	投产及变更风险评估
	银行业金融机构在采取有效信息安全控制措施的前提下，可委托外部专家或具备相应资质的外部专业机构进行重要信息系统投产及变更的风险评估工作	按需	
《商业银行业务连续性监管指引》	商业银行应当开展业务连续性风险评估，识别业务连续运营所需的关键资源，分析资源所面临的各类威胁以及资源自身的脆弱性，确定资源的风险敞口。关键资源应当包括关键信息系统及其运行环境、关键的人员、业务场地、业务办公设备、业务单据以及供应商等	未明确（建议定期）	业务连续性风险评估
《银行业重要信息系统突发事件应急管理规范》	银行业金融机构在系统上线、系统升级、网络改造、设备更新等关键信息技术资源发生重大变更及业务种类和交易量发生重大变化时，应重新识别、分析、控制风险，并更新剩余风险评估和风险事件监测与预警	按需	突发事件风险评估
	银行业金融机构与电力、通信等重要基础设施服务商，主机、网络、存储等重要设备服务商，系统集成服务商以及其他外包服务商签订服务水平协议，并可因服务商的技术与产品政策、服务水平、服务能力发生变化可能产生的影响及时进行风险评估和预警	按需	
	银行业金融机构应每年开展一次对突发事件风险防范措施的全面评估和审计活动，包括评估风险识别、分析、控制措施的有效性、应急预案的完备性、应急演练的全面性和及时性等，检验防范措施的有效性，并及时发现新的风险，改进风险控制措施，进一步完善应急预案，形成风险防范措施的持续改进	每年	
	银行业金融机构应每年开展一次对应急响应工作的全面评估和审计活动。评估范围包括应急响应的有效性、投入资源的充分性、突发事件报告的及时性等，确保应急响应持续有效	每年	
《银行保险机构信息科技外包风险监管办法》	银行保险机构应建立覆盖董（理）事会、高管层、信息科技外包风险主管部门、信息科技外包执行团队的信息科技外包及风险管理组织架构，明确相应层级的职责，确保信息科技外包治理架构权责清晰、运转高效、制衡充分	未明确（建议定期）	外包风险评估
	银行保险机构应当对符合重要外包标准的非驻场外包服务进行实地检查，原则上每三年覆盖所有重要的非驻场外包服务。对具有行业集中度性质的服务提供商，银行保险机构可采取联合检查、委托检查等形式，减少重复性工作，减轻服务提供商的检查负担	每三年覆盖	

根据上述金融行业监管要求，金融机构可根据信息科技风险评估的实施范围及内容，将信息科技风险评估分为全面风险评估和专项风险评估两类。全面风险评估应覆盖信息科技八大领域，根据本机构的具体情况，可每年或每三年定期开展一次；专项风险评估可根据年度计划或当前实际情况选取一个或多个领域实施，在发生以下情况时也应实施专项评估。

❑ 发现重大隐患或信息科技审计发现重大问题。

❑ 内部或同业出现重大科技事件。

- 监管部门发出风险提示。
- 其他必要情况。

信息科技专项风险评估通常包括外包风险专项风险评估、客户信息保护专项风险评估、用户管理专项风险评估、终端安全专项风险评估、重要信息系统变更及投产专项风险评估等。

3.2.4 风险监测

信息科技风险管理部门应牵头建立信息科技风险管理监测指标体系，明确信息科技风险指标监测的方法和工具，持续开展信息科技风险指标监测、动态跟踪风险趋势，对异常指标数据和异常趋势深入分析，确定是否发生风险事件，及时发现和处置潜在风险。

信息科技风险管理部门应与信息科技部门一起，制定明确的计算公式、报警阈值、详细的取数口径和监测周期，定期收集指标数据。根据风险监测的结果，深入分析问题成因，明确整改措施、整改计划及对应责任人，形成整改跟踪台账，并对严重的问题进行通报、追究责任。

信息科技风险监测指标可以按不同维度进行划分，按风险性质可以分为动态指标和静态指标，按风险监测频率可以分为每日监测指标、每周监测指标、每月监测指标、每季监测指标、每年监测指标等。根据信息科技风险分布情况，监测可以重点覆盖以下几个领域。

1. 信息科技治理指标

- 衡量信息科技资源投入规模，例如年度信息科技资金投入占金融机构总投入的比例、年度信息科技资金投入增长率、信息科技人员占金融机构总人数比例等。
- 衡量信息科技人员稳定性，例如本年度信息科技人员流失率、本年度信息科技人员净流失率等。

2. 信息科技风险管理指标

- 衡量整体风险状况，例如信息科技风险评估对重点项目的覆盖率、识别的风险总数、识别的重大/中等风险数量等。
- 衡量风险整改情况，例如信息科技风险整改完成率等。

3. 信息安全管理指标

- 衡量信息系统安全状况，例如渗透测试、漏洞扫描、安全评估等安全测试的信息系统覆盖率、发现问题总数、发现的高风险问题数量等。
- 信息安全事件数量，包括拒绝服务攻击、病毒蠕虫感染、木马攻击、敏感信息窃取等。
- 信息安全检查发现的整改率，例如信息安全检查发现的已整改完成的问题占应整改完成的问题比例等。

4. 信息系统开发、测试和维护指标

- 衡量业务需求受理规模，例如业务需求受理数量等。
- 衡量信息系统投产变更的规模和质量，例如投产变更总次数、投产变更成功率（成功的投产变更次数占投产变更总次数的比例）等。
- 衡量变更风险管控情况，例如紧急变更率（紧急变更次数占投产变更总次数的比例）等。
- 衡量重大项目的实施后评价执行情况，例如重大项目实施后评价率（实施后评价重大项目数量占重大项目总数的比例）等。

5. 信息科技运行指标

- 衡量信息科技服务质量，例如故障总数、重点故障数量等。
- 衡量重要系统的系统可用性，例如核心银行系统、网上银行、手机银行、ATM、柜面等系统的可用率及中断次数等。
- 衡量重要系统的可靠性，例如核心银行系统、网上银行、手机银行、ATM、柜面等系统的交易成功率等。

6. 业务连续性管理指标

- 衡量应急预案的完备性，例如信息系统制定应急预案率、重要信息系统制定应急预案率等。
- 衡量应急演练的充分性，例如应急预案应急演练覆盖率等。
- 衡量应急预案的有效性，例如应急演练成功率等。

7. 外包管理指标

- 衡量信息科技外包风险管理的质量，例如信息科技外包风险事件数等。
- 衡量外包商服务的完成情况，例如外包商服务水平协议达成项数量占外包商服务水平协议签订总数等。
- 衡量对外包的依赖情况，例如外包依赖度、外包集中度等。

8. 内外部审计指标

衡量内外审及监管发现问题及整改情况，例如年度信息科技内外审次数、内外审发现问题总数、内外审发现重点问题数量、内外审发现问题整改率等。

9. 新技术的发展和应用指标

新技术主要是指人工智能、区块链、云计算、大数据。新技术的引入和应用，让信息科技对于金融的作用被不断强化，创新性的金融解决方案层出不穷，同时也带来了新的风险。设立新技术的发展和应用风险指标，可以衡量对新技术发展和应用带来风险的管理情况，具体指标可以包括因新引入的技术和应用而引发的故障数等。

3.2.5 突击检查

金融机构可在信息科技风险日常检查的基础上,不定期开展突击检查,通常会取得意想不到的效果,真正检验企业的信息科技风险管理要求的落实情况。金融机构可提前制订突击检查计划和方案,在不进行事先通知、严格做好保密工作的前提下,对信息科技风险重点领域进行突击检查。检查之后进行通报,以表扬先进、督促落后,并监督整改。以最常见的员工日常安全要求突击检查为例,检查要点如表3-3所示。

表3-3 信息安全日常行为要求

类别	信息安全日常行为要求
门禁安全	上班期间必须佩戴员工卡(门禁卡)
	员工卡不得借给他人
	员工卡不得随意放置于公共区域
	进出办公环境做到随手关门,并确保门禁生效,门已上锁
	接待外来人员时,要求其进行身份登记,在办公区域内须全程陪同
	进入办公室时注意防止陌生人尾随
口令安全	办公电脑及办公桌面上不得存放明文保存的用户名和密码信息
	办公电脑、系统等的登录密码须按内要求进行设置,不使用弱口令
桌面安全	办公电脑桌面整洁,不得存放重要工作文档(内部通讯录、涉密材料等)
	离开办公位置时,须将重要工作资料锁入抽屉,办公电脑应锁屏或关机
	下班后应确保计算机处于关闭状态
数据安全	上网终端下载的资料,使用后应及时删除
	公用电脑使用后应及时删除工作资料
	使用邮件传递涉密文件时文件须加密。严禁通过办公网络或互联网明文传输涉密信息
	工作资料使用完毕,须用碎纸机将其粉碎。不得随意放置或丢弃
	打印、传真、复印资料须及时取走,不得长时间置之不理
	办公电脑内的重要文档应定期备份
	涉及保密信息和内部重要信息的资料须当面交接,并做好交接登记
	电子办公设备出现故障须联系终端维护员进行处理,禁止私自维修,严禁未经批准送外部修理
介质安全	使用存储介质(U盘、移动硬盘等)后应马上删除里面的文件,不得私自保存生产数据和保密信息
	使用存储介质传输涉密资料时应加密保护
	离开办公桌时应将存储介质锁入抽屉

3.2.6 日常突发事件管理

信息科技突发事件是金融行业监管部门重点关注的信息科技风险,制定了明确、严格的监管要求，例如《银行业重要信息系统突发事件应急管理规范》中对信息科技突发事件进行定义：突发事件是指银行业金融机构重要信息系统以及为之提供支持服务的电力、通讯等系统突然发生的，影响业务持续开展，需要采取应急处置措施应对的事件。

为有效管理突发事件，金融机构应根据监管相关要求制定本机构的《突发事件管理办法》，对包括信息科技突发事件在内的各类突发事件的组织架构和职责分工、突发事件分级和分类、突发事件的预警、监测识别、报告、处置以及责任与奖惩等进行规定。

突发事件的预警、监测识别、报告、处置等主要管理流程可规定如下。

1. 突发事件预警

根据突发事件处置工作的需要，由处置组组织成员部门联合起草相关的应急预案，报领导小组或处置组审定后实施。要求处置组或相关部门每年至少组织一次有关人员的培训、演练，对预案效果进行评估，并根据突发事件的实际处置情况修订预案。

2. 突发事件监测识别

由处置组组织成员部门制定监测识别标准，组织相关部门的管理人员及业务骨干、技术骨干共同学习监管部门及内部突发事件报告的管理要求，并在日常工作中落实。对于信息科技突发事件，可对如下情况进行重点监测与识别。

- 信息系统中断时长达 20 分钟。
- 故障涉及监管数据的报送。
- 故障涉及较大金额的处理。

除了注意对上述情况进行重点监测外，对部分容易混淆的关键概念也须特别明确和澄清。

- 信息系统运行缓慢：该系统部分交易（或服务）无响应、部分交易（或服务）有响应。
- 信息系统运行中断：该系统所有交易（或服务）均无响应。
- 系统运行中断时长：从所有交易（或服务）均无响应的时间点开始统计，至有交易（或服务）有响应的时间点结束。

3. 突发事件报告

设置突发事件联络员，建立逐级汇报机制。根据突发事件的具体情况，总部各部门、各分支机构联络员负责第一时间向处置组及总部办公室汇报，处置组负责向监管对口业务部门、总部领导小组和总部办公室报告，总部联络员负责向监管部门联络员汇报。

4. 突发事件处置

突发事件按事件级别、类型由相关处置组及相关人员具体处置，突发事件越严重、影响越大，处置的层级越高。例如，特别重大突发事件（Ⅰ级）由领导小组直接组织处置；重大突发事件（Ⅱ级）由相关的处置组组织处置，并将事件情况、处置方案和处置结果向领导小组报告；较大突发事件（Ⅲ级），由总部相关部门直接或指导事发分支机构处置，并将事件情况、处置方案和处置结果向相关处置组报告。

3.2.7 非现场监管报表报送

非现场监管是按照风险为本的监管理念，全面、持续地收集、监测和分析被监管机构的风险信息，针对被监管机构的主要风险隐患制订监管计划，并结合被监管机构的风险水平和对金融体系稳定的影响程度，合理配置监管资源，实施一系列分类监管措施。非现场监管报表是银保监会对银行业和保险业金融机构开展非现场监管工作的重要抓手。银保监会于2020年印发了《银行业保险业信息科技非现场监管报表（2020版）》以及《银行业保险业信息科技非现场监管报表填报指南（2020版）》，明确了非现场监管月报、季报和年报的填报要求。

在金融机构内部，这项工作可以由信息科技风险管理部门牵头、信息科技风险防范相关部门协调合作。

1）非现场监管月报，如基础软硬件产品缺陷报表，可由信息科技部门进行排查，对发现的问题进行修复。

2）非现场监管季报。信息科技第一道防线相关报表，如电子业务统计表、重要信息系统运行情况表等，由信息科技部门负责填报。信息科技第二道防线相关报表，如信息科技风险管理情况表等，由风险管理部门负责填报。信息科技第三道防线相关报表，如信息科技内外部审计情况表等，由审计部门负责填报。对于内容有关联的报表，如电子业务统计表和重要信息系统运行情况表，要特别注意相关数据的准确性、一致性，避免同一数据在不同的报表、不同的报送材料里不一致，其中业务数据应由相关业务部门负责提供，由信息科技部门提供技术支持。

3）非现场监管年报。信息科技部门负责填报信息科技治理情况表、信息科技基础设施情况表、重要信息系统基本情况表、信息科技重大项目情况表、信息系统软硬件产品使用情况表、信息安全管理情况表、信息科技开发测试管理情况表、信息科技运行维护管理情况表、信息科技外包管理情况表、信息科技管理年度报告等。业务连续性牵头部门（如法律合规部门）负责填报业务连续性管理情况表等。

3.2.8 整改追踪和效果回顾

对于信息科技风险评估发现的问题，信息科技部门应高度重视、牵头组织，风险管理部门和审计部门应加强核查和监督，其他相关部门全力配合，共同努力，高效协同，推进整改工作，切实提升信息科技管理水平和信息科技风险防控效果。应从以下几方面加强信息科技风险整改追踪工作，并对整改效果进行回顾。

- ❑ 深入剖析问题，举一反三，建立长效机制。认真分析并检查发现的问题，深刻反思问题的根本原因，对于每一个问题均举一反三，排查相关领域是否存在类似的情况，建立健全长效的风险评估和风险防范工作机制，努力杜绝同类问题再次发生。
- ❑ 突出重点，加速推进，确保整改成效。制定限期性和长效性相结合的整改方案，逐项明确工作计划，落实具体责任人，协调内外部资源，积极推进整改工作；定期跟踪整改进度，及时验证整改成效，确保按时保质推进整改工作。金融机构可以制定信息科技风险整改跟踪台账，主要字段包括风险级别、风险描述、整改意见、主办部门、责任人、经办人、落实和整改举措、整改计划完成时间等，并可按周、按月或按季度跟踪整改完成情况。

- 优化工具，降低风险。积极升级科技管理工具，提升工作效率和科技治理水平，结合制度和流程优化，重点从减少手工操作、简化流程、提升易用性、安全合规等方面，对信息科技风险相关的工具，如监控工具、运维管理工具、配置管理工具、项目管理工具、架构管理工具等进行有针对性的分析和优化升级，达到集中管理、有效监控、降本增效、防控风险的作用。
- 定期回顾整改效果。对于已完成整改的信息科技风险，信息科技部门应每季度、每半年或每年回顾一次，检查是否已真正整改落实到位。也可以由信息科技风险管理部门牵头，对整改效果进行回顾。对于重复发生的问题，应深入分析反复发生的根本原因，制定和落实根治方案。

3.3 本章小结

信息科技风险管理是金融机构信息科技风险八大领域之一，是防范信息科技风险三道防线的第二道防线，是金融机构核心竞争力和可持续发展能力的重要保障。本章主要阐述了金融机构信息科技风险管理的工作职责、组织架构，梳理了信息科技风险和全面风险管理的关系，详细阐述了信息科技风险管理的工作机制，包括风险管理策略、风险评估方法、风险监测、风险检查、风险整改跟踪等重点内容，为金融机构信息科技风险管理工作提供了可借鉴的参考。

第 4 章
信息科技审计管理

信息科技审计是信息科技风险防范的第三道防线,也是最后一道防线,对金融机构有效守住业务发展的安全底线、进一步提升自身的核心竞争力至关重要。

本章主要介绍信息科技审计管理体系和工作机制,包括审计管理体系的工作职责、相应的组织架构和汇报路线,以及工作机制的审计制度、内外审计领域和方法论、常见的审计方法和审计项目、审计发现问题的整改跟踪等内容。

4.1 审计管理体系

金融机构需要建设和完善信息科技审计管理体系,在扩大审计覆盖面的同时,抓住重点风险领域。

4.1.1 工作职责

金融机构信息科技审计是指对本机构信息系统建设和运行的合法合规性和经济性、内部控制和业务流程的有效性、信息系统的安全性等,进行的检查、评价和监督工作,并针对发现的问题提出整改意见和优化建议。

信息科技审计涉及系统建设、投产、运行全生命周期的方方面面,涉及面广,而金融机构负责信息科技审计的资源有限,信息科技审计应将重点放在关键风险领域,紧密围绕本机构信息科技的突出风险、管控薄弱环节和监管关注重点,聚焦重要业务系统、重大生产事件和重大科技项目。

在确定信息科技审计范围时,应充分考虑审计覆盖面,确保符合相关法律要求和监管要求,同时，重点对本机构过往一段时间（如一年）的生产事件和安全事件发生情况、重大信息科技项目运行情况以及过往审计发现的问题进行回顾与分析，综合确定信息科技的审计范围。

4.1.2　组织架构和汇报路线

金融机构通常在审计部门设立信息科技审计团队，并设立若干信息科技审计岗，通过内部培养和外部招聘的方式建立信息科技审计专业团队，鼓励信息科技审计人员参加内外部各种培训，以及参加专业资格考试获得相关证书，如国际信息系统审计师资格证书，以不断提升团队的专业水平。

金融机构可以实行垂直管理的内部审计制度，内部审计部门对董事会负责，审计部门应定期向董事会（可在其下设专门的审计委员会）和监事会报告包括信息科技审计在内的审计工作，与信息科技风险防范第一道防线（信息科技部门）和第二道防线（风险管理部门）保持独立。

4.2　工作机制

金融机构需要建立信息科技审计工作机制，制定和落实审计制度，不断完善审计方法论，优化审计方法，从而有效提升审计效果。

4.2.1　审计制度

金融机构可以制定《信息科技审计指南》《信息科技内部审计准则》等相关制度，也可以将相关要求融入本机构总的审计制度，以指导和规范后续开展的信息科技审计工作。

《信息科技审计指南》应明确本机构信息科技审计的范围和内容、信息科技审计的流程和方法、信息科技审计工具、信息科技审计结果报告和使用等主要内容。《信息科技内部审计准则》可以包括一般准则和作业准则两部分。一般准则包括信息科技审计人员职业道德准则、保密工作准则、质量控制准则等。作业准则包括信息科技审计程序、审计计划、审计方案、审计证据、审计工作底稿、审计报告、审计跟踪、审计档案、工作模板等。

4.2.2　内外审计领域和方法论

金融机构信息科技审计按审计类型可以分为以下两类。

1. 专项审计

专项审计是指审计人员对被审单位的特定事项进行专门的审核、稽查。专项审计集中精力于某事项，审计工作更加细化和专业，可以涉及每一步具体的操作，可以了解到每一个细节的内部控制情况，同时可根据专项审计结果提出更有针对性的建议和控制措施。信息科技专项审计,可以对信息科技突发事件或者重要信息系统的投产及变更进行专门的调查、分析和评估,也可以对重要项目进行专项审计,在进行大规模系统开发时对系统开发的整个生命周期进行检查,包括项目前期的可行性研究、需求分析、开发、集成测试、业务测试、投产变更、项目验收、试运行,以及项目上线后的运维工作。

2. 全面审计

全面审计是指根据审计的目的和要求,对被审计单位的全部业务活动进行审核、稽查。全面审计是相对于专项审计而言的,全面审计涉及范围广,虽然工作量大、时间长,但是比专项审计更全面、更彻底。金融机构信息科技全面审计应覆盖总部和各分支机构各级信息科技部门的各项信息科技活动,审计范围应覆盖信息科技治理、风险管理、信息安全管理、信息系统开发测试和维护管理、信息科技运行管理、业务连续性管理以及外包管理等。按照监管要求,银行业金融机构应当至少每三年进行一次信息科技全面审计。

4.2.3 常见的审计方法和审计项目

监管部门要求金融机构开展信息科技审计相关工作。金融机构通常根据监管要求,由审计部门牵头,组织内部审计或者聘请第三方审计机构开展外部审计,形成全面或者专项的信息科技审计报告,并向董事会和高级管理层报告。

主要相关监管要求如表 4-1 所示。

表 4-1 信息科技审计相关监管要求

监管制度	监管要求	风险评估频率	归类
《商业银行信息科技风险管理指引》	商业银行应根据业务性质、规模、复杂程度、信息科技应用情况以及信息科技风险评估结果,决定信息科技内部审计的范围和频率	至少每三年一次	全面审计
《商业银行数据中心监管指引》	商业银行内部审计部门应至少每三年进行一次数据中心内部审计	至少每三年一次	专项审计
《银行业重要信息系统突发事件应急管理规范(试行)》	银行业金融机构应每年开展一次对突发事件风险防范措施的全面评估和审计活动,包括评估风险识别、分析和控制措施的有效性、应急预案的完备性、应急演练的全面性和及时性等,检验防范措施的有效性,并及时发现新的风险,改进风险控制措施,进一步完善应急预案,形成风险防范措施并持续改进	每年一次	专项审计
《商业银行业务连续性监管指引》	商业银行应每年对本行业务连续性管理进行审计,每三年至少开展一次全面审计,发生大范围业务运营中断事件后应及时开展专项审计	每三年至少一次或发生大范围业务运营中断事件后	专项审计
《银行业重要信息系统突发事件应急管理规范(试行)》	银行业金融机构应每年开展一次对应急响应工作的全面评估和审计活动。评估范围包括应急响应的有效性、投入资源的充分性、突发事件报告的及时性等,确保应急响应持续有效	每年一次	专项审计

(续)

监管制度	监管要求	风险评估频率	归 类
《中国人民银行关于进一步加强银行卡风险管理的通知》	每年应至少开展两次支付敏感信息安全的内部审计，并形成报告存档备查	每年至少两次	专项审计
《银行业金融机构重要信息系统投产及变更管理办法》	银行业金融机构内部审计部门应开展重要信息系统投产及变更审计工作，发现问题并提出整改意见	未明确	专项审计
《银行业金融机构信息科技外包风险监管指引》	银行业金融机构内部审计部门应定期开展信息科技外包风险管理审计工作，至少每三年对重要的外包服务活动进行一次全面审计。发生外包风险事件后应及时开展专项审计	至少每三年一次	专项审计

常见的审计方法如下。

1. 查阅资料法

主要是调阅与被审计内容有关的文档，为得出审计结论收集审计证据。应做好相应记录并将审计过程和结果记入工作底稿。在审计准备阶段，审计人员通过审阅有关文档，制定审计方案；在实施阶段，对于文档中所规定的一些控制措施，审计人员应该对照检查在实际操作过程中是否得到有效的执行。

对于不同的审计项目，审计人员应调阅不同的文档，例如对重要项目进行专项审计时，主要审阅该项目的可行性研究报告、需求分析书、总体设计方案、概要设计文档、详细设计文档、集成测试文档、用户验收测试（User Acceptance Test，UAT）文档、投产上线文档、业务验收报告、项目后评价报告等。

2. 访谈法

审计人员与被审计单位的相关人员进行面对面的交谈，询问有关情况以收集审计证据。访谈前应收集相关的背景资料，确定访谈对象。访谈对象一般是对审计内容比较了解的人。访谈过程中应做好记录，如有需要可请访谈对象签字确认。访谈后应对谈话的内容进行评价和总结。

访谈法适用于信息系统审计的各个阶段，在不同的阶段其所运用的目的不同。

3. 实地考察法

审计人员对被审计内容相关的物理环境、硬件设施、软件应用，以及相关开发设计、编码、测试和投产变更情况进行了解，实地查看控制措施的实施情况。考察前应确定观察对象的位置和陪同人员，发现问题可以及时与陪同人员沟通确认，有必要时可以签字确认，同时，在考察过程中应做好记录，并对考察结果进行评价和总结。

4. 测试数据法

审计人员设计一套虚拟的业务数据，将其输入到被测试系统中，将实际处理结果和预期结果展开对比，通过对比来判断对被审系统的控制和处理是否恰当。如果输出与预期相符，说明内部控制存在并符合既定要求或应用系统正确。

这种方法相对简单、直观，不足之处也较为明显，即需要花费较多的时间进行数据测试和准备工作。

5. 程序处理比较法

将被审计单位处理过的真实数据，在审计人员的监督下，或由审计人员亲自在相同的信息系统或以前保存的程序副本上再处理一次，将二次处理的结果与以前处理的结果相比较，判断当前的信息系统或程序是否符合既定要求。

6. 平行模拟法

审计人员开发一个与被审计单位信息系统或程序功能完全相同的模拟系统，将被审计单位的真实数据放入模拟系统中运行，观察其输出结果是否与被审计单位信息系统一致。

在金融机构信息科技审计中，应综合运用上述方法开展审计工作。例如在开展数据中心审计时，主要采用查阅资料法和访谈法，对数据中心机房建设规范、网络拓扑图、人员和设备出入机房记录等进行调阅，并通过访谈数据中心的管理人员，了解实际情况与记录的一致性等。

4.2.4 整改追踪和效果回顾

金融机构应规范信息科技审计问题整改追踪流程，切实发挥审计监督作用，可以从以下几方面加强整改跟踪力度，改善整改效果。

- ❏ 明确整改要求。整改方案应有具体的整改措施和计划，被审计部门应从制度、流程、策略、防控技术等方面对风险问题进行深度整改。对于没有实质性措施、浮于表面的行动方案，审计部门将退回被审计部门重新制定。
- ❏ 定期开展审计问题整改效果评估。审计部门应审查整改方案是否按计划落实，整改证据是否充足有效，整改效果是否达到预期。
- ❏ 建立现场跟踪回访机制。对于屡查屡犯、重复发生的问题，审计部门可以进行现场跟踪回访，实地检查整改效果。
- ❏ 与考核评价挂钩。制定信息科技审计整改质量、整改按时完成率等关键指标，并纳入信息科技考核评价，促使被审计部门积极有效整改。

4.3 本章小结

信息科技审计是信息科技风险防范的第三道防线，是信息科技风险管理的重要组成部分。审计人员依据监管要求及国内外最佳实践，结合金融机构的实际情况，评估信息科技风险防范工作的有效性，发现信息科技风险防范工作中的短板，并提出有建设性的、切实可行的整改建议。

第 5 章

信息安全管理

信息安全管理是金融机构信息科技风险管理的重要组成部分，工作重点是建设有效的信息安全管理体系，强化安全事件管理，不断提升员工的安全意识。

本章主要介绍信息安全管理体系、信息安全事件管理、信息安全意识管理等内容，包括信息安全管理体系的组织架构、制度体系以及国际上应用广泛的ISO27001信息安全管理体系，信息安全事件的分类、管理组织架构、安全识别、报告和处置、复盘等关键环节，信息安全意识培训体系的设计和实施。

5.1 信息安全管理体系

金融机构需要建设有效的信息安全管理体系，重点是建立组织架构，制定和落实信息安全制度体系，可以参考 ISO27001 管理标准开展安全体系建设的规划和落地。

5.1.1 组织架构

金融机构信息安全管理是协作性的，组织架构由各种角色组合而成，信息安全管理组织架构模型如图 5-1 所示。

金融机构信息安全管理组织的责任是管理信息安全风险、满足企业信息安全需求，模型说明如下。

信息安全决策层负责确定信息安全需求的范围、建立信息安全目标、制定信息安全战略规划、批准信息安全政策和风险管理实施计划,具体职责如下。

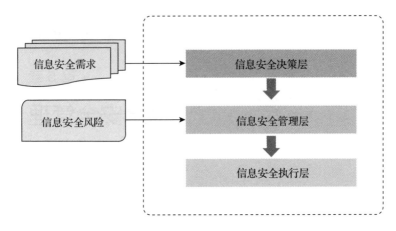

图 5-1 信息安全管理组织架构模型

- 统筹规划和领导信息安全管理体系工作。
- 决策信息安全管理的总体方针和工作方向。
- 研究并决定信息安全管理相关的重大事项。
- 审核、批准信息安全总体战略及规划。
- 批准信息安全管理体系重大变化。

信息安全管理层负责根据信息安全决策层的决策,分析信息安全需求、建立并维护信息安全体系来管理信息安全风险、保障业务安全,具体职责如下。

- 确定风险评估方法和风险接受标准。
- 负责协调组织信息资产风险评估工作。
- 组织和协调信息安全管理的各项工作。
- 制定管理体系制度和安全规划。
- 审查、监控并处理信息安全事件。
- 监督、控制和检查信息安全体系的落实情况。
- 执行信息安全管理内部审核与管理评审。

信息安全执行层的责任是协调执行信息安全风险管理工作,具体职责如下。

- 落实信息资产识别、风险评估等工作。
- 负责信息安全工作的实施、落实、协调工作。
- 负责制订职责范围内信息安全或与信息安全相关工作的计划和方案。
- 负责内控自查工作的实施。
- 与其他部门人员协同,确保信息安全目标的顺利实现和长期保持,同时获得实施信息安全工作所需的支持。
- 定期就信息安全管理的效果和有关重大问题及时向上级进行汇报。

5.1.2 制度体系

1. 制度范围

本节介绍的制度不仅包括信息安全制度，也包括信息科技制度。

金融机构在设计制度体系时应尽量遵循相互独立、完全穷尽（Mutually Exclusive Collectively Exhaustive，MECE）分析法。MECE分析法是指不重叠、不遗漏的分类，而且能够有效把握问题的核心，并成为有效解决问题的方法。所谓不重叠、不遗漏，指在将某个整体划分为不同的部分时，必须保证划分后的各部分符合以下要求。

- 各部分之间相互独立，意味着问题的细分在同一维度上、有明确区分、不可重叠。
- 所有部分完全穷尽，意味着全面、周密。

信息科技制度体系虽然很难完全做到MECE，但是可以通过类似鱼骨图的方法，把信息科技风险管理分为信息科技治理、信息科技风险管理、信息安全管理、信息科技开发及测试、信息科技运行及维护、业务连续性管理、信息科技外包管理、信息科技审计管理8个领域，逐个往下层层分解，保持合理的颗粒度，形成制度地图，并根据实际工作发展需要定期对制度地图进行调整、完善。

2. 制度分级、分类

对照监管要求、行业规范（如ISO20000、ISO27001等）、金融机构内部要求等，对制度体系进行差距评估分析，识别制度体系方面的主要待改善点，从而制定制度体系的架构和规划，设计制度的分类分级，在系统性、层阶性、接口方面进行完善。

首先，以监管要求、行业标准为依据，识别管理领域，结合金融机构信息科技工作生命周期，形成制度体系的一级分类，一级分类通常是总纲、管理策略、战略等。其次，梳理信息科技现有制度，规划将要建设的制度，形成制度清单。最后，将制度清单按管理领域（一级分类）的划分归类，并借鉴行业实践，结合金融机构信息科技工作流的特点，提炼、总结成制度的二级分类，便于制度的定位和理解，二级分类通常是管理办法。

对二级制度通过定义不同角色的职责（即活动），实现角色之间的协作，形成三级制度，通常是细则、规程、规范、操作手册、指引等。根据一、二、三级制度要求执行后产生的记录就形成了四级制度，例如工作记录、日志、报告等。

四级制度之间的关系如表5-1所示。

表 5-1 制度分级

制度级别	一 级	二 级	三 级		四 级
称谓	总纲、管理策略、战略	管理办法	细则、规程、规范、操作手册、指引、清单或其他能够体现内容的名称	表单模板	记录
制度的目的	纲领性制度，能够反映基本管理理念和方向，为下级制度提供指引方向	能够覆盖监管要求、相关法律法规要求、管理层要求	通过定义不同角色的职责（即活动），实现角色之间的协作	保证工作的一致性和规范性	依据一、二、三级制度要求执行后产生的记录，如工作记录、日志、报告、计划等
命名规则	全辖发文：××金融机构××制度名称 部门发文：××金融机构××部门名称××制度名称				

以监管要求、行业标准为依据，识别管理领域，保障制度全面性，对制度进行合理分类，如表 5-2 所示。

表 5-2 制度分类

类 别	监管要求	说 明
纲领性要求	商业银行信息科技风险管理指引	制度架构的设计依据
专项要求	商业银行数据中心监管指引	制度架构设计的补充
	商业银行业务连续性监管指引	
	银行业重要信息系统突发事件应急管理规范	
	银行业金融机构重要信息系统投产及变更管理办法	
	银行业金融机构信息科技外包风险管理指引	
行业标准	ISO/IEC 20000 信息技术－服务管理	
	ISO/IEC 27001 信息技术－安全技术	

梳理信息科技现有制度、规划，将要建立的制度形成制度清单。同时，借鉴行业实践经验，基于信息科技工作生命周期与科技工作支撑两个维度划分制度类别，并将监管、行业标准推导的管理领域与科技工作生命周期、信息科技工作支撑进行整合，形成制度分类。

推导整合参考过程如下。

第一步，对应监管要求、行业标准等推导制度的管理领域，包括信息科技工作生命周期和信息科技工作支撑两大领域，如图 5-2 所示。

第二步，设计信息科技工作生命周期制度地图，该领域包括需求提出及立项、商务采购、系统建设、系统维护 4 个子领域，如图 5-3 所示。

第三步，设计信息科技工作支撑制度地图，该领域包括治理与规划、外包管理、综合管理 3 个子领域，如图 5-4 所示。

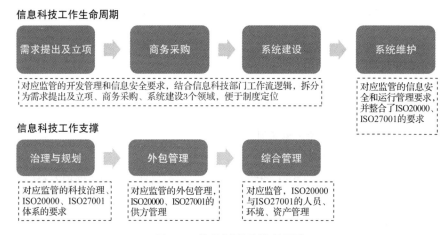

图 5-2 推导制度的管理领域

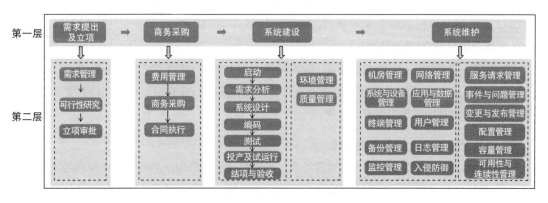

图 5-3 信息科技工作生命周期制度地图

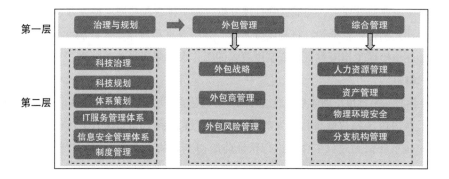

图 5-4 信息科技工作支撑制度地图

5.1.3 ISO27001 信息安全管理体系

在信息安全管理体系领域，ISO27001 是目前应用最广泛、认可度最高的信息安全管理标准之一，金融机构可以参照该标准开展本机构的信息安全管理体系建设工作。

1. ISO27001

信息安全管理实用规则 ISO/IEC27001 的前身为英国的 BS7799 标准。该标准由英国标准协会于 1995 年 2 月提出，并于 1995 年 5 月修订完成。1999 年英国标准协会重新修改了该标准。BS7799 分为两部分。

- BS7799-1，信息安全管理实施规则。
- BS7799-2，信息安全管理体系规范。

第一部分对信息安全管理给出建议，供负责在其组织内启动、实施或维护安全的人员使用。第二部分说明了建立、实施和文件化信息安全管理体系的要求，规定了根据独立组织的需要应实施安全控制的要求。

2000 年，国际标准化组织（ISO）在 BS7799-1 的基础上制定了 ISO17799 标准。BS7799-2 在 2002 年也由英国标准协会重新修订。ISO 在 2005 年对 ISO17799 再次修订，BS7799-2 也于 2005 年被采用为 ISO27001:2005。

在我国，自从 2008 年将 ISO27001:2005 转化为国家标准 GB/T 22080—2008 以来，信息安全管理体系认证在国内进一步获得了全面推广，越来越多的行业和组织认识到信息安全的重要性，并把它作为基础管理工作着力开展。

2. 开展 ISO27001 体系建设工作

- 借鉴国际信息安全管理最佳实践经验，系统梳理金融机构信息安全管理存在的风险，梳理制度落实情况，采取有效措施防范信息安全风险，建立适合于实际情况的信息安全管理体系。
- 针对金融业监管要求，完成监管合规分析、差距排查，并制定整改方案。
- 组织建立制度体系框架，将制度分领域、分层级重新梳理，保证制度健全。同时根据制度，逐项梳理工作流程，检查制度要求的工作事项是否严格落实到工作中并形成必要的证明材料。
- 建立信息安全宣传培训体系，通过开展各类信息安全培训，强化员工的信息安全意识。
- 为了获得由国家权威机构颁发的信息安全管理体系（ISO27001）认证证书，开展认证前的体系评估和建设工作，进行认证前的初步评估和准备工作，并准备认证所需的资料等。

3. 进行 ISO27001 体系认证工作

金融机构完成 ISO27001 体系建设后，可以开展 ISO27001 认证工作。

首先，证明所建立的信息安全管理体系符合国际标准，形成以预防为主和持续改进的风险管理机制，获得监管认可，提高监管合规程度。

其次，进行体系认证工作，持续推进管理体系的落地实施，保证体系得到有效运行。持续提升信息科技部业务交付的能力，为关键业务提供稳定、高效、优质的服务。促进信息科技人员由技术支撑向IT服务转变，优化业务部门与信息科技部门的沟通和协作关系，实现对业务需求的快速响应、快速解决，高效支撑业务运转。

最后，获得国家权威机构颁发的ISO27001体系认证，向社会公众正面展示信息科技工作和信息科技风险管控的成果，增强客户、合作伙伴及投资机构的信心和认可，提升社会形象。

4. 与ISO20000的关系

ISO20000是IT服务管理标准，目的是提供建立、实施、运作、监控、评审、维护和改进IT服务管理体系的模型。在ISO27001和ISO20000标准中，有多个领域的内容是重叠的，包括资产管理和配置管理、供应商管理、容量管理、变更管理、事件管理、连续性管理等。对于金融机构来说，两个体系建设并行开展比较好。当然，金融机构可以根据具体情况、目标和投入进行综合考虑。

5.2 信息安全事件管理

信息安全事件是指因自然灾害、基础设施或信息系统软硬件缺陷或故障、外部服务（如电力、通信等）中断、人为操作失误或破坏等对信息系统造成危害，直接或间接影响生产持续运营，需要采取应急处置措施予以应对的事件。

金融机构应制定信息安全事件管理策略，针对信息安全事件进行集中管控、统计、分析，并采取相应的措施，形成针对信息安全事件的监测、报告、预警、处置、证据收集、上报、整改机制。信息安全事件应纳入金融机构信息科技事件管理体系，进行统一管理，包括事件的分类、识别、报告、处置和分析回顾。

5.2.1 信息安全事件分类

信息安全事件主要包括有害程序事件、网络攻击事件、信息破坏事件、软硬件故障、外部服务中断、灾害性事件、其他信息安全事件七类，详细分类说明如表5-3所示。

表5-3 信息安全事件分类

信息安全事件分类	分类说明
有害程序事件	蓄意制造、传播有害程序，或是受到有害程序的影响而导致的信息安全事件，包括计算机病毒事件、蠕虫事件、木马事件、僵尸网络事件、攻击程序事件、网页内嵌恶意代码事件等类别

(续)

信息安全事件分类	分类说明
网络攻击事件	通过网络或其他技术手段,利用信息系统的配置缺陷、协议缺陷、程序缺陷或使用暴力手段对信息系统实施攻击,造成信息系统异常或对信息系统当前运行造成潜在危害的信息安全事件,包括拒绝服务攻击事件、后门攻击事件、漏洞攻击事件、网络扫描窃听事件、网络钓鱼事件、干扰事件等类别
信息破坏事件	通过网络或其他技术手段,造成信息系统中的信息被篡改、假冒、泄露、窃取等而导致的信息安全事件,包括信息篡改事件、信息假冒事件、信息泄露事件、信息窃取事件、信息丢失事件等类别
软硬件故障	由于信息系统自身故障或外围保障设施故障而导致的信息安全事件,以及人为使用非技术手段有意或无意地造成信息系统破坏而导致的信息安全事件,包括系统及设备自身故障、外围保障设施故障、人为破坏事故等类别
外部服务中断	由于外部服务供应商(包括电力、电信等)服务中断造成信息系统服务异常或中断的事件
灾害性事件	由于不可抗力因素对信息系统造成物理破坏而导致的信息安全事件,包括水灾、台风、地震、雷击、坍塌、火灾、恐怖袭击、战争等导致的信息安全事件
其他信息安全事件	不能归为以上 6 类的信息安全事件

5.2.2 信息安全事件管理组织架构

金融机构可建立安全事件管理组织架构,以协调信息安全事件的组织管理工作,如图 5-5 所示。管理层下辖监测预警组、技术分析组、应急处置组和联络保障组。应急处置组又可根据职责范围细分为网络小组、系统小组、数据小组和应用小组。

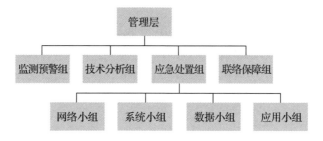

图 5-5 信息安全事件管理组织架构

5.2.3 信息安全事件识别

识别信息安全事件的途径包括监控平台、系统巡检、金融机构内部各单位反馈、金融机构外部反馈等。

监控平台是发现信息安全事件的重要平台。安全人员应牵头组织开发人员和运维人员,借助安全防护设备开展安全事件实时监测,对发现的网络攻击、信息泄露等安全事件进行确认,详细记录网络攻击、信息泄露等相关数据,为后续处置工作提供信息。

5.2.4 信息安全事件报告

信息安全事件应遵循"先报告后处置"的原则。当信息安全事件的影响范围和严重程度满足监管部门发布的《银行业重要信息系统突发事件应急管理规范》《银行、证券跨行业信息系统突发事件应急处置工作指引》等文件的上报条件时,应按照金融机构相关管理办法,上报相关金融监管机构,并尽可能保存好原始证据,保护好现场,如涉及违法犯罪的,应同时依法报告公安、国安等部门。

金融机构应制定事件报告的线路和层级,事件报告的内容应包括报告人姓名、所在单位、联系方式,事件发生时间、地点、现象,受影响的信息系统、业务种类、地域范围、客户数量和账务风险等信息。

信息安全事件原则上按报告路线逐级上报,当无法与报告路线中规定的上级接报人员取得联系时,可向上一级越级报告,并继续联系规定接报人员。

5.2.5 信息安全事件处置

信息安全事件处置过程中由管理层统筹安排相关资源,包括但不限于系统研发人员、系统运维人员、供应商技术支持人员、信息安全人员、应急环境等,应确保所需资源第一时间参与事件处置,能立即启动应急预案或采取有效措施,全力、有序地组织抢救、抢修,防止影响扩大,消除各种风险,尽快恢复系统,将各种损失降到最低。

当多个信息安全事件同时发生时,原则上按事件级别从高到低进行响应和处理。事件级别相同时,优先处理直接面向客户服务的、时效性要求较高的事件。

对于网络攻击事件,如有必要可通过主机日志、网络设备日志、入侵检测设备日志等信息对攻击行为进行分析,以找到攻击者的源 IP、攻击服务器 IP、邮件地址等信息,并对攻击方法、攻击方式、攻击路径和工具等进行分析研判。根据攻击事件的具体情况,进行如下处置:安全设备策略和规则调整、系统下线、服务器排查、应用排查、加固整改、系统上线等。

5.2.6 信息安全事件复盘

信息安全事件应急处置工作完成后,安全人员应牵头组织对事件进行复盘,编写《信息安全事件分析报告》,报告应包括信息安全事件基本信息、事件现象描述、事件影响分析、事件处置的整体过程描述及分析、原因分析、问题分析及应急处理、后续的改进措施、事件定责等。安全人员应制定和下达事件整改措施,明确措施内容、完成期限、责任单位和检查方式,并监督实施。

5.3 信息安全意识管理

信息安全意识是金融机构信息安全管理工作中永不过时的话题，再好的安全技术、安全工具也始终无法代替员工的安全意识。

5.3.1 信息安全意识培训体系设计

为做好信息安全工作，金融机构往往借助安全技术产品和服务来进行防护。"技防"永远无法完全取代"人防"，内外部人员安全意识薄弱而导致的信息安全事件很难完全避免，而且信息安全工作是"三分技术、七分管理"，信息安全意识是信息安全管理的重要内容。

金融机构要形成体系化的安全意识提升机制，要实现横向到边、纵向到底、内外兼修，即横向要跨业务条线，纵向要跨岗位、跨机构，整体覆盖上到董事会、监事会和高管层，下至基层员工的各级人员；外部要延伸到合作伙伴和客户，各岗位、各层级，内外部干系人都必须具备安全意识，形成一张覆盖企业全范围及外部干系人的安全意识网。

此外，金融机构既要防止主动违反安全规定，也要防止被动违规。所谓主动违规，就是罔顾安全要求，主动引发风险事件，甚至主动规避风险防范措施。所谓被动违规，就是意识不到自己的行为可能导致风险。提升安全意识，就是要让主动违规的人员，能有震慑感，能认识到违规导致的风险，不敢，也不愿铤而走险。对于被动违规的人员，要培养敏感性，提升风险规避和应对能力。这样才能使安全意识建设成为一种企业文化，达到综合化、立体化、纵深化防御的效果。

为了有效提升金融机构员工的信息安全意识，金融机构信息科技部门应将信息安全意识提升作为一项重要工作纳入信息安全规划，并每年制订一个正式、文件化的信息安全培训计划，提前准备足够的人力、财力和物力，纳入信息科技年度预算，进行严格审查，定期（如每季度）回顾，根据工作需要及时更新，确保计划得到有效落实。

5.3.2 信息安全意识培训实施

1. 员工入职培训

在新员工报到第一天就开始对其进行信息安全意识培训，帮助新员工了解企业的信息安全文化和信息安全管理规则，初步掌握信息安全相关的基本知识与技能，建立正确的安全思维方式，养成良好的安全习惯。培训后可以对新员工进行安全意识考核，考核结果纳入新员工转正评价指标，以敦促新员工重视信息安全工作并积极参与。

外包公司新员工信息安全意识培训与正式员工入职安全培训相似，应结合外包业务的特点，采取更有针对性的培训，例如与外包公司自身安全培训和安全要求相结合，开展机动、灵活、有效的培训工作。

2. 全体员工定期培训

每年或每季度开展信息安全现场培训或者交流（现场培训如果人数过多，可以以部门为单位进行），或者通过在线学习平台开展全员在线培训等，培训后根据培训内容进行测试，划定及格线，没有达到及格线的进行再培训和再考试，直到及格为止。

3. 针对不同人员进行有针对性的培训

（1）针对高管层　重点放在信息安全战略和安全意识宣导方面，了解金融企业信息安全战略方向、信息安全相关法律法规、主要的信息科技监管要求和监管趋势、金融企业信息安全的特点、信息安全组织架构、需要保护的主要信息、主要的风险事件案例等。

（2）针对中层管理者　应侧重于普及信息安全基本概念、信息安全相关法律法规、信息科技监管要求及趋势、信息安全管理体系、主要的风险事件案例、业界最新风险防控思路及措施等。

（3）针对基层员工　应侧重于普及信息安全相关的制度和流程、信息安全行为相关的法律法规、敏感信息保护要求、敏感信息泄露行为导致的不良后果和真实案例、违规处罚措施、基本的信息安全操作技能和防护手段等。

（4）针对外包员工　金融机构外包员工同样也可能接触到金融企业的客户信息、系统开发和设计文档、源代码等敏感信息，而且外包员工通常存在数量多、流动性大、人员素质参差不齐等特点。对外包员工进行信息安全意识培训也是很有必要的。对外包员工的安全培训，应侧重于外包制度和流程的具体内容、金融企业信息的分类和信息安全保护的具体要求、与信息安全行为相关的法律法规、泄密行为导致的不良后果和真实案例等。

（5）针对外部客户　应侧重于普及具体的案例说明、主要的诈骗手段拆解、简明扼要的信息安全宣传标语等。此外，可以将针对客户的培训嵌入业务流程，在客户办理业务时配套提供，例如在自助设备、手机银行、网银操作中嵌入关于防止密码泄露、防止电信诈骗的风险提示，发现可疑操作后通过电话或短信进行提示等。

4. 利用碎片化时间进行培训

开展员工信息安全意识培训时，员工往往会觉得要耽误很多工作时间来配合，积极性不高，导致培训效果有限。为此，可以尽量利用员工的碎片化时间来开展信息安全意识培训，缓解员工的抵触心理。

碎片化时间包括等待和上下电梯的时间，包括走路经过办公楼大堂或建筑物走廊的时间，甚至包括工作开始前电脑开机时和电脑屏幕保护的时间，还可以在会议室、茶水间、打印室等张贴相关提示的宣传海报，或者利用开会前后以及中场休息的间隙播放信息安全意识的宣传教育短片等。这些都是能够被利用起来的碎片化时间，利用这些时间进行培训，既不会给员工增加时间压力，又可以起到"润物细无声"的效果。

5. 开展形式多样的培训

除了常规的现场培训、在线学习平台培训之外，可以通过视频、画报、宣传手册、电子期刊、有奖知识问答、微信或微博展示等形式，向员工及客户推广、宣传信息安全理念。此外，还可以通过实战演练来提升员工的安全意识，模拟真实的攻击场景，检验员工的安全意识和面对攻击的应对水平，例如钓鱼邮件演练、病毒木马演练、社会工程学演练、撞库测试、弱口令测试等。

5.4 本章小结

信息安全管理是金融机构信息化建设中必不可少的重要环节。金融机构通常设立独立的信息安全组织架构和团队，通过建立信息安全管理体系，提高员工的信息安全意识，提升防范和处置信息安全事件的能力，有效提高对信息安全风险的管控能力，从而更好地保障金融机构的业务稳健发展。

第 6 章

开发与测试风险管理

软件开发测试是指根据用户的需求编写指定软件并进行检测,让计算机解决用户遇到的问题,对脑力和体力要求很高、风险也高的活动。在项目软件开发测试过程的任何一个阶段都可能存在风险,采取积极的风险管理方式,可以使项目进程更加平稳,获得更高的项目控制能力,能够规避、转移风险或缓解风险带来的不利影响。有效地实施软件开发测试风险管理是软件开发测试工作顺利完成的保证。

本章首先介绍金融业开发风险管理体系,其次阐述在项目各阶段的开发风险管理流程及主要活动,再次从加强开发质量保障和测试管理两方面阐述如何降低软件开发项目风险和质量风险,最后介绍业务部门如何参与风险管理。

6.1 开发风险管理体系

开发一个信息系统是相对容易的,让这个系统正常安全地运转起来并实现业务价值,则是现实的难题。虽然采用先进的 IT 技术与产品、优秀的管理方法,在一定的程度上能降低软件开发风险,但并不十分保险。只有通过为开发环节引入一定的结构、规则与标准,使开发在"他律"(开发风险治理)的基础上进行"自律"(开发管理),才能将开发风险控制在一定的范围内。这个框架就是开发风险管理体系,也可以称为开发风险管理的"游戏规则"。建立开发风险管理的"游戏规则"是信息科技风险管理工作的重要内容之一。

6.1.1 开发风险管理体系框架

对于金融行业而言,信息系统关系到本机构业务连续性和核心竞争力,乃至整个社会的金融稳定和国家安全,是重点保护对象。近年来,随着信息系统安全问题的日益凸显,中国人民银行、银保监会、中国证券监督管理委员会(简称证监会)等机构纷纷出台了一系列关于银行、保险、证券等金融行业信息系统安全相关制度和标准,我国金融业对信息系统安全在内的信息科技风险的重视程度已达到空前高度。

要想提高金融业信息系统的安全性,必须在信息系统建设初期就将安全纳入考虑范围,并在信息系统开发全生命周期中做好开发风险管理工作。金融业应参考国际标准实践,根据监管要求,依托自身风险管理现状,规划软件开发风险管理架构,建立开发风险管理组织,完善管理制度和流程,建立相应的标准和指南,提供安全支持服务,进行开发风险管理的执行、评估和监控及开发风险审计等关键活动。开发风险管理体系框架如图6-1所示。

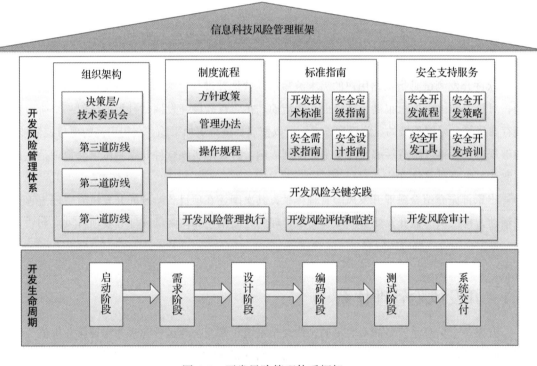

图6-1 开发风险管理体系框架

- ❑ 信息科技风险管理框架是开发风险管理体系的顶层要求。在信息系统开发阶段可能引入开发风险,导致信息系统出现安全问题。开发风险的内容基本被信息科技风险囊括,属于信息科技风险的一个子集。信息科技风险管理方针、政策是进行开发风险管理的纲领性文件,集中体现了管理层对开发风险管理的要求。
- ❑ 组织架构是保证开发风险管理工作有效开展的基础,应满足外部监管要求和加强内部管理的双重需要。构建完善的开发风险组织架构,需要坚持信息科技风险管理领导小组的顶层设计，搭建有效协同的开发风险管理三道防线。典型的组织架构详见 6.1.2 节。
- ❑ 制度流程是开发风险管理工作有效开展的规范和依据。根据开发风险管理工作的需要，参考监管要求，制度流程可以分为方针政策、管理办法及操作规程 3 个层级。其中，方针政策确立金融机构开发风险管理体系的整体架构，明确开发风险的管理策略和战略目标；管理办法是规范开发风险管理体系各工作领域的管理职责和要求；操作规程是明确各环节的具体流程和实施要求。
- ❑ 标准指南是金融机构信息系统安全开发的依据，参照内外部监管要求、信息安全标准，以及历次信息安全事件和信息安全检查发现问题的整改要求，结合工作实际情况制定。建议包括开发技术标准、安全定级指南、安全需求指南、安全设计指南等。
- ❑ 安全支持服务是开发风险管理的重要组成部分，可保证开发风险管理体系的各项管理措施和技术措施在信息系统建设中落地实施，以达到对开发风险全面管理的目标。建议包括安全开发流程、安全开发策略、安全开发工具、安全开发培训等。
- ❑ 开发风险管理执行、开发风险评估和监控、开发风险审计是开发风险管理体系的核心和主体。

通过建设开发风险组织架构、制度流程、标准指南和安全支持服务进行开发风险关键实践，金融机构能够实现信息系统开发风险的体系化防控，全面提升信息系统的安全性和合规性。

传统的软件开发生命周期主要从软件功能实现角度出发，通常只注重软件功能的定义和实现，而没有充分考虑安全性。在开发风险管理体系中，金融机构须将安全原则渗透至整个软件开发的生命周期中，即在每个阶段均考虑安全性，将安全技术纳入软件开发的各个阶段，主动实现软件自身安全性。

6.1.2　组织架构

金融业软件开发风险管理的组织架构是参照其内部控制三道防线，结合软件开发的特点和信息科技组织架构建立的。图 6-2 是金融业软件开发风险管理的一种典型组织架构。

参照操作风险管理三道防线的管控方式，软件开发风险管理遵循责任到位、任务明确、各司其职的原则。各部门的职责定位如下。

- ❑ 开发风险管理决策层：由软件开发机构的高级管理层组成，负责贯彻执行信息科技风险策略，制定软件开发风险管控工作策略，审定开发风险管控工作的相关制度和标准规范，对开发风险管控进行监督和指导。
- ❑ 技术委员会：由软件开发机构具有较强能力和实践经验的技术专家、工程管理专家组成，负责软件开发整体技术架构的规划和管理，对战略全局性重点项目的前瞻规划及实施进行指导，对项目技术方案进行审核和签批，对重大技术问题的解决方案进行审议，负责信息安全体系文件、标准规范的组织制定和审核。
- 内部审计部门：作为软件开发风险管理的第三道防线，主要负责对软件开发风险管理和软件开发风险控制的效果进行检查和评价，并督促有关部门进行整改，以确保软件开发风险管理体系的良好运行和持续改进，是整个软件开发风险控制体系的监督部门。
- 开发风险管控部门：作为软件开发风险管理的第二道防线，处于软件开发风险管理体系架构的中间层，主要负责落实风险管理决策层的风险工作策略，承担着制定风险计量标准、开发评估工具、建议控制方案、督促控制执行、监测风险情况应急响应、编制风险管理报告等职责。定期向风险管理层提交风险评估报告，是软件开发风险过程监控的主要环节。
- 其他职能部门包括信息安全管理、技术管理、质量管理、项目管理、资源管理、软件开发、软件测试部门，它们组成了软件开发风险管理的第一道防线。作为软件开发风险的第一责任人，这些部门承担识别风险、控制风险等职责，负责落实风险管控的各项制度和标准。

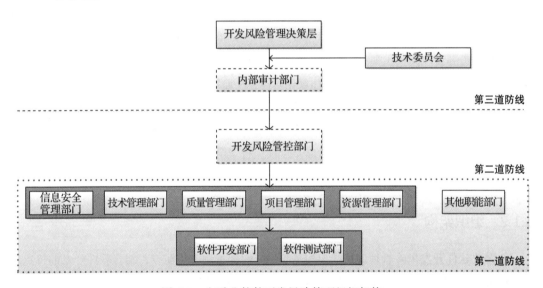

图 6-2　金融业软件开发风险管理组织架构

总体来说，软件开发风险的三道防线是一个整体，各道防线不是孤立存在的，是一种相互独立、相互制约，又相互促进的关系。软件开发风险管理组织架构以风险管理战略为基础，以企业文化为驱动，以科技治理、制度等为保障，有效落实金融机构全面风险管理战略。

6.2　项目周期中的开发风险管理

金融机构应按照开发风险管理工作流程在信息系统开发各阶段执行相应的开发风险管理活

动。根据安全和效率兼顾的原则,开发风险管理工作流程一般与项目管理流程相融合。

典型的开发风险管理工作流程如图 6-3 所示,该流程将项目周期划分为 6 个阶段。每个阶段将进行相应的开发风险管理活动。

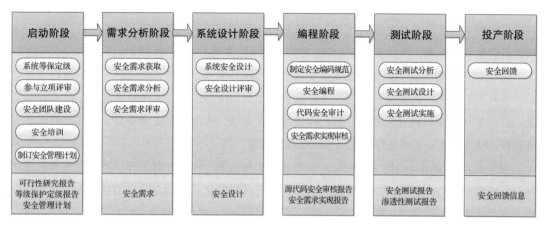

图 6-3　开发风险管理工作流程

6.2.1　启动阶段风险管理

启动阶段一般包括项目立项及制订项目管理计划等工作。在立项阶段,开发风险管理工作主要包含信息系统的安全等级保护定级(简称系统等保定级)和立项评审活动。

安全等级保护定级的目标是完成该项目涉及信息系统与现有信息系统的归属划分,进而确定定级对象和定级对象的等级保护级别,一般过程如下。

1)由项目业务主管部门提供信息系统业务安全描述材料,开发风险管理团队(如安全管理团队)进行该项目涉及信息系统与现有信息系统的归属划分工作,进而确定定级对象。

2)开发风险管理团队根据《安全定级指南》确定每个定级对象的安全保护等级,并形成报告。

3)信息系统定级结果作为立项材料内容之一,提交上级审批。

在立项评审环节,至少会评审项目业务需求书和可行性研究报告。为加强开发风险管理,项目业务需求书的内容除了包含业务背景、业务范围、业务目标、需求范围、功能需求(含业务规则)外,还应涉及非功能需求,如性能效率要求、业务连续性要求、业务关联影响分析、后台管理功能、异常处理机制和业务风险评估等。在可行性研究报告中,应明确列出项目风险分析,说明项目实施中可能存在的风险(包括业务风险、安全风险等)及防范和控制的措施等,提出实施项目必须解决的难点和问题。开发风险管理团队负责人或安全专家作为评委之一,参与立项评审工作。

项目立项后,在制订项目管理计划时,同步进行的开发风险管理工作包括安全团队建设、安全培训和安全管理计划制订,其中安全管理计划将作为项目管理计划的一部分。

安全团队建设要明确项目开发风险管理工作的相关角色和工作职责,推动开发风险管理工作的开展。由开发风险管理团队负责人指定该项目的信息安全督导员,让其全程跟踪和督导项目开发风险管控工作,成为项目组和开发风险管理部门联系的纽带。同时,由项目经理指定该项目的信息安全经理,负责项目实施全过程的开发风险管理工作。

安全培训是指由安全督导员或安全专家对项目组开展安全培训,传导开发风险管控工作要求,提升项目组成员的安全意识和安全开发技能。培训内容包括开发风险管理工作的流程和要求、信息系统安全设计开发要求、最新内外部监管要求、业界信息安全动态、新发现的信息安全漏洞及防范措施、最新软件安全编程规则和要求等。

安全管理计划用于明确项目的开发风险管理工作内容、角色和时间等。在制订安全管理计划时,要根据开发风险管理工作要求,梳理关键开发风险管理活动,结合项目整体时间计划形成该项目的安全管理计划。安全管理计划经评审通过后纳入项目管理计划。

6.2.2 需求分析阶段风险管理

需求分析阶段主要涉及安全需求获取、安全需求分析、安全需求评审等。

安全需求获取是通过召开安全需求研讨会等方式挖掘合适的安全需求。不同于其他行业,金融行业的软件开发需求意向在大多数情况下来自内部的业务部门,而不是来自客户。安全需求挖掘工作主要由业务人员、业务需求分析师、安全专家共同完成。由于业务人员提供的需求意向主要涉及业务主体逻辑,涉及安全需求的内容较少且较为笼统,因此为了形成产品级的安全需求书,可以通过召开安全需求研讨会等方式收集需求。

安全需求分析是对安全需求的清晰理解,目的是寻找将安全需求作为安全功能嵌入系统的最佳实现方式,并识别出对应的安全威胁。在需求分析阶段,需要进行以下安全考虑。

- ☐ 产品提供的安全功能。
- ☐ 产品如何安全地与用户(或其他软件模块)交互。
- ☐ 产品的风险评估和威胁模型。
- ☐ 产品的默认功能配置。

安全需求评审的目的是将评审后的安全需求作为后续安全设计、安全编程、安全测试及安全需求实现审核工作的依据。根据项目特点,从安全专家团队中抽调专家组成安全需求评审小组,负责对该项目的安全需求进行评审。可以与项目需求评审合并进行,也可以单独进行。评审后,信息安全经理牵头根据评审意见对安全需求进行改进和完善,经安全需求评审小组认可后,形成最终的项目安全需求说明书并发布。

6.2.3 系统设计阶段风险管理

系统设计阶段主要涉及系统安全设计和安全设计评审。

系统安全设计是根据安全需求方案确定的安全目标，参考《安全设计指南》，对初步风险评估的控制措施的具体技术实现进行安全设计，包含概要设计和详细设计。其中概要设计包括但不限于安全体系结构设计、各功能模块间的处理流程、与其他功能的关系、安全协议设计、安全接口设计等；详细设计作为安全功能的程序设计，应当直接指导安全功能的编程工作，包括但不限于模块设计、内部处理流程、数据结构、输入/输出项、算法、逻辑流程图等。威胁建模是安全设计阶段常用的一种方法，主要流程包括确定建模对象、识别威胁、评估威胁及消减威胁四步。

安全设计评审的目的是将评审后的安全设计规格说明书作为后续安全编程、安全测试及安全需求实现审核工作的依据。根据项目特点，从安全专家团队中抽调专家组成安全设计评审小组，负责对该项目的安全设计进行评审。可以与项目设计评审合并进行，也可以单独进行。评审后，信息安全经理牵头根据评审意见对安全设计进行改进和完善，经安全需求评审小组认可后，形成最终的项目安全设计说明书并发布。

6.2.4 编程阶段风险管理

编程阶段主要涉及制定安全编码规范、安全编程、代码安全审计、安全需求实现审核等。

制定安全编程规范是通过安全编程检查表、工具环境的安全配置、禁用不安全函数和数据结构等方式，建立安全编程的技术规范，以帮助软件工程师了解安全漏洞产生的原因及防范方法，为其提供安全编程的参考。

安全编程是按照安全编程技术规范开展应用软件的编程工作，目的是减少代码编写过程中产生的安全漏洞。

代码安全审计是对应用软件源代码进行审计，发现潜在的安全问题，是防范安全漏洞的有效手段。审计通常包括工具自动审计和人工代码审计，两种方法相互辅助。代码安全审计可以高效发现应用程序中存在的大多数安全问题，对于安全测试需要较长时间才能发现部分安全问题的情况，代码安全审计可以较快发现安全漏洞，对于安全测试很难发现的安全问题，通过代码安全审计可以比较容易地发现。例如，通过代码安全审计，可迅速确定访问任意账户的后门密码问题，而使用安全测试是无法发现这个漏洞的。

安全需求实现审核是审核项目需求阶段提出安全需求的实现情况。在项目编程工作结束后，由信息安全经理发起安全需求实现审核申请，审核小组对该项目的每一项安全需求的实现情况进行审核，并提出审核意见和改进建议。对于审核发现的问题，由信息安全经理组织制定整改方案，在项目投产上线前完成整改，确实无法完成的，须说明原因并提供风险缓释措施，最终形成安全需求实现审核报告。

6.2.5 测试阶段风险管理

测试阶段主要涉及安全测试分析、安全测试设计和安全测试实施等，是确定软件的安全特性实现与预期设计是否一致的过程，并验证软件安全性以及识别潜在安全漏洞。

安全测试分析是以产品为维度，分析安全测试策略、环境资源需求、配合及支持产品范围、测试基础数据等需求，编写产品安全测试方案，并对安全测试方案进行评审。安全测试方案内容主要包括安全测试策略、测试环境资源分析、配合测试产品范围等。

安全测试设计是依据对安全需求和威胁的分析结果，结合被测产品的具体特点，以及其他可能涉及的安全测试威胁点，完成安全测试案例设计，并组织对安全测试案例的评审。

安全测试实施是准备安全测试环境、工具及数据，开展安全测试的实施工作。依据安全测试方案及案例，逐个开展测试，采用手工测试、工具扫描结合手工验证等手段。修复测试发现的问题后，需要再进行安全测试验证，最后形成产品安全测试报告并组织评审。

6.2.6 投产阶段风险管理

投产阶段主要涉及安全回馈，以形成 PDCA 良性循环。

安全回馈工作的目标是通过编制信息系统安全操作手册，清晰地告知系统操作人员如何正确施行安全配置和异常监控，及时反馈系统缺陷和脆弱点，推动安全功能的持续优化。具体包括三部分。

- ❑ 安全投产：由项目经理牵头组织制定投产方案和应急预案，做好投产相关准备工作。投产实施后应验证和复核信息系统的安全配置，并形成信息系统的安全配置基线。
- ❑ 安全运维：由信息安全经理牵头，制定信息系统安全操作手册，清晰告知系统操作人员如何正确进行安全配置和异常监控，并制订应急响应计划。系统操作人员应严格按照安全操作手册进行系统运维。
- ❑ 安全改进：在运维过程中，系统操作人员应及时反馈系统缺陷和脆弱点，由信息安全经理组织对安全功能进行持续优化和改进。

6.3 开发质量保障

信息系统开发风险并不是一个孤立的问题，它与项目风险、软件质量等领域关系密切。开发风险是信息系统开发阶段可能引入系统安全问题的风险，进行开发风险管理是为了提高系统的安全性。而项目风险是项目开发过程中所存在的资源、进度等方面的风险，项目风险管理的目的是确保项目能按计划稳步推进，顺利完成。软件质量是软件开发过程中所使用的各种开发技术和验证方法的最终体现，是各种特性的复杂组合，随着应用系统的不同而不同，随着用户提出的质量要求的不同而不同，开发风险管理的要求覆盖了软件质量中安全相关的特性。

成功的软件开发，不只是解决信息安全问题，还包括解决项目风险、质量风险、技术风险等问题。

6.3.1 软件能力成熟度集成模型

能力成熟度集成模型（Capability Maturity Model Integration，CMMI）是美国卡耐基梅隆大学软件工程研究所（Software Engineering Institute，SEI）组织软件过程改进和软件开发管理方面的专家历时 4 年开发出来的，是在全世界推广实施的一种软件能力成熟度评估标准。目的是帮助软件企业对软件工程过程进行管理和改进，增强开发与改进能力，从而能按时地、不超预算地开发高质量的软件。该模型依据的想法是，只要集中精力持续努力地建立有效的软件工程过程的基础结构，不断进行管理实践和过程的改进，就可以克服软件开发中的困难。

在经历了 3 个版本的迭代之后，2011 年，CMMI 1.3 版正式发布。两年之后，CMMI 连同产品与服务一起，全部由 SEI 转入 CMMI 研究院负责。直至 2018 年 3 月，CMMI 2.0 版上市，标志着 CMMI 全新应用时代的开启，也是其从 SEI 剥离、并入国际信息系统审计协会之后的首次版本更新。自 2020 年 10 月 1 日起，CMMI 研究院停止受理 CMMI 1.3 版的评估，这意味着 CMMI 2.0 版的时代序幕全面拉开。

CMMI 2.0 版是一个集成的产品套件，包括成熟度模型、使用指南、系统与支持工具、培训、认证和评估方法等 5 个组件。CMMI 2.0 模型引入"能力域"和"实践域"的概念，将 CMMI 1.3 版的开发（Develop，DEV）、服务（Service，SVC）、采购（Acquisition，ACQ）和人力管理（People，PPL）等模型中的所有实践整合在一个模型中。CMMI 2.0 模型共有 12 个能力域，这 12 个能力域被分为 4 类——执行、管理、使能和提高。每个能力域中包含一组相关的实践域。项目可以构建自己的自定义视图。

CMMI 2.0 模型的核心是一组集成的、预定义的、可定制不同模型的视图，由五部分组成，如表 6-1 所示。

表 6-1　CMMI 2.0 模型组成部分

组成部分	说　明
视图	❏ 预定义视图实例：CMMI 开发 2.0 版、CMMI 服务 2.0 版、CMMI 供应商管理 2.0 版、CMMI 人员管理 2.0 版 ❏ 最终用户选择视图实例：CMMI 2.0-DEV 与 CMMI 2.0-SVC 的组合，实践域、能力域或实践组的任何其他组合
实践域	一系列类似的实践，共同致力于实现该实践域所定义的意图、价值和必需的信息
实践组	在实践域内组织实践的结构（如渐进的等级），为性能改进提供途径

(续)

组成部分	说明
实践	❑ 必需的信息：了解实践的全部意图和价值所需的信息，包括实践声明、价值声明以及除解释性信息之外的其他必要信息 ❑ 解释性信息：实践的其余部分，包括活动实例和工作产品实例。这些信息有助于更好地理解所需的信息的含义和意图。解释性信息是说明性资料的子集
说明性资料	包括模型中必要信息以外的所有内容（如概述和附录），可以将外部资料链接添加到说明性资料中。外部资料指其他说明性资料、采用指南、采用实例、模板、培训材料等

CMMI 2.0 模型的实践组中，实践能力等级如表 6-2 所示，每个等级都是在前一个等级的基础上增加新的功能或能力要求，为组织改进提供一条清晰的路径。

表 6-2　CMMI 2.0 实践能力等级

等级	定义
1 级	描述满足实践域意图的初步方法的基本实践，此级别没有一套完整实践来满足实践域的全部意图
2 级	基于第 1 级实践，是一组简单且完整的实践，能够满足实践域的全部意图，不需要使用组织资产
3 级	基于第 2 级实践，采用组织标准并根据独特的项目和工作特征进行裁剪，项目使用并贡献组织资产
4 级	基于第 3 级实践，使用统计和其他量化技术来检测、完善或预测焦点领域，以实现质量与过程性能目标
5 级	基于第 4 级实践，使用统计与其他量化技术来优化质量与过程性能目标的实现情况

CMMI 好比飞机的雷达、野外探险的指南针，给软件开发指明了前进的方向。有了它的指引，我们可以少走弯路，用最低的成本达到最大的效益。需要说明的是，CMMI 并不是飞机上的发动机，也不是野外的探险者，软件的"发动机"是我们的专业技能，软件开发需要不同角色协同工作，不同的角色需要不同的专业技能。在进行 CMMI 改进的过程中，一定不能忽视专业技能的锻炼、培训和提高。

6.3.2　单项目管理与项目群管理

金融项目管理体系的目标是确保软件开发工程在满足范围、计划要求的基础上，低成本、高质量、合规地完成，以支撑、服务乃至引领金融机构的业务发展。项目管理体系是一个持续提升、逐步完善的过程，从自发项目管理向组织项目管理、从松散项目管理向集中项目管理、从经验项目管理向度量项目管理、从凭借个人能力的项目管理向依托组织力量的项目管理演进。

按照项目管理理论，单项目管理是发展的第一个阶段，是后续项目群管理、项目组合管理的基础，也是一个必经的发展阶段。金融机构只有在单项目管理方面做深、做优、做透，才有逐级晋升至项目群管理、项目组合管理的可能。即使已经发展至项目群管理或项目组合管理阶段，最基本的软件开发工程仍将以单项目形式开展，仍离不开单项目管理体系。

1. 单项目管理

不同的金融机构在单项目管理的制度、流程、方法上各有特点，但不会大相径庭。关于单项目管理的图书很多，同行业间对于单项目管理的交流也很多，下面介绍一些金融机构软件开发工程实践。

项目全生命周期活动包含从需求提出到系统验收的全过程，具体包括需求提出、需求受理与评估、立项、商务采购、需求分析、系统设计、开发、技术测试、业务测试、投产上线、验收、项目结项等阶段。进行信息系统建设时，首先需要任命项目经理，由项目经理负责管理项目立项、商务过程、项目实施以及项目结项的全过程。

（1）立项管理　首先是项目前期工作，即在项目正式立项前所开展的需求调研、市场和同业调查、技术交流以及项目可行性分析等工作。项目经理在收到业务部门提出的业务需求或立项申请后，应协同需求提出部门或其他相关业务部门开展项目前期工作，了解同业相关业务的开展情况，了解市场上的主流产品、技术以及案例，明确需求范围、主要功能以及技术实现方案，评估项目风险，分析项目的可行性。

然后是立项材料编写。在项目前期工作中，项目的目标、需求范围、技术方案、工作量和预算以及集采方式等内容已基本明确，项目经理应组织需求提出部门及相关人员编写立项材料。立项材料一般包括项目立项申请表、业务需求及相关文件、业务及技术可行性研究报告等。

最后是立项审查审批。通过合规性审核后，信息科技部门组织会议初审，初审通过后立项审查，涉及财务审批的部分，按照财务相关制度执行审批。

（2）商务采购及预算管理　项目立项后，按照集采管理的有关制度，通过公开招标、邀请招标、竞争性谈判、询价采购和单一来源招标等方式确定中标商。合同管理工作包括合同起草、合同审核、合同签订等环节。项目合同原则上采用内部统一模板，如果存在对合同模板中固定内容进行调整或修改的情况，须提交法律事务部门审核。项目经理要对项目预算的执行负责，在项目预算额度内合理安排支出、控制项目开支。涉及项目费用支出时，应遵照有关的财务制度办理费用支出和报销手续。

（3）实施过程管理　科技部门负责项目立项后的组织和开发管理，包括组建项目组，审核项目组拟定的技术实现方案，提供开发、测试环境，对项目进度、费用、质量和安全进行控制等。

项目启动阶段包括外包商入场、制订项目计划及召开项目启动会等。项目经理应根据项目的进度要求，及时向外包商发入场通知，督促其按要求进入项目现场并做好人员管理工作。项目经理应及时组织制订项目计划，项目计划应包含但不限于：项目每个阶段的起止时间、投入人力、关联方、阶段产出物、完成标准等，并根据科学、合理、严谨原则编排需求分析、概要设计、系统开发、系统集成测试及用户测试等关键工作。相关准备工作完成后召开项目启动会，项目启动会主要对项目实施方案的内容进行评审，并达成一致意见。

在需求分析阶段，项目经理组织项目组开展需求的调研与分析工作，通过与需求提出部门、系统主管部门的沟通与讨论，逐步形成《业务需求说明书》，并对《业务需求说明书》进行反复沟通、完善并开展业务需求的评审和确认工作。在业务需求确认后，项目经理可组织项目组对《业务需求说明书》进行进一步分析，形成《软件需求规格说明书》。在项目实现过程中，应跟踪需求说明书的每个需求是否在这些过程的工作产品中相互对应，并且可追溯。

在项目设计阶段，项目经理主要组织项目组完成系统设计方案的编写和评审。系统设计方案一般包括概要设计方案（或总体设计方案）和详细设计方案。对于重大项目或新立项项目，由项目经理组织项目组成员及相关技术人员完成系统概要设计，包括系统架构、数据架构、安全架构、应用架构、外部接口等架构层面的设计，在进行系统概要设计时应遵循相关的设计规范和数据规范。系统概要设计方案应进行架构评审，项目经理根据项目的具体情况，可以进一步组织人员完成项目的详细设计，并形成《详细设计方案》。

在编程阶段，项目经理应尽早确定本项目所采用的代码编写规范，如果是全新开发的系统，应要求外包商优先采用甲方已有的代码编写规范。其间，需要开展代码走查，范围和方式可综合考虑项目的进度、成本、重要性等多个方面的因素。

在测试阶段，科技部门负责组织系统集成测试，并出具《系统集成测试报告》。测试主要包括功能测试、边界或异常测试、性能测试、压力测试、安全测试和恢复测试。需求提出部门负责组织业务验收测试，并出具《业务验收测试报告》。测试主要包括业务流程测试、操作测试、账务测试、异常场景测试，项目相关部门应积极配合业务验收测试。

在投产阶段，项目投产须按变更管理办法的相关规定，由需求提出部门组织涉及改造系统的业务主管部门等相关部门进行投产审批。重大变更须经风险管理部门审批。投产完成后，需求提出部门须完成检查验证，并正式书面回复科技部门。

（4）项目后评价管理。系统全部功能上线运行6个月内，项目经理可根据系统的运行情况，及时组织项目结项。系统主管部门应从系统功能、满意度、应用效果以及成本效益分析等方面，对项目进行评价，并提交项目评价报告。项目经理组织项目组从项目完成情况、项目质量、技术创新、存在的问题、经验与教训等方面进行总结，在汇总系统主管部门的评价报告后，形成《项目结项评价报告》。

（5）产品退出管理。业务主管部门或需求提出部门根据业务发展需要，可提出系统或产品退出需求并完成会签，科技部门评估工作量并反馈给业务主管部门或需求提出部门。对于需要立项的，由业务主管部门或需求提出部门按规定立项；对于不需要进行项目立项的，经科技部门审核并确认需求可行性后，可直接退出需求的实施和投产并按照变更管理办法执行。

2. 项目群管理

金融机构度过了单项目管理的初级阶段后，当人员规模、产品规模、任务规模、项目规模达到一定数量级时，如果每个项目仍独立制订项目计划，包括独立的版本交付时间、独立的投产时间，按照各自的计划推进，则会因产品间版本关联关系复杂造成配置管理成本高、开发基线混乱、环境资源调度困难等问题，频繁地投产也会对安全生产造成冲击，形成总是需要向监管部门报备、投产组织保障工作压力陡增等矛盾。此时，集约化程度更高的项目群管理（又称批次管理）应运而生。

目前，部分大中型银行都采取项目群管理来安排全年软件开发工程的实施。顾名思义，就像流水线上的同一批产品的批次号，批次管理是将一组软件开发工程任务按照某种维度绑定为一个集合后统一组织实施的生产模式。

项目群管理不是单项目管理的垒砌，而是多个管理领域的跨界重构。从互补到协同、从拼接到胶合，形成以单项目管理为基石，以项目群管理为载体的项目管理体系。

一般金融机构的项目群管理工作，按时序可划分为年度发展规划、批次计划制订、任务排期管理、生产任务管理、执行监控管理、投产演练支持、正式投产支持、生产运维支持、批次收尾管理9个阶段。

❑ 年度发展规划。在每年的第三季度，启动规划下一年度的开发目标、项目计划和预算。具体过程是，正式通知相关方启动编制工作；业务部门反馈下一年度IT项目清单及期望投产计划等信息；科技部门与业务部门调研、沟通并细化相关内容；科技部门经过评估测算、费用整合，编制IT年度预算初稿并反馈业务部门；科技部门与业务部门沟通并修订年度发展规划；领导层审议通过后发布。

❑ 批次计划制订。软件开发部门在完成年度发展规划后，可据此开展年度批次计划的制订工作，该计划是指导全年软件开发工作的纲领性文件。批次应用范围除了传统的开发、测试和投产任务，还包括基础设施重大升级、灾备测试和演练等专项工作。批次类型可包括大批次、小批次、月批次，具体设定多少个批次，需要在满足业务快速投产需求、开发成本和管理投入之间寻找一个平衡点，并让业务和技术取得广泛共识。需要注意的是，每个批次的时间点，不能只是约定最后的投产时间点，还应明确需求封版时间点、变更需求封版时间点、提交测试版本时间点、提交正式版本时间点、投产准备时间点等，这些时间点决定了该批次对各方工作的进度要求。

❑ 任务排期管理。任务排期是一个撮合的过程，一方面是业务部门迫切投产的期望，另一方面是各类实施资源的制约。让有限的资源发挥最大的价值，让业务部门和技术部门彼此理解，是排期工作的目标。排期工作可分为议题收集、会议讨论、结论发布3个阶段。通过议题收集，将满足排期准入条件（如完成IT立项）的业务需求提交会议讨论，经过开发、测试和运维等技术部门的讨论形成初步排期结论，征询相关部门的意见并调整后正式发布。

❑ 生产任务管理。在排期议定一项生产任务的实施计划后，需要对生产任务从下达、调整到关闭进行全生命周期管理。生产任务下达是指正式通知各实施方可根据生产任务要素启动实施工作，可在该任务下登记工时及费用；调整是指技术方案等发生变更，导致需要调整生产任务的各类要素；关闭包括投产后的正常关闭、中止实施后的异常关闭。

- 执行监控管理。批次执行监控管理与单项目的执行监控管理有着显著的区别。批次执行监控管理的目标是当一个任务下的一个产品版本出现问题时，尽量控制其影响范围，保证整体批次按计划投产。为此，批次问题风险管理是批次执行监控管理中最重要的一项工作，应围绕问题风险的识别、暴露、跟踪和解决4个方面实现。
- 投产演练支持。在完成软件开发测试后，软件开发部门将正式版本交付软件运维部门，软件运维部门牵头投产演练工作。投产演练的目标，一是供技术部门演练投产全流程，二是供业务部门演练终端用户操作、进行投产前培训。软件开发部门作为配合部门，须提供技术支持及演练问题修复工作等。
- 正式投产支持。在投产演练完成，所有投产问题的修复版本已经交付后，软件运维部门即可组织正式投产。软件开发部门作为配合部门，主要的工作就是解决投产问题，关键是技术人员及时到位。另外，在进入投产稳定期后，进行试运行验证及业务监控跟踪工作也是不可或缺的。
- 生产运维支持。在批次投产后即进入生产运维阶段，软件开发部门的生产运维支持工作应围绕事前监控预防、事中快速处理、事后跟踪总结三方面开展。事前监控预防就是关口前移，定期或不定期地进行系统巡检，在电商大促等关键时点前落实应对措施和应急预案；事中快速处理就是在生产事件发生后，根据事件的影响程度和紧急程度，及时调集技术资源到现场支持，有效提升生产事件的快速响应和处理能力；事后跟踪总结就是在生产事件处理完成并恢复生产后，针对事件进行根源挖掘和问题总结。
- 批次收尾管理。在批次投产并进入稳定期后，即应启动批次收尾相关工作，主要包括各类环境升级、生产任务关闭、批次项目结项、批次管理数据发布及批次总结等。

6.3.3 应用成熟度管理

信息系统上线是否就标志着大功告成呢？信息系统运行一段时间后，是否需要不断评估并优化，如何着手进行？应用成熟度管理就是其中一种手段，即对信息系统应用情况进行评估与分析。而要对应用成熟度进行评估，就需要深入了解每个应用的功能细节和应用情况，这样才能做到目标明确，不断优化和提升。

1. 应用成熟度评估的目的

应用成熟度评估是提升应用系统质量和客户体验度的有效途径。金融机构开展应用成熟度评估的目的，是希望通过评估，充分挖掘应用系统质量和客户体验的提升机会，促进应用系统质量的持续改进和优化。

2. 应用成熟度评估方法与模型

对于软件质量的特性，目前有多个模型描述，ISO/IEC 9126 软件质量模型是比较常见的一个。这个模型由三层组成，第一层是质量特性，第二层是质量子特性，第三层为度量指标，它对应国家标准（GB/T 16260.1），模型包含的特性如图 6-4 所示。

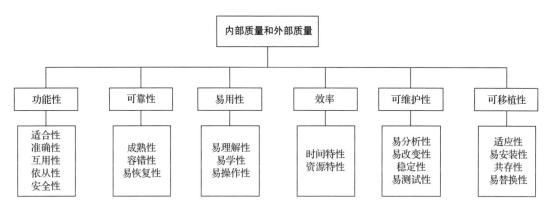

图 6-4　ISO/IEC 9126 软件质量模型

其中，前三者被称为内部质量，后三者被称为外部质量。模型特性的含义如表 6-3 所示。

表 6-3　ISO/IEC 9126 软件质量模型的特性

特性	说明
功能性	在指定条件下使用时，软件产品提供明确的和隐含要求的能力
可靠性	在指定条件下使用时，软件产品维持规定的性能水平的能力
易用性	在指定条件下使用时，软件产品被理解、学习、使用和吸引用户的能力
效率	在指定条件下使用时，相对于所用资源的数量，软件产品可提供适当性能的能力
可维护性	软件产品纠错、改进功能或适应环境、需求和功能规格的变化可被修改的能力
可移植性	软件产品从一种环境迁移到另外一种环境的能力

应用成熟度评价方法与模型是基于软件质量模型，以及金融机构的实际情况，进行裁剪而形成的。除了质量模型的 6 个特性，还增加了一个专项指标。我们会根据不同的发展阶段及关注重点建立不同的度量评价指标。

3. 评价指标及其度量示例

指标的具体内容示例如下。

（1）功能性指标

❑ 功能的充分性：用于衡量产品已实现功能对业务部门需求功能的满足程度。对交付过程中发现的功能性缺陷数与功能点数进行度量。
- ❏ 功能实现的完整性：用于衡量产品未实现或遗漏功能的严重程度。对未实现或遗漏的功能数进行度量。
- ❏ 需求分析的有效性：用于衡量产品需求分析的效果。对需求分析错误的缺陷数进行度量。
- ❏ 数据的可交换性（基于数据格式）：用于衡量产品接口分析实现的效果，对接口错误的缺陷数进行度量。
- ❏ 数据维护频率：用于衡量产品需要通过生产数据维护方式来进行提取、变更生产数据的频率。对产品评价周期中因功能缺失导致重复性的参数维护次数和数据提取次数进行度量。

（2）可靠性指标

- ❏ 故障密度：用于衡量产品投产后在生产中的质量状况。对产品在评价周期中出现的生产故障次数进行度量。
- ❏ 批量中断次数：用于衡量产品在日常应用过程中出现批量异常中断的情况。对产品在评价周期中出现的异常批量中断次数进行度量。
- ❏ 应急处置能力：用于衡量产品在出现故障后通过预先准备的应急预案解决的故障占总故障事件的比例。对产品评价周期中出现的故障次数、通过应急预案解决的故障次数进行度量。
- ❏ 应急技术水平等级：用于衡量产品对灰度上线、流量控制、版本回退3个维度的应急技术水平等级。对产品在评价周期中未达到应急技术水平要求的情况进行度量。
- ❏ 应用系统自愈能力：用于衡量产品出现应用服务丢失、僵死等应用系统无法正常对外服务的情况下，在不造成二次系统故障的前提下完成应用服务自愈的能力；应用服务与数据库之间发生中断，在数据库恢复后，应用服务应支持数据库自动重连，而无需重启或修改应用服务的能力；在不造成二次系统故障的前提下是否完成应用服务自愈以及是否支持数据库中断后自动重连。

（3）易用性指标

- ❏ 描述的完整性：用于衡量产品描述、用户文档或演示功能中描述使用场景的比例。通过在产品描述、用户文档或演示功能中所描述的使用场景数量和产品的使用场景总数量进行度量。
- ❏ 用户指导完整性：用于衡量在用户文档或帮助机制中有多少比例的描述，能充分说明并帮助用户使用这些功能。通过在用户文档或帮助机制中按要求描述功能的数量和要求实现的功能总数量进行度量。
- ❏ 差错信息的可理解性：用于衡量差错信息中给出差错发生原因以及如何解决的比例。通过给出差错发生原因以及如何解决的差错信息数量和差错信息总数量进行度量。

- 操作一致性：用于衡量用户对产品所提供的不同功能进行操作时，操作风格的一致性。通过调查问卷统计被调查人的定性结果来度量。
- 抵御误操作：用于衡量用户行为受到保护而免于引起系统故障的水平。通过实际操作中可以防止导致系统故障的用户操作和输入内容的数量进行度量。
- 用户界面的舒适性：用于衡量用户界面和整体设计在外观上令人愉快的程度。通过在外观审美上令人满意的显示界面数量和界面总数进行度量。

（4）效率指标

- 批量处理时效：用于衡量产品在日常批量处理过程中出现批量超时的情况，对产品在评价周期中出现的批量超时次数进行度量。
- 联机处理异常情况：用于衡量产品发生由于内存溢出、线程池满、死锁等原因导致服务器宕机或应用无法正常提供服务的情况。对产品在评价周期中出现异常的次数进行度量。
- 平均响应时间：用于衡量产品在压力测试的过程中，CPU 使用率不超过 70% 的状态下，平均响应时间是否满足技术方案的设计要求。对产品在进行压力测试时所记录的平均响应时间进行度量。
- 设备使用情况：用于衡量新增设备 CPU 平均日峰值是否低于相应指定范围的情况。对产品在评价周期中出现的次数进行度量。
- 数据清理机制：用于衡量产品的数据清理机制和减少非合理的资源占用的情况。对维护人员根据日常维护的具体情况给出的定性结果进行度量。
- 每秒处理事务数：用于衡量产品在压力测试的过程中，在 CPU 使用率不超过 70% 的状态下，每秒事务数是否满足技术方案的设计要求。对产品在进行压力测试时所记录的每秒事务数进行度量。

（5）可维护性指标

- 可分析性：用于衡量诊断缺陷或失效原因、判定待修改程序的难易程度。对维护人员可以直接定位而不需要流转到开发部门的问题数和需要分析解决的问题数，以及对工单提交到开发部门处理至关闭所用时长进行度量。
- 操作（变更）自动化：用于衡量产品进行变更时的自动化程度（不包括投产前的准备阶段和投产后的验证阶段）。标准变更流程包括备份（全量或增量）、发布、停上应用、清除缓存、启动应用、验证、回滚等。通过标准变更流程各步骤脚本化实现数进行度量。
- 日常运维自动化：用于衡量产品日常运维时的自动化程度，主要指标为日常批量处理的自动化程度。通过该产品日常批量运维的步骤数与上限步骤数进行度量。
- 应用监控自动化：用于衡量产品所建立的应用监控自动化覆盖率水平是否满足相关维护要求。对已建立的模块数和须监控的总模块数进行度量。

- 应用监控有效性：用于衡量生产过程的重复或无效告警。无效告警是指值班人员发现告警并通知相关负责人后被告知无须处理的告警，无效告警须从告警规则、告警阈值、告警方式等方面进行优化。通过无效告警次数进行度量。
- 参数表示的可修改性：用于衡量产品进行参数变更后生效机制的难易程度，对维护人员根据日常维护的具体情况（是否可以根据指定时间生效，是否可以即时生效，是否只有重启方能生效等）给出的定性结果进行度量。
- 变更引起原有功能失效：用于衡量产品变更后由于关联性分析不足引起的生产缺陷数。对评价周期内出现的关联性分析不足引起的生产缺陷数进行度量。
- 版本变更测试效率：用于衡量产品因需求变更版本变动而进行交付测试和验证性测试的效率或难易程度。对产品变更涉及的功能点数和投入测试的人天数进行度量。
- 安全合规性：用于衡量产品在用户管理、密码管理、目录权限管理、密钥及安全证书使用、安全例外管理等方面的安全合规程度。通过发现的不合规数进行度量。

（6）可移植性指标

- 硬件适应性：用于衡量目标软件适应于各种不同规定的硬件环境的能力，常见的硬件环境包括CPU、存储设备、网络设备以及各类输出介质等周边设备。通过测试人员根据产品是否能够适应硬件环境给出定性结果来进行度量。
- 软件适应性：用于衡量目标软件对硬件之上的各种软件的适应能力，包括支撑软件和共存软件。通过测试人员根据产品是否能够适应软件环境给出定性结果来进行度量。
- 数据适应性：用于衡量目标软件适应于不同的规定环境时对数据的适应情况。通过维护人员根据产品升级时新版本是否能够正确处理历史数据等情况给出定性结果来进行度量。
- 易安装性：用于衡量系统或者软件对于用户安装的支持能力，包括安装的正确性、影响性、难易性、灵活性、效率等。通过维护及测试人员根据产品在安装过程中的难易程度和自动化程度给出定性结果来进行度量。
- 移植正确性：用于衡量系统或软件提供的功能在规定环境中的完备程度。通过软件在适应规定环境后提供的功能在规定环境中的功能数对比进行度量。
- 移植一致性：用于衡量被检测功能是否仍保持相同的操作步骤或者使用相同的执行流程，用户能否适应功能操作的变化。通过软件适应规定环境后的被检测功能是否仍保持相同的操作步骤或者使用相同的执行流程进行度量。

（7）专项指标

落实重大问题一票否决的要求，设立专项指标。专项指标包含且不限于以下内容。

- 高可用服务水平能力差。存在可能影响客户服务的事件，从故障发生到恢复服务超过30分钟。

- 不符合监控、应急相关要求，存在风险隐患。
- 应用可维护性差，存在生产隐患。
- 版本质量问题导致工程项目实施推广拖延。
- App 质量问题影响送审，历史重复发生的问题重要性上升两级。
- 系统运维功能设计不完善导致重大问题或存在严重隐患的情况。
- 反复出现的问题或专项治理过的问题等。

需要说明的是，以上指标可根据产品的不同特点及评价条件，设计为必选的、可选的和试用的。在进行产品评价时，可视具体情况有选择地选取，可设置不同的评价深度和评分标准。

4. 应用成熟度评价的实施和应用

应用成熟度评价工作可以定期（如每年或每半年）进行。每年年初由质量管理部门策划本年度的应用成熟度评价实施计划并发布，明确应用系统的评价范围、数据采样原则、评价结果的分析与反馈以及相关时间点等要求。采集被评价应用选定批次的产品缺陷数据、功能点数据、接口数据，以及评价周期内的维护数据、压测数据，通过评价模型输出被评价应用的初步评价结果，由应用所在开发部门对结果进行分析和确认，并分析成因。

- 开发部门对各应用中指标低于默认值或低于上次评价结果的情况进行分析，查找原因。
- 对于表现不佳的指标，确认是否需要改进。若需要改进，则制定后续改进措施并予以跟踪。
- 形成评价分析报告，包括试算过程总结、建议及质量总结。

由于应用之间的差异较大，架构、规模、使用的技术与编程语言、面向的用户各不相同，因此评价结果仅作为应用自身改进的依据，不用于应用间的横向比较。通过应用所在部门对评价结果的深入分析、识别短板并跟进优化，形成有效闭环，从而达到应用质量持续提升的目的。

6.4 测试管理

本节主要介绍测试成熟度模型集成（Test Maturity Model integration，TMMi）、金融业常见的测试组织架构和测试管理体系。

6.4.1 测试成熟度模型集成

测试成熟度模型集成是由 TMMi 基金会开发的一个非商业化的、独立于组织的测试成熟度模型，与国际标准一致，由业务驱动（目标驱动），是测试过程改进的详细模型，借鉴了多个国际成熟标准体系。

TMMi 是阶段架构的过程改进模型，如图 6-5 所示。它包含了一个组织在测试过程演进时，从初始级向已管理、已定义、已测量和持续优化模式演进所经历的不同级别。实现每一个层级，可以确保改进达到了目标成果，并为下一阶段奠定了基础。

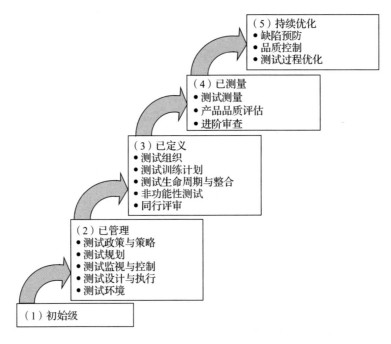

图 6-5　TMMi 模型

测试过程改进工作的重点是关注组织在其业务环境中的需求。通过不同的成熟度级别，可以提高测试和软件质量管理的能力，以满足组织的业务或项目需要。这些收益的好处之一是提高了软件产品的质量，减少缺陷。

6.4.2　测试管理组织架构

随着我国金融业信息科技风险监管的日益严格，信息科技体系逐步将测试的管理和实施建立成单独的组织体系，测试管理作为项目管理领域的分支，按照组织级模式开展。

一方面，测试管理组织通常依托于项目管理组织，按照本组织的项目管理机制规范和业务发展规范制定。另一方面，测试管理组织架构也需要结合组织的测试方法论进行划分。常见的测试管理组织架构如图 6-6 所示。

为确保软件项目高质量实施，结合金融行业信息系统工程的特点，建立测试管理组织，科学规划系统群整体测试管理，严密有序地组织项目开展专项测试、系统集成测试（System Integration Testing，SIT）和用户验收测试（User Acceptance Test，UAT）。各组的职责定位参考如下。

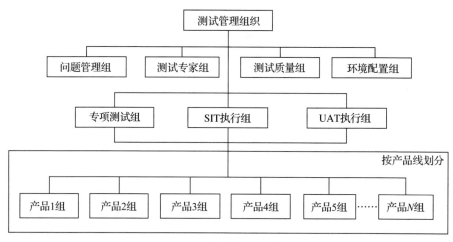

图 6-6 测试管理组织架构

- 问题管理组：对测试过程中争议问题进行协调、推动及升级；记录升级问题与结论，及时反馈给测试管理部门；定期组织问题沟通会，根据问题的实际情况，邀请不同层级的责任人参会。

- 测试专家组：提供技术支持和指导，协助完成测试规划、测试策略制定等；把控关键里程碑节点，提升整体测试的效率和质量；及时识别项目实施中的风险及问题，并给予建议和解决方案；负责审查项目的各类交付文档，监控项目质量，负责解决项目实施过程中出现的疑难问题。

- 测试质量组：制定测试过程中的各类产出物的模板及标准；监督落实测试规范、流程、标准等，做好测试规范性检查；对测试过程中的各项产出物进行内部审计，并汇报审计所发现的质量问题，定期发布测试执行日报；负责测试质量的度量分析（包括案例、缺陷）；参加总体方案、测试需求分析、测试报告等相关评审。

- 环境配置组：测试环境的统一规划、配置、管理；测试涉及外设、跑批、工具、基础环境、数据备份等问题的协调与推动；生产数据脱敏处理；负责版本统一部署，解决项目组提出的版本问题。

- 专项测试组：调研和分析涉及的专项内容，确定专项范围；制定专项测试方法和策略；根据专项范围编写测试用例，组织开展专项测试。

- SIT 执行组：制订 SIT 方案及计划、SIT 大纲、测试案例；组织 SIT 交付物的评审；负责各阶段测试案例的执行与推动；提出缺陷，并对修复结果进行验证，对测试执行中出现的重大问题及时上报；编写测试报告，对测试结果负责。对于团队内的小组划分，通常会按照产品线进行，也有少部分是按照技术领域来组建的。

- UAT 执行组：制订 UAT 方案及计划、UAT 大纲、测试案例；组织 UAT 阶段交付物的评审；负责各阶段测试案例的执行与推动；提出缺陷，并对修复结果进行验证，对测试执行中出现的重大问题及时上报；编写测试报告，对测试结果负责。

6.4.3 测试管理体系

随着软件规模的增大，复杂程度的增加，以寻找软件中的故障为目的的测试工作就显得更加困难。为了尽可能多地找出程序中的故障，开发出高质量的软件产品，必须对测试工作进行组织策划和有效管理，使用系统的方法建立测试管理体系。对测试活动进行监管和控制，以确保软件测试在软件质量保证中发挥应有的关键作用。

使用系统的方法来建立软件测试管理体系，也就是把测试工作作为一个系统，对组成这个系统的各个过程加以识别和管理，以实现预定的系统目标。同时要使这些过程协同作用、互相促进，尽可能发现和排除软件故障，如图6-7所示。

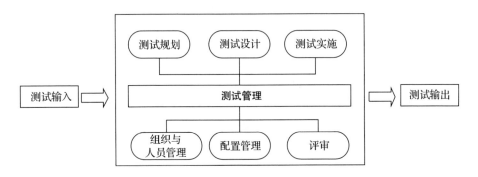

图6-7 测试管理体系

如图6-7所示，测试体系包含相互关联、相互作用的软件测试工程所需过程（测试规划、测试设计、测试实施），支持性过程（组织与人员管理、配置管理、评审），以及对这些过程进行协调、控制、调整的测试管理过程，具体说明如下。

- ❑ 测试规划：确定各测试阶段的目标和策略。这个过程将输出测试计划，明确要完成的测试活动，评估完成活动所需要的时间和资源，设计测试组织和岗位职权，进行活动安排和资源分配，安排跟踪和控制测试过程的活动。
- ❑ 测试设计：根据测试计划设计测试方案。测试设计过程输出的是各测试阶段使用的测试用例。测试设计与软件开发活动同步进行，其结果可以作为各阶段测试计划的附件提交评审。测试设计的另一项内容是回归测试设计，即确定回归测试的用例集。对于测试用例的修订部分，也要求进行重新评审。
- ❑ 测试实施：使用测试用例运行程序，将运行结果与预期结果进行比较和分析，记录、跟踪和管理软件缺陷，最终得到测试报告。

- 组织与人员管理：建立完善的组织架构，制定测试管理制度、流程、规范，提供资源及工具，分配岗位职责，培训人员，进行考核管理等。
- 配置管理：测试配置管理是软件配置管理的子集，作用于测试的各个阶段，其管理对象包括测试计划、测试方案、用例设计、测试版本、测试工具及环境、测试结果等。
- 评审：测试过程中的评审包括测试就绪评审和测试评审。测试就绪评审是指在测试前对测试计划和测试说明进行评审；测试评审是指在测试完成后，评审测试过程和测试结果的有效性。
- 测试管理：采用适宜的方法对上述过程及结果进行监视，并适时进行测量，以保证上述过程的有效性。如果没有实现预定的结果，则应进行适当的调整或纠正。

6.5 业务部门参与风险管理

在信息系统建设中，业务部门按照职责可分为三类：一是需求提出部门（一般对于分支机构发起的需求，须由其业务对口的总部主管部门提出），二是业务主管部门（即信息系统的对口管理部门），三是相关业务部门。其中，需求提出部门有时也是业务主管部门。

总的来说，业务主管部门对其主管信息系统的建设、维护、优化、升级、退出全生命周期负责。需求提出部门负责围绕业务发展战略、本机构的业务发展规划以及风险控制要求等，按照有关管理制度规范的要求提出需求，涉及产品开发的，应完成产品功能的定义、规划和设计，承担产品所有者角色。业务部门作为信息系统和IT项目的"业主"，在需求、测试、验收及评价阶段参与风险管理。

6.5.1 需求阶段

在需求阶段，需求提出部门根据业务拓展和风险控制的需要，牵头完成需求的调研和编写工作，并提出《需求书》。具体要求包括以下内容。

- 应严格按照模板填写，包含业务背景、业务范围、业务目标、需求范围、功能需求（含业务规则）、性能效率要求、业务连续性要求、业务关联影响分析、后台管理功能、异常处理机制和业务风险评估等内容。
- 需求中必须包括账务、报表、业务参数等贯穿前中后台管理的需求以及业务连续性、性能效率等非功能性需求，避免出现"重产品轻管理""重业绩轻风险""重前端轻后台""重市场表现轻内部管理"等问题。

需求提出部门提出《需求书》后，应牵头组织关联部门进行需求会签，业务主管部门对业务需求的必要性、需求内容的完整性、业务可行性、业务风险度、业务合规性、成本效益分析、评价方案及报告等内容进行审核，在需求会签流程中出具审核意见。涉及新产品和新业务的需求须提交至相应的业务委员会审核。

需求受理后，涉及 IT 项目立项时，需求提出部门对业务必要性、合规性及成本效益方面进行可行性研究，形成业务价值可行性研究报告等立项材料，负责提出立项申请，牵头组织完成审批。

6.5.2　测试阶段

需求提出部门在业务验收测试前，对系统集成测试的结果进行审核，判断系统、数据、环境等是否具备进入业务验收测试的条件。

安排业务验收测试人员，牵头组织各相关部门完成业务验收测试工作。牵头制订业务验收测试计划并组织执行。牵头对照《需求书》，编制《业务验收测试方案》和《业务验收测试案例》，提交《业务验收测试报告》和测试案例执行结果。牵头业务验收测试进度跟踪和测试过程中业务相关风险的解决。需求提出部门负责对系统投产上线提出明确意见，当系统功能满足业务需求，符合项目的预期目标后，方可同意投产；对未达项目的预期目标有权推迟投产，并组织相关部门研究解决，直至符合项目的预期目标。

6.5.3　验收结算

在项目投产后，业务部门应按照投产后验证案例进行业务验证工作，正式向信息科技部门反馈验证结果。根据业务需求和项目功能，牵头组织开展投产后的业务运作，制订总分机构的业务运作计划和方案，监控业务运作情况，确保实现立项时预计的效果。制定系统业务量和业务使用效果的监控指标要求并监测结果，投产后一个周期（如每季度）内，对需求投产后的使用效果进行评价，参与项目验收工作。业务部门应该但不限于根据 IT 项目立项报告，逐项描述业务功能是否达成，逐项描述业务目标是否达成，以及培训、知识转移完成情况等进行项目验收。

项目成果经过业务部门验收通过后，合同执行部门才能发起后续的项目结算流程。

6.5.4　项目后评价阶段

项目后评价是指在项目已经完成并运行一段时间后，对项目的目的、执行过程、效益、作用和影响进行系统的、客观的分析和总结。通过项目后评价，一是确定项目是否达到预期目标，主要效益指标是否实现，查找项目失败的原因，总结经验教训，及时有效反馈信息，提高未来新项目的管理水平；二是为项目投入运营中出现的问题提出改进意见和建议，达到提高投资效益的目的；三是后评价具有透明性和公开性，能客观、公正地评价项目活动成绩和失误的主客观原因，比较公正地、客观地确定项目决策者、管理者和建设者的工作业绩和存在的问题，从而进一步提高相关者的责任心和工作水平。

项目后评价工作由需求提出部门牵头，业务主管部门、计划财务等相关业务部门及信息科技部门派员成立项目后评价工作组，进行本项目评价，形成《项目后评价报告》。通用的后评价方法有对比分析法、定量和定性相结合的效益分析法等。项目后评价报告主要包括摘要、项目概况、评价内容、主要变化和问题、原因分析、综合评价和结论、经验教训、建议和措施、基础数据和评价方法说明等。项目后评价结果公布后，项目后评价工作组负责组织内部培训，组织评价成果的应用和推行，将有代表性的后评价结果汇报给高级管理层，可建议形成行政指令。

6.6 本章小结

在信息系统集成项目中，风险是多种多样的，也是无处不在的。在项目管理活动中，要积极面对风险，因为越早识别风险、越早管理风险，就越有可能规避风险，或者在风险发生时能够降低风险带来的影响。在开发测试阶段建立有效的机制来识别并管控风险，目的是将风险化解在系统投产上线之前，实现防患于未然，从而大大减少后期运行维护阶段风险事件发生的几率，避免研发和运维人员陷入频繁的救火式应急处置中。特别是对于项目参与方多、涉及面广、影响面大、技术含量高的复杂项目，更应该加强开发、测试阶段的风险管理。如果不主动驾驭风险，就会面临风险。

第 7 章

运维管理

运维管理是金融机构信息科技风险管理中非常重要的领域,做好运维管理工作,需要金融机构不断摸索、相互学习、努力提高,往往也需要结合自身的发展采取一些差异化的管理办法。

本章从理论上论述金融机构运维管理的通用方法论,首先从运维管理体系开始,介绍金融机构普遍采用的运维体系,其次从运维体系出发,进一步论述金融机构日常运维管理工作,最后对运维的指标体系进行探讨,对运维指标体系的设定提出建议。

7.1 运维管理体系

金融机构对 IT 运行保障的要求是非常高的,特别是在互联网高速发展的今天,可以说,任何一次重大 IT 运行故障对金融机构的业务运营都可能带来致命的伤害。金融机构对自身运维管理的水平要求是非常高的,这就需要一个非常严谨的运维管理体系。这个运维管理体系有以下 3 个特点。

❑ 拥有一个完整的可运转的运维服务体系,通过这个体系,对外和对内提供 IT 服务。
❑ 拥有保证运维服务体系能够快速运转的组织架构。
❑ 拥有确保运维服务体系能够正常运转的流程管理。

服务体系、组织架构和流程管理是运维管理体系的三大支柱,本节将一一论述。

7.1.1 运维服务体系

金融机构的运维服务体系多数是以 IT 基础架构库(Information Technology Infrastructure Library,ITIL)或 ISO20000 为标杆。这是因为 ITIL 和 ISO20000 的运维服务体系是相对完整的,也被国内外各金融机构证明为运维管理的最佳实践。

ITIL 是一个基于行业最佳实践的框架,将 IT 服务管理业务过程应用到 IT 管理中,是信息科技管理人员将技术组织转变为内部服务提供商的角色,以保证提供给最终用户的应用质量的方法论。

在中国,ITIL 开始流行的时间晚于 ISO20000,多数金融机构仍是以 ISO20000 来指导运维服务体系的建设工作。本节的论述均参考了 ITIL 和 ISO20000 的理念和标准,论述金融科技运维服务体系的建立。

如图 7-1 所示,金融机构的运维服务可以分为服务支持和服务交付两部分。服务支持包含运维服务最基本的服务流程,例如配置管理、事件管理、问题管理、变更管理和发布管理等。其中配置管理是其他 4 个管理流程的基础,与其他 4 个管理流程共同支撑 IT 服务台,提供对最终客户的信息科技运维服务。服务交付包含财务管理、可用性管理、容量管理、服务连续性管理和服务级别管理,其中服务级别管理基于其他 4 个组件之上。

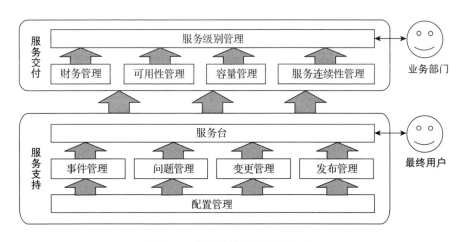

图 7-1　金融机构运维服务体系

1.服务支持

服务支持涵盖了运维日常操作需要遵守的流程和职能,具体包括配置管理、事件管理、问题管理、变更管理、发布管理和服务台共 6 个管理流程。这些流程是运维部门关注的基本内容,也是绝大多数直接面向最终客户并提供日常运维的运维人员应遵守的基本操作规范。服务支持面向的是使用 IT 服务的业务部门的最终用户,具体内容如下。

(1)配置管理　配置管理是对配置项以及配置项关系进行管理。配置以及配置项是金融机构 IT 运维服务的基本要素。配置管理在于对这些基本要素进行精确的识别、定义、控制和管理,以确保它们在运维服务管理生命周期内的一致性。配置项是指运维服务关联的实体,可以是金融机构的软件、硬件、网络设备和文档等。配置管理是服务体系支持其他流程的基础。

（2）事件管理　负责 IT 事件全生命周期的管理，关注的是对事件现象的管理，并尽快把事件所造成的非正常服务恢复正常，缩短对金融机构业务运营造成影响的时间。

（3）问题管理　负责 IT 问题全生命周期的管理。问题往往是由一个或多个事件引发的，是未知的错误。问题管理更多关注的是对造成问题的根本原因的分析和解决。在解决问题的过程中，问题管理有两个主要部分，一是对所发生问题进行根源分析，把未知的问题变成一个已知的错误；二是通过必要的问题处理或变更操作，消除引起该问题的风险，以防止类似问题再次发生。

（4）变更管理　变更管理是对 IT 系统的变更请求进行评审和授权，所有的变更结果一定要记录到配置管理系统或配置管理数据库中，即配置管理数据库的相关配置项也会相应改变。

（5）发布管理　发布管理是将 IT 系统的发布作为一个实体来打包、测试和部署的管理过程，要发布的可以是新的或者需要变更的硬件、软件、文件和流程等。发布管理覆盖了从发布计划、发布构建、发布实施及实施后评估的全过程。

（6）服务台　服务台是为了完成服务支持中事件管理流程的一组人员的集合。服务台是职能，不是流程，职能一般是为了完成一个或多个流程的一组人员的集合。服务台是对口最终用户的唯一联系人，它要确保及时地响应用户的请求，并把服务请求或故障进行分类。如果不能在服务台内部解决，那么就要把服务请求或故障升级给相关的科室去解决。最终，服务台的工作人员要把服务请求或故障的最终解决状态及时和准确地告知用户。

2. 服务交付

服务交付包括运行与维护服务的质量度量、风险控制和成本控制，比如运维部门所承诺的服务标准是否达到了，IT 设备资源能否满足业务部门业务量持续增长的需求，有没有完整有效的灾难恢复计划，运维的成本如何有效控制等。服务交付是对服务质量的监督和控制，是运维部门管理者日常工作的主要内容。服务交付是站在整个运维部门的角度对运维服务质量进行度量，服务的是具体的业务部门，即最终体现为业务部门对 IT 运维部门的评价，具体内容如下。

（1）可用性管理　通过一系列持续性的管理行为，比如运维监控、运维服务跟踪和运维服务改进措施来优化 IT 系统架构和 IT 运维服务的能力，以达到或超过承诺的服务可用性级别。

（2）容量管理　在合理的运维服务成本控制下，能够提供适宜且有效的运维资源管理，使得运维资源被合理利用，并且能够适应金融机构当前和未来的业务需求。及时满足系统容量的需求也可以作为对业务部门承诺的服务级别协议的一部分。

（3）服务连续性管理　当运维服务由于系统硬件故障或不可抗拒的灾难而发生严重的服务中断时，信息科技服务即软硬件设备如何在规定的时间内恢复。服务连续性管理首先是要制订灾难恢复计划，在业务中断后恢复对业务的服务。灾难恢复计划要定义触发条件、涉及的人员、组织架构和沟通的渠道等。在灾难恢复计划中还要设定具体的恢复指标，如目标恢复时间

(Recovery Time Objective，RTO) 和目标恢复点 (Recovery Point Objective，RPO)。

（4）财务管理　制定信息科技运维服务的成本预算，并监控成本花费的执行情况，最终摊销到金融机构的经营成本中。

（5）服务级别管理　通过和金融机构的业务部门进行磋商，掌握业务部门的具体要求，并且在和客户达成一致的情况下把具体的需求转化为服务承诺定义文档。这种服务承诺定义文档就是所谓的 SLA (Service Level Agreement，服务级别协议)。有了 SLA 之后，我们要设置运维服务度量指标，并依照具体的度量指标去监控、设计运维服务的执行情况，定期产生相应的服务报告来衡量所提供的服务是否达到业务部门的要求和满意度。

服务级别管理是基于可用性管理、容量管理、服务连续性管理和财务管理的，是上述 4 个服务交付流程的量化评估，是信息科技运维部门与业务部门之间关系的管理。

7.1.2　运维组织架构

基于上述运维服务体系，我们可以进一步确定运维组织架构。因为运维组织架构是为确保运维服务体系而建立的，所以运维组织架构必须服从于运维服务体系，必须满足运维服务体系的要求。

对于一个金融机构的数据中心运维组织架构，建议包含的主要职能团队如图 7-2 所示。具体职能的划分可以根据金融机构实际规模以及人员数量灵活调整，必要时可考虑做一定的整合。

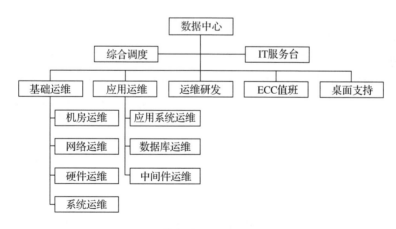

图 7-2　数据中心主要职能团队

1. 综合调度

负责代表数据中心与各业务部门之间进行部门级的沟通与协调，最典型的如 SLA 协议的签订、监督执行与评价。同时也负责数据中心内部运维工作的整体协调与安排，如变更控制委员会 (Change Control Board, CCB) 可纳入该团队组织变更评审，对生产的变更控制进行整体把控。

2. IT 服务台

基于 ITSM 完成对最终用户的 IT 服务工作，对于最终用户的各类 IT 请求，由 IT 服务台进行第一道处理；对于 IT 服务台无法处理、需要支持的请求，按专业领域转基础运维、应用运维、桌面支持等生产一线人员进行处理；对于生产一线人员仍然无法处理的请求，返回给 IT 服务台，由 IT 服务台转二线开发部门人员进行处理。IT 服务台按照首问负责制原则，必须将所有最终用户的请求跟踪到底，得到满意评价并关闭请求为止。

3. 基础运维

数据中心基础运维是数据中心运维最基础，也是最关键的运维团队，职能如下。

- 机房运维：包括市电、柴油发电机、配电、空调、机柜的接入与安装等，确保数据中心机房 7×24 小时连续运转。
- 网络运维：负责网络架构的规划、设计、建设与运维，既要保证网络 7×24 小时的接入需求，又要确保网络安全，避免遭受外部网络攻击。
- 硬件运维：负责服务器、存储等硬件设施的采购与维护，确保高可用。
- 系统运维：负责服务器的虚拟化，操作系统等基础系统软件的运维以及日常版本的升级，为应用运维提供基础支撑。

由于工作界面主要是在数据中心运维的底层，因此基础运维工作往往涉及面会非常广，单个故障或变更都可能对数据中心的全局运作造成影响。

4. 应用运维

应用运维即针对具体的应用系统的运维，这些应用系统最终服务整个金融机构的各类业务正常运转。应用运维是与业务部门最终用户的主要交互方。应用运维首先要确保各自所负责的业务应用的正常运转；其次要根据业务与科技之间版本的规划，完成应用系统的定期升级；再次还要对应用系统产生的故障及时排查并解决；最后还需要响应业务最终用户的各类服务请求，包括参数维护以及数据请求等。

此外，由于与应用的关系较为密切，因此数据库和中间件的运维往往也由应用运维团队负责（部分机构也会安排基础运维团队负责）。

5. 运维研发

在 DevOps 理念诞生之前，很多金融机构的运维团队实际上已经认识到运维人员参与开发工作的重要性。对于运维人员在日常运维工作当中需要使用的运维工具，如果过度依赖其他的开发人员来协助开发，效果往往差强人意。一方面时间周期长，往往无法及时响应生产运维的时效性要求；另一方面，开发人员毕竟不懂运维，所开发出来的运维工具往往不能很好地满足运维人员的实际需求。

DevOps 理念兴起后，各个金融机构更加注重运维开发人才的培养，开始在运维团队内部下设运维研发团队，除负责自身运维工具的开发外，也协助开发人员完成业务应用系统的非功能性开发，如监控脚本、快速启停脚本等。

6. ECC 值班

企业总控中心（Enterprise Command Center，ECC）是金融机构的标准配置，主要用于数据中心生产与运行的操作和维护，包括日常监控与故障的处理、变更日生产变更的操作等。按照监管部门的要求，金融机构的 ECC 应满足 7×24 小时不间断人员值班的要求，且由于变更往往需要双人复核，因此值班也应双人双岗。

对于规模较小的中小型城商行而言，可以考虑通过人员外包的方式，实现 ECC 值班，但仍要秉承工作外包、管理不外包、责任不外包的原则。

7. 桌面支持

桌面支持是指 IT 专业技术人员为了保障 IT 桌面能够提供正常的功能和服务，而对其进行的一系列维护工作，主要包括对 IT 桌面的硬件层、基础软件层和应用软件层的维护，以及安装、配置、升级、故障诊断和排除等。如日常办公电脑的运维、打印机的维护、远程桌面服务的维护等。桌面支持团队是确保金融机构正常办公运转的重要部分，通常也纳入数据中心统一管理。

7.1.3 运维流程管理

有了运维服务体系和配套的组织架构，接下来就是运维流程管理了。作为运维管理的三大支柱之一，运维流程管理的重要程度不亚于服务体系和组织架构。它是在明确的服务体系下，使得运维组织架构的价值得以实现的关键。参照 7.1.1 节中关于服务支持的论述，我们按照事件管理、问题管理、变更管理和发布管理 4 个部分介绍运维的流程管理。

1. 事件管理

按照 ITIL 的定义，事件是任何可被检测或者辨别的、配置项有意义的状态改变，可能会对 IT 基础设施及其支持的 IT 服务有重大影响的通知，包括信息、告警和异常等。事件的来源包括数据中心的各类监控工具以及终端用户的请求。事件管理的目的在于建立尽早的告警和异常检测机制，通过与其他运营管理，如故障管理或问题管理集成，以达到提高运维效率并有效缩短系统宕机时间的目的。事件管理的流程如下。

1）事件的识别和记录：对终端用户的主动报告或 IT 监控系统的事件进行准确、完整的采集和记录。

2）事件分类分级和初步诊断：判断事件优先级别和影响程度，在现存的解决方案中查询与该事件解决相匹配的方案，或根据个人经验，尝试在线对事件进行处理。如不能解决，须及时分配给具有对应技术技能的二线或三线技术支持团队。

3）调查与诊断：对事件进行分析，以便提出解决方案，不同技术领域的运维人员会参与到该活动之中寻求解决方案，在必要时会升级至二线开发部门以便快速解决，消除事件所造成的影响。

4）解决与恢复：尝试使用解决方案或变通的办法来解决问题，对于已经解决但是没有找到原因的情况，可以创建问题单进一步跟踪，并记录故障处理过程中的经验，形成可重用的知识，存入知识管理系统中。

5）事件关闭：与终端用户对事件的处理情况进行确认并关闭事件单。核实事件信息、分类和优先级信息，便于后续生成阶段服务报告。

事件处理一定要遵守快速恢复原则，即事件管理流程关注解决故障现象而非查找故障背后的根本原因。特别是对于已经造成影响的事件，强调的是消除事件影响的时效性。对于事件的处理，要特别强调及时升级。升级的维度包括时间和影响级别两个方面，对于长时间未能解决的事件，要及时进行升级，不能搁置不理；对于影响级别较大的事件，也要及时升级。

如图 7-3 所示，事件管理升级分为管理升级和职能升级两个维度。管理升级是在自身岗位无法快速解决事件的情况下，及时向管理层进行汇报，请求管理层调度资源予以解决；职能升级是对于一些运维人员无法处理的事件请求二线开发部门参与处理。

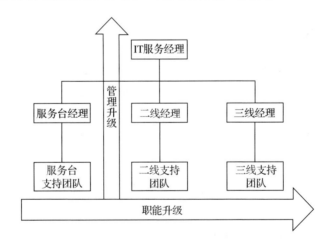

图 7-3　事件管理升级流程

2. 问题管理

问题管理和事件管理是紧密相关的。在数据中心运维中，问题往往来自一个或多个事件，简单地说，问题管理就是对于事件中未知错误进行的管理。问题管理旨在防止问题或事件的再次发生。例如，对于已经发生的故障事件，虽然已经及时恢复并解决，但是原因并不清晰，那么为了防止同类事件再次发生，我们应该将其纳入问题管理，直到分析出根本原因，并加以解决,才能真正关闭该问题。

问题管理流程与事件管理流程比较相似,包括如下几部分。

(1)问题识别、记录和定级　及时识别事件中的未知错误,并进行有效记录,即将事件单转为问题单。记录问题单后,根据问题的重要程度进行定级。如果相同的事件在原因尚未明确前重复发生,要支持对应问题级别的升级。

(2)问题诊断　对问题进行分析,找出可能的原因。这个过程同样可能存在转二线开发人员分析的情况。

(3)问题解决　得到问题的原因后,提出解决方案,如果需要变更,则进入变更流程环节。变更完成后,关闭相应的问题单。

3. 变更管理

对金融机构的数据中心而言,生产变更往往具有一定的不确定性,变更实施可能对数据中心的正常运行造成一定的影响。为了更好地确保金融机构数据中心平稳运行,可以组建变更控制委员会,对变更进行严格把控,确保变更的严谨性、准确性和完整性。

对于数据中心的运维人员来说,除自身运维工作需要实施的变更外,也会收到来自数据中心以外的变更请求,例如来自总分行业务部门的变更请求、来自开发部门的变更请求等。如图 7-4 所示,对于数据中心内部和外部的变更请求,都要做好变更流程的管控。

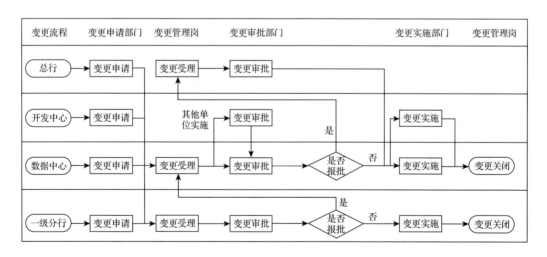

图 7-4　变更控制流程

(1)变更申请　由变更提出单位发出变更申请,变更申请必须在变更提出单位内部完成审批流程,即需要得到变更申请单位负责人的确认。必要时,变更提出单位应对所提出的变更申请进行评审。

(2)变更受理　数据中心变更管理岗受理变更申请,并分派给相关运维人员出具变更方案,提交运维团队负责人进行审批。

（3）变更审批　数据中心运维团队负责人对变更请求以及变更方案进行审批，必要时需要组织评审，评估变更的必要性和可行性，以及变更可能造成的影响。

（4）变更实施　按照既定的变更方案实施变更。为尽可能避免变更的影响，变更的实施应尽量安排在夜间业务低峰期进行。

（5）变更关闭　变更实施完成后，转回变更申请人，由变更申请人对变更结果进行验证，确认无误后，关闭变更。

4. 发布管理

版本的发布和安装是金融机构数据中心运维工作负荷大、风险高的环节。金融机构对于版本的发布有着非常严谨的控制，并不会像互联网公司那样随意进行版本发布和安装。金融机构运维发布管理与变更管理存在一定的相关性，发布管理的后期，基本是按变更流程管理进行的，有所不同的是发布管理的前端流程控制，具体包括如下环节。

（1）数据中心规划版本发布窗口　年初，由金融机构数据中心根据全年变更计划实施安排，并参照监管的要求，结合人行变更维护窗口，提前发布全年的版本窗口。

（2）开发部门与业务部门协议并确定版本计划　开发部门根据与业务部门的协议，特别是业务部门对于需求实现的时间要求，确定版本计划，并反馈给数据中心。对于需要额外申请计划外窗口的，提前向数据中心发出申请。

（3）数据中心按照版本计划实施版本变更　按照计划，在确定开发所提供的版本准确无误，并取得了需求提出部门的测试验收后，由数据中心安排进行统一的版本升级。

对于版本发布管理，最重要的是版本的自动化发布，这在很大程度上可以提升运维效率，减少运维差错。

7.2　日常运维管理

有了运维服务体系、运维组织架构和运维流程管理这三大支柱，我们就建立了完整的运维管理体系。在这个运维管理体系之下，可以开展日常运维工作。对于金融机构数据中心运维而言，日常的运维管理工作主要包括五部分——机房基础设施运维、网络运维、服务器和存储运维、基础软件运维和应用运维。

7.2.1　机房基础设施运维

机房基础设施运维包含数据中心机房机柜、空调、消防、安防、弱电、UPS等基础的机房环境设施的运维工作，确保整个数据中心机房环境正常稳定，具体工作内容如下。

- 机房机柜摆放规划和机柜使用管理,服务器和网络设备摆放规划和日常管理。机柜以及设备的摆放要满足分区规划的要求,要确保走线方向的一致性,确保数据中心有条不紊地开展现场运维工作,同时也要便于各功能区快速准确识别,提升运维工作效率。
- 设备及人员(包括外来人员)出入机房审批登记管理。确保无关人员不能随意进入机房,对于有需要进入机房的人员,也需要严格监控其在机房中进行的工作。
- 机房电力系统、消防系统、动力系统和环境系统的监控及维护。通过部署温感、烟感、湿度器等监控设备,实时监控机房动力环境指标的变化,确保数据中心基础设施的正常运行。
- 数据中心资产管理。针对数据中心设备的出入、上下架、开关机、并网与否等情况,需要进行严格的登记管理,做到随时可查证、可统计。
- 数据中心机房巡检。清理机房的杂物,将机房物品定置;清洁机房门窗、地面,定期清洁电池室的地面;严密防鼠;检查机房玻璃、地板、天花板、通气口、墙体表面是否正常,外观是否完好,是否出现老化现象;检查机房是否有漏水现象,检查机房墙壁是否有渗水现象;检查电池间电池工作状态是否正常。填写巡检记录,及时报告并处置可能存在的问题和隐患。
- 机柜、电源、网线布局管理。对于新上架安装的设备,确认各线路位置,并对服务器的电源部分进行编号整理,最终登记在册。

7.2.2 网络运维

网络运维包括对数据中心的交换机、路由器等设备,以及由这些设备组成的所有网络的运维工作。具体包括监控网络运行情况并进行网络风险评估,定期对网络进行优化配置,提高网络运行效率,保证整个网络环境的安全等。具体工作如下。

- 外部网络接入管理:包括测试外部网络接入速度、监控网络访问可用性和访问质量,出现问题第一时间联系网络供应商。网络接入商有变化时,配合网络接入商对网络变更方案的可行性进行审查;配合网络接入商更替施工。
- 数据中心及全行局域网管理:包括本地局域网日常管理和维护、VLAN 划分、网络性能优化、故障排除、网络节点周期性检查,发现潜在问题并解决。
- 无线局域网管理:负责无线局域网的日常管理和维护,包括客户端不能正常接入网络的故障排除、网络性能优化与故障排除、网络节点周期性检查,发现潜在问题并解决。
- 虚拟专用网络(Virtual Private Network,VPN)远程接入:包括制定 VPN 使用策略、实施 VPN 用户日常远程接入服务器的管理,以及性能优化和故障排除等。
- 数据中心网络安全工作:包括网络病毒查杀和网络安全防护。
- 根据实际项目或安排而产生的其他工作:例如网络部署、网络开通等。

7.2.3 服务器和存储运维

服务器和存储运维包含整个数据中心的小型机、服务器、存储设备、交换机等设备的运维。这些设备支撑着整个业务系统，是非常重要的基础硬件环境。我们需要监控这些设备的运行情况，及时处理出现的问题和变更，并基于整个环境进行优化。具体工作如下。

- 服务器及存储的采购及上线工作：检测数据中心服务器和存储的使用情况，根据实际需要完成服务器和存储的采购，以及新设备的上线。
- 服务器运行情况及性能监测：通过综合监控系统实施 7×24 小时平台设备监控，发现告警，并进行处理。对系统运行情况进行实时检查。对监控或维护中发现的问题及时处理，消除隐患，保障平台的稳定运行。对各服务器物理资源的使用情况和操作系统的运行情况进行实时监控，提供服务器安全监测报告。
- 服务器软硬件兼容性检查：在维护系统稳定运行的同时，主动收集系统关键补丁、软件补丁、硬件微码等信息，在通过数据中心专家评审的前提下，对相关设备进行升级服务，并在升级完成后配合应用方对系统进行测试。升级前后需要和应用方及时沟通并确认，确保不会产生兼容性故障。
- 存储设备管理：对存储设备及其相关的部件（如硬盘、控制器等）进行编号，并记录在案，对软件设置中的参数也要进行详细的记录，并在每次变更后及时更新相关的信息。

7.2.4 基础软件运维

基础软件运维包括各种操作系统、数据库、中间件、备份软件等的运维工作。需要确保这些软件可以正常工作。优化配置，为平台和应用的正常服务提供保障。当这些软件出现问题时，能发现并提出解决方案。可以协助应用人员解决故障或进行对应的变更、升级等操作。具体工作如下。

1. 操作系统管理

主要工作是充分保障服务操作系统的稳定。

- 系统升级：主动收集系统关键补丁、软件补丁等信息，在通过专家评审的前提下，对相关系统进行升级服务，并在升级完成后配合应用方对系统进行测试。升级前后需要和应用方及时沟通并确认，确保不会产生兼容性故障。
- 操作系统稳定性监控：定时查看操作系统日志及互联网信息服务（Internet Information Services，IIS）日志，查看 CPU、内存占用率，排除故障。
- 系统权限与文件管理：服务器应明确责任人及管理账号持有人，不应出现多人单账户、单人多账户的情况，以便在服务器出现问题后对服务器进行操作维护、查找问题。

- 系统存储空间管理：定期检查磁盘空间，进行磁盘文件排列的优化和扫描，并处理错误；安全删除系统各路径下存放的临时文件、无用文件、备份文件等，释放磁盘空间。
- 系统配置：包括系统注册表的维护、优化系统配置、关闭无用服务和端口、以最适合系统运行方式、最小化安装等。同时也要做好系统配置文档的维护。
- 系统访问控制管理：负责系统用户管理，如增加、删除用户；重置用户密码；管理用户权限等。在进行系统用户管理时，记录所有相关的系统变更。
- 系统上线管理：对于新安装的服务器，运维团队应负责安装必要的应用软件，如远程监控工具、备份工具、防病毒软件等。

2. 数据库管理

主要工作是对数据中心的数据库系统进行管理和维护。

- 数据库性能监控：包括数据库的资源使用情况、进程状态、数据库连接状态、锁资源使用情况、数据存储碎片的管理和监控等。确保数据库的性能维持正常水平。
- 数据库空间管理：实时监测数据存储空间的使用情况，根据业务数据的数据量、数据结构以及增长速度，制定数据存储和结构优化策略，动态增加空间以存放业务数据；定期检查数据存储空间的使用情况，根据实际情况规划、增加空间，填写数据库空间新增、修改、删除申请表，经审核后实施，并更新数据库配置状况记录表。
- 数据库的备份与维护：定期对数据库表进行备份，便于紧急情况下快速恢复数据库。

3. 中间件管理

主要工作是对应用中间件进行管理和维护。

- 对于数据库中间件，辅助开发人员进行配置，保留配置文档。配合进行中间件版本的更新，操作系统模块配置与更新时，相应升级到可用的版本。配合检查中间件日志，发现可能存在的问题并解决。
- 安装新软件，收集安装光盘、安装合同（可复印学习）、使用说明书、授权书。纸质版文件扫描后入库，电子版文件进入配置库。

7.2.5　应用运维

应用运维，即对最终的业务应用系统进行维护。除确保应用系统正常运行外，还需要定期配合进行应用系统功能的升级。在用户需要时，配合进行系统参数维护和数据提取工作。应用运维的最终目标是确保整个金融机构业务的正常开展和科技服务能力的不断提升。主要工作内容如下。

- 当应用出现问题时，及时联系开发人员进行解决，并记录问题。
- 配合开发人员进行操作系统、数据库和中间件的系统配置，并做配置记录，在有授权运维的系统中，熟悉应用系统维护的方法。
- 配合开发人员上线新应用系统，须收集安装文件、源代码、部署文档、运维文档。
- 配合完成应用系统功能的升级以及日常的运维工作。

除上述工作外，日常运维管理工作还有一项比较重要的工作，即应急预案的编写及演练，这也是金融机构数据中心日常运维工作中不可或缺的一部分。为加强风险管理意识，提高应急预案相关人员的应急处置能力，及时发现应急预案可能存在的问题，确保在紧急情况下应急预案能够真正发挥作用，需要通过周期性的演习演练来不断检验应急体系应急预案的可靠性、有效性和可操作性。应急演练分为桌面演练和实战演练两种方式，每次演练都应该有相关技术人员全程参与。每次演练结束之后应进行分析和总结，及时完成应急预案的更新、优化和完善。

7.3 运维指标体系

对于日常运维管理，我们也需要不断对其监督并加以改进，这就需要建立一套完整的运维管理评价体系，即运维指标体系。对于金融机构的信息系统而言，可将其按照生命周期分为规划设计、开发测试、投产实施、生产运维 4 个阶段，运维阶段的时间周期占整个生命周期的 80%。这决定了生产运维服务在金融机构信息化建设和运行中的核心地位。而评判某一金融机构生产运维工作的质量，定量、实时的交易数据、事件和性能指标成为判断信息系统安全运行状态的主要依据。本节我们就来讨论一下金融机构信息科技运维指标体系的设计和使用。

7.3.1 指标体系设计原则

针对运行维护指标体系的设计，各个金融机构均有各自的侧重点。在实际的设计过程中，也有一定的原则。我们参照业界通用的 SMART（Specific、Measurable、Attainable、Relevant、Time-bound）原则，介绍运维指标体系的设计方法。

1. 指标的明确性

指标的明确性（Specific）就是要用具体的语言清楚地说明要达成的行为标准。简单地说，就是指标要有针对性，不能笼统。例如，我们经常说的"交易成功率"这个指标，就存在歧义。举例来说，客户行为（密码输入错误、余额不足等原因）造成交易失败的因素如何纳入"交易成功率"计算，必须在指标指定的时候明确，否则不可避免地会造成后续的争议。

2. 指标的可度量性

指标的可度量性（Measurable）即指标体系中一般采用定量指标，并要求指标相关的数据可获取。有时候，有些指标虽然看上去定义得非常清楚，但如果无法获取相关数据来验证，指标就形同虚设了。比如，一些金融机构组织的秒杀活动出现交易拥塞，如果我们要度量客户业务办理的成功率，就存在很大的问题。因为这个时候，对于那些网页都打不开的客户，我们是无法统计的。客户点击多少次，每次点击是否都是为了参与这个秒杀活动，我们也没有办法获取准确的数据。我们只能统计每秒交易峰值来衡量系统的吞吐能力。在设定指标时，一定要确保指标是可量化的，验证指标的数据或信息是可获取的，可以通过现有的技术手段或工具采集。

3. 指标的可实现性

指标的可实现性（Attainable）即指标必须是经过努力可以达成的，以避免设立过高或过低的目标。有个通俗的比喻是，指标的设定应该是让你努力踮起脚就可以够得着的。指标设置过低，轻松可取，没有任何激励作用；指标设置过高，可望不可即，可能导致直接放弃，同样起不到激励作用。假设金融机构全部业务系统的可用率全年要达到100%，那么这个指标显然会让运维人员直接放弃，因为目前全球最先进的互联网公司也达不到这个指标。对于金融机构而言，应用系统的数量往往超过100个，全年下来一点故障都没有，100%的高可用显然是不切实际的。反过来看，如果指标定得过低，对于运维人员来说，不需要任何努力就能达到，这也会导致这个指标形同虚设。

4. 指标的相关性

指标的相关性（Relevant）即达成指标与工作的相关程度，与其他指标之间的关联情况。如果实现了这个指标，但与其他的指标完全不相关，或者相关度很低，那么这个指标即使实现了，意义也不是很大。例如对于运维人员来说，确保系统的稳定性是关键，如果把系统业务量指标，例如要求系统每日交易量必须达到多少或者全年业务量必须达到多少，强加给运维人员，则没有任何意义。对于应用系统来说，应用程序缺陷导致的问题数量指标如果也强加给运维人员，显然也是非常不合理的，因为这个指标只能对开发和测试人员提要求，对于运维人员提要求，相关性就会差很多。

5. 指标的时限性

指标的时限性（Time-bound）即设计的指标都有其特定时限，拟定完成目标的时间要求，定期检查目标达成情况，以方便及时发现偏差，进行优化改进。时限包括两种情况，一种是对于周期时限，这种在运维指标制定中经常使用，例如全年系统可用率、全天业务成功率等；另一种是指定时间内要完成的任务指标，例如一年内缺陷率要压降的百分比指标等。提出指标的时限性要求的目的在于让指标有一个最终衡量的时间，没有时间限制的指标同样没有意义。

确定了上述指标设计原则后，就可以设计运维指标了。

7.3.2 指标体系设计结果

按照SMART原则，集合运维的组织职能，分别定义各自的指标，如表7-1所示。

表 7-1 运维指标体系

运维职能	指标定义	指标说明
服务台	首次解决率	由服务台人员直接解决的服务工单数/工单总数。用于考核服务台人员解决问题的能力
	工单分流时效	用于考核将工单转二线的效率（以最终准确转出为准）
事件管理	周期内事件单总数	用于考核 IT 运维质量
	规定时间内解决的比率	用于考核事件处理的效率
	事件的一线解决率	用于考核一线运维人员的事件处理能力
问题管理	周期内问题总数	用于考核 IT 服务质量
	问题解决的平时时效	用于考核问题解决的效率
变更管理	变更总数同比压降比率	用于考核变更治理效果
	紧急变更占比	用于考核变更的规划能力
	变更的成功率	对变更实施质量进行考核
发布管理	计划外发布的比率	用于考核发布的规划能力
	版本投产的成功率	用于考核发布的质量
基础设施运维	动环参数超标的次数	用于考核动环维护能力
	配电演练成功率	用于考核配电的快速恢复能力
网络运维	周期内网络故障数	用于考核网络运维质量
	网络切换演练成功率	用于考核网络的快速恢复能力
服务器及存储运维	周期内硬件故障次数	用于考核硬件的运维质量
	服务器及存储演练的成功率	用于考核服务器及存储的快速恢复能力
基础软件运维	周期内故障次数	用于考核基础软件的运维质量
	系统切换演练的成功率	用于考核基础软件的快速恢复能力
	不满足版本基线要求的系统比率	用于考核基础软件的版本基线维护情况
应用运维	周期内故障次数	用于考核应用运维质量
	应用切换演练的成功率	用于考核应用系统的快速恢复能力
	应用版本升级的回退次数	用于考核应用系统升级的成功率
SLA 指标	服务可用率	系统对业务服务的可用率
	交易成功率	系统对业务交易成功响应率
	业务数据下发的及时率	每日批量数据文件、日终报表下发的时效性
	业务参数维护的时效性	业务参数维护的平均时效
	业务参数维护的准确率	业务参数维护准确实施的比率
	业务数据提取的时效性	业务数据提取的平均时效
	业务数据提取的准确率	业务数据提取满足业务要求的比率
	故障响应的时效性	对紧急系统故障处理的时效
	灾备演练的 RTO（Recovery Time Objective，恢复时间目标）指标和 RPO（Recovery Point Object，恢复点目标）指标	灾难演练情况下，切换时间以及恢复点时间

下面我们对几个关键指标加以说明。

1. 服务可用率

服务可用率是运维服务体系当中非常重要的指标,绝大多数 SLA 协议里面的第一个指标就是服务可用率。

服务可用率是系统服务可以访问的时间占给客户承诺的整体服务时间的百分比。如图 7-5 所示为系统两次故障发生的间隔时间,包含系统宕机时间和系统正常运行时间两部分(为更好地说明,图 7-5 中的时间轴并未采用准确比例)。

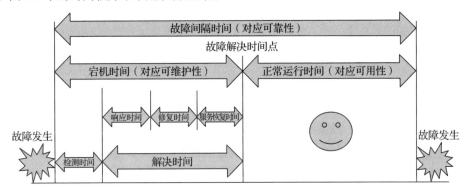

图 7-5 服务可用率指标

宕机时间是指从故障发生的时间开始到服务正常恢复的时间之间的平均时长。宕机时间可以细分为故障检测发现时间和故障解决时间。故障解决时间又可以进一步细分为响应时间、修复时间和服务恢复时间。正常运行时间则是指从上次故障恢复点到下次故障发生点之间的平均时长。如此,我们可以计算系统服务的可用率指标如下。

$$系统服务的可用率指标 = 正常运行时间 / 故障间隔时间$$

我们可以用故障间隔时间来衡量系统的可靠性,即系统平均多久发生一次故障;用系统的宕机时间(即故障发生检测被发现的时间 + 故障的解决时间)来衡量系统的可维护性,即系统发生故障后需要多久能够恢复;用系统正常运行时间来衡量系统的可用性,即系统需要多久能够实现平稳运行。

为了提升系统可用率,应用运维需要开展很多工作,包括被动和主动两部分。被动工作如可用性监控、度量、分析和管理与服务不可用有关的所有事件、故障和问题,这些属于服务运营的范畴。主动工作如系统可用性的主动规划、设计和持续改进等,属于服务设计的范畴。

2. 交易成功率

系统交易成功率也是普遍被关注的运维指标。交易成功率的计算很简单,公式如下。

$$交易成功率 = 指定周期内成功交易笔数 / 指定周期内全部交易笔数$$

交易成功率需要排除客户因素导致的交易失败的情况,如交易密码错误、账户余额不足等。这些因素需要在与业务部门签订 SLA 协议时加以明确。特别是对于业务量较小的金融机构，如果不剔除这些因素，很容易在某一段时间周期内，因为客户的行为导致交易成功率降低。

交易成功率的计算要兼顾业务服务功能的完整性。以手机银行交易成功率为例，我们需要将查询交易和转账交易分开考虑。否则，如果转账交易无法成功进行，那么即便加上查询交易，认为所有交易（包括查询和转账）的交易成功率达到 60% 或 70%，也是毫无意义的。此时手机银行渠道可以认为是已经不能正常提供对外服务。

对于交易成功率的监测是很重要的。目前各个金融机构都会对交易成功率检测到分钟级或秒级。按照监管部门的要求，交易成功率低于 30% 则视同系统对外服务不可用。对于该指标的检测要尤其敏感。

3. 数据下发的及时率

在数字经营时代，数据获取的及时性逐渐被各大金融机构所关注。管理者每天上班后的第一件事是拿到上一日的经营报表并进行经营情况分析。金融机构每天中午前需要完成每日经营状况的数据报送，这对夜间批量任务运行结束后的数据生成以及下传到总分支各机构的及时性提出了很高的要求。

数据下发的及时率通常以与业务约定的数据下发时间为准，计算公式如下。

$$数据下发的及时率 = 按时下发数据给业务部门的天数 / 一个周期内的总天数$$

对于数据下发及时性的维护，最重要的是关注夜间批量任务的运行情况，包括数据仓库、数据集市的运行情况。对于每日需要使用的报表，应尽量避免在数据流的最下游生成。

此外，还有很多指标都是运维所关注的，这里不一一赘述。需要说明的是，运维的每个指标设计都必须遵循 SMART 原则，只有这样，才能不断对运维服务体系加以评估和改进。

7.3.3 指标体系监测和运行机制

明确了运维指标体系之后，我们就可以开展具体的运维工作了。这并不意味着后面就是按照这个指标体系"做一天和尚撞一天钟"。指标体系是为了持续不断地改进运行维护体系，提升运行维护服务质量。在指标体系的监测与运行过程中，我们要持续不断地改进，这样才能达到不断提升运维服务能力的目的。

对于指标体系监测和运行机制，本节分两方面加以阐述：一方面是运维指标体系监测和运行过程的持续改进；另一方面是持续改进过程中的重要产出物，即运维服务报告，也叫运维指标体系监测报告。

1. 运维指标体系监测和运行过程

说到持续不断地提升与改进，就不得不提 PDCA 循环。PDCA 循环是美国质量管理专家沃特·阿曼德·休哈特首先提出的，因为由戴明采纳、宣传并普及，所以又称戴明环。全面质量管理的思想基础和方法依据就是 PDCA 循环，如图 7-6 所示，我们将运维提升也分为计划、实施、检查和处理四部分。

（1）计划（Plan） 假定按年为周期，每年年初，我们先对上一年运维指标的完成情况做一个回顾，总结经验和教训，发现问题和不足。然后对新的一年提出更高的要求，明确新的一年里要达到的目标，确定运维指标体系各个指标的目标值。最后与业务部门签订 SLA 协议。

（2）实施（Do） 在明确了新的一年的运维提升计划，特别是明确了运维指标体系各个指标的目标值之后，我们首先分析当前的现状，评估和检查与目标之间的差距。然后针对每一项差距，提出相应的改进措施。

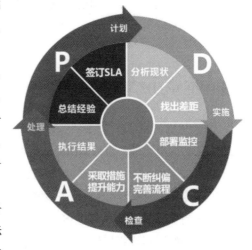

图 7-6　运维提升戴明环

（3）检查（Check） 为监督目标的实现进展，我们把需要关注的运维指标纳入监控，实时跟进。在完成监控部署后，我们要根据指标的进展，及时调整工作方法、工作流程，更好地促进指标的实现。

（4）处理（Action） 在运维工作中，应不断地采取措施，提升运维能力。对于指标执行偏弱的地方，要有针对性地提升，并不断检查指标结果，确定与目标之间的差距，力争最终目标成功达成。

2. 运维指标体系监测报告

运维指标体系监测报告是运行指标体系监测和运行过程中不断产生的过程文档。戴明环往往不是单一的循环，而是层层嵌套，大循环的运转依靠小循环的带动。对于运维指标体系监测和运行同样也是如此。为了实现全年目标，我们需要将日常运维工作按周或按月划分为更小的周期，每个周期按照戴明环对运维服务指标体系进行监测，并出具运维指标体系监测报告。报告包括以下内容。

❏ 对运维服务的现状进行客观反映，与 SLA 对比，帮助运维团队管理层和业务部门了解当前运维服务的实际情况。

❏ 产生及时、可靠、精简且正确的运维服务报告为决策提供依据。

❏ 为运维团队管理者进行决策提供依据，保证数据中心的生产运维服务处于可控状态。

❏ 为运维服务改进和运维变更的安排提供参考，有利于运维服务的不断改进和资源利用率的不断提升。

运维服务报告除了展示当前运维体系指标的情况外，还需要补充说明的信息包括过去一段时间内的故障信息、重要问题及原因分析、近期需要执行的变更信息等。每天召开生产运行晨会，每周召开生产运行周例会，对生产运行的情况进行评估，并不断加以改进。

7.4 本章小结

本章介绍了信息科技风险管理中的运维管理。对于金融机构而言，如果单纯看开发团队和运维团队的人员比例，运维团队的被重视程度是大大不如开发团队的。特别是一些中小型机构，出于成本的考虑，在运维管理方面的投入有限。需要引起重视的是，在整个信息科技风险管理当中，运维管理的重要性是高于开发测试管理的。

本章首先论述了运维管理体系的三大支柱，然后进一步阐述了具体的日常运维管理工作，最后重点介绍了运维指标体系。希望读者通过运维指标体系，不断提升运维能力，从而提升金融机构的风险管理水平。

第 8 章 Chapter 8

业务连续性管理

业务连续性管理是金融机构有效应对重要业务运营中断事件，建设应急响应、恢复机制和管理能力框架，保障重要业务持续运营的方式，包括策略、组织架构、方法、标准和程序。业务连续性管理是全面风险管理体系的一部分，金融机构需要建立与自身业务战略目标相适应的业务连续性管理体系，确保重要业务在运营中断事件发生后快速恢复，降低或消除因重要业务运营中断造成的影响和损失，保障业务持续运营。

8.1 业务连续性管理体系

金融机构业务连续性管理体系包括业务连续性整体框架和组织架构，业务连续性整体框架明确业务连续性的内容与范围，而职责清晰的组织架构可以确保业务连续性管理的落地实施。

8.1.1 业务连续性整体框架

金融机构的业务连续性管理流程包括设定目标、风险分析、制订业务连续性计划、演练与更新、检查与回顾等，整体框架包括以下内容。

- ❑ 高级管理层提出与业务发展相匹配的业务连续性战略，并监督业务连续性和应急响应能力的建设。
- ❑ 业务连续性管理的各项要求与业务战略目标进行有机结合，业务连续性管理的目标与金融机构的战略与管理目标相匹配。

- 以业务影响分析为基础，明确关键业务受到的影响。
- 通过风险评估识别风险，进行风险影响分析与评估。
- 制订有效的业务连续性策略以确保业务连续性目标的实现。
- 通过演练检查业务连续性保障与流程能否有效支持此前建立的目标。
- 对业务连续性策略、计划等进行整体的审查和更新，以此来反映业务和市场的最新情况。
- 开展业务连续性培训。
- 监测并向管理层汇报业务连续性管理的整体情况。

8.1.2 组织架构

金融机构须建立业务连续性管理的组织架构，确定重要业务及其恢复目标，制订业务连续性计划、配置必要的资源、有效处置运营中断事件，并积极开展演练和业务连续性管理的评估与改进。而业务连续性具有跨部门全力协作的特征，金融机构的业务连续性管理在董事会的统一组织领导下，通过设立业务连续性管理委员会，将高级管理层和各业务条线部门、风险管理部门等有关业务连续性的部门进行统筹管理。

1. 业务连续性管理的决策层

董事会的职责如下。
- 明确业务连续性管理的责任和义务。
- 针对业务连续性管理分配资源。
- 将业务连续性管理的要求与业务策略和风险偏好相结合。
- 了解业务连续性的潜在风险、可能采取的应对措施和政策。
- 综合管理层的汇报、日常测试结果和审计结果来审查业务连续性管理的执行情况。
- 开展对管理层业务连续性管理的质询等独立监督判断。

2. 业务连续性管理委员会

金融机构通过设置由决策层和业务连续性管理相关部门负责人组成的业务连续性管理委员会，统筹协调、落实各项管理职责。
- 确定业务连续性管理各部门的角色、职责以及相关方案。
- 配置针对业务连续性管理的专职或兼职人员，并给予充分的财务资源。
- 确保相关人员了解其在业务连续性管理中担任的角色和责任。
- 针对业务连续性的表现设立可以考核的目标。
- 设计和执行业务连续性战略。

- 确保业务连续性管理中的演练、测试、培训等环节足够全面，并与业务连续性管理策略相匹配。
- 解决在演练、测试、培训过程中暴露出来的超过风险承受能力的问题。
- 设置业务连续性委员会（或协调人），定期与其讨论业务连续性管理相关的策略、计划、演练、测试、培训等环节的细节。
- 持续评估和更新业务连续性策略和计划，保持与公司最新的业务发展和市场环境相匹配。
- 与业务连续性管理的外部相关方（例如监管机构、第三方服务提供商等）定期协调和沟通。

3. 业务连续性主管部门

在董事会及业务连续性管理委员会的领导下，设立业务连续性主管部门，职责如下。
- 组织开展全行业务连续性管理工作，指导、评估、监督各部门的业务连续性管理工作。
- 组织制订业务连续性计划，协调业务条线部门，汇总、确定重要业务的恢复目标和恢复策略。
- 组织开展业务连续性计划的演练、评估与改进。
- 开展业务连续性管理培训等。

4. 业务连续性执行与保障部门

业务连续性管理执行部门包括业务条线部门与信息科技部门，其中业务条线部门负责业务风险评估、业务影响分析，确定重要业务恢复目标和恢复策略，负责业务条线重要业务的应急响应与恢复；信息科技部门负责系统应急响应与恢复。

业务连续性管理保障部门包括人力资源部门、公共关系部门、财务部门、法律合规部门、后勤部门、保卫部门等，为业务连续性日常管理提供人力、物力、财力以及安全保障和法律咨询。其中，公共关系部门负责制订对外媒体公关策略，制订并执行对外媒体公关的应急预案。

8.2 业务连续性管理与执行

业务连续性管理须以实现业务连续性目标为基础，进行风险分析与评估，做好符合自身需求的计划，并在此基础上做好应急处置预案与灾难恢复预案。

8.2.1 业务连续性管理

金融机构的业务连续性管理流程包括设定目标、风险分析、制订业务连续性计划、演练与更新、检查与回顾等，主要包括如下几方面。

1. 明确业务连续性目标

随着时代的变迁，金融机构要应对的可能造成业务中断的风险因素时刻都在发生变化，业务连续性的目标也发生了相应的变化。当前金融机构业务连续性有 3 个最为重要的目标。

- 当面对大范围业务中断时，关键业务能够快速恢复并及时重启。
- 当一个或多个重要运营地点无法进入或业务中断后，关键业务能够快速恢复并及时重新开始。
- 通过持续和有效的测试，保障金融机构业务的高可用。

金融机构的管理层首先需要从上述目标的宏观角度评估业务连续性的潜在风险，并设定长期和短期的目标，然后采取相关策略和计划来实现相应的业务连续性目标、增强业务的可靠性，最后按照培训、测试和监测的反馈来更新业务连续性目标、计划等内容。除此之外，需要在设计新产品、新服务时充分考虑运营是否能保证相关业务连续性。

2. 业务影响分析与风险评估

业务影响分析指的是对可能造成业务中断事件的识别，并对其潜在影响的强度进行分析，包括关键业务职能的识别、相互依赖性分析和中断的影响。风险评估是识别金融机构业务操作、机构资产、员工和其他组织风险的过程，包括风险的识别、可能性和影响分析。董事会及业务连续性管理委员会应当运用业务影响分析和风险评估来有效识别和监测业务连续性的潜在风险，识别和评估业务运营中断所造成的影响和损失，明确业务连续性管理的重点，根据业务的重要程度实现差异化管理，确定各业务恢复的优先顺序和指标，具体包括以下职责。

- 明确重要业务归口管理部门、所需关键资源及对应的信息系统，识别重要业务的相互依赖关系，分析、评估各项重要业务在运营中断事件发生时可能造成的经济损失和非经济损失。
- 根据重要业务运营中断可能产生的损失与业务恢复成本，结合业务服务时效性、服务周期等运行特点，确定重要业务恢复时间和业务恢复点。
- 根据业务重要程度和恢复优先级别，识别重要业务恢复所需的必要资源。
- 通过分析业务与信息系统的对应关系及依赖关系，明确系统恢复时间目标。
- 开展业务连续性风险评估，识别业务连续运营所需的关键资源，分析资源所面临的各类威胁以及资源自身的脆弱性，确定资源的风险敞口。
- 根据业务影响分析结果，依据业务恢复指标，制定业务恢复策略。

3. 制订业务连续性计划

依据业务恢复目标，制订覆盖所有重要业务的业务连续性计划。作为业务连续性管理最重要的部分，金融机构应当根据自身的规模和业务复杂性，提前对业务连续性计划的细节做好安排，并定期根据组织架构和业务特性等内容更新计划细节。完善的业务连续性计划包括以下内容。

- 金融机构员工和第三方服务提供商各自的角色、职责和所需技术。
- 应对各类可以预见的突发事件的解决方案。
- 提升风险应对等级的条件。
- 恢复运作、服务等的优先级和流程。
- 重要信息的保护方式。
- 在备用设施开展业务时对员工的运输和安置安排。
- 网络设施、通信需求和各类信息传输的安排。
- 替代设施的人员安排。
- 业务连续性计划测试的范围和频率。
- 将业务流程从应急状态恢复至正常状态的方案。

除了上述详细的计划外，金融机构须制定总体应急预案，以应对运营中断事件，包括总体组织架构、各层级预案的定位和衔接关系及对运营中断事件的预警、报告、分析、决策、处理、恢复等处置程序。

在总体应急预案的基础上，应注重灾难场景的专项应急预案，明确在不同场景下的应急流程和措施。

专项应急预案的主要内容如下。

- 应急组织架构及各部门、人员在预案中的角色、权限、职责分工。
- 信息传递的路径和方式。
- 运营中断事件处置程序，包括预警、报告、决策、指挥、响应、回退等。
- 运营中断事件处置过程中的风险控制措施。
- 运营中断事件的危机处理机制。
- 运营中断事件的内部沟通机制和联系方式。
- 运营中断事件的外部沟通机制和联系方式。
- 应急完成后的还原机制。

金融机构还需要针对重要业务及信息系统的外部供应商建立业务连续性计划，证明其业务连续性计划的有效性及业务恢复目标的要求。

8.2.2　应急处置

金融机构在面对突发事件时，应具有应急处理及快速恢复的能力。而应急处置包括应急公关与声誉维护及应急业务恢复两方面。

1. 应急公关与声誉维护

建立危机处理机制，从维护客户管理、履行告知义务、维护客户合法权益的角度出发，运用公共关系策略、方法，加强与客户、媒体的沟通，适时向公众发布信息，消除或降低危机所造成的负面影响。指定负责危机处理工作的部门，加强舆情监测、信息沟通和发布。

在运营中断事件发生时，及时、准确披露信息，防止因信息不对称产生负面影响，实时关注舆情信息，及时澄清虚假信息或不完整信息，消除社会疑虑，化解纠纷。

2. 应急业务恢复

金融机构在发生业务连续中断事件时，最为重要的是使用一切办法恢复业务，以本地高可用、同城灾备中心、异地灾备中心的恢复顺序，根据业务的重要等级安排恢复资源，完成业务恢复。

8.2.3 灾难恢复

在发现重大灾难导致大范围业务中断时，金融机构须迅速决策，确定是否实施灾难备份切换。在灾难备份切换、回切时，业务条线部门应当对中断时的重要业务数据进行核对，并在信息科技部门的配合下，对丢失的数据进行追补。同时，应当进行测试和验证，确保交易的可靠性。

首先，应事先建立相关业务连续性操作和系统恢复预案，包括应急操作手册与流程，操作流程应当清晰明了且容易实施，可以采用检查表式的操作手册。

其次，在基础设施和设备准备方面，应当提前确定关键业务操作、设施、基础系统、关键人员等方面的备选方案。在选取备用站点时，应当提前为业务的可扩充性进行规划，以避免造成备用站点长时间运营的潜在风险。同时，应当确定灾备中心可以保证关键业务的运行。

再次，金融机构应当事先对备份资源进行技术验证，确保其可用性。在实施灾难备份切换时，信息科技部门应当向业务条线部门告知可能出现的数据损失情况，并对备份系统的运行情况实时监控，防止出现二次中断风险。

最后，灾难备份切换、回切时，业务条线部门应当对中断时的重要业务数据进行核对，并在信息科技部门的配合下，对丢失的数据进行追补；同时，应当进行测试和验证，确保交易的可靠性。

除了以上内容，在制订业务恢复计划时，还应该提前考虑应急响应、灾害恢复和危机管理等。通过应急响应，降低负面事件的不利影响。应急响应的优先顺序为保护生命、保全财产、稳定措施以及与相关方进行沟通，这些相关方包括客户、第三方服务提供商、政府机构、监管方以及媒体等。

8.3 业务连续性演练与管理评估

金融机构需要根据业务连续性计划开展应急演练，并对业务进行持续的评估与改进，以此来评估业务连续性计划等内容是否符合业务连续性目标。

8.3.1 业务连续性演练

1. 演练目的

金融机构定期开展业务连续性演练,通过演练来检验业务连续性的实际水平,主要目的在于以下几点。

- 验证业务连续性目标是否达成。
- 验证应急演练方案是否合理。
- 验证操作人员是否熟悉应急操作,在突发事件时是否具备操作能力。
- 检验备用资源是否可承受业务运营的压力。

金融机构除定期开展演练外,在发现新的风险或者机构整体运营环境发生显著变化时,应该进行有针对性的演练。

2. 演练方式

演练方式可以分为以下几种。

- 全面演练:可以充分检验所有可供使用的资源(包括人员和设备)是否可以在最大限度上帮助金融机构保持业务连续性。全面演练可以帮助管理层更为准确地识别关键业务运营部门之间的关联。
- 有限规模演练:针对特定的业务环节或业务条线在特定环境下是否能保持业务连续性来进行演练,并不能完全识别不同业务条线之间和不同部门之间潜在的关联。
- 桌面演练:以模拟流程为主,目标在于确定业务连续性计划对于个人职责和相应目标安排的合理性。

8.3.2 业务连续性管理评估

金融机构须开展业务连续性管理评估,主要目的在于以下几方面。

- 每年对业务连续性管理体系的完整性、合理性、有效性组织一次自我评估,或者委托第三方机构进行评估,并向高级管理层提交评估报告。
- 每年对业务连续性管理文档进行修订,内容应包括重要业务调整、制度调整、岗位职责与人员调整等,确保文档的真实性、有效性。
- 在开发新业务产品时,应当同步考虑是否将其纳入业务连续性管理的范畴。对纳入业务连续性管理的,应当在上线前制订业务连续性计划并实施演练。
- 在业务功能或关键资源发生重大变更时,应当及时对业务连续性计划进行修订。
- 定期对业务连续性管理进行审计,每三年至少开展一次全面审计;发生大范围业务运营中断事件后应当及时开展专项审计。审计的内容应当包括业务影响分析、风险评估、恢复策略及恢复目标的合理性和完整性；业务连续性计划的完整性和可操作性；业务连续性计划演练过程及报告的真实性和有效性；业务连续性管理相关部门及人员的履职情况等。

8.4 本章小结

本章介绍了金融机构业务连续性管理体系的整体框架与组织架构，帮助读者对业务连续性的组成部分与组织架构有一个清晰的认识。在此基础上，金融机构须开展业务影响分析与风险评估，明确业务连续性目标，并制订应急处置与灾难恢复方案。为确保业务连续性的有效性，金融机构须定期开展业务连续性演练与管理评估，并不断优化方案。

第 9 章 外包管理

为了提升信息科技外包管理水平,金融机构需要根据相关监管要求,建立符合自身实际情况的外包管理体系,建立外包商管理机制,加强日常外包管理,加强自主可控能力的建设,有效降低外部依赖度。

9.1 外包管理体系

建设金融机构信息科技外包管理体系,需要制定合理可行的外包战略,建立有效的外包管理组织架构,制定并落实外包管理制度。

9.1.1 外包战略

制定和审批信息科技外包战略是金融机构董事会及高级管理层的重要职责。外包战略作为信息科技外包管理体系的核心方针,必须与金融机构信息科技及业务总体战略目标一致,并纳入全面风险管理体系,且在每年度的信息科技外包管理风险评估中进行执行情况检验汇报。

中国银保监会《银行保险机构信息科技外包风险监管办法》规定:银行保险机构应当基于机构的业务战略、信息科技战略、总体外包战略、外包市场环境、自身风险控制能力和风险偏好制定信息科技外包战略,包括但不限于外包原则和策略、不能外包的职能、资源能力建设方案等。

中国证监会《证券基金经营机构信息技术管理办法》规定:除法律法规及中国证监会另有

规定外,不得将重要信息系统的运维、日常安全管理交由信息技术服务机构独立实施,以及审慎选择信息技术外包服务机构时应该关注的重点事项、合同约束要求、内部审查要求、部分服务机构的备案要求、应急处置机制、严禁行为等。

相关监管要求从战略规划的高度,对金融机构建立信息科技外包管理体系、战略方针和工作机制提出了规范性的要求,金融机构必须遵循监管要求,在监管要求的框架下搭建自身的信息科技外包管理体系、外包战略等。

金融机构信息科技外包战略通常包括以下几方面。

1. 不能外包的职能

战略管理、风险管理以及内部审计等职能不宜外包。信息科技外包不能涉及国家秘密,原则上也不应涉及金融机构的商业秘密,如果信息科技外包活动中涉及商业秘密,应符合金融机构保密工作的相关规定,并专项报请法律与合规部门审批。同时,外包管理部门在外包合作中须监督防范外包单位窃取国家秘密和金融机构商业秘密,严格控制知悉范围,控制泄密风险,并在实施业务外包时,高度关注外包公司员工道德风险,采取合同管理、流程控制、审计监督、风险排查等综合性措施,切实控制外包业务中可能产生的信息安全风险。

此外,上述监管指引明确规定:金融机构在实施信息科技外包时,不得将信息科技管理责任外包。这点在制定信息科技外包战略时应明确指出。

2. 资源能力建设方案

金融机构应以不妨碍核心能力建设、积极掌握关键技术为导向,保持外包风险、成本和效益的平衡,强调外包风险的事前控制,保持管控力度,根据外包管理及技术发展趋势,持续改进外包策略和措施。同时,金融机构应加强自主核心技术能力的建设,提高自身专业技术能力,降低对外包服务商的依赖。对于具有核心价值和竞争力的行业领先系统,应全部采用自主开发模式或本机构主导的方式实施,例如对于核心银行系统等关键信息系统,应采取自主开发模式,重要信息系统采取本机构主导的合作开发模式,内部管理系统购买业内成熟产品进行定制化开发。

此外,很多金融机构由于历史原因,关键业务系统也是由外包主导的,金融机构可以通过人员补充、内外部专业培训、知识转移和积累的方式,逐步完成对当前关键业务系统的接管、改造、迁移和对新投入业务系统的主动管理。

3. 供应商关系管理策略

金融机构应合理管控信息科技外包供应商的数量。一方面要建立供应商池,并保持适度的范围,防范行业垄断和机构集中度风险;另一方面要通过引入适当的竞争,在降低采购成本的同时提高服务质量,并合理管控供应商的数量,降低风险及管理成本。

金融机构在选择信息科技外包供应商前应进行充分的评估。应对供应商的财务和运作方面的能力进行全面评估，包括技术能力、人员的业务能力、外包项目的管理能力、信息安全保障能力、供应商声誉以及供应商的财务状况，选择业务能力强、信誉好的供应商。

对于涉及产品采购的外包项目，在产品采购前还须进行产品选型和验证测试，测试过程中对产品的稳定性、性能、功能、技术支持能力、相关案例情况进行评估，对曾经合作过的供应商，还要参考合作期间的供应商考评情况。

金融机构应与信息科技外包供应商签订外包合同。外包合同中应明确外包服务范围、服务内容、服务时限、责任分配以及交付物要求，还要明确合规内控要求、服务连续性要求、安全保密要求、服务水平要求、转包和分包要求等。此外，还要明确争端解决机制、违约责任、突发事件管理要求等。外包合同在尽量明确上述要求的同时，应具有一定的灵活性，以应对业务、技术、政策等可能出现的变化。

金融机构应对外包服务过程进行持续监控，可以通过外包考评、监控、外包商自评估等途径，要求服务提供商建立阶段性服务目标及任务，并跟踪任务执行情况，及时发现和纠正服务过程中存在的各类异常情况。在外包商退出前，应对外包供应商安全保密情况、工作交接、用户权限清理、物品交接等进行检查，确保有序退出。

4. 外包分级管理策略

金融机构可以采用评级方式，对信息科技外包供应商是否具有良好的品牌信誉、是否具备专业资质认证、技术能力是否成熟、是否具备较为丰富的相关项目经验等进行评价，结合外包供应商运营能力、财务状况等方面进行综合定级。由于评价供应商流程较为复杂，金融机构需要投入较多的人力、物力、财力进行评价。

金融机构也可以从是否提供重要外包服务的角度对外包供应商进行简化的分级管理，将外包供应商分为重要供应商和一般供应商。重要供应商是指提供信息科技工作整体外包、数据中心或灾备中心整体外包、涉及敏感信息的外包、非驻场外包、跨境外包等服务的供应商。对重要的服务提供商，在合同签订前应当开展深入尽职调查，必要时可聘请第三方机构协助调查。

9.1.2 外包管理组织架构

金融机构信息科技外包管理的组织架构包括高级管理层及信息科技外包管理相关部门。外包管理相关部门主要包括信息科技部门、业务部门、法律与合规部门、风险管理部门、审计部门等，其中信息科技部门是信息科技外包主管部门，业务部门是信息科技外包使用部门，风险管理部门、审计部门、法律与合规部门是信息科技外包的监管部门。

高级管理层的信息科技外包职责主要包括以下几方面。

- ❑ 负责制定信息科技外包战略。
- ❑ 明确信息科技外包风险主管部门和信息科技外包执行团队，并对其行为进行有效监督。

- ❏ 明确信息科技外包的风险管理职责。
- ❏ 审议信息科技外包管理流程及制度。
- ❏ 审议批注信息科技外包的范围及相关安排,审阅本机构信息科技外包活动重要报告。
- ❏ 安排风险管理、审计、法律合规等部门,有效监控信息科技外包的风险管理成效。

信息科技部门的职责主要包括以下几方面。

- ❏ 制定信息科技外包的战略发展规划。
- ❏ 制定并执行信息科技外包管理制度和操作流程。
- ❏ 根据信息科技规划和外包服务需求,确定外包项目的范围、内容、计划等。
- ❏ 负责信息科技外包活动的日常管理,包括尽职调查、外包需求分析、外包合同签署及执行、外包人员管理、外包风险监控及处置等。
- ❏ 配合法律合规、风险管理、审计等部门开展外包风险检查、审计等工作。
- ❏ 高级管理层确定的其他职责。

外包使用部门的主要职责是编写信息科技外包业务需求,参与制定外包合同、外包服务水平标准,参与外包供应商和外包人员考核等。

风险管理部门的主要职责是对信息科技外包风险进行识别、评估与提示,督促外包风险管理的持续改善,向高级管理层定期汇报信息科技外包活动相关风险的管理情况等。

审计部门的主要职责是对信息科技外包活动进行内部审计,根据审计发现的问题督促相关部门进行整改和提升。

法律合规部门的主要职责是审核信息科技外包合同,对涉及信息科技外包的操作风险、内控合规情况进行分析、评价等。

9.1.3 外包管理制度体系

为规范金融机构信息科技外包活动,防范信息科技外包风险,保障业务持续经营,金融机构应根据《商业银行信息科技风险管理指引》《银行业金融机构外包风险管理指引》《银行保险机构信息科技外包风险监管办法》等监管要求,以及本机构的业务战略规划、信息科技相关制度规范等,制定适合本机构的信息科技外包管理制度体系。

信息科技外包管理制度体系通常可以分为外包战略、外包管理办法、外包管理细则3个层面。

- ❏ 外包战略从宏观角度对信息科技外包总体原则、资源能力建设方案、外包供应商关系管理策略、供应商分级管理策略、外包业务连续性管理策略等进行规定,指明信息科技外包总体方向。
- ❏ 外包管理办法对外包管理组织架构及职责、外包采购管理、外包合同管理、外包风险管理、外包人员管理、外包考评管理等进行规定，明确信息科技外包的基本要求。
- 外包管理细则通常是对外包管理的重点领域进行具体规定，例如外包风险管理指引、外包供应商考评细则、外包合同管理细则等，也可以按外包涉及领域分为开发外包管理细则、测试外包管理细则、运维外包管理细则等。

9.2 外包商管理机制

金融机构应建立与本机构信息科技战略目标相适应的信息科技外包管理机制，通过"抓两头"（外包商准入、外包商退出）和"抓过程"（持续监测、风险评估）等手段，有效控制或降低外包引发的风险。

9.2.1 外包商准入

金融机构应当根据外包供应商关系管理策略，根据本机构实际情况，制定合理的外包商准入标准，对外包商进行准入资格调查，充分审查、评估外包商的财务稳定性和专业经验。对外包服务商的准入资格调查通常包括以下内容。

- 管理能力和行业地位。
- 财务稳健性。
- 经营声誉和企业文化。
- 技术实力和服务质量。
- 突发事件应对能力。
- 对金融业的熟悉程度。
- 为其他金融机构提供服务的情况。

如果外包活动涉及多个外包商，应当对这些外包商进行关联关系的调查。例如，可以对外包商准入设定和基本资质相关的标准。

- 中华人民共和国境内依法注册，具有独立法人资格，能提供有效公司证件（营业执照、税务登记证、组织机构代码证、人员相关资质证书等）。
- 公司技术能力和技术实力的证明文件。
- 公司服务能力、售后技术支持能力的证明文件。
- 公司服务水平承诺。
- 无重大不良社会影响的经营记录，无违法、违规经营事件。
- 注册资本要求不低于××万（如 1000 万）元。
- 成立至少 N 年（如 3 年），且上年度经营状况良好，经第三方审计上年度盈利。

- 近两年有金融业相关项目或产品成功案例。

上述标准是原则性的标准,特殊情况可以特别审批,例如某具体细分领域新兴的外包商可能不满足成立 3 年或上年度盈利的条件,经过充分考察,综合权衡后可以特批准入。

9.2.2　外包商退出

当出现信息科技外包商不适宜继续合作的情况时,金融机构应及时、有序地启动外包商退出流程,以确保有效控制外包风险。

通常情况下,外包服务商存在以下情况则须退出。

- 未经本机构许可,违规分包或转包。
- 无力继续经营,倒闭或经营不善,财务出现亏损或存在重大债务无法偿还。
- 出现重大不良社会影响的经营记录,违法、违规经营事件。
- 出现信息严重泄露事件或重大生产故障。
- 经营范围出现重大变更,已无法满足采购需求。
- 人员严重流失,符合相关资质的人员严重不足,无法提供正常技术服务。
- 无法按时按质完成项目建设,或者技术上无法支持新的业务需求开发实现。
- 考评得分不合格。

外包商退出时,应确保是有序退出,避免对金融机构的正常运营造成冲击。例如在外包服务终止阶段,须组织开展外包商退出前的检查工作,外包服务商人员离场前应遵循相关保密要求,完成工作交接、用户权限清理、物品交接等。

9.2.3　外包商持续监测和风险评估

金融机构信息科技部门应对外包服务过程进行持续监测,要求外包商建立阶段性服务目标及任务,并跟踪任务的执行情况,及时发现和纠正服务过程中存在的各类异常情况。

- 实施审慎外包原则,明确外包活动是否应在境内开展,确保金融机构客户信息和金融业务的安全。
- 应要求外包商定期(如每季度)开展自评估工作(包含财务状况和经营状况、内控安全管理情况、服务能力和技术人员情况、项目进展情况、新增案例、机构集中度情况、业务连续性管理),提交自评估报告,要求外包商至少每年进行一次内部或外部审计机构的检查并提交检查报告。
- 金融机构应制定外包商考评管理办法,定期(如每季度)对外包商服务质量和风险情况进行打分。
- 外包商公司人员入场时,与公司入场人员签订人员安全守则和外包商公司承诺书,要求外包商及其相关人员遵守保密规定及本机构信息科技风险的相关管理制度。
- 按照"必须知道"和"最小授权"原则进行访问控制，对环境中的系统操作、文件读写等权限的使用必须严格控制，不得授予与工作无关的其他权限，并实现金融机构客户资料与外包商其他客户资料的有效隔离，确保在中止外包协议时收回或销毁外包商保存的本机构所有客户资料和其他敏感信息。
- 依据外包商所承接的外包服务在金融业服务市场的占比情况，识别具有机构集中度特点的外包商，采用分散信息科技外包活动、提高自主研发能力等形式，降低机构集中度，减少对外包服务商的依赖。此外，金融机构还可以建立外包商资源池，该资源池可汇总外包商的各类信息，如得分、评级等结果，同时基于外包人员开展严格的考核，并将人员流动率、面试通过率、人员质量水平、现场人员管理等情况录入外包商资源池，为外包商的选择提供更有力的支持。
- 关注外包服务引入的新技术或新应用对现有治理模式及系统架构的冲击，及时完善信息安全管控体系，避免因新技术或应用的引入而增加额外的信息安全风险。引入新技术和新产品必须经过前期充分的调研和验证测试。
- 监控到外包商的异常状况时，应当及时督促外包商采取纠正措施，情节严重的或未及时纠正的，应当约谈外包商高管人员并令其限期整改。

在此基础上，金融机构信息科技部门应制定和建立外包风险应急预案和机制，明确外包风险应急处置组织架构、外包风险分级、应急流程、应急演练等，以应对外包商在服务中可能出现的各种风险。尤其是需要考虑外包商的重大资源损失、重大财物损失、重要人员的变动以及外包合同或协议的意外终止等情况。

通过采取替代方案来确保业务活动的正常运营。在针对具有机构集中度特点的外包商制定的外包服务中断应急预案中，还应明确外包服务的优先级，并进行服务中断应急演练，服务提供商应当至少参与服务交接、敏感信息处置等演练过程。

同时，金融机构风险管理部门应至少每年开展一次全面的外包风险管理评估，牵头对外包风险进行评估、识别和风险提示，包括但不限于信息科技外包战略执行情况、外包信息安全、机构集中度、外包依赖度、服务连续性、服务质量、政策及市场变化对外包服务的影响分析等，并督促外包风险管理的持续改善。此外，金融机构审计部门应定期对信息科技外包活动进行内部审计，及时发现外包风险和问题并督促整改。

9.3 日常外包管理

金融机构信息科技外包管理是一项长期的过程，关键在于日常的一点一滴，工作重点是外包人员的日常管理、信息安全管理和考评管理。

9.3.1 外包人员日常管理机制

金融机构应建立和完善信息科技外包人员日常管理机制。信息科技部门可以成立团队或指定专人负责组织、指挥、协调、安排外包人员的日常工作，协调、解决外包人员在工作中存在的问题。外包人员的日常管理主要涉及进场管理、现场管理、考勤管理、退场管理等。

1. 外包人员进场管理

通常由外包商项目经理提交人员进场计划和进场申请。金融机构项目经理负责对照合同和项目要求等审核进场人员的资质，包括能力、经验、沟通表达能力等。外包管理团队对进场人员进行复核，相关领导审批同意后方可进场。

2. 外包人员现场管理

为加强信息科技外包人员的现场管理，根据"谁用人谁负责"原则和具体项目情况，金融机构可以采用外包人员和正式员工混坐的模式安排座位，每天召开站立短会，保证外包人员严格遵守人员管理要求和工作规范，提高工作效率和工作质量。

外包管理团队可以通过各种定期检查和突击检查，及时发现和纠正外包存在的问题，例如上班时间从事与工作无关的事情、办公环境杂乱、违反安全保密要求等。

3. 外包人员考勤管理

须明确旷工、早退、迟到、请假等多种情况的管理方法，并将考勤结果作为结算外包服务费的依据。应尽可能保证考勤管理的客观性和准确性，提高管理的精细化程度。考勤状态可以分为全勤、请假、迟到、早退、擅离岗位（如半小时以上）、旷工，其中全勤和请假算正常出勤，其他均为异常考勤。请假要由外包商项目经理提前提出申请，经金融机构项目经理同意后方可生效，如特殊情况或突发事件无法提前申请，须通过当面、微信、电话、短信、邮件等渠道说明原因以及工作交接内容，经同意后方可生效。

4. 外包人员退场管理

通常由外包商项目经理提交人员退场计划和退场申请。金融机构项目经理负责对照合同和项目要求等审核退场人员的工作完成情况、工作交接情况等。退场前应及时回收退场人员的源代码和文档管理工具、项目管理工具、域控等各种系统账号和系统权限，并进行检查，避免信息泄露等风险。退场后及时回收座位、IP 地址及办公电脑等办公用品。

9.3.2 外包人员信息安全管理

金融机构应重视建设外包人员信息安全管控能力，通过建立完善的外包信息安全管理制度、开展外包人员信息安全培训、限制外包人员使用的信息资产、应用云桌面/虚拟桌面办公技术、加密处理涉密类文档等管理和技术的手段，并通过与外包商及入场人员签订人员安全守则和合作公司承诺书，明确入场人员风险管理要求，按照"必须知道"和"最小授权"原则进行访问控制，加强外包安全管理力度。

1. 入场前

外包人员入场前，金融机构应对外包人员开展信息安全专项培训，可以通过现场培训或者在线培训的方式进行，培训后可以进行考试，考试合格后才可以入场。

2. 入场后

应对外包人员使用的电脑进行标准化安装。安装全新的操作系统及补丁、杀毒软件等，确保系统没有安全隐患。禁止 USB 端口使用权限。

（1）严控系统和内部资料权限　加强对外包人员使用环境和权限配置的管理，对使用环境中的系统权限、文件读写权限必须严格控制，以满足工作需要为前提，遵循"最小授权""必须知道"原则，不得授予与工作无关的权限。对于向外包人员提供的金融机构内部资料必须严格审核。

（2）强化网络权限管理　外包人员 IP 由网络管理员统一分配，人员撤离后回收所分配的 IP。只允许访问开发、测试环境，不得访问生产环境。外包人员不得擅自架设及使用无线局域网、代理服务器，不得擅自使用交换机等网络交换设备。

（3）加强移动存储设备管理　原则上不允许外包人员携带移动存储设备（如移动硬盘、U 盘、笔记本电脑等）进入工作现场，如因工作需要必须使用移动存储设备，须经金融机构信息科技部门审批同意，并且通过技术手段禁止移动存储设备接入金融机构核心系统。

3. 退场管理

外包人员退场前，应对外包人员使用的电脑硬盘做格式化处理，清除硬盘上的所有数据内容，并终止外包人员所有已开通的权限。

9.3.3　外包人员考评管理

外包人员绩效考评应公开考核方法、公正操作、公平评价。

1. 人员定级

外包人员考评应遵循分级考评的基本原则，不同级别人员的工作性质、工作要求不同，所以同一级别人员统一考评，不同级别人员分开考评。金融机构应制定定级标准明细规定，并按规定执行。

在入场前应根据相应证明文件（简历、证件等）对外包人员进行级别拟定。级别主要分为初级、中级、高级、资深，并经过相应的面试、复核，复核通过后方可成为正式级别。可以设置试用期，若发现试用期内不符合标准，可对外包人员再次评级或向外包商提出人员置换要求。

2. 定期考评及运用

金融机构应围绕外包人员的工作情况开展定量和定性分析，以月、季度、年为周期开展外包人员考评工作。制定具体的考评标准，包括但不限于考勤情况、工作态度、工作完成情况、工作质量（如生产故障、程序缺陷）等。考评结果应进行分级，可以分为优秀、优良、合格、不合格。

金融机构须将考评结果反馈给外包商和外包人员，开展深入沟通，并制定具体措施，给予一定的奖励和惩罚。对于考评不合格的外包人员，须提出后续整改措施，超过一定时间（如一个季度）均考评不合格的，可以对外包人员进行降级或者更换处理，以确保外包项目顺利推进。

9.4 降低外包依赖度

信息科技外包对于金融机构而言是一把"双刃剑"，金融机构需要在充分发挥信息科技外包优势的同时，不断加强自主可控能力的建设，及时监测外部依赖度，有效降低外部依赖度。

9.4.1 外包依赖风险分析

金融机构由于机构编制限制、风险规避、降低成本、专注关键业务等方面的原因，普遍采用大量的外包资源。在金融机构的各种外包活动中，信息科技外包所占比重往往是最大的。由于金融机构自身科技人员数量、知识和能力储备不足，因此很多金融机构都大量采用信息科技外包的方式，作为自身科技力量的补充，特别是中小型金融机构对信息科技外包依赖程度普遍偏高，甚至外包人数是正式员工人数的数倍，信息科技外包已成为金融企业信息科技体系中的一个重要组成部分。

对于金融机构而言，信息科技外包在带来专业化能力、推动科技创新、提高科技效率、实现科技对业务快速支持、节约信息科技成本（外包人员用工成本仅为正式员工的一半甚至更少）的同时，也引发了一系列的外包风险，特别是金融机构的业务连续性过度依赖于外包商的管理有效性、基础设施和软硬件系统建设水平、团队责任心等。

近年来，金融行业陆续出现的外包风险事件，给金融机构和监管机构都敲响了警钟。中国银保监会《银行保险机构信息科技外包风险监管办法》指出，金融机构过度依赖外包导致失去科技控制及创新能力，影响业务创新与发展。银监会后来又陆续出台关于非驻场集中式外包、云服务外包等专项监管要求，并发布信息科技外包相关风险提示，屡次提出金融机构要防范科技能力丧失、业务中断、信息泄露、服务水平下降等风险。

大量使用信息科技外包，导致金融机构内部员工的自主掌控能力变弱，对信息系统的了解程度降低，自主解决问题的效能下降，核心技术受制于人。信息系统开发的交付质量和运维保障水平，也在很大程度上取决于外包人员的技能水平和责任心，外包商的经营状况、外包商的人员流动、外包商与金融机构的合作关系，都可能对信息科技业务的支持能力、交付效率和信息系统运行稳定性产生重大影响。

金融机构长期以来过度依赖外包商，很多需求变更必须经由外包商的同意，降低了信息科技外包服务的可用性和灵活性，金融机构信息科技人员的技术水平和综合能力也大打折扣，创新能力下降。金融机构内部对信息科技部门的重视程度逐渐降低，可能导致金融机构信息科技总体水平下降，从而失去信息科技控制力和竞争力。

9.4.2 降低外包依赖的措施

金融机构应加强自主核心技术能力的建设，降低对外包服务商的依赖。通过金融机构核心科技能力的建设，提高自主掌控力，降低对外包商的依赖，做到任何外包商的人员流失或退出都不会显著影响业务连续性和科技服务水平。

金融机构应制定资源和能力建设方案，确定必须自主掌控的核心能力所属领域和关键环节，并制定配套的人员补充、内外部专业培训、知识转移和积累方案，有针对性地获取或提升关键的管理及技术能力，降低对外包商的依赖。例如对具有核心价值和竞争力的行业领先的系统，尽可能采用自主开发模式或主导的方式实施，并将内部正式员工投入重要信息系统的需求分析、架构设计等开发流程中，以及网络、数据库等关键的运维流程中，并提供相应的人员数量、质量、技能提升、知识转移计划等配套保障。

在外包商准入和外包项目立项阶段，金融企业要特别注意控制外包依赖度风险。

在外包商准入阶段，可以对外包依赖度进行评估，确定其带来的依赖风险是否符合外包战略要求，是否会增加整体的外包依赖度等。此外，可以通过增加通用外包资源，减少专用外包资源，适当增加通用外包资源比例，避免受制于个别外包商。同时，也可以增加外包商之间的竞争，提高外包人员质量、降低外包成本。

在外包项目立项阶段，应该测算单个项目、单个系统、同类项目的外包依赖程度，如果单个或某类外包依赖度超出期望水平，就应该考虑如何提升自身知识和能力储备，提高自主掌控水平，降低外包风险。

加强外包依赖度风险检查力度。外包风险评估或外包审计活动可以包含外包依赖度专项内容，按照具体外包商、某类（如开发类或运维类）外包商、整体外包的依赖程度进行检查、分析和评估，确定哪些外包风险是可以接受的、哪些是不能接受且要尽快改进的。

在评估检查过程中应考虑重要信息系统和重要外包服务的外包依赖风险，评估是否影响企业业务创新能力、影响IT技术应用能力、与企业的IT战略计划发生冲突等各类风险。

9.4.3 效果衡量

金融行业信息科技外包依赖度标准目前尚未形成行业共识。监管和同业均没有普适的外包依赖度指标计算方式和监测阈值。同样，工作由正式员工来承担还是外包人员承担，怎么选择才更有利于金融机构业务的连续性保障，更有利于信息科技战略的发展，更为经济和合适，是金融机构正在思考的问题。

对此，虽然业内缺乏有公信力的对比分析数据，但是金融机构可以根据业内一些常见做法，结合本企业的信息科技战略、核心能力建设方案和实际情况，来分析、制定和细化信息科技外包依赖度的评价标准和相关指标，开展常态化监测，根据监测和分析结果，动态调整指标，形成螺旋上升的闭环，逐步降低外包依赖度。表 9-1 所示的监测指标可供参考。

表 9-1 外包依赖度指标

序号	外包依赖度指标	具体含义
1	规划咨询外包依赖度	外包投入咨询项目的工作量或项目数量，即自主投入咨询项目的工作量或项目数量 + 外包咨询项目的工作量或项目数量
2	重要信息系统外包研发依赖度	重要信息系统外包投入研发的工作量或系统数，即重要信息系统自主投入研发的工作量或系统数 + 外包研发的工作量或系统数
3	应用研发外包整体依赖度	外包研发的工作量或系统数量，即外包研发的工作量或系统数量 + 自主投入研发的工作量或系统数量
4	运维外包依赖度	外包运维的工作量或系统数量，即外包运维的工作量或系统数量 + 自主运维的工作量或系统数量
5	网络安全外包依赖度	外包网络安全的工作量或系统数量，即外包网络安全的工作量或系统数量 + 自主网络安全的工作量或系统数量
6	应用软件故障外包解决率	外包解决的应用软件故障数量，即应用软件故障总数量
7	基础设施类故障（含或者不含系统软件）外包解决率	外包解决的基础设施类故障（含或者不含系统软件）数量，即基础设施类故障（含或者不含系统软件）总数量
8	安全漏洞外包发现率	外包发现的安全漏洞数量，即自主发现的安全漏洞数量 + 外包发现的安全漏洞数量

9.5 本章小结

本章主要介绍了外包管理体系、外包商管理机制、日常外包管理、降低外包依赖度等信息科技外包管理的重点工作，并结合金融机构的工作特点，提出了可供参考的管理措施和工作方法。

第二部分 Part 2

技术防控

本书第一部分从合规管理的角度，对金融机构信息科技风险管理进行了探讨。再好的理论如果不付诸实践，也是永远得不到检验的。第二部分将从技术防控的角度进一步讨论金融机构信息科技风险管理的最佳实践。

第二部分将对信息科技风险管理各个领域的信息化管理方案进行详细介绍，并对各个领域信息化管理过程中所涉及的系统和工具从业务架构、技术架构、功能实现和预期效果等方面进行一一剖析。同时，结合当前金融科学技术与应用迅猛发展的情况，第二部分也将对金融科技相关技术及风险管理进行探讨。对于业务风险如何通过技术手段进行防范，这一部分也将做简要论述。最后，针对近年来各个金融机构信息技术自主可控的情况，我们也将从技术角度进行分析。

人防不如技防，第二部分旨在帮助读者在提升信息科技风险合规管理的基础上，进一步利用自己的特长，通过信息化的手段实现信息科技风险管理的线上化、自动化和智能化。

第 10 章 信息科技治理数字化转型

信息科技治理是信息科技风险管理八大领域中的第一个领域,也是最重要的领域。这一领域能否得到切实有效的落地执行,直接关系到整个信息科技风险管理体系的水平。目前各个金融机构都会根据监管机构的信息科技风险指引,结合本机构的实际情况,制定信息科技治理制度。而制度的落地水平却参差不齐。

对于信息科技部门的管理人员而言,提升信息科技治理水平最有效的方式就是利用科技手段,通过实现各类工作的工具化、线上化,达到将信息科技治理的标准动作进行流程固化执行的目的,特别是可以将工具应用于信息科技项目管理、信息科技架构管理等工作中。一方面,这些工作的复杂度和难度相对较高,需要执行人员具备一定的技术水平和工作经验;另一方面,这些工作贯穿信息科技风险管理全流程。设计一套完整的信息科技全生命周期管理的工具体系,实现信息科技治理管理的线上化,最终实现信息科技治理的数字化转型,是提升信息科技风险管理水平的要招。

本章首先从整体上论述信息科技治理的工具体系架构,讨论信息科技项目以及应用系统全生命周期管理的线上化;其次从项目的全生命周期管理出发,讨论信息科技项目管理工具体系的建设与运用;最后从应用系统的全生命周期管理出发,讨论信息科技架构管理工具体系的建设与运用。

10.1 全生命周期工具化、线上化

随着金融业的快速发展,各金融机构的IT需求、变更、项目越来越多,引入和自身研发的

应用系统也越来越多。这些需求、变更、项目和应用系统之间存在非常紧密、错综复杂的联系，这就导致金融机构的中高层往往需要花费更多的时间处理一些常规发生的关联性问题。而且随着金融机构组织架构以及人际关系日益复杂，这些关联性问题的协调也会越来越困难。解决关键在于问题管理的程序化，非程序化管理会影响信息科技项目管理和应用系统管理的长远发展。

如今金融业面临的竞争环境更加激烈，伴随着金融科技发展的瞬息万变，这些问题严重制约信息科技项目管理和应用系统管理适应变化的能力。如果金融机构业务步伐加速，IT挑战加剧，如果信息科技项目管理和应用系统管理不能跟上步伐，则信息科技治理的风险会越来越高。

要实现管理的程序化，最好的手段就是实现工具化和线上化，即利用一套信息科技治理的工具体系，将项目管理和架构管理的流程予以固化，日常工作中遇见的每一个问题都有一个标准的解决流程，每一个环节都有专人专岗各司其职。将信息科技治理的各项流程进行线上化、标准化运转，一方面能够大大提高问题的处理效率，另一方面也能够在实际运作中不断优化以寻找最佳解决方案。

10.1.1 信息科技管理工具的整体架构

信息科技管理工具有着一套完整的架构体系。从项目的生命周期角度看，包含了需求与项目管理、研发效能管理、运维变更管理和架构管理；从应用系统的生命周期角度看，主要包括应用架构管理、数据架构管理、技术架构管理和运维架构管理。对于多数金融机构而言，由于项目建设的过程往往涉及产品采购、软件研发工作外包，因此也涉及采购管理和外包管理等。金融机构信息科技管理体系架构如图10-1所示。

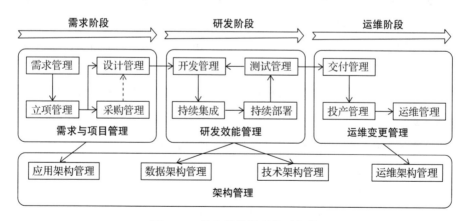

图 10-1　信息科技管理体系架构

对于金融机构而言，经常接触的信息科技管理工具体系架构有4个主要领域：需求与项目管理、研发效能管理、运维变更管理和架构管理。前3个领域对应项目生命周期的需求阶段、研发阶段和运维阶段，架构管理则是整体架构管控的要求，贯穿整个项目生命周期。

1．需求与项目管理

需求与项目管理分为需求管理、立项管理、采购管理和设计管理四部分。

- 需求管理为 IT 需求的管理，包括来自业务部门的业务需求以及信息科技部门自身的科技需求。通过需求管理，金融机构可实现业务需求的有效管控和整合。
- 立项管理主要是立项的申请与审批流程的管理，例如可行性分析研究就属于立项管理的内容。
- 采购管理即对于需求实现和项目实施过程中需要采购的产品和服务的全流程管理，包括供应商准入、招投标、合同签订、合同结款等。
- 设计管理是对项目实施过程中具体设计过程的管控，包括需求设计、系统设计等。

2．研发效能管理

研发效能管理分为开发管理、持续集成、持续部署、测试管理四部分。

- 开发管理即对开发过程的管理，包括结对编程的管理、代码检查和代码评审的管理等。

结对编程

一种敏捷软件开发的方法，两个程序员在一台计算机上共同工作。一个人输入代码，另一个人审查他输入的每一行代码。输入代码的人称作驾驶员，审查代码的人称作观察员（或导航员）。两个程序员经常互换角色。

- 持续集成即对 SIT（System Integration Testing，系统集成测试）阶段的程序版本进行管理，确保版本有序迭代。
- 持续部署即对 UAT（User Acceptance Testing，用户验收测试）阶段的程序版本进行管理，确保版本有序迭代。
- 测试管理即在测试期间，对测试方案、测试周期、测试案例、测试问题进行有效管理。

3．运维变更管理

运维变更管理分为交付管理、投产管理、运维管理三部分。

- 交付管理即对最终可交付版本进行管理，包括版本的提交、审核以及最终版本库的更新等。
- 投产管理即通过工具实现版本的自动化投产。
- 运维管理即生产运维的管理，这部分将在第 15 章做详细介绍。

4．架构管理

架构管理分为应用架构管理、数据架构管理、技术架构管理、运维架构管理四部分。

- 应用架构管理即结合全行的业务架构，规划全行的应用架构部署，包括应用的分层、定位、功能部署以及应用间的关联关系等。
- 数据架构管理即全机构数据治理体系的管理，包括数据标准、元数据的管理，应用间数据流向的管理，数据模型的管理等。
- 技术架构管理包括各应用系统集成技术平台的管理，各应用系统间服务提供与消防方式的管理等。
- 运维架构管理即运维架构体系的管理，包括本地高可用、同城双活以及异地灾备架构的部署管理等。

同城双活部署

数据中心为保障灾难情况下业务的连续性，在同一个城市内相距数十公里的不同地点部署两个同时对外提供服务的数据中心（两个数据中心均为 Active 状态）。同一个应用在两个数据中心均有部署并同时向外提供服务。

异地灾备部署

数据中心为进一步增强业务连续性，除同城双活以外，往往也会在相距数百公里的异地城市建设灾备数据中心（灾备数据中心以 Standby 状态为主）。对于同一个应用，在主中心提供服务的同时，灾备中心部署灾备服务。

以上仅是金融机构在日常信息科技治理工作中需要使用的常用工具。除此之外，金融机构应根据自身的发展需求，不断建设和采购更多的信息科技管理工具，包括用于扁平化沟通的即时通信工具，用于扁平化协同的广告牌、督办工具等。这些往往是随着信息科技治理工作的深入而不断优化和沉淀下来的最佳实践。限于篇幅，本书不再赘述。这里希望引起读者思考的是，金融机构的信息科技管理工具体系包含了那么多工具，在日常工作中如何协同，如何交互呢？这就是 10.1.2 节将进一步讨论的话题，即信息科技管理工具的协同关系。

10.1.2 信息科技管理工具的协同关系

金融机构信息科技体系发展到一定规模后，需要的工具是非常多的。这些工具能够在信息科技管理的各个阶段更加高效地处理各类复杂事务，也在无形中带来了一系列问题：一是不同阶段，需要在各系统间切换处理不同任务，很大程度上影响用户的体验；二是缺乏集中的实时跟踪和监控，相关参与方无法及时了解最新进展；三是存在信息孤岛，数据不能互联互通，没有统一视图，需求、开发、测试、投产上线、运维支持等工作容易出现管理上的脱节。

针对这些问题，一个最佳的解决办法是实现信息科技管理工具体系内各工具之间的协同。采用一系列方式和手段，将信息科技管理工具体系里的各类工具打通，实现相互协同、信息共享。下面根据各个金融机构普遍采用的手段，介绍 3 种解决工具协同、打破信息孤岛的方式。

这 3 种方式可以结合采用，互为补充。

1. 通过服务打通不同工具间的协同关系

这是最常采用的方式，也是信息科技管理工具体系发展的必然。对于存在交互的不同科技管理工具，我们应提供相互调用服务的方式完成对接，实现相互之间的协同。例如项目管理工具与运维的 IT 服务管理（IT Service Management，ITSM）对接，就是最典型的服务对接。

如图 10-2 所示，当一个 IT 需求或者一个科技立项在项目管理工具中走完所有的流程，且业务验收通过、达到投产准入条件后，即可在项目管理工具中发起投产申请。此时可以调用 ITSM 提供的服务，发起投产变更申请，进入投产变更的审批流程。投产变更实施完毕，项目成功投产后，ITSM 可以通过调用项目管理工具提供的服务，自动将项目的状态更新为"上线运行"状态。

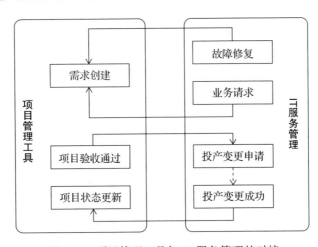

图 10-2 项目管理工具与 IT 服务管理的对接

在生产运维过程中，对于 ITSM 所登记的生产故障或者业务请求，如果需要返回开发团队通过需求研发加以解决，可以通过调用项目管理工具所提供的服务自动完成需求创建的工作。

通过不同信息科技管理工具之间的服务对接，打通不同工具之间的协同关系，避免信息科技管理流程中途落地，实现完整的线上化处理，是信息科技管理体系发展到一定阶段后必然采取的手段，也是信息科技管理工具体系不断健全完善的必经之路。

2. 通过统一的门户实现不同工具的线上流转

如图 10-3 所示，统一门户也是各金融机构为方便信息科技管理工具体系内各个工具的使用而普遍采用的方式，旨在通过统一的交互平台解决用户需要在

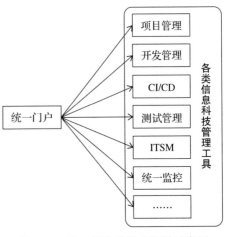

图 10-3 统一门户的线上流转示意图

不同的信息科技管理工具之间来回切换的问题。统一门户主要实现如下功能。

- 统一的用户身份认证。用户只需要记住一个账号和密码即可访问信息科技管理工具，避免账号过多导致使用混淆。
- 统一的交互平台。通过统一门户，完成与不同信息科技管理工具的交互，包括待办提醒的功能等，避免在不同的信息科技管理平台频繁切换。

需要说明的是，统一门户并不能完成不同信息科技管理工具的线上对接，即不能代替信息科技管理工具之间的服务对接功能。对于不同的信息科技管理工具之间需要实际产生交互或线上流转的，必须通过服务对接的方式打通。

3. 建设统一的信息科技管理平台实现信息共享

不同信息科技管理工具之间服务的对接和门户的统一解决了不同信息科技管理工具之间交互以及频繁切换的问题，但是并不能解决各个不同的科技管理工具之间的信息共享，即信息孤岛的问题。一些信息科技管理工具体系发展比较成熟的金融机构已经在考虑信息科技管理平台的建设，即通过统一信息科技管理平台，将不同的信息科技管理工具进行搭配，通过科技管理数据集市，将不同信息科技管理工具的信息集中管理，形成信息共享。在此基础上，建立集中的管理和监控。

下面介绍金融机构信息科技管理平台的典型架构。如图 10-4 所示，完整的金融机构信息科技管理平台应该包括如下 7 个部分。

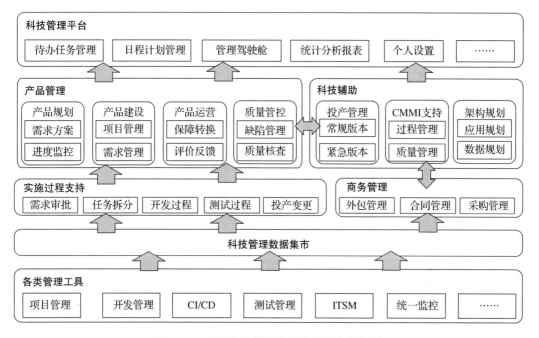

图 10-4　金融机构信息科技管理平台架构图

（1）各类管理工具　包括项目管理、开发管理、CI/CD（Continuous Integration/Continuous Delivery，持续集成与持续交付）、测试管理、ITSM 以及统一监控等。

（2）科技管理数据集市　利用数据集市技术将不同信息科技管理工具的数据信息进行集成，实现信息共享，打破不同管理工具之间的数据孤岛。

（3）实施过程支持　对信息科技管理的具体实施过程进行管理，包括需求审批、任务拆分、开发过程、测试过程和投产变更等。

（4）产品管理　基于信息科技管理的具体实施过程，对产品的全生命周期进行管理，包括产品规划、产品建设、产品运营和质量管控。其中产品规划进一步细分为需求方案和进度监控，产品建设进一步细分为项目管理和需求管理，产品运营进一步细分为保障转换和评价反馈，质量管控进一步细分为缺陷管理和质量核查。

（5）商务管理　对于信息科技商务采购的过程形成全生命周期管理，具体分为外包管理、合同管理和采购管理等。

（6）科技辅助　科技需求和项目研发过程中的辅助管理，包括常规版本和紧急版本的投产管理。如果金融机构追求 CMMI 标准化管理，则涉及过程管理和质量管理，并从架构规划上考虑应用规划和数据规划。

（7）科技管理平台　统一的科技管理交互平台，包括待办任务管理、日程计划管理、管理驾驶舱、统计分析报表和个人设置等。

统一的科技管理平台有效解决了不同信息科技管理工具之间的信息孤岛问题，使得信息科技管理过程中的各项信息形成充分的共享，便于高层实现全局集中把控与监督，以及在日常管理中做出正确的决策。

本节针对信息科技治理工作的全生命周期管理的工具化和线上化，提出了建立完整的信息科技管理工具体系的策略。同时针对信息科技管理工具体系发展与成熟过程中不断建立的各类信息科技管理工具的协同提出了 3 种解决方案，这 3 种方案相互依存、相辅相成，实现了信息科技管理工具体系的统一化，通过信息科技管理工具体系的不断成熟与完善，有效提升了金融机构信息科技风险治理的水平，帮助规避和减少了信息科技治理的风险。

通过本节的论述，我们不难看出，在信息科技管理工具体系中，最重要也最复杂的就是项目管理工具和架构管理工具的建设，10.2 节和 10.3 节将进行详细介绍。

10.2　项目管理工具

现代金融机构在 IT 需求、变更、项目的管理上是日趋复杂的，涉及需求管理、立项管理、采购管理、外包管理、质量管理和风险管理的方方面面。而这些内容环环相扣，相辅相成，如果能够实现整体的、有效的统筹管理，就能促成最终项目的成功。反之，如果无法做到完善的统筹管理，从而出现范围失控、质量失控、成本失控的情况，则会导致项目失败，这是信息科技风险管理需要加以把控的重点。

总结各金融机构项目管理的经验，我们认为各金融机构要做好项目管理，有效把控项目风险，首先必须有优秀的项目管理理念和项目管理方式，并且将其固化，形成制度流程和最佳实践。在此基础上，需要一个优秀的项目管理工具支撑这些项目管理理念和项目管理方式，并通过工具化和线上化的方式将组织机构内部既定的制度流程和最佳实践予以落地执行。这就体现了项目管理工具的重要性。

项目管理工具能否匹配金融机构的管理要求，能否通过其易用性、扩展性和配置能力，顺利落地组织机构的管理方式，成为金融机构风险管理成败的关键。下面从业务架构、技术架构、功能实现以及预期效果四方面，介绍金融机构项目管理工具的建设路径。

10.2.1　业务架构

对于金融机构而言，一个优秀的项目管理工具必须具备如下特点。

首先，优秀的项目管理工具必须能提供一整套可自行定义的规则和控制体系。这些规则和控制体系可以根据从整个机构到具体部门再到具体个体资源等不同的级别进行调整和组合。针对不同类型的项目，可以根据其资源需求进行灵活的调整和组合，以适应单项目或组织级项目的管理要求。

其次，优秀的项目管理工具要能通过常规问题的程序化处理和非常规问题的灵活处理，为组织级项目管理实现可控性与灵活性的平衡提供强有力的支持。

再次，优秀的项目管理工具能运用组织框架、管理规则、审批流程、质量模板等手段，使组织机构的政策、规则和步骤程序保持一致。如果出现冲突，系统要能做到自动干预。项目管理处理必须遵守金融业规则的约定，如果出现违背规则的操作，系统会自动拦截。将这些具体问题的解决方案落实到执行层面能够帮助金融机构的信息科技项目管理落实到各个业务单元，从基础的操作层面上来夯实整个管理结构，从框架的搭建角度来稳固整个组织的管理。

最后，优秀的项目管理工具应具有预见功能，预测金融机构将面临的各种项目问题，并提供不同的解决策略。

如图 10-5 所示，从业务架构规划上，一个完整的项目管理工具分为项目生命周期管理和组织职能管理两部分。项目生命周期管理是基础，是项目管理工具的主体功能；组织职能管理是为了更有效地做好项目周期管理，所衍生的各类系统性的组织管理工作，是项目全生命周期管理的有效补充与辅助。

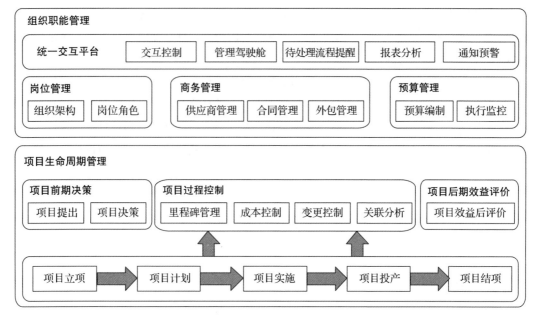

图 10-5 项目管理系统业务架构图

1. 项目生命周期管理

项目生命周期管理是项目管理工具的主体功能,其业务架构的规划是按照项目的生命周期组织的,具体从前往后,分为项目的前期决策、项目过程控制和项目后期效益评价 3 个阶段。

(1)项目前期决策　项目前期决策分为项目提出和项目决策。项目提出属于需求驱动的行为,即需求方在形成自身的需求后,提出项目建设的请求。项目决策则是根据需求方的请求进行系统性的评估与决策,包括项目成本的估算、项目可行性的分析等。

(2)项目过程控制　项目过程控制的业务功能分为两个维度。

- ❑ 按照项目生命周期维度,分为项目立项、项目计划、项目实施、项目投产和项目结项 5 个阶段,每个阶段均有包含具体的业务功能。
- ❑ 按照过程管控的具体操作维度,分为里程碑管理、成本控制、变更控制和关联分析 4 个阶段。

(3)项目后期效益评价　项目后期的效益评价也是项目生命周期管理中非常重要的一部分,即在项目实施完成后,需要对项目所产生的实际效果进行评价,如是否达到预期目标,成本收益如何。项目后期效益评价是组织内部不断提升项目管理,特别是项目效益管理的关键所在。

2. 组织职能管理

组织职能管理包括 3 个主要的职能管理业务和 1 个统一交互平台。3 个主要的职能管理业务包括岗位管理、商务管理和预算管理。

（1）岗位管理　岗位管理分为组织架构和岗位角色两个子业务模块。组织架构旨在将适应组织内部项目管理的层级设定在项目管理工具中并做到灵活配置，在项目管理的具体决策和审批环节，可以根据组织架构由下往上，形成逐级决策链。岗位角色则是匹配项目管理的要求，设定项目各个环节所需要的关键岗位（包括决策和审批链上的岗位），能灵活在每个岗位中配置一个或多个具体的人员，从而实现项目管理流程中各个事务在不同项目干系人之间流转。

（2）商务管理　针对项目涉及采购的情况，我们需要引入商务管理模块。商务管理分为供应商管理、合同管理和外包管理3个子业务模块。供应商管理即对企业供应商的统一管理，包括供应商准入、供应商评价等。合同管理即对合同的全生命周期管理，包括合同签订、合同执行跟踪、合同付款、合同归档等。外包管理主要是对供应商外包人员的管理，包括外包人员考勤，外包人员工作量的管理等。

（3）预算管理　预算管理是组织机构内部按一定周期（通常是年）进行的科技预算管理，主要分为预算编制和执行监控两个子业务模块。预算编制即在初期根据全期的规划编制预算、过会评审等。执行监控即在预算通过决策层的决策后，督促预算的执行情况，特别是预算使用的控制等。

（4）统一交互平台　统一交互平台即项目管理工具与组织中所有干系人的终端交互，包括用于每个干系人的交互控制、用于高层管理决策的管理驾驶舱、针对每个干系人予以事务流转提醒的待处理流程提醒、项目管理数据的报表分析、项目风险管理的通知预警等。

对于金融机构的项目管理工具而言，在形成了上述完整的业务架构后，可以进一步规划技术架构。

10.2.2　技术架构

如图10-6所示，技术架构从底层基础支撑层开始，向上规划为信息资源层、平台组件层、应用层和前端交互层。

1. 基础支撑层

包括项目管理所需实现的系统软件、计算设备、存储设备、网络设备和安全设备等。基础支撑层需要根据项目管理工具的性能要求、容量要求、高可用要求和安全控制要求等进行规划。

2. 信息资源层

项目管理工具的数据资源存储在信息资源层，具体分为存储业务需求的需求信息库、存储项目信息的项目信息库、存储项目文档的文档库、存储供应商信息的供应商库、用于问题管理的项目问题库和具体的项目资源库等。

3. 平台组件层

为快速响应和满足用户对项目管理工具的功能需求，通常会在项目管理工具建设过程中打造一个平台组件层,将项目管理工具中具体功能实现过程所需的各个子模块形成标准化的功能组件,通过组件服务快速实现用户提出的各类功能需求。具体功能组件包括但不限于流程引擎、报表引擎、文档管理、标的管理、机构管理、用户管理、岗位管理和系统配置等。

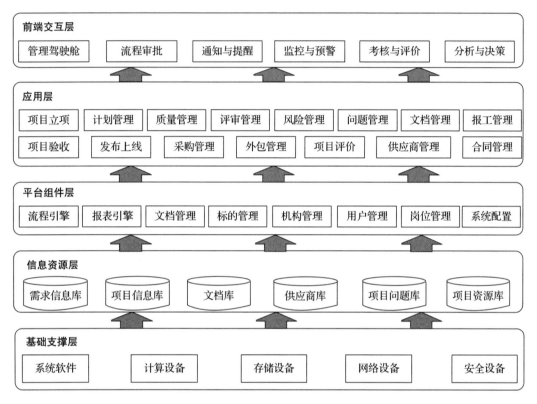

图 10-6　项目管理系统技术架构图

4. 应用层

应用层是对于业务架构的具体功能布局的技术实现,包括项目立项、计划管理、质量管理、评审管理、风险管理等。基于平台组件层,应用层的功能可以快速补充与更替,快速响应用户不断产生的新需求。

5. 前端交互层

前端交互层主要用于业务架构中的统一交换平台的实现,具体包括管理驾驶舱、流程审批、通知与提醒、监控与预警、考核与评价、分析与决策等技术功能模块。

业务架构与技术架构是相辅相成的,业务架构决定了技术架构,技术架构服务于业务架构。业务架构是项目管理工具完整业务功能规划布局的体现;技术架构则更讲求灵活性,强调对业务功能的快速实现与迭代。

10.2.3 功能实现

从功能实现的角度分析，作为金融机构的项目管理工具，最重要的是能够将信息科技项目管理的范围从单纯的项目管理领域延伸到应用开发全流程和多领域协同管理。以需求实现为导向，实现软件应用开发的全生命周期管理，将需求、开发、测试、发布、质量、配置、发布统一进行融合管理。由于金融机构 IT 管理的特点，单纯的项目管理手段已无法满足金融机构信息科技管理的要求，因此必须将需求管理、项目管理、开发管理、质量管理、配置管理、测试与投产管理、外包管理等知识领域进行融合，才能真正有效帮助信息科技部门，发挥 IT 管理的价值。

1. 需求内容管理

对需求的管控是项目管理的重要环节，特别是需求部门的需求沟通与需求内容的留档。从功能实现上，项目管理工具必须提供非常便捷的需求内容管理能力。

- ❑ 需求过程文档内容化、条目化、自动化，即对需求内容进行结构化的管理。
- ❑ 需求内容可在线编辑，即在需要的时候，可以直接在项目管理工具上在线编辑需求并归档。
- ❑ 需求变更的自动通知，即当需求发生变更后，能够根据以往需求内容和评估过程自动抽取需求文档变更内容，自动将变更内容推送至关联系统负责人。
- ❑ 工作量评估的标准化，即提供标准化的工作量评估公式，便于工作量的快速评估。

2. 质量管理

项目质量管理贯穿整个项目管理环节，也是项目管理工具功能实现方面需要重点考虑的内容。

- ❑ 组织级质量过程定义。
- ❑ 质量保证计划的制订和质量检查表的生成。
- ❑ 项目级质量工作执行。
- ❑ 质量管理员的工作流程定义以及工作内容执行。
- ❑ 过程质量问题的整改以及复查等。

3. 风险管理

项目风险管理是整个项目管理的难点，也是项目管理人员最应注重培养的能力。项目管理功能在风险管理方面更好地识别风险，并做好风险处置，是优秀的项目管理功能在功能实现上必须持续追求的目标。

- ❑ 结合需求、项目、上线等工作，实现自动化的风险识别机制。
- ❑ 建立风险问题库，对风险问题进行收集整理，实现风险知识的管理与应用。

- 帮助项目管理者建立完善的风险管理跟踪流程。
- 建立符合监管要求的风险管理和风险统计查询管理机制。

此外，项目管理工具在功能实现方面不能仅仅满足于单一的项目管理的要求，也要满足组织级项目群的管理要求。特别是对于项目间的关联、项目间的资源冲突等，需要实现通过项目群管理功能进行统筹管理。总的来说，项目管理工具是提供给具体项目干系人的利器，同时也是组织级 PMO 最重要的管理工具。

10.2.4 预期效果

对于金融机构的信息科技项目管理而言，一个优秀的项目管理工具是帮助降低项目管理成本、提升项目管理效能的关键能力，在金融机构的项目管理中所发挥的作用是多方面的。

1. 帮助金融机构优化项目流程

一个项目通常需要金融机构的业务需求部门、信息科技部门、财务部门、二三道防线等多个部门的配合来完成。这时候规范的工作流程至关重要。不同的项目可能有不同的工作流程，如果单纯靠人员手工管理，会显得非常复杂和困难。通过项目管理工具，各金融机构可以根据项目的性质自定义项目流程模板，设置不同的项目流程，尽可能满足每个项目的需求，从根本上解决项目流程优化的问题。

2. 便于各部门快捷沟通

对于金融机构而言，项目需要多个部门协同完成，这必然面临着大量的沟通工作，无疑会增加成本。通过项目管理工具，实现项目过程每个环节的工作信息和内容能够在系统内自动流转，每个部门都能够清晰地看到部门权限内的工作内容，各项目关联部门能够实现无障碍办公，大大节省项目内部的沟通时间，进而提高项目的实施效率。

3. 方便管理者合理把控节奏

项目执行中，管理者既要注意内部的协调沟通，还要随时注意工期，着眼于最终效果。整个项目的管理把控很有难度，而通过项目管理工具可以做到无缝集成各个部门各环节的工作，帮助管理者实时监控项目进度，实时查看流程细节，进而帮助管理者做到对项目的人力、资源配备、资金、时间、管理等成本的把控，帮助组织机构高效率、高质量地完成项目，提高效益水平。

4. 有效把控项目成本、范围、计划、质量和风险

项目的成本管理、范围管理、计划管理、质量管理和风险管理往往是项目管理中最容易脱节、最容易发生问题的部分。项目的领域管理是否到位，制约着整个项目的成败。一方面，按照项目管理三角形制约的关系，针对同一个项目而言，其成本、范围、计划三要素和质量之间

有着很强的制约关系；另一方面不同的项目之间也往往存在资源冲突。这些对于项目管理者来说无疑是能力的考验，而优秀的项目管理工具，往往能够对项目管理者提供非常大的帮助。

项目管理三角形

项目管理的成本、范围、时间计划这三要素和质量之间的制约关系可通过三角形进行形象的表达，三角形的三条边分别表示项目的成本、范围和时间计划，而三角形的面积则为项目的质量，三角形的三条边（即项目的成本、范围和时间计划）的任意一条边发生变化，都将对三角形的面积（即项目的质量）产生影响。

项目管理是金融科技信息科技治理领域的重要环节，而优秀的项目管理工具则是帮助规避信息科技治理风险的重要工具，是信息科技管理工具体系的重要组成部分。开发或引入一个匹配金融机构自身实际情况的项目管理工具，从制度上、流程上坚持用好这个工具，是把控信息科技风险的制胜武器。

10.3 架构管理工具

随着金融业的快速发展，金融服务种类日新月异，金融机构的信息科技系统也日趋复杂。麻雀虽小，五脏俱全。即便规模不同，中小型金融机构为实现金融业务的拓展所需要建设的应用系统数量和应用系统的服务能力，与大型金融机构是相当的。然而从参与信息科技系统规划与建设的人员规模上看，中小型金融机构是远逊于大型金融机构的。

信息科技系统建设的人员规模跟不上机构自身业务的发展速度，导致只能通过大量的系统采购来满足业务部门业务拓展的需求。而在系统采购和建设过程中，由于缺乏良好的架构规划和统筹兼顾的架构部署，系统重复建设且标准不一，这容易引发信息科技治理方面的风险。

综上所述，信息科技系统的架构规划已经被各个金融机构放到了非常重要的高度。从董事会决策层到信息科技部门的每位员工，无不在为信息科技应用系统规划贡献智慧和力量。在具体的实践中我们发现，除了这些专家力量的投入外，一个良好的架构管理工具对于各个金融机构的信息科技架构规划而言也是非常重要的。建设或引入一个有效的架构管理工具，对于金融机构的信息科技架构管理而言，往往能够起到事半功倍的作用。下面将从业务架构、技术架构、功能实现以及预期效果四方面，介绍金融机构架构管理工具的建设路径。

10.3.1 业务架构

对于金融机构而言，一个优秀的架构管理工具，必须具备如下特点。

- 能够实现以结构化的方式管理信息科技架构规划的信息。信息科技架构规划的信息是非常复杂的,架构管理工具需要实现对复杂信息的结构性转换,并完成存取和展示,实现系统性的管理。
- 能够实现架构规划信息的数字化分析和展示。对于系统设计的应用情况、数据规模、底层技术使用情况,能够有清晰的数据统计分析,实现信息科技系统的统筹规划和分析决策。
- 能够实现组成架构规划各要素的智能化分析,例如关键信息的血缘分析等。通过智能化分析手段,更敏捷、更快速地实现架构调整的影响分析,帮助架构师做好架构规划的管理决策。
- 能够做到架构变更的可追踪、可回溯和可评价。对于架构管理的每一次调整,要有清晰的记录,做到可审计、可事后评价。

下面介绍金融机构架构管理系统的业务架构需要包含的内容。

架构管理工具的业务架构从底层向上分为架构管理、各分支架构管理和统一交互平台三部分,如图10-7所示。

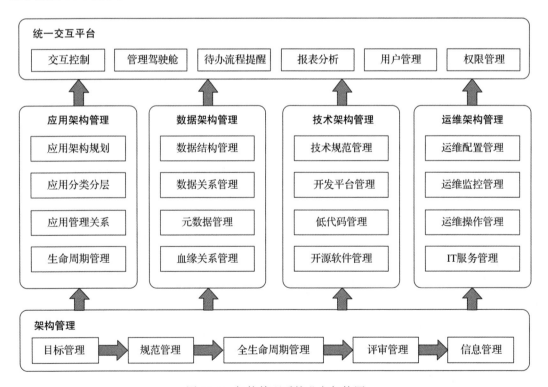

图 10-7 架构管理系统业务架构图

1. 架构管理

架构管理是架构管理工具的底层能力建设，从整体上提供系统架构的管理能力。架构管理包括目标管理、规范管理、全生命周期管理、评审管理和信息管理。

（1）目标管理　各个金融机构在信息科技治理环节都会根据全行的战略规划制定信息科技的规划，作为一段时期内科技架构的发展目标。这个目标可以通过架构管理工具进行管理，便于后续定期跟踪、回溯，并根据实际情况不断予以完善和调整。

（2）规范管理　包括信息科技的各类设计规范、开发规范和系统部署规范等。金融科技信息体系涉及的系统种类繁多，可分为交易型和分析型，也可分为前台、中台和后台。不同应用种类均有不同的设计和开发规范，这些均需要予以明确，并纳入统一的规范管理。在实际的系统落地过程中对标执行。

（3）全生命周期管理　针对架构管理所关注的每一个管理对象，例如具体的应用系统、应用系统之间流转的数据信息等，都需要有完整的全生命周期管理。产生过程、使用过程以及最后的退出过程都要有章可循，从而实行信息科技架构的持续更替和升级。

（4）评审管理　信息科技体系架构的任何变动或多或少对信息科技体系的运作会有着不同程度的影响。针对架构不同级别的调整，应该对应不同层级的评审体系。通过完整的、可实现分级管理的评审体系对科技架构进行严格的管理，可以避免或减少架构缺陷对信息科技体系正常运作的不良影响。

（5）信息管理　架构管理信息的集中管理和展示，除了包括具体的应用信息、数据信息外，还包括架构管理相关的人员信息、合作公司方信息等。信息管理包括信息的数字化管理和智能化分析，信息的共享与分析可以为管理层提供更多决策的依据。

2. 各分支架构管理

各分支的架构管理建立在总架构管理之上，具体包括应用架构管理、数据架构管理、技术架构管理和运维架构管理。

（1）应用架构管理　针对信息科技体系架构中每一个具体的应用管理，包括应用架构规划、应用分类分层、应用管理关系和应用生命周期管理。应用架构管理关注的是每一个应用的具体作用，包括应用在整个科技系统架构中的位置，属于哪一类、哪一个层次；该应用与其他应用之间的关系，包括调用关系和数据流关系；该应用的上线和下线等全生命周期管理。应用架构管理是架构管理工具中重要的一部分。

（2）数据架构管理　数据架构管理也是系统架构管理工具中重要的一部分，部分金融机构在自身架构规划体系不断发展的情况下，甚至会单独引入或开发一套数据管控平台用于数据架构管理。数据架构管理包括数据结构管理、数据关系管理、元数据管理和血缘关系管理等。数据管理对金融机构数据治理、数据标准的落地而言有着非常重要的作用，也是金融机构数据治理大背景下一个非常重要的诉求。

（3）技术架构管理　技术架构管理即对金融机构信息科技系统所使用的基础技术平台的统一管理，具体包括技术规范管理、开发平台管理、低代码管理和开源软件管理。对于金融机构的信息科技开发而言，统一的基线、统一的标准、统一的管控非常重要，否则不仅容易造成设计开发使用的不便，甚至可能造成运维管理的隐患。对操作系统、数据库、中间件、虚拟化软件等必须有统一的基线管理和使用标准管理，这些都属于技术管理的范畴。

此外，开源工具的管理也是当前金融机构需要重点关注的领域。随着金融科技的不断发展，我们需要积极拥抱业界的开源技术和软件。由于金融机构的特殊性要求，我们又需要特别关注开源技术引入的安全性要求，这点也是不容忽视的重要方面。

（4）运维架构管理　运维架构管理是架构管理的一部分，通常是引入或建立单独的系统进行管理，包括运维配置管理、运维监控管理、运维操作管理、IT服务管理等。

3. 统一交互平台

统一交互平台即整个架构管理工具与组织中所有干系人的终端交互，包括用于每个干系人的交互控制，用于高层管理决策的管理驾驶舱，针对每个干系人予以事务流转提醒的待办流程提醒，项目管理数据的报表分析，以及系统自身所配套的用户管理和权限管理。

形成上述完整的业务架构后，可以进一步规划其技术架构。

10.3.2　技术架构

如图 10-8 所示，技术架构从底层基础支撑层开始，向上分为信息资源层、平台组件层、应用层和前端交互层。

1. 基础支撑层

架构管理系统技术架构的基础支撑层与 10.2.2 节中项目管理系统的基础支撑层是一致的，此处不再赘述。

2. 信息资源层

信息资源层为架构管理工具的具体数据资源存储，具体分为存储应用管理信息的应用信息库、存储数据管理信息的数据管理信息库、存储技术管理信息的技术管理信息库、存储架构文档的文档库以及用于知识管理的知识库。

3. 平台组件层

为快速响应和满足用户对架构管理工具的功能需求，通常我们会在架构管理工具建设过程中打造一个平台组件层，将架构管理工具中具体功能实现过程所需的各个子模块形成标准化的功能组件，通过组件服务快速实现用户提出的各类功能需求。具体的功能组件包括但不限于流程引擎、报表引擎、搜索引擎、信息管理、文档管理、用户管理、岗位管理和系统配置等。

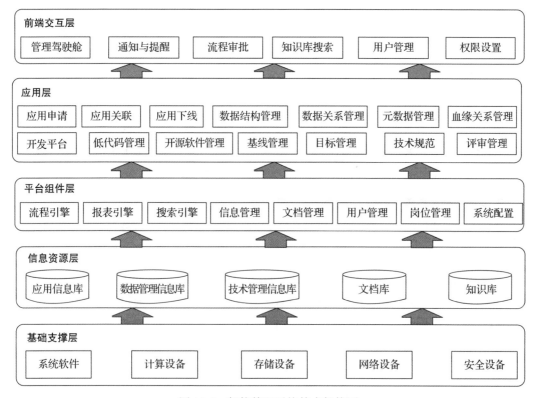

图 10-8　架构管理系统技术架构图

4. 应用层

应用层是对于业务架构的具体功能布局的技术实现，包括应用申请、应用关联、应用下线、数据结构管理、数据关系管理、元数据管理、低代码管理、开源软件管理等。基于平台组件层，应用层可以快速补充与更替功能，快速响应用户不断产生的需求。

5. 前端交互层

前端交互层主要用于业务架构中统一交换平台的实现，具体包括管理驾驶舱、通知与提醒、流程审批、知识库搜索、用户管理和权限设置等技术功能模块。

架构管理工具的业务架构和技术架构的设计，本身也是架构管理的完整诠释。

10.3.3　功能实现

从功能实现的角度，金融机构的架构管理工具，追求的是对信息科技系统的体系化、层次化的有序管理和迭代。为实现这个目的，我们首先要将复杂的架构管理信息进行结构化转换。

在此基础上，我们需要使用数字化和智能化的分析手段对架构管理信息进行成体系的分析和萃取，并形成完整的架构管理信息知识库。

管理层可以根据架构管理工具提供的信息进行分析决策，不断优化和迭代金融机构的整体信息科技体系，并将迭代更新的信息保存于架构管理工具中，便于将来的审计、回溯与评价。需要重点考虑如下方面。

1. 架构管理工具需要支持工作流的灵活定制

用户可以根据需要进行灵活的调整和变更事务的处理流程，针对不同类型的管理要求，不同的组织机构均可以灵活定制符合组织自身管理需要的流程。这就决定了架构管理工具必须具备一个灵活的流程引擎，通过统一的流程引擎实现工作流的灵活定制。

2. 架构管理工具需要提供多渠道的交互能力

金融机构的架构管理工具除了提供给用户使用的 PC 端渠道外，更需要提供移动端的交互渠道，便于管理者随时随地审批处理工作，同时也便于管理者掌上管理。

3. 架构管理工具需要具备知识库和文档库的管理能力

知识库管理和流程文档管理也是架构管理工具中重要的一部分。通过知识库和文档库，可以快速搜索和调阅各类过程文档，进行各类文档的存取。

在非业务功能方面，需要根据金融机构的实际情况，包括组织机构划分、用户数等，充分考虑项目管理的性能要求、并发要求、业务连续性要求和安全管控要求。

4. 应用系统的全生命周期管理

通过架构管理工具有效管理应用系统/子应用系统的功能，包括完整需求、架构设计、部署文档等信息。记录应用系统所参与的负责人、开发人员、测试人员以及各类信息的变动记录等，形成完整的信息库。对应用系统自身与其他应用系统之间建立起对应关系，实现系统"出生""下线"过程的规范管理。

通过应用系统的全生命周期管理，记录应用版本的演化过程，并通过建立系统版本的规划路径，实现应用架构的主动规划。

5. 帮助实现应用系统的整体规划

众多的应用系统如何有效协同，如何确保统一的规范、统一的标准落地，如何实现不同应用系统之间的贯通与协作，确保系统的统一性与一致性，是在架构规划中需要重点考虑的问题。架构管理工具需要不断帮助架构设计者完善这些需要重点关注的特性，对于不满足要求的，需要能够不断分析，提醒架构设计者予以更新和迭代。

6. 实现基础系统的统一基线管理

针对操作系统、数据库、中间件、虚拟化软件等，要能实现版本基线的统一管理。对基础系统软件的版本，低代码开发平台以及开源软件也要做好管理，及时发现可能存在的风险和隐患。

10.3.4　预期效果

对于金融机构而言，优秀的架构管理工具是帮助规避信息科技治理风险的关键所在。一个有效的架构管理工具，能够帮助金融机构有序实现架构规划和管理。

1. 帮助金融机构架构达成目标

通过架构管理工具进行架构目标管理，将架构目标进行任务分解，分解成不同阶段的系统建设目标，结合不同时期的实际业务需求，形成组织机构阶段性的 IT 系统建设目标。把架构管理目标和立项建设结合起来，统一安排，帮助金融机构架构达成目标。

2. 帮助金融机构实现架构设计的规范管理

随着金融机构架构的不断深化，以及金融机构"大平台、小应用"的实施，会有更多的公共资源可对外提供服务，对系统架构设计提出了更高的要求。对于已有服务的管理，各应用系统不需要自行开发，只须调用基础服务。比如，银行很多应用都涉及支付服务，如果把支付作为一个公共服务，当应用系统包含支付功能时，不再需要设计和开发这部分功能，只须调用支付服务。另外，金融机构系统架构还应满足安全可控的要求。这些具体要求，在系统架构设计规范中都应有说明和约束。

3. 帮助金融机构实现系统架构全生命管理

在业务需求分析阶段从 IT 架构角度管理业务需求，分析需求与企业战略发展是否一致。在系统建设立项阶段决定业务需求在哪个业务板块实现，是新建系统，还是改造。在系统架构设计阶段审核系统架构设计是否遵从企业架构的管理规范，包括架构规范、安全可控要求、接口规范等。在系统实施阶段审核系统实现与架构设计是否一致。系统最终下线审核系统上的所有应用是否迁移、下线后对其他系统的影响，以及资源的释放与处理。

4. 帮助金融机构实现系统架构信息管理

通过架构管理工具，架构管理工作者可以方便地查看系统架构的信息，包括系统定位、系统功能、系统名称、服务提供与调用、接口关系、管理部门等，能够站在全局的角度随时了解系统架构的状况，定期分析架构存在的问题，进而提出优化改进建议。

金融行业 IT 架构规划是信息科技治理的重要环节，信息化建设与业务的协同发展使信息化建设在支持业务发展与创新的同时，还能保证自身按照科学发展规律健康发展。而如何保障 IT 架构规划落地，使其发挥作用和威力，是 IT 架构管理工具需要解决的问题。

10.4 本章小结

本章重点介绍了信息科技治理的线上化转型,首先从全生命周期管理的角度论述信息科技管理工具的整体架构和协同关系,并分别从业务架构、技术架构、功能实现和预期效果几个方面介绍信息科技治理数字化转型中重要、常用的项目管理工具和架构管理工具。

信息科技治理是信息科技风险管理的重要环节,而信息科技治理的工具化和线上化对于现代金融机构而言已经是举足轻重,也是每一个金融科技从业者需要不断努力与提升的能力。

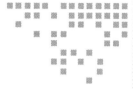

第 11 章

风险管理技术化

11.1 日常监测工具化

信息科技风险是金融机构全面风险管理中的重要部分，要实现对信息科技风险的常态化全面监测，需要建立信息科技风险监测体系以及相应的监测系统，设计合适的监测指标来覆盖信息科技风险具体领域，从而实现监测的自动化、工具化。

11.1.1 信息科技风险监测体系及监测系统

信息科技风险监测是信息科技风险管理的重要环节，通过监测关键风险指标，实现对信息科技风险的有效防控。金融机构应建立信息科技风险监测体系，从信息科技风险监测的手段、计量的方法着手，建立信息科技风险监测系统，推动信息科技风险关键指标的自动化收集、监测、分析和处置，形成多角度、多维度的信息科技风险监测手段，从而有效发现和识别潜在的信息科技风险，揭示重大的潜在风险，并通过科学的、统一的、可重复比对的方法进行评价，进而帮助信息科技风险投资、建设做出合理的决策。

金融机构只有建立多层次的信息科技风险监测体系，才能实现对信息科技风险较为合理的分析、计量。金融机构可以采用定性指标和定量指标相结合的方式建立信息科技风险监测体系。一是要针对信息科技风险各领域制定合理、可行的风险指标，并持续监测、优化、分析和预警，监测结果可以纳入考核评价体系。二是要将信息科技风险评估嵌入信息科技工作流程，信息科技部门在技术架构变更、基础设施建设、信息系统立项、系统变更或投产等关键环节必须进行风险评估；业务部门在新业务和产品立项前应评估信息科技风险隐患，确定与风险等级相匹配的防控措施。三是要建立信息科技风险的监测系统,实现信息科技风险指标的自动化监测、实时化监测,根据监管要求、先进同业实践和本机构的实际情况,建立指标阈值,从而提高风险预警的准确性、及时性和敏感性。

信息科技风险监测体系及系统建设的关键是信息科技风险指标。信息科技风险指标应覆盖信息科技风险八大领域,并重点关注身份鉴别、访问权限控制、系统可用性、系统完整性、系统交易情况、系统监控能力、审计日志、系统入侵防范、恶意代码防范、存储安全、数据安全、新技术应用带来的风险。各项监测指标可嵌入金融机构年度、季度、月度的日常工作机制,形成监测指标→管控措施→工作机制→优化调整→监测指标的自我改进循环模式。

信息科技风险可设计的具体指标如下。

1. 信息科技治理领域

主要包括科技资源投入规模和科技人员稳定性,其中科技资源投入规模包括年度IT资金投入、年度IT资金投入增长率、科技人员占比,科技人员稳定性包括本年度科技人员流失率、本年度科技人员净流失率等。

2. 信息科技风险管理领域

主要包括重点信息科技风险评估项目覆盖率、识别的重大风险数量和中风险数量、重复出现的重大风险及中风险总数、各类信息科技风险整改完成率、重大信息科技风险事件数量(如信息系统中断、重大外包风险事件、重大故障、重大信息安全事件等)。

3. 信息安全领域

主要包括安全测试(如渗透测试、漏洞扫描、安全评估等)的信息系统覆盖率、安全测试发现问题总数、安全测试发现高风险问题总数、信息安全检查发现的整改率、信息安全事件数量(如拒绝服务攻击、病毒蠕虫感染、系统漏洞入侵、数据的窃取或网页篡改等安全事件数量)、外部信息安全环境(如外部攻击数量)等。

4. 信息系统开发测试和维护领域

主要包括重大项目实施后评价率、业务需求受理数量(如业务需求、参数维护单等)、投产变更次数、投产变更成功率、紧急变更率等。

5. 信息科技运行领域

主要包括运行故障总数、应用系统的故障密度、重要信息系统可用率、重要信息系统中断次数、重要信息系统交易成功率、重要信息系统交易总量等。

6. 业务连续性领域

主要包括信息系统制定应急预案率、应急预案应急演练覆盖率、应急预案演练成功率等。

7. 外包领域

主要包括信息科技外包项目数、新增信息科技外包项目数、已完结的信息科技外包项目数、信息科技外包风险事件数、外包商服务水平协议未达成项总数量、外包依赖度、外包集中度等。

8. 内外部审计领域

主要包括年度信息科技内外审次数、内外审发现问题总数、内外审发现问题整改率等。

金融机构可以建立信息科技风险动态监测系统、信息科技风险管理平台、操作风险管理系统等相关系统，来实现对信息科技风险指标的有效管理。

信息科技风险动态监测系统可对金融机构应用系统、网络、操作系统、数据库、中间件进行动态、实时的监控，对各类系统、设备上的安全告警日志进行收集、规整及关联分析，将系统停机事件、网络安全攻击事件等形成风险预警，实现核心系统、互联网应用系统等重要信息系统安全威胁的可测、可知、可控，并可与中国人民银行、中国银行保险监督管理委员会等监管机构的系统对接，实现实时监管和行业共享。

信息科技风险管理平台可实现信息科技风险信息采集、评估与监控管理的流程，具备过程记录、量化计算、统计、分析、展现等功能，跟踪信息科技风险的处置措施，直观展现当前已识别风险的处置情况。

新巴塞尔资本协议已经正式将信息科技风险列为操作风险，其管理策略可以借鉴和参考操作风险管理的方法。金融机构可以设计一套操作风险管理系统，通过监测包括信息科技风险在内的操作风险指标体系及其动态变化来对金融机构操作风险的影响因素进行跟踪，实时发现不利预警信号，实现操作风险损失数据的报送和分析，建立损失数据库，为操作风险管理决策提供依据。

11.1.2　信息科技关键风险指标的自动化监测

信息科技关键风险指标自动化监测具备高效、直观、准确、可追溯性强等特点，自动化、工具化是信息科技风险管理发展的趋势。

为实现对信息科技关键风险指标完整、高效、及时的风险管控，金融机构应对监测数据采集、分析和处置开展自动化建设，特别是重要、高频的数据采集工作应通过系统自动实现，在自动化的基础上，结合人工分析来有效控制信息科技关键风险。

从整个信息科技风险管理的环节看，金融机构可以在各系统审计日志采集和初步分析、系统性能监测、入侵检测、防病毒告警等方面开展一线风险数据的采集，建设配套的具备过程记录、量化计算、统计、分析、展现、整改、跟踪等功能的信息科技风险工具，实现信息科技风险信息采集、评估与监控管理的自动化流程，进而可以按周、按月、按季、按年滚动计算系统的可用率,并绘制历史趋势比较图,结合多种管理因素,进行趋势判断,为决策提供科学依据。

此外,金融机构还应建立硬件、基础软件(包括操作系统、数据库、中间件)、应用系统、网络监控、安全监控等基础监控系统,并在此基础上根据监测对象的实际状况,采用旁路数据采集、大数据分析、风险评估建模技术、搜索引擎优化技术、微服务体系结构、云计算技术等,结合知识库系统和专家系统,对海量数据进行采集、挖掘、分析和评估,实现对金融机构信息科技风险的自动化监测。

11.2 监管数据报送自动化

对于金融机构而言,监管数据报送始终是一个绕不开的课题。在强监管的新态势下,监管数据报送已经成为各家金融机构需要投入大量人力和资源去努力应对的重要工作。一方面,通过信息科技的手段帮助业务部门完成监管数据的自动采集和自动报送,已经是当前信息科技部门日常开发和运维的工作重点;另一方面,信息科技部门自身也需要实时或定期向监管机构报送信息科技统计数据和运维数据,这同样属于监管数据报送的一部分。

监管数据报送面临的风险主要在于报送数据的质量和报送的及时性。为有效控制其中的风险,各金融机构均投入大量的资源,力争实现监管数据报送自动化。监管数据报送自动化是有效保障监管数据报送质量和及时性的重要手段。如图 11-1 所示,监管数据报送自动化包含的工作如下。

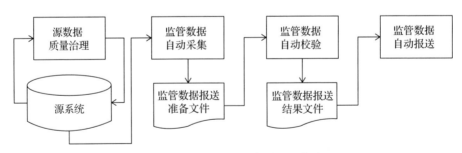

图 11-1 监管数据报送自动化工作流程

1. 源数据质量治理

对报送数据源进行数据治理,修补源数据质量缺陷,确保报送数据的质量。

2. 监管数据自动采集

通过源系统加载数据,根据与业务部门共同商定的规则,自动提取源系统的数据,按照监管数据报送的格式要求,形成监管数据报送准备文件。在源数据采集的过程中,同样可以进行一些数据清洗的工作,提升数据质量。

3. 监管数据自动校验

对监管数据报送准备文件进行自动化校验与核对，确保报送数据的准确性、一致性和完整性，并最终形成监管数据报送结果文件。

4. 监管数据自动报送

在对监管数据报送文件进行校验与核对并形成监管报送结果文件后，通过自动化的手段完成最终的报送工作，将报送数据送达监管机构指定的服务器或者网站中。

11.2.1 源数据质量治理

源数据质量治理是监管数据报送的第一个阶段，也是最重要的阶段。近年来，在强监管态势下，监管机构对各金融机构数据报送的要求已经不仅是是否及时报送，而是更关注报送数据的质量。为了真正起到监管作用，监管机构也开发或引入了完备的数据处理和分析系统，将各金融机构的数据进行汇总和分析。一方面，为了确保数据分析的效果，监管机构本身会对各金融机构数据报送的准确性和完整性提出更高的要求；另一方面，监管机构的数据分析系统也会部署大量的数据校验和检查规则，例如不同金融机构数据一致性的钩稽等，当某一机构的数据报送出现差错时，极易被监管机构快速发现，最终受到监管机构的处罚。基于此，监管数据报送的数据质量问题已经引起各金融机构的足够重视。

此外，数据治理也是各金融机构数据能力建设的关键。目前各个金融机构已经开始数字化转型，完整、准确、标准化的数据资产是金融机构软实力的体现。为了提升金融机构自身数据的价值，数据治理也是非常重要的一环。

数据治理是一项系统工程，参照 2021 年发布的《金融业数据能力建设指引》(中华人民共和国金融行业标准 JR/T 0218—2021)，金融机构数据治理工作划分为 8 个能力域和 29 个能力项，如表 11-1 所示。

表 11-1 金融机构数据治理能力要求

能力域	能力项			
数据战略	数据战略规划	数据战略实施	数据战略评估	
数据治理	组织建设	制度建设	流程规范	技术支撑
数据架构	元数据管理	数据模型	数据分布	数据集成
数据规范	数据元	参考数据和主数据	明细数据	指标数据
数据保护	数据保护策略	数据保护管理	数据保护审计	
数据质量	数据质量需求	数据质量检查	数据质量分析	数据质量提升
数据应用	数据分析	数据交换	数据服务	
数据生存周期管理	数据需求管理	数据开发管理	数据维护管理	历史数据管理

1. 数据战略

数据战略分为数据战略规划、数据战略实施、数据战略评估，具体内容如下。

- ❑ 数据战略规划是基于金融机构对数据的需求，经相关方充分协商达成一致后拆解出的可评估、可衡量、可操作的目标，最终形成数据战略内容的过程。数据战略具有一定的前瞻性和统领性，内容覆盖数据管理工作愿景、目标、原则、任务、路径等要素，做到内容全面、目标合理、范围明确、路径清晰，可操作性强，能够指导未来一段时间有效开展数据管理工作。
- ❑ 数据战略实施是按照既定目标和路线持续执行数据战略工作的过程，做好工作任务责任分解和措施保障，强化过程监督管理，确保达成预期目标。
- ❑ 数据战略评估是在数据战略实施期间对照目标和实施情况进行全面、综合的评价，并进行闭环反馈。

2. 数据治理

数据治理分为组织建设、制度建设、流程规范和技术支撑，具体内容如下。

- ❑ 组织建设包括组织架构、岗位设置、团队建设、数据责任等内容，是各项数据职能工作开展的基础，其目标是对数据管理和应用进行职责规划与控制，指导各项数据职能的执行，以确保有效落实数据战略目标。
- ❑ 制度建设是数据管理和数据应用各项工作有序开展的基础，是数据治理的依据。制度建设分层次设计，遵循严格的发布流程，并定期检查和更新。
- ❑ 流程规范是建立和完善规范的数据治理流程，规定数据治理活动的关键步骤和主要环节，并明确分工，形成机制并确保数据治理工作有效运转。
- ❑ 技术支撑是指为开展数据治理工作而建设的相关系统或平台。

3. 数据架构

数据架构分为元数据管理、数据模型、数据分布和数据集成，具体内容如下。

- ❑ 元数据管理是关于元数据的创建、存储、整合、控制等一整套流程的集合。
- ❑ 数据模型使用结构化的语言将收集到的业务经营、管理和决策中使用的数据需求进行综合分析，并按照模型设计规范将数据需求重新组织。数据模型分为企业级数据模型和系统应用级数据模型。企业级数据模型包括主题域模型、概念模型和逻辑模型，系统应用级数据模型包括逻辑模型和物理模型。
- ❑ 数据分布针对的是需要制定数据分布关系管理规范的金融机构。金融机构应统一数据分布关系的表现形式和管理流程，并梳理数据与业务流程、组织机构、系统之间的分布关系，形成数据分布关系库。
- ❑ 数据集成是指建设数据集成管理平台或工具，实现数据统一采集与集中管理，按照数据集成管理标准，实现内部数据规范整合与有序流转。

4. 数据规范

数据规范分为数据元、参考数据和主数据、明细数据、指标数据，具体内容如下。

- 数据元是由一组属性规定其定义、标识、表示和允许值的数据单元。通过制定核心数据元的统一规范，提升数据相关方对数据理解的一致性。
- 参考数据是一组增强数据可读性、可维护性、可理解性的数据集合。借助参考数据可实现对其他数据的合理分类。主数据是企业中需要跨系统、跨部门共享的核心业务实体数据。主数据管理是对主数据规范和内容进行管理，实现主数据跨系统、跨部门的一致性，实现数据共享。
- 明细数据是日常生产经营等活动中直接产生或获取的未经任何加工的初始数据。
- 指标数据是在经营分析过程中衡量某一个目标或事物的数据，由明细数据按照统计需求和分析规则加工生成，一般由管理属性、业务属性、技术属性等组成。

5. 数据保护

数据保护分为数据保护策略、数据保护管理和数据保护审计，具体内容如下。

- 数据保护策略是数据保护的核心内容，结合企业管理需求、行业监管要求以及相关制度规范等统一制定。企业在制定数据保护策略的过程中需要了解、掌握行业监管要求，并根据企业对数据保护的业务需要，定义企业数据保护管理的目标、原则、制度、管理组织、管理流程等，制定适合的数据保护标准，确定数据保护等级及覆盖范围等，建立数据保护管理策略，指导数据保护管理及相关工作，为企业的数据保护管理提供保障。
- 数据保护管理是通过数据保护等级划分、数据访问权限控制、用户身份认证和访问行为监控、数据安全风险防护、数据隐私保护等工作，满足数据保护的业务需求和监管要求，实现对数据生命周期的安全管理。
- 数据保护审计是一项控制活动，负责定期分析、验证、讨论、改进数据保护管理相关的策略、规范和活动。审计工作可由企业内部或外部审计人员执行，审计人员应独立于审计所涉及的数据和流程。

6. 数据质量

数据质量分为数据质量需求、数据质量检查、数据质量分析和数据质量提升，具体内容如下。

- 数据质量需求是根据业务、数据需要制定的一种衡量数据质量的规则，是度量和管理数据质量的依据，包括技术指标、业务指标以及相应的校验方法。数据质量需求符合相关规范，依据数据管理目标、业务管理需求和行业监管要求统一制定和管理。
- 数据质量检查是根据数据质量规则中的技术指标、业务指标、校验方法等，对数据质量进行有效监控，发现问题并及时反馈。

- 数据质量分析作为数据质量提升的参考依据，通过对检查过程中发现的数据质量问题及相关信息进行分析，找出影响数据质量的原因，并定义数据质量问题的优先级。
- 数据质量提升是指针对数据质量分析结果，制定实施数据质量改进和数据问题预防方案，确保数据质量改进工作有效落实，具体包括错误数据更正、业务流程优化、应用系统问题修复等。

7. 数据应用

数据应用分为数据分析、数据交换和数据服务，具体内容如下。

- 数据分析是为企业各项经营管理活动提供数据决策支持而进行的数据挖掘、建模、成果交付推广等的活动，有助于促进业务发展。
- 数据交换是指数据在企业内外部的流转交互，包括按一定策略引入外部数据，供内部应用以及有选择地对外提供企业内部数据等。数据交换的主要目的是通过及时高效获取外部数据和安全合规地分享内部数据，更好地发挥数据价值。开展数据交换时，应建立明确的交换目录和策略，并做好合作方的管理。
- 数据服务是通过对企业内外部数据进行统一加工和分析，结合公众、行业和企业的需要，以数据分析结果的形式提供服务。数据服务一般要经过需求分析、服务开发、服务部署、服务监控、用户管理等过程。

8. 数据生存周期管理

数据生存周期管理分为数据需求管理、数据开发管理、数据维护管理和历史数据管理，具体内容如下。

- 数据需求是指企业在业务运营、经营分析和战略决策过程中产生和使用数据的分类、含义、分布和流转相关要求的描述。
- 数据开发管理是指设计实施数据解决方案、提供数据服务并持续满足企业数据需求的过程。数据解决方案包括数据结构设计、采集存储、整合交换、挖掘探索、可视化（报表、用户视图）等内容。
- 数据维护管理是指数据服务上线投入运营后，对数据采集、数据处理、数据存储等日常工作的运行维护，是保证数据正常服务的过程。
- 历史数据管理是指根据法律法规、行业监管要求，以及业务、技术等方面的需求对历史数据进行归档、迁移、销毁等。

数据治理是监管数据报送自动化的第一步，也是最复杂、难度最大的一步。基于数据治理工作使得报送数据的一致性、准确性和完整性得到有效提升和一定的保障后，需要考虑监管数据自动采集的工作。

11.2.2 监管数据自动采集

在源系统完成源数据质量治理的基础上，进入第二个阶段，即监管数据自动采集。监管数据自动采集是监管数据报送自动化的主要组成部分。我们通常所说的监管数据报送自动化，主要是指监管数据自动采集。较完整的监管数据自动采集主要分为数据仓库建设、监管数据集市建设和各类监管数据报送系统建设，如图 11-2 所示。

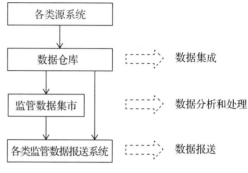

图 11-2 监管数据自动采集流程

1. 数据仓库建设

需要说明的是，数据仓库建设不是专为监管数据自动采集服务的，监管数据采集在很大程度上依赖于数据仓库的建设。主要原因在于，监管机构需要的报送数据并非仅来自金融机构内某一源应用系统，而是涉及多个源应用系统，这就需要进行多个源系统的数据集成处理。而数据集成处理是数据仓库的关键能力之一，基于数据仓库，我们可以在监管数据采集过程中完成如下工作。

- ❑ 完成上游多个源系统数据的抽取，即通过与多个源系统的对接，按照监管数据报送需求，从各个源系统中取得对应匹配的源数据。
- ❑ 按照统一的数据标准，对源系统的数据进行标准转换。
- ❑ 对源系统的数据进行校验和比对，即检查不同源系统的数据的一致性，包括相同字段信息的一致性以及不同字段之间逻辑关系的一致性。

通过数据仓库，我们完成了监管数据自动采集的第一步，即数据集成。

2. 监管数据集市建设

在强监管的背景下，监管机构对金融机构的监管数据报送要求越来越严格，报送的数据量以及报送数据的制作难度也在逐步加大。简单的单一系统报送方式已经无法快速响应监管机构的报送要求。

因为数据采集、存储、处理等环节未形成统一规范，造成数据错误、缺失、异常等现象时有发生。不同部门的数据采集标准不一、统计口径各异且可能存在重复采集、多次加工的问题，导致看似相同的数据实际含义可能不同，数据一致性难以保障。严格的监管要求、亟待提升的数据质量均倒逼金融机构建立监管数据集市。当前各个金融机构均在以监管数据集市建设为契机，统一数据来源，集中数据加工，打通底层数据，提升监管数据报送数据的质量。

数据集市是为满足特定部门或者用户需求，面向某个特定的主题，按照多维方式（如定义维度、需要计算的指标、维度的层次等）进行存储，生成面向决策分析需求的数据立方体。监管数据集市属于数据集市中的一个主题,是在数据平台的基础上,以监管数据报送业务为驱动,建立的多层次监管数据报送服务体系。通过集市建设,集中监管数据收集、存储及服务,支持监管数据指标的计算和发布,满足银行监管数据报送服务需求,统一管控监管数据,提升监管数据报送数据的质量。

建设监管数据集市的步骤如下。

1)统筹规划集市蓝图:结合监管及金融机构内部管理诉求,按应用场景规划监管数据集市,厘清集市数据层次,清晰定义各层数据用途、口径、特征,细化数据流程,设计功能界面,提升用户使用体验。

2)着重厘清数据脉络:虽然底层数据整理工作量很大,但是意义重大,直接影响着集市建设的成效及质量。金融机构要追根溯源,明确指标口径,追踪数据血缘,落实数据标准、数据资产、元数据管理等数据治理的要求,去重去冗,整合指标,打破数据孤岛,夯实集市建设数据的基础。

3)交叉核验提升质量:建立完善的数据质量核验及验证机制,加强数据质量监控,提升数据质量。搭建覆盖各层数据的校验规则,实现对同一报送体系内、跨报送体系间的报表项目以及明细与报表的交叉核验。通过校验规则找出数据质量存在的问题,及时对数据或后台程序进行整改。

4)持续迭代推动落实:数据应用端的需求不断变化,决定了监管数据集市的建设是一个不断迭代的过程。集市建设过程中,可优选亟须提升数据质量的应用诉求试行数据集市框架及流程,快速迭代、不断完善,有序推动监管数据集市的建设。

建设监管数据集市后,我们完成了监管数据自动采集的第二步,即数据分析和处理。

3. 各类监管数据报送系统建设

有了监管数据集市作为基础,监管数据报送系统的建设就水到渠成了。监管数据报送系统的建设依赖于监管机构的具体报送要求。虽然监管机构对各金融机构的监管数据报送需求是非常多的,以银行为例,中国人民银行对各银行机构的报送要求就包括理财与资金信托报送、反假币报送、个人银行账户申报、人行大集中报表报送、征信报送、反洗钱报送、人行存贷款标准化报送、支付统计报送、非居民金融账户涉税报送和金融基础数据报送等十多项。但是我们也需要看到,监管机构对每一项报送的要求是非常明确的。简而言之,针对监管数据报送系统的开发而言,监管机构给的具体报送要求相当于系统的需求说明书。相比监管数据自动采集的前两步,建设监管数据报送系统的难度小多了。

建设监管数据报送系统除了需要严格遵循监管机构的数据报送要求外,最重要的一点是数据生成后,一定要进行数据自动检查和校验。任何监管数据报送系统,不能简单地按照监管机构的要求把最终的报送数据生成了事,必须对生成的数据按照监管要求以及业务自身的规则进行检查和校验。一个优秀、完善的监管数据报送系统,应该能够提供灵活配置报送数据校验规则的功能,方便业务报送部门在系统内设置各种数据检查和校验规则,对最终生成的报送数据进行检查和核对,确保报送给监管机构的数据的准确性、完整性和一致性。

通过各类监管数据报送系统的建设,我们完成了监管数据自动采集的最后一步,即数据报送。完成数据仓库、监管数据集市和各类监管数据报送系统的建设后,将进入监管数据自动校验阶段。

11.2.3 监管数据自动校验

在监管报送数据量大、报送时效性要求高的情况下,业务人员面临着大量的手工检查和校验工作,报送时效性和报送数据质量很难得到保证。监管报送数据的自动校验成为解决这个问题的重要手段。

1. 监管数据报送系统的自动检查功能

监管数据报送系统具备一个非常重要的功能,可以对自身生成的监管报送数据进行自动检查和校验,可以灵活支持业务人员配置的各种检查和校验规则,并按照所配置的规则进行检查核对,减少报送部门的手工劳动。

2. 引入或开发监管数据报送质检平台

在监管数据报送系统之外,可以进一步引入或开发一个监管数据报送质检平台。通过质检平台,灵活导入各种数据检查和校验规则,在数据正式报送之前,对生成的监管数据、报送数据进行最后一次检查与核对。

(1)平台需要支持导入校验规则 一方面,数据报送部门会不断提出新的数据检查与校验规则;另一方面,提出报送要求的监管机构可能在数据报送过程中提高数据报送的质量要求。作为一个独立的质检平台,需要支持导入校验规则。

(2)平台需要支持不同报送数据间的钩稽 监管机构的各类监管数据报送需求之间,往往存在众多的一致性数据,或相互存在逻辑匹配关系的数据。例如中国人民银行的基础数据报送、大集中报表报送和存贷款标准化报送之间就有很多重复的客户账户数据报送,需要通过质检平台去检查数据的一致性。除此之外,在时间维度上,日报与月报、季报、年报之间的数据钩稽关系,也需要通过质检平台钩稽。

建设监管数据报送数据质检平台,可以尽可能与监管机构数据收取端的应用系统相对应,尽可能多地借鉴监管机构的数据质检规则。

完成监管数据的自动校验后,整个监管报送数据的生成工作就完成了。接下来将准备好的监管报送数据交给监管机构,即监管数据自动报送。

11.2.4 监管数据自动报送

当前而言，由于监管机构与金融机构之间的系统并没有广泛地互联互通，因此各金融机构在按照监管要求生成最终的监管数据报送文件后，将文件移交给监管机构的工作，在较大程度上还存在手工化的问题。多数数据报送工作要求金融机构自行登录监管机构的网站，通过数据上传或者刻盘递送的方式完成报送。下面介绍3种自动数据报送的解决方式，目的是缓解人为手工报送的压力。

第一种方式是实现与监管机构之间的系统对接，这是实现数据自动报送最好的方式。目前各金融机构与外汇管理局之间的数据报送基本采用这种方式。如图11-3所示，金融机构与监管机构之间通过专线进行对接，并在金融机构侧部署一个监管机构报送系统的前置机。金融机构的监管数据报送系统与该前置机进行对接，将生成的监管报送数据传入报送系统，由前置机将数据文件传入监管机构的数据接收系统。这种方式使报送数据的稳定性和安全性均能得到很好的保障，也是自动化程度最高的方式。

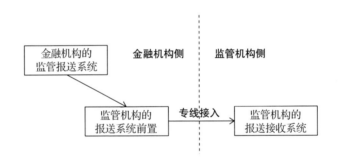

图 11-3 监管机构报送对接示意图

第二种方式是采取网络安全文件传送协议（SSH File Transfer Protocol，SFTP）进行报送，相比较而言，自动化程度以及稳定性方面不及第一种方式。从安全性方面考虑，这种方式仍然采用了专线互联，数据的传输是通过SFTP方式实现的，在文件传输成功的确认、传输完整性的校验等方面需要做更多的弥补工作。

第三种方式是监管机构提供一个上传数据的网站，给各金融机构分配账户，由各金融机构手工上传。这种方式的自动化程度最低，而且通过网站上传，受服务器、网络、客户端等多种因素的影响，稳定性也是最差的。对于这种方式，在监管机构提供自动化对接渠道之前，一个可替代的自动化实现方式是通过机器流程自动化（Robotic Process Automation，RPA）实现数据报送的自动化。具体方法就是通过部署RPA，模拟数据报送人员的手工操作，登录监管机构提供的数据报送网站，并输入用户名和密码，按要求进行模拟操作，将数据上传到网站。这种方式已有一些金融机构开始使用，在很大程度上缓解了报送人员的手工工作压力。

11.3 本章小结

信息科技风险数据包括信息科技自身风险数据和业务数据两部分，本章分别对这两部分数据的工具化、自动化进行阐述。对于信息科技自身风险数据，需要通过分析和制定具体的风险指标，建立信息科技风险监测系统和管理系统，对信息科技风险指标进行自动化监测、分析和报送。对于业务数据，需要通过源数据质量治理、监管数据自动采集、监管数据自动校验、监管数据自动报送来实现业务数据报送自动化。

第 12 章

审计管理

随着金融科技的高速发展和金融产品的快速创新,以及在强监管、严问责的态势下,金融机构内部 IT 审计工作面临越来越大的挑战。无论 IT 审计的准备阶段、实施阶段,还是报告阶段,都需要从传统的"绕过计算机审计计算机"向先进的"通过计算机审计"和"使用计算机审计"转化。

IT 审计环境和审计技术支持的方式不同,金融机构主要通过各类现场和非现场审计管理信息系统的运用,来实现内部审计的信息化和数字化。

本章首先介绍金融机构现场审计和非现场审计的定义及特点,然后分别介绍现场审计系统和非现场审计信息系统的业务架构、技术架构、主要功能实现及预期效果,最后介绍常见的信息系统审计工具和审计系统中金融科技的应用。本章案例均在实践的基础上提炼,对 IT 审计的信息化具有很好的实务操作指导作用。

12.1 现场审计系统

现场审计是指在被审计单位实施检查,需要被审计单位现场提供相关的审计资料,审计人员在被审计单位当场查阅审计资料,详细记录审计底稿,整理、汇总审计资料,最终形成审计报告。现场审计具有以下特点。

❑ 严肃性。项目立项、实施项目、出具审计报告,都要求在规定的时间范围内完成。根据审计情况,依据相关法律、法规的要求做好审计结论的可验证性,依法准确提出审计结论与整改依据,做到有法可依,有据可循,提高审计工作的威慑力。

- 直接性。审计人员通过对被审计对象直接面对面实施一系列审计活动,获取第一手审计信息和结论。
- 抽样性。现场审计对所审计的范围、审计的事项并不是逐一核对事实,而是运用抽样审计方式,对具有代表性的事项提取样本进行审计。
- 后督性。现场审计不论何时进驻被审计单位,均是对已发生的事项进行监督检查。
- 灵活性。审计方案的审计范围、采取的现场作业方式根据被审计单位的情况会有所不同。
- 追踪性。根据现场审计报告提出问题整改期限,整改期限到期后,核实被整改对象问题整改的情况,以督促问题查处落到实处,真正起到促进纠改的审计效果。

为规范审计工作流程、提高审计效率和效果、强化审计部门的风险监测和防控能力、促进改善金融业经营管理水平,需要建设一套能够覆盖全辖业务范围、功能完善、客户体验好、风险识别能力强的现场审计管理信息系统,力求实现审计全程系统化,促进审计工作逐步向规范、科学和有序方向发展,有效打造坚固的第三道风险防线。需要说明的是,本节介绍的业务架构及技术架构,可以作为企业级(审计系统)建设参考,为紧扣本书主题,在功能实现上仅以 IT 审计为例进行阐述。

12.1.1 业务架构

针对现场审计工作的特点,审计管理信息系统(Audit Management Information System,AMIS)既是审计项目信息采集和记录的工具,也是审计项目管理、审计工作底稿及审计文书编制的辅助工具,实现审计项目基本信息(现场信息)的记录、工作底稿的编制、问题台账和内控测试结果的录入,以及审计项目信息的查询、统计等功能。一般审计管理信息系统主要分为工作台、项目管理、整改跟踪、问责管理、查询统计、知识库和系统管理,具体业务功能架构如图 12-1 所示。

针对上述每个业务场景,简要说明如下。

- 工作台:针对审计人员权限内涉及事项的快速导航,为审计人员提供及时、方便的辅助业务处理场景,为用户打造个性化办公环境,包括个人信息、我的项目、待办事项、消息管理等。
- 项目管理:为现场审计项目管理提供规范化、标准化的工作流程和信息管理,建立从审计计划、项目立项、审前准备(审计通知书、审计分项、团队配置等)到项目归档等环节的全流程闭环管理。审计部门可定制各种类型的项目流程,配置各类业务条线模板,为审计人员在审计开展的过程中提供工作过程指引,规范现场审计人员执行作业项目的流程和标准。

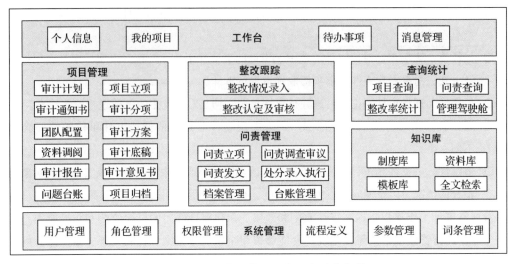

图 12-1　审计管理信息系统业务功能架构

- 整改跟踪：主要用于对审计项目发现的问题进行集中管理，同时支持外部审计发现问题的导入功能。支持对问题进行线上整改跟踪，向被审计单位发起整改提醒，被审计单位进行整改回复并上传佐证材料等。支持根据定期开展的整改检查工作结果对问题台账进行维护。

- 问责管理：主要实现对存在不同违规情节的审计问题责任人进行相关责任认定和追责处罚。由责任认定岗立项并发起责任认定流程，被审计单位（责任人）接收责任认定书并签字提交，整个过程通过系统完成。项目结束时，系统自动归档相关文书，并生成问责台账。

- 查询统计：审计人员可以基于审计项目、审计问题、问责情况等，按照审计机构、审计对象、审计期间、业务类型等不同维度进行综合统计与分析。不仅提供面向审计业务人员或执行人员的基础报表统计，如审计项目统计、审计问题统计等，同时还提供面向高级管理层的审计驾驶舱，例如审计项目分布，审计问题同比、环比等，能让管理者全面了解内部审计工作、风险分布、资源利用情况等。

- 知识库：帮助审计人员积累经验，提供同类项目参考，实现审计经验共享等。主要完成制度库、资料库、模板库管理及相关知识的全文检索功能。

- 系统管理：主要完成支持审计信息管理系统的基础数据及底层基础功能，包含用户管理、角色管理、权限管理、各类审计项目不同作业的流程定义、各类参数的增删改查等。

12.1.2　技术架构

为实现业务功能架构，系统从下到上可分为五层，包括基础支撑层、信息资源层、平台层、应用层、展示层（统一登录门户），如图 12-2 所示。

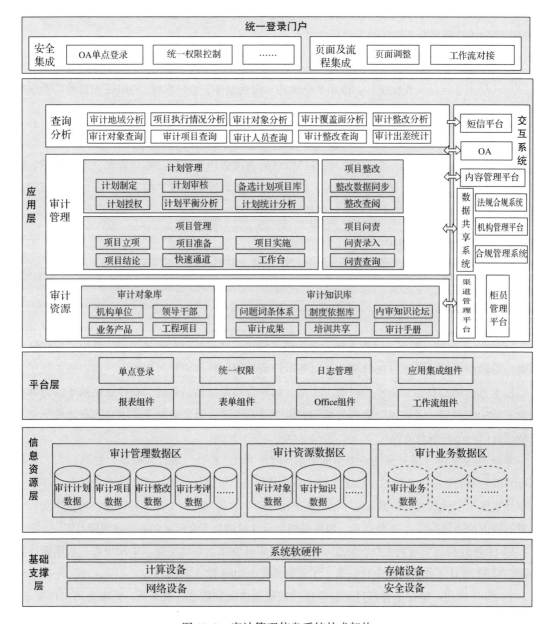

图 12-2 审计管理信息系统技术架构

1. 基础支撑层

基础支撑层为系统提供必要的网络、安全、系统软硬件等基础环境，提供可靠、有效的信息传输服务通道，是各类信息的承载者。

2. 信息资源层

信息资源层为系统提供数据基础，包含存储审计项目管理信息的数据区、存储审计对象及知识库等的审计资源数据区，以及具体审计业务数据区。

3. 平台层

平台层主要包括工作流组件、应用集成组件、报表组件、表单组件、Office 组件等，为应用层的各项功能实现提供支撑，同时能够很方便地实现与企业内其他业务系统的集成。

4. 应用层

应用层提供在一个统一框架之上的各类审计管理业务应用，包括审计资源、审计管理、查询分析等模块，满足各级管理层随时查看各项审计工作的进度和成果的需求。审计管理部门也可以对审计工作的状态和结果进行及时的指导、监督。

5. 展示层（统一登录门户）

统一登录门户包括 OA 单点登录、统一权限控制、页面调整、工作流对接等。

12.1.3 功能实现

IT 审计过程与一般审计过程一样，分为准备阶段、实施阶段和报告阶段。其中，准备阶段和报告阶段所涉及的技术方法与其他如财务审计所运用的技术方法区别不大，而实施阶段所涉及的技术方法则具有信息技术的特点。IT 审计的审计对象是信息系统，审计思路基于以内部控制为基础的流程审计及以风险管理为基础的风险导向审计，涵盖信息系统本身的审计及信息系统所涉及的内部控制及流程。

审计范围应包含信息系统 6 个构成要素（应用系统/软件、硬件、网络、数据、人、管理制度）和生命周期的 5 个阶段（系统规划、系统分析、系统设计、系统实施、系统运行与评价）。在审计实施中应特别关注技术风险（包括集中化风险、数据风险、生产运行风险、通信风险、交易量的峰值冲击风险等）、系统风险（包括规划与设计风险、安全产品的可信度风险）等。

以 IT 审计项目管理为主线，涵盖审计计划、审计立项、审计实施、审计报告、后续审计等流程，对 IT 审计工作进行线上化管理，主要业务流程如图 12-3 所示。

1）审计计划：审计主管部门结合审计领域覆盖情况和监管、董事会、监事会的工作要求，以及内部征集的 IT 审计需求，从基础工作、审计项目、整改跟踪、问责管理等方面制定全年工作计划，明确年度所需开展的 IT 审计项目清单，形成审计工作计划。

2）审计立项：针对已立项项目，形成审计工作方案，组建审计组，制定审计实施方案，并发布审计通知书等。

3）审计实施：内部审计人员依据审计计划实施现场审计。内审人员应结合申请准备了解的内容，按照被审计组织的信息化环境、业务流程、内控制度等方面的风险，明确具体项目设计目标，细化审计内容，突出审计重点。

4）审计报告：内部审计人员运用专业判断，综合分析收集到的相关证据，以经过核实的审计证据为依据，形成审计意见和结论，编制审计底稿，出具审计报告，经审批形成审计结论。

5）后续审计：通过监督整改的情况，督促被审计组织改进信息系统治理，完善相关的规章制度、流程等，以持续提高信息系统治理、管理水平。对审计中发现的重大问题和控制缺陷并且整改效果不明显的信息系统项目开展后续审计。

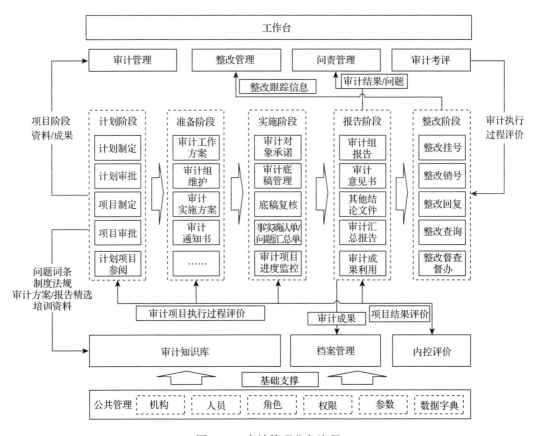

图 12-3 审计管理业务流程

12.1.4 预期效果

审计管理信息系统有助于审计人员减少手工操作，提高工作效率和工作质量，同时以此为契机，建立审计管理平台，为审计人员提供一个审计的作业平台，使各项工作有机地联系起来，在金融机构长期战略上改进审计管理和风险管理。系统平台的价值集中体现在以下方面。

- **作业规范**：为金融机构建立统一的审计作业规范和质量管理规范，进一步提升内部审计作业质量。
- **管理支撑**：实现对审计信息全面、准确、及时的统计分析，提供更有价值的决策依据。
- **知识共享**：搭建完整的审计知识管理系统，实现金融机构内部共享。
- **成果转化**：实现对审计发现整改问题的跟踪，促进审计成果向管理成果的转化。

12.2 非现场审计系统

非现场审计是指远离被审计单位，在固定的工作环境中搭建计算机审计系统，运用网络数据进行归集、建立数学模型、提炼监管重点、实施监督检查的审计方式。

非现场审计工作的特点如下。

- **实时性**：内部审计数据通过信息系统实时传送至审计部门，审计部门非现场人员对数据进行不间断的分析、筛选、甄别，完成实时监控。
- **及时性**：在并行监控模式下，数据核对的及时性高。
- **自动化**：根据现场审计总结的经验，以及平时监测过程中易发生问题的环节，对普遍性、重点需要监管的各种问题类型建立数据模型，强化监管重点，明确风险点。
- **远程审计监控**：非现场审计工作不受与监管对象距离的限制与约束，可以通过网络计算机对被监管对象实施远程监控。
- **覆盖率高**：非现场审计所有数据来源于每时每刻被审计对象业务发生的数据，采集的数据量不是针对某一个被监管对象，而是监管的整体对象，是对所有不同业务网点发生的同质业务进行监管，因为数据采集量巨大，所以具有覆盖率高的特点。
- **客观性**：非现场审计活动中，风险线索的识别、整理以及审计证据的收集都是在审计人员完全独立的情况下进行的，相对现场审计而言，减少了受被审计单位干扰的可能性，在数据质量可靠和分析程序恰当的前提下，纯粹基于数据分析的结论，更客观。

12.2.1 业务架构

针对内部审计的管理模式和业务流程，金融机构在开展远程审计或进行现场审计的准备阶段，运用的是非现场审计系统。本节对从数据源接入到非现场审计分析结果输出的整个业务流程进行说明，如图12-4所示。

- **数据源**：金融机构内部系统数据，如从总账系统中卸载总账、从历史数据服务系统中卸载明细账和登记簿数据、从信贷信息系统中卸载信贷数据等。为弥补内部数据的不足，还可以引入一些外部数据，如外包公司的工商信息及舆情信息。

- 审计数据集市：建立并完善审计主题数据模型，实现审计基础数据、主题数据、历史结果数据和元数据的统一管理，为审计类应用系统提供稳定、高效的数据支持。
- 数据模型：根据审计的要求，运用该系统提供的分析工具，建立不同的审计模型，实现对审计数据的非现场审计分析以及对审计对象进行连续、全面的数据分析，及时发现审计对象在业务管理方面存在的问题。
- 输出结果：根据模型运行结果，评估审计对象的风险状况，为审计项目现场审计提供线索和资料，提高审计工作效率和质量。

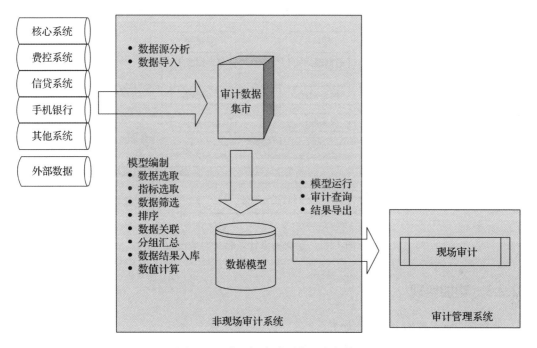

图 12-4 非现场审计系统业务架构

12.2.2 技术架构

针对非现场审计的业务流程，设计了接口层、基础层、应用层及 ETL[①]调度平台。非现场审计系统整体技术架构如图 12-5 所示。

- 接口层：依照非现场审计业务需求数据范围，通过数仓或数据整合平台提供的供数文件，完成源数据接入的接口层数据处理。
- 基础层：将接口层处理的数据依照数据表模型配置进行数据标准化、格式转换、条件筛选、预处理定义等处理，将数据落地为符合非现场审计业务处理需求的结果表数据。

---

① ETL（Extract-Transform-Load）是指将业务系统的数据经过抽取、清洗转换之后加载到数据仓库的过程。

- 应用层：以数据基础层的数据集市为基础，通过审计模型探索编制，通过模型运行、监测预警实现对业务数据连续、全面性的非现场审计分析，形成模型分析结果。
- ETL 调度平台：系统 ETL 处理调度工具平台，实现海量非现场审计源数据的抽取、转换、加载及预处理落地。

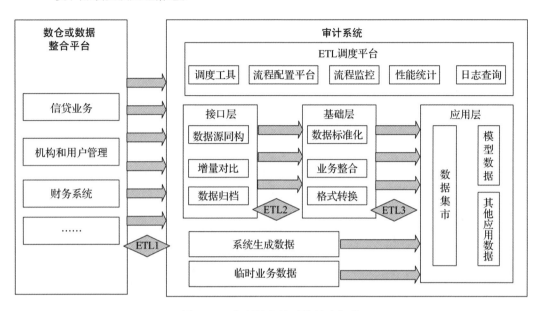

图 12-5　非现场审计系统技术架构

12.2.3　功能实现

非现场审计系统的主要功能如下。

- 数据管理模块：实现非现场审计需求数据的接入、数据源结构定义、数据源结构的删除、数据源结构文件的导入与导出、原始数据加载执行以及临时数据原表加载等操作。
- 审计模型模块：实现非现场审计模型的创建、模型步骤的修改、模型删除、模型导入与导出、模型运行和模型结果的保存、入库管理等操作。审计模型主要分为查询模型和分析模型，查询模型主要用于现场审计过程中简单的数据查询，模型创建后相对固定，供审计人员日常使用；分析模型是审计人员根据某业务审计思路以及相关业务数据特征，选择适当的业务数据，对其进行指标选取、筛选、关联、排序、分组汇总、数值计算、合并以及结果保存等数据处理工作，以得出相关的审计疑点或审计分析结果。
- 模型运行模块：实现查询模型运行和分析模型运行，分析模型可批量运行，运行结束后，系统须保存各模型所有步骤的运行结果，并将结果导出。
- 系统管理模块：实现非现场审计系统的用户登录界面、添加新用户、删除用户、给用户分配权限、提供用户修改密码、清理数据以及日志管理等多项管理功能的操作。
- 数据接入模块：系统需要定期（日、周、月）自动从数据仓库更新数据至非现场审计系统审计数据集市，更新类型主要包括参数类数据（应全量覆盖更新）、主档类数据（采用拉链式增量更新）和明细类数据（采用增量更新）。
- 模型运行控制模块：实现 3 项功能，一是模型异步运行，模型分步骤逐步运行，运行方式为异步运行，用户提交运行任务后，可进行其他操作，任务运行完毕后，再查询运行结果；二是模型运行管理，系统管理员可查询所有用户模型的实时运行情况，并有中止模型运行的权限；三是模型并发运行控制，系统管理员可设置并发运行进程数，控制同一时刻可运行的进程，模型运行任务须根据进程数排队运行。

12.2.4 预期效果

非现场审计系统的价值集中体现在以下五方面。
- 降低审计风险，经非现场分析，为现场审计提供可靠、详实的依据，使现场审计的针对性更强，纠正违规、违法的效果更明显，提高了现场审计的质量。
- 促进审计管理的科学化与规范化，扩大审计覆盖面，使 100% 抽样审计成为现实，减少了审计抽样的风险。
- 执行时间比较有弹性。
- 更有机会量化内部控制的弱点。
- 依据非现场分析掌握的情况，能对现场审计的人员数量、审计时间进行科学、合理的安排，提高审计工作效率，降低审计成本。

需要强调的是，对于有些问题，通过非现场审计的方式并不能直接定性，还须结合现场审计，依靠审计人员的职业判断来完成。

12.3 信息系统审计工具

要做好 IT 审计的信息化建设，不但要搭建审计项目线上化的作业管理系统（现场审计系统），还要搭建制式化、定制化分析的审计分析系统（非现场审计系统），涉及使用一些信息系统专项审计的工具。

1. 数据库审计工具

数据库审计工具是指跟踪数据和数据库结构变化的工具，包括本地数据库审计、安全信息和事件管理、日志管理、数据库活动监控等。

通过数据库审计工具，打开数据库系统"黑盒子"，实时掌握数据库系统的可用性、存在的风险状况及监控数据活动情况，以实现数据安全风险可视化；支持发现各种管理和系统的风险，并通过数据活动保护或数据库攻击检测和保护等方式，修复风险和漏洞；通过三权分立机制对数据库系统无法管控的超级用户、数据库管理员（DataBase Administrator，DBA）的权限进行有效管控，以实现数据安全风险可控；支持安全事件追溯，对事件进行回放、追踪、追责，支持全面审计数据库操作，为安全事件提供事后追查依据，以实现数据安全管理合规化。

2. 源代码安全审计工具

源代码安全审计是依据公共漏洞字典表、开放式 Web 应用程序安全项目，以及设备、软件厂商公布的漏洞库，结合专业源代码扫描工具，对各种程序语言编写的源代码进行安全审计。可提供包括安全编码规范咨询、源代码安全现状测评、定位源代码中存在的安全漏洞、分析漏洞风险、提出修改建议等一系列服务。

通过使用源代码安全审计工具，加强应用系统的安全，保护关键信息及资产，是应用系统安全的根本保障。可以通过对系统源代码和软件架构安全性、可靠性的全面检查，充分挖掘当前代码中存在的安全缺陷等问题，帮助金融机构提高信息系统的质量和安全。

3. 日志安全审计工具

日志安全审计的目的是收集系统日志，通过从各种网络设备、服务器、用户计算机、数据库、应用系统和网络安全设备中收集日志，进行统一的管理和分析。日志审计系统功能包括信息采集、信息分析、信息存储、信息展示等。

通过使用日志安全审计工具，实现从日志产生、采集、综合分析与审计，到日志存储和备份的整个日志生命周期管理。通过集中的日志管理系统，解决网络中日志分散、种类繁多、数量巨大的问题，提升安全运营效率。通过日志安全审计工具，统一收集来自网络中IT资产的日志信息。通过分析日志中的安全事件，识别各类性能故障、非法访问控制、不当操作、恶意代码、攻击入侵，以及违规与信息泄露等行为，支持安全运维人员进行安全监视、审计追踪、调查取证、应急处置、生成各类报表报告，成为日常安全运维的有力工具。在设计上，充分考虑信息系统等级保护制度中对于安全审计的技术要求。

4. 网络安全审计工具

网络安全审计是指按照一定的安全策略，利用记录、系统活动和用户活动等信息，检查和检验操作事件的环境及活动，从而发现系统漏洞、入侵行为或改善系统性能，是检查评估系统安全风险并采取相应措施的过程。网络安全审计从审计级别上可分为 3 种——系统级审计、应用级审计和用户级审计。

通过网络安全审计工具，安全管理人员可以掌握网络安全态势和各类关键IT资产的访问情况，及时有效地发现安全风险，降低各类网络信息资产被损坏和窃取的风险，满足等级保护、

5. 其他专用审计工具箱

包括病毒查杀软件、坏磁盘恢复软件、数据反删除软件、磁盘反格式化软件、静态安全分析软件、动态安全分析软件、访问控制分析软件、漏洞扫描及渗透测试等专用工具。

12.4 审计系统中金融科技的应用

在以人工智能、区块链、云计算、大数据为标识的信息技术蓬勃发展的背景下，为统筹金融机构内部和外部一切可用的数据资源，通过人工智能等手段充分挖掘数据的内在价值，为实现内部审计的"风险警示、监督评价、管理增值"三大职能保驾护航，各金融机构推出了大数据智慧审计系统。

12.4.1 金融科技背景下内部审计面临的挑战

随着金融与科技的深度融合与发展，新技术层出不穷，对金融行业的发展产生了深远的影响，对内部审计也提出了更严格的要求。

在过去，基础设施简陋，因而形成了一套人工审计规则。随着金融业务的发展和技术的进步，计算机辅助审计系统逐渐成型，它将基础数据、账务数据、交易数据及部分业务数据进行T+1日采集、转换和加载，实现了线上分析疑点数据，解决了传统审计人海战术的弊端。

未来已来，人工智能、大数据等技术正在蓬勃发展，金融机构纷纷驶入数字化转型的澎湃浪潮，技术全面赋能的金融时代正在到来，内部审计想要生存，也必须适应新时代的技术、模式与方法变革。以人工审计为主的状态不具有可持续性，未来一定会形成与技术一致的智能审计体系。

在新形势下，内部审计的价值定位要从事后看见，到事中洞察，再到事前预见。升级装备是内部审计转型必不可少的手段，12.4.2 节将从技术应用架构的角度介绍如何升级装备。

12.4.2 大数据智慧审计系统的技术应用架构

近几年国内外关于新技术与内部审计相结合的研究越来越多。2017 年 12 月，国际内部审计师协会发布《全球视角和见解：人工智能审计框架》，对人工智能审计的目标和程序作出框架性规定。2020 年 5 月，张庆龙、邢春玉等人提出了我国新一代内部审计智能化的通用技术应用框架。本节将结合金融业的发展现状及特征，介绍金融业大数据智慧审计系统的技术应用架构，如图 12-6 所示。

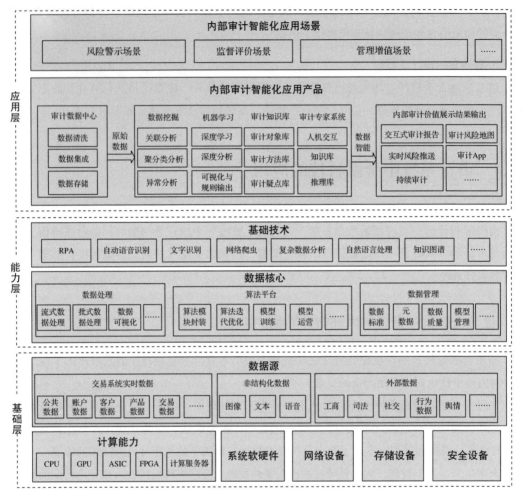

图 12-6 智慧审计系统的技术应用架构

1. 基础层

包括计算能力、系统软硬件（含网络安全设备）及数据源。在计算能力方面要结合人工智能技术的要求，配备异构计算芯片，如图形处理器（Graphics Processing Unit，GPU）、专用集成电路（Application Specific Integrated Circuit，ASIC）、现场可编程门阵列（Field Programmable Gate Array，FPGA）；数据源方面，除了交易系统的实时数据、图像、文本及语音等非结构化数据，还包含外部数据。

2. 能力层

包括数据核心和基础技术，其中数据核心，包含流式数据及批式数据的处理、可视化、算法平台以及数据管理；基础技术包括 RPA、自动语音识别、文字识别、网络爬虫、自然语言处理、知识图谱等人工智能技术。

3. 应用层

包括内部审计智能化应用产品与应用场景，是人工智能在内部审计应用的直接体现，可以实现具体的数据获取、数据分析加工以及数据智能输出的价值展示。

12.4.3　金融科技在审计系统中的应用

分类、逻辑回归、聚类、关联、决策树、神经网络、支持矢量机、Web 数据挖掘等高级算法伴随大数据技术应运而生，使得金融机构内部审计人员可以通过研发更加复杂和深入的模型来提取审计线索，解决审计机构与被审计机构信息不对称的问题。下面以商业银行为例，介绍经典的大数据审计应用。

1. 用网络爬虫技术实现审计对象全景画像

在传统的审计中，审计人员通过登录国家企业信用信息系统或者启信宝、企查查等平台，手工查询企业信息。当批量查询企业信息时，这种做法将制约审计工作的时效性和审计人员的积极性。在大数据审计中，审计人员可以通过编写 Python 脚本自动获取网页信息，并将数据标准进行解析、存储和呈现，从而实现批量查询。通过互联网爬虫获取的可供商业银行内部审计使用的数据还包括司法、公安、税务、公积金、国土资源、股票交易、社交活动、消费行为等。在遵循法律的前提下，利用互联网资源，拓展了审计的数据源，丰富了数据分析的维度，使得审计人员能够更加清晰地对审计目标进行画像。

2. 用知识图谱技术识别审计对象的资金流转情况

传统数据库是基于二维表的关系型数据库。当审计人员多次连接多个大表查询交易流水的对手方信息时，传统数据库的笛卡尔积处理方式严重制约多手查询的效率。

将知识图谱技术引入关系和节点的思想，将两两之间的关系以图的方式展现，再对两两关系图进行连接，直观地变成关系群组。除了识别主体之间的相互关系，知识图谱技术还能将原来不存在直接关系的节点进行关系延伸，对当前节点的父节点、子节点、兄弟节点等多层次关系进行深度挖掘拓展。

商业银行内部审计运用知识图谱技术，能够解决审计对象关系网络分析、复杂网络挖掘、资金流向穿透、群组对象分析等痛点问题，发现重要节点之间存在的联系，揭露现象背后深层次的原因。

3. 用中文分词技术挖掘文本文件的关键信息

审计人员经常会调阅被审计单位的会议记录、工作总结报告、贷前调查、贷中审查报告、贷后管理报告等电子文档资料，用于分析和识别风险。这些文件的存储格式五花八门，肉眼查看费时费力，分析效果主要依赖于审计人员的职业判断能力，非常容易遗漏某些重要信息，造成审计风险。

中文分词是一种将没有词的界限的中文句子切分成一个一个单独的词的语言处理技术，可以基于字典、词频度统计和知识理解进行切分。通过该技术对文件进行识别和处理后，审计人员只要对重点关注的名称、地址、事件或其他关键词进行词权重提取，便能对文件的重要性进行排序，进而集中力量对重点文件进行突破，节省非结构化资料分析的时间和精力。

4. 使用地理位置信息识别欺诈事件

地理位置定位是指通过特定的技术获取用户的经纬度坐标信息，进而分析其地理位置信息。定位技术有两种，一种是基于 GPS、北斗卫星系统的定位，另一种是基于移动运营商的基站定位。前者是利用手机上的定位模块将自己的位置信号发送到定位后台来实现手机定位的，后者是利用基站对手机的距离测算来确定手机位置的。

传统审计手段难以对审计对象的动态轨迹进行跟踪分析，而借助于地理位置信息的变动，商业银行内部审计能够针对抵押品、客户、员工的行为信息开展进一步的分析，及时发起风险并预警。如某单位规定员工如果在办公大楼附近租房，可每月获得固定金额的租房补贴。机构内部审计部门可利用 App 定位功能发现员工虚假申报租房信息、违规获取补贴的行为。

12.4.4 预期效果

大数据智慧审计系统的价值主要体现在以下方面。

- 审计效率提升：金融科技快速的数据处理能力及文本阅读提取能力大大提高了审计工作的效率，在减轻审计人员负担的情况下节约了时间成本，为审计人员省下了大量时间得以处理需要人为判断的、需要运用职业能力的工作。
- 审计质量提高：金融科技弥补了人类工作久了会疲惫、速度减慢、正确率降低，从而容易导致审计风险的缺陷，不受工作时长的限制并且准确率能够得到保证。此外，运行速度也比审计人员要快，有利于降低审计风险，提高审计工作的整体质量。
- 能够反映实时信息：金融科技可为本审计单位建立中心数据库，为需要及时利用数据的人员提供实时报告，审计人员也能及时地进行审计工作的安排和规划，不必长时间苦等被审计单位的报告，耽误正常的审计工作进度。
- 能够做出分析预测：金融科技具备统计学的分析技术，能够对数据进行归纳与总结，能够分析数据的差异和变动，对报表能进行横向以及纵向的比对分析，对图像以及其他非数据性的信息也能形成认知。通过对海量数据的汇总与归纳，能作出相应的预测分析及风险评估。

虽然大数据审计代替传统审计是大势所趋，但是在目前阶段还存在诸多困难和挑战，需要学术界、金融界和监管层共同合作，逐步加以克服，推动大数据审计的快速落地与迭代。

12.5　本章小结

IT 审计工作的信息化、建设相应的现场审计系统和非现场审计系统，并不意味着谁将被谁代替，而是以非现场审计为主，现场审计在非现场审计的审计线索引导下有针对性地开展现场审计工作，两者互相融合。随着金融科技的进一步发展，新一代大数据智能审计体系一定会建立并逐渐成为未来审计发展的主流形式。

第 13 章 安全技术架构

设计和实现有效、合理的安全技术架构，建立安全技术纵深防御体系和日常安全运营机制，增强安全技术态势感知能力，及时开展各项安全评估，并随着相关技术的演进不断优化，是金融机构信息科技风险管理的核心。

13.1 安全技术架构的组成

安全技术体系主要包括数据中心机房安全、网络安全、系统安全、应用安全、终端安全和数据安全，安全技术体系是一个有机的整体，需要综合考虑、统一建设，避免出现明显的短板。

13.1.1 机房安全

数据中心机房安全是金融机构安全技术架构建设中最基础且最重要的环节。数据中心机房安全运营由诸多因素组成，包括外部资源安全、环境安全、物理安全、供配电系统安全、人员与设备出入安全等，任何一个环节出现安全问题，都将给数据中心机房带来风险，甚至影响金融机构的业务连续性。

近年来，较为常见的机房安全故障主要有电气事故、火灾事故、设备损坏事故、高压配电室漏水事故等。下面根据工作经验，介绍机房维护工作中有可能出现的安全隐患及应对措施，供读者参考，以进一步提升机房维护水平。

1. 外部资源安全

金融机构数据中心机房投入使用后，需要每天 24 小时不间断运行，而外部资源安全是数据中心机房安全的基础，一个可靠的数据中心机房通常需要具备如下外部资源保障。

- 稳定的电力资源保障。
- 充足的水源供给。
- 便利的交通与良好的地理环境。
- 相对稳定的周边环境。

上述外部资源对机房的安全运行起着非常重要的支撑作用。

近年来，也出现过金融机构数据中心机房因为外部资源保障不力，出现供电中断，影响数据中心业务连续的重大生产安全事故。在进行数据中心选址时，要对外部资源做充分的调查与评估，确保外部资源安全。

2. 环境安全

环境安全是数据中心机房安全运营的重要因素。《数据中心设计规范》（GB 50174—2017）中对周边环境有明确的要求，具体解读如下。

- 周边环境整洁，远离粉尘、油烟、有害气体，或存储腐蚀性、易燃、易爆物品的场所。
- 远离易发生水灾、地震等灾害的区域。
- 远离强振源、强噪声源及避开强电磁场干扰。
- 远离住宅区。

数据中心机房选址后，在生命周期内周边环境可能发生变化，而投入使用后周边环境的变化容易被管理人员忽视。此外，周边环境的变化是金融机构很难把控的，久而久之，外部环境的变化就会影响数据中心机房的安全运行。在机房选址时需要有长远的眼光，充分调研与了解周边环境的未来发展规划，并把握周边环境的变化趋势，定期做好安全评估。

3. 供配电系统安全

供配电系统是数据中心机房安全运行的灵魂，是保障金融机构业务连续性最为重要的环节，也是最为复杂的部分。数据中心机房供配电系统安全包括市电引入安全、高低压转换安全、后备电源和电池安全、配电分配安全及末端用电设备安全，每一个部分出现问题都将影响数据中心机房的安全稳定。常见的供配电安全事故包括电流伤害事故、电磁场伤害事故、雷电事故、静电事故、电路故障、电气火灾和爆炸等。

（1）数据中心机房供配电安全事件的主要原因与表现

- 绝缘损坏，机房电气设备绝缘破损，绝缘电阻不合格。
- 安全距离不够，设备的带电部分与地面及其他带电部分未保持一定的安全距离。
- 接地不合理，低压电力系统未设置应有的接地、保护安全装置。
- 电气保护措施不力，没有根据机房电气设备的特性和要求采取特殊的安全措施，如对各种高压电力设备没有装设高压熔断器和断路器，对低压用电设备没有配备相应的低压电气保护措施。
- ❏ 安全标志不明显，在施工、安装及使用机房电气设备时没有设置明显的安全标志等。
- ❏ 设计与施工资料不齐全，维护人员仅凭经验进行维护。
- ❏ 电源电路私拉乱接，设计初期没有做好电力规划、电路预留，使用过程中一直有新的电路，电源容量远远超过设计水平，从而导致不良的线缆延长、接口处理下高温隐患。一旦发生短路、强浪涌等情况烧毁绝缘部分，很容易引发火灾。
- ❏ 箱体温度过高，密集的电力线缆长时间运行，机房内配电柜的柜内温度过高，加速线缆绝缘皮老化。电缆长期高负荷运行、绝缘皮外温度超过设计温度、短路等问题造成绝缘性能降低，并伴随着严重的消防问题。
- ❏ 配电箱箱体不完整，特别是对于机房的上级配电箱，置于强电配电间内的大型开关柜封闭不严，进入异物，可能引发严重的安全问题。
- ❏ 主路由电缆保护不严，从一级配电柜到机房这段供电电缆未采用带铠、防鼠、防火等措施，长期运行后导致供电事故。

（2）数据中心机房用电操作安全注意事项
- ❏ 操作规范，严格按照相关制度作业规范，养成良好的用电习惯，潮湿或汗手不得操作带电机房设备。
- ❏ 开关电源规范，开关从低级向高级逐级升级断开，合闸要从高级向低级逐级降级，不可直接关总闸，断开或合闸必须是空载操作，严禁带载操作。
- ❏ 拔插接头规范，拔或插电源插头要迅速、果断。
- ❏ 临时用电要求，机房严禁私自拉设线路临时用电，临时用电必须有专人值守。
- ❏ UPS取电要求，UPS用电有明确的范围与要求，不得将UPS用作临时取电电源。

13.1.2 网络安全

随着互联网的迅速发展，金融行业的业务模式已经发生深刻的变化，金融科技是各金融机构的发力重点，绝大多数业务依赖网络通信服务，而网络通信在带来便捷的同时，也带来了信息系统安全及数据安全的挑战。近年来，金融机构在发展业务的同时，也大力开展网络安全建设。通过识别网络安全的来源与分类，采用技术与管理等手段，全方位做好网络安全防控，为金融机构信息安全提供保障。

1. 网络安全威胁

网络安全威胁包括来自外部的安全攻击威胁与来自内部的安全管理威胁，来自外部安全攻击威胁主要是利用系统、硬件、软件的设计缺陷对金融机构信息系统进行安全攻击，包括被动攻击、主动攻击、邻近攻击、分发攻击等；内部安全管理威胁主要是内部人员利用管理不善及职务之便，盗取信息或进行破坏。

（1）外部威胁　外部威胁包括被动攻击、主动攻击、邻近攻击与分发攻击等。

被动攻击是指攻击者监视通信信道上的信息传递，了解所传递的信息内容，一般不易被发现，典型的攻击行为如下。

- ❑ 监听通信数据。
- ❑ 解密加密不善的通信数据。
- ❑ 口令截获。
- ❑ 通信流量分析。

主动攻击是指攻击者主动对信息系统实施攻击，包括企图避开安全保护，引入恶意代码，以及破坏数据和系统的完整性，典型的攻击行为如下。

- ❑ 修改数据。
- ❑ 重放所截获的数据。
- ❑ 插入数据。
- ❑ 盗取合法建立的会话。
- ❑ 伪装成合法用户进行攻击。
- ❑ 越权访问。
- ❑ 利用缓冲区溢出漏洞执行代码。
- ❑ 插入和利用恶意代码。
- ❑ 利用协议、软件、系统故障和后门进行攻击。
- ❑ 拒绝服务攻击。

邻近攻击是指试图接近被攻击的网络、系统和设备，目的是修改、收集信息，或者破坏系统。这种接近可能是公开的或者秘密的，也可能是两种都有。邻近攻击最容易发生在没有良好保安措施的地方，典型的攻击行为如下。

- ❑ 偷取存储设备用于读取数据，偷取数据后还回存储设备。
- ❑ 偷窥屏幕信息。
- ❑ 收集作废的打印纸。
- ❑ 物理毁坏通信线路。

分发攻击是指攻击者在系统硬件和软件的开发、生产、运输、安装和维护阶段，恶意修改设计、配置等，典型的攻击行为如下。

- ❑ 在设备上设置隐藏的攻击途径。
- ❑ 在产品分发、安装时修改软硬件配置，设置隐藏的攻击途径。
- ❑ 在设备和系统维护升级过程中修改软硬件配置，设置隐藏的攻击途径。直接通过因特网进行远程升级维护具有较大的安全风险，金融机构通常不允许按此方式进行升级维护。

（2）内部威胁　内部威胁是由于内部管理不善，由内部合法人员造成的。因为具有合法访问权限，因此内部威胁成为金融机构信息安全最大的风险隐患。内部威胁分为恶意攻击和非恶意威胁。

恶意攻击是指出于各种目的对所使用的信息系统实施攻击。非恶意威胁则是由于合法用户的无意行为造成对信息系统的攻击，他们并非故意要破坏信息和系统，由于误操作、经验不足、培训不足而导致了一些特殊的行为，对系统造成了破坏。典型的内部威胁如下。

- 恶意修改数据和安全机制配置参数。
- 恶意建立未授权的网络连接。
- 恶意进行物理损坏和破坏。
- 无意间造成数据损坏和破坏。

2. 网络安全域设计

金融机构网络安全域以业务功能及安全特性为基础，模型设计采用"模块化"的设计方法，基本思路是将复杂的网络划分成多个网络安全域，安全域由功能架构相同、功能相似、安全等级与要求一致的网络模块构成，将各安全域进行组合、互联及拼接，构造出整体的网络。设计网络安全域应主要考虑如下因素。

（1）业务和功能特性

- 业务系统逻辑和应用关联性。
- 业务系统功能，包括对客业务、基础支撑、内部管理。

（2）安全特性的要求

- 安全要求相似性：具有相似的可用性、保密性和完整性要求。
- 威胁相似性：具有相似的威胁来源、威胁方式和强度。
- 资产价值相近性：重要与非重要资产分离。

3. 网络安全域模型

网络安全域模型包含安全服务域、有线接入域、无线接入域、安全支撑域和安全互联域。对同一安全区域内的资产应实施统一的保护，如进出信息保护机制、访问控制、物理安全特性等。

（1）安全服务域　安全服务域是指将各信息系统的主机或服务器经局域网连接成存储和处理数据信息的区域，包括生产服务区与办公服务区等。

（2）有线接入域　有线接入域是指由有线用户终端和有线网络接入基础设施组成的区域。终端安全是信息安全防护的瓶颈和重点。

（3）无线接入域　无线接入域是指由无线用户终端、无线集线器、无线访问节点、无线网桥和无线网卡等无线接入基础设施组成的区域。

（4）安全支撑域　安全支撑域是指由各类安全产品的管理平台、监控中心、维护终端和服务器等组成的区域，实现的功能包括安全域内的身份认证、权限控制、病毒防护、补丁升级，各类安全事件的收集、整理、关联分析、安全审计、入侵检测、漏洞扫描等。

（5）安全互联域　安全互联域是指由连接安全服务域、有线接入域、无线接入域、安全支撑域和外联网的互联基础设施构成的区域。安全互联域细分为局域网互联、广域网互联、外联单位互联、因特网互联4个子域。

4. 安全域互访规则

- 安全服务域、安全支撑域、有线接入域、无线接入域之间的互访必须经过安全互联域，不允许直接连接。
- 关键业务子域、综合业务子域、公共服务子域、开发测试子域之间的互访必须经过安全互联域。
- 广域网互联子域、外部网互联子域、因特网互联子域和其他安全域或子域之间的互访必须经过安全互联域。
- 广域网互联子域、外部网互联子域、因特网互联子域之间的互访必须经过安全互联域。
- 同一安全子域之间的互访，同一安全子域内部的不同系统之间应采用VLAN进行隔离，VLAN间的路由应设置在核心或汇聚层设备上，不允许通过接入层交换机进行路由。

5. 边界防护技术

目前常用的边界保护技术主要包括防火墙、代理服务器、病毒过滤、入侵防护、单向物理隔离、拒绝服务防护、认证和授权等。

（1）防火墙　防火墙可以根据互联系统的安全策略对进出网络的信息流进行控制。防火墙作为不同网络或网络安全区域之间信息的出入口，能根据系统的安全策略控制出入网络的信息流，且具有较强的抗攻击能力。它是提供信息安全服务、实现网络和信息安全的基础设施。

在逻辑上，防火墙是一个分离器、一个限制器，也是一个分析器，能够有效地监控内部网络和外部网络之间的活动，保证内部网络的安全。

通过防火墙可以防止非系统内用户的非法入侵、过滤不安全服务及规划网络信息的流向。防火墙的重要作用是网络隔离和对用户进行访问控制，目的是防止对网络信息资源的非授权访问和操作，包括各个子网对上级网络、各个同级子网之间的非法访问和操作。这些访问控制，在物理链路一级的加密设备中很难实现，而防火墙则具有很强的安全网络访问控制能力，主要体现在它完善的访问控制策略上。

（2）代理服务器　在威胁等级高的系统访问威胁等级低的系统时，可以通过代理服务器使防护等级高的系统中后台核心服务器对威胁等级高的系统屏蔽，在访问威胁等级高的系统时，看到的仅是代理服务器，这样对系统的防护更加有效，而且也更容易实现二者之间的访问控制，适用于威胁等级高的系统访问防护等级高的系统。这种保护方式需要与单层或双重异构防火墙结合进行部署。

（3）病毒过滤　病毒过滤一般采用全面的协议保护和内嵌的内容过滤功能，能够对应用协议进行病毒过滤以及采用关键字、统一资源定位符（Uniform Resource Locator，URL）过滤等方式来阻止非法数据的进入。由于数据流经历了完整的过滤检查，必然会使得效率有所降低。

（4）入侵防护　入侵防护是一种主动式的安全防御技术，它不仅可以实时监控各种恶意与非法的网络流量，还可以直接将有害的流量阻挡于所保护的网络之外，从而对网络性能进行最佳的优化。入侵防护主要包括 3 种——异常流量类防护、攻击特征类防护、漏洞攻击类防护。

（5）单向物理隔离　单向物理隔离技术通常采用高速电子开关隔离硬件和专有协议，确保网络间在任意时刻物理链路完全断开，同时可以在两个相互物理隔离的网络间安全、高速、可靠地进行数据交换。

（6）拒绝服务防护　拒绝服务防护一般包含两个方面，一是针对不断发展的攻击形式，能够有效地进行检测；二是降低对业务系统和网络的影响，保证业务系统的连续性和可用性。

通常拒绝服务防护应能从背景流量中精确区分攻击流量，降低攻击对服务的影响，具备很强的扩展性和良好的可靠性。

（7）认证和授权　基于数字证书，实现网络访问身份的高强度认证，保障网络边界的安全。只有通过数字证书校验的合法的、被授权的用户才可以接入网络，才可以访问后台的业务系统。

6. 网络安全运维

- 各功能区域及子域间默认为不信任关系，重要的主机、数据库与其他子网进行逻辑隔离，对不必要的端口进行封闭，因业务需要在申请获批的情况下才允许放行。
- 汇聚的交换机旁路部署 IP 准入控制系统，实现非法外联、IP 实名制，对接入内网的终端进行有效的控制。
- 通过主机账号管理系统，所有终端对主机的访问只能通过管理系统发起，并对 Telnet、SSH、RDP（Remote Desktop Protocol，远程桌面协议）等访问过程进行控制、审计，防止终端将数据从主机上私自复制到本地硬盘，防止误操作。
- 通过数据账号管理系统，对数据库访问工具、文件传输协议（File Transfer Protocol，FTP）工具等常用维护工具进行统一发布，对前台数据库访问操作进行审计记录，把数据包围在服务器端。对下载数据行为进行严格控制，并对提取的数据进行加密处理。
- 通过数据加密系统，对所有流出的数据进行自动加密处理，并对数据的产生、扭转、编辑、销毁进行生命周期管理。
- 通过数据库审计系统，对数据库访问行为进行审计，监控敏感数据访问情况，监控操作数据库的行为，记录数据库后台变化情况，便于事后回查。
- 在生产库与测试库之间部署数据脱敏系统，先对从在线库抽取的数据进行自动脱敏，再导入测试库，避免数据泄露。对后台访问在线库的人员进行权限管理，对敏感字段进行自动遮罩。
- 通过令牌认证系统对用户使用双因素认证，确认访问者的身份，杜绝账号共用现象。
- 部署云计算平台，为防泄密系统提供良好的运行环境。云计算平台提高了系统的可靠性、可扩展性，减少了宕机时间，降低了维护成本。
- 所有系统都采用活动目录认证，并以动态令牌作为双因素认证，实现对用户身份的准确鉴别。

13.1.3 系统安全

1. 主机安全

主机安全是指金融机构主机系统的安全，主要是对身份鉴别、访问控制、入侵防范、恶意病毒防范、漏洞扫描、主机安全加固等方面进行安全设计和控制，为用户信息系统提供一个安全的运行环境。

（1）身份鉴别　系统用户具备仅供个人使用的独一无二的标识符，责任到人，可进行后续行为跟踪，用户标识符不表示用户的权限级别。操作系统和数据库系统用户的身份鉴别信息应具有不易被冒用的特点，为不同用户分配不同的用户名，确保用户名具有唯一性，如复杂密码、动态口令等。对重要系统的用户采用两种或两种以上组合的鉴别技术实现用户身份鉴别，例如使用令牌或者证书。具体设置如下。

- 管理员用户设置：对操作系统进行特权用户的特权分离（如系统管理员、应用管理员等），并提供专用登录控制模块，采用最小授权原则进行授权。
- 管理员口令安全：启用密码口令复杂性要求，设置密码长度最小值、密码使用期限，并强制满足密码历史要求等，保证系统和应用管理用户身份标识不易被冒用。
- 登录策略：通过用户名、密码、密钥卡令牌等方式实现用户身份鉴别。
- 非法访问警示：配置账户锁定策略中的选项，如账户锁定时间、账户锁定阈值等，实现结束会话、限制非法登录次数和自动退出功能。

（2）访问控制　主机层安全启用访问控制功能，依据安全策略控制用户对资源的访问，对重要信息资源设置敏感标记，严格控制用户对有敏感标记重要信息资源的操作。对于管理用户的权限分配，实现管理用户权限分离，仅授予管理用户所需的最小权限，实现操作系统和数据库系统特权用户的权限分离，严格限制默认账户的访问权限，重命名系统默认账户，修改这些账户的默认口令并应及时删除多余的、过期的账户，避免共享账户。具体设置如下。

- 资源访问记录：通过操作系统日志以及安全审计，记录和分析用户及系统活动的操作记录和信息资料，包括访问人员、访问计算机、访问时间、操作记录等。

- 访问控制范围：对重要的系统文件进行敏感标记，设置强制访问控制机制。根据用户的角色分配权限，授予用户最小权限，并对用户及程序进行限制，从而达到更高的安全级别。
- 关闭系统默认共享目录：关闭系统默认共享目录的访问权限，保证目录数据安全。
- 远程访问控制：授权指定 IP 进行访问控制，未授权 IP 则不允许进行访问。

（3）入侵防范　为有效应对网络入侵，在网络边界部署防火墙、入侵防御系统、防病毒网关、Web 应用防火墙等安全设备，用于应对端口扫描、强力攻击、木马后门攻击、拒绝服务攻击、缓冲区溢出攻击、IP 碎片攻击和网络蠕虫攻击等各类网络攻击。主机层面的入侵防范包括操作系统服务开启应遵循最小原则，仅安装或开启需要的组件和程序，并及时打上系统补丁，可以极大地降低系统遭受攻击的可能性。

（4）恶意病毒防范　网络中的所有服务器均统一部署网络版防病毒系统，并确保系统的病毒代码库保持最新，实现恶意代码、病毒的全面防护，实现全网病毒的统一监控管理。

（5）漏洞扫描　部署漏洞扫描系统是提升安全管理的手段，有助于增强系统风险应对的水平，满足监管部门对主机安全的要求。漏洞扫描系统对不同系统下的设备进行漏洞检测，主要用于分析和指出有关网络的安全漏洞及被测系统的薄弱环节，给出详细的检测报告，并针对检测到的网络安全隐患给出相应的修补措施和安全建议。

（6）主机安全加固　对重要主机部署安全加固系统，实现文件强制访问控制、注册表强制访问控制、进程强制访问控制、服务强制访问控制、三权分立的管理、管理员登录的强身份认证、文件完整性监测等功能。

主机安全加固系统对操作系统原有系统管理员的无限权力进行分散，使其不再具有对系统自身安全构成威胁的能力，从而达到从根本上保障操作系统安全的目的。也就是说，即使非法入侵者拥有了操作系统管理员最高权限，也不能对经过内核加固技术保护的系统的核心功能或重要组件进行任何破坏和操作。此外，内核加固模块稳定地工作于操作系统下，提升了系统的安全等级，为用户构造了一个更加安全的操作系统平台。

2. 虚拟系统安全

虚拟化指的是将一个物理计算机划分为多个虚拟机。虚拟系统实际上是操作系统上运行的一个程序，会共享物理硬件，如 CPU、内存、磁盘、网络设备等。虚拟系统主要有两个用处——资源共享和隔离。虚拟系统可以实时自动平衡工作负载、实现动态资源调配，可以改进硬件资源的效率、利用率以及灵活性，可以测试新应用和修改后的代码或者进行木马病毒研究、模拟攻击等比较危险的测试。

然而，虚拟化技术本身不仅面临着传统网络已有的安全威胁，还面临着自身引入的安全问题。由于多个虚拟系统共享一个操作系统、一台物理机，因此必须进行隔离，而这种隔离是逻辑隔离，不是物理隔离，就有可能出现隔离无效的情况，发生虚拟机逃逸、Rootkit 攻击、虚拟机信息窃取和篡改等问题。

虚拟机逃逸指的是攻击者凭借技术限制和虚拟化软件的一些漏洞，利用虚拟系统里运行的程序绕过底层，攻击宿主机及上面运行的其他虚拟系统。Rootkit 是一种特殊的恶意软件，通常会结合木马、后门等恶意程序一起使用，找出目标系统上的漏洞，获得系统权限之后开展攻击。虚拟系统一般被封装在一个宿主机单独的虚拟磁盘中，如果获得宿主机的管理员权限，就可以进入宿主机工作环境，读取或篡改宿主机或其他虚拟系统文件中的数据。

针对虚拟系统存在的安全风险，可以从以下方面加强虚拟系统的安全性。

（1）加强宿主机的安全措施　包括加强宿主机机房的安全管理，对物理机进行加锁；BIOS（Basic Input Output System，基本输入输出系统）设置密码并禁止从主硬盘外的其他设备引导启动；加固宿主机操作系统，如安装杀毒软件、防火墙、主机入侵检测系统等；制定和落实系统安全基线，不需要的程序和服务不要开启，及时升级系统补丁和杀毒软件病毒库等。

（2）加强虚拟系统的安全措施　强化虚拟系统的安全防御架构，从数据、应用、终端等各个层面去全面考虑虚拟系统安全的管理工作。需要通过关闭不需要的功能、最小化文件共享、断开不使用的设备等方式，尽可能减少攻击暴露面。加强安全测试，包括常态化开展漏洞扫描、渗透测试等，扫描租户虚拟机的配置和漏洞情况，对已被入侵或挂马的代码及文件进行清理，对必要网站的目录及文件进行防篡改保护，根据测试结果及时开展整改工作。

（3）开展安全审计工作　需要为虚拟系统提供一个集中的日志服务器，对虚拟系统的电源状态（开启、关闭、暂停、恢复）、硬件配置的更改、登录尝试提升权限的行为、对文件的复制/移动/增加/删除等操作进行审计，对审计发现的问题及时整改。

3. 日志审计

金融机构应对信息系统的日志进行安全有效的管理，并由相对独立的第三方（如信息科技部门内设安全团队或者审计部门内设 IT 审计团队）定期开展日志审计工作。

信息系统应创建异常事件和安全相关事件的日志，并按照规定的保留期限进行保留。对于重要日志，如涉及系统登录、数据库关键操作、金融交易结果、系统可用性情况等日志，必须记录和存储在硬盘、磁带等介质中，并定期进行备份（包括本地备份和远程备份）。

通常信息系统日志应该包括操作系统日志、数据库日志、网络设备日志和应用系统日志。

- 操作系统日志主要记录操作系统账号的创建、修改、删除等（如登录账号、退出账号、删除文件或目录、关机、重启等），操作系统属性等的修改（如修改操作系统版本、内核版本、主机名）和操作系统网络配置等的修改。
- 数据库日志主要记录客户端、应用程序或第三方连接数据库的请求，数据库运行错误日志，数据库管理操作（如启动日志、关闭日志等），数据库物理结构操作（如创建、删除、重命名数据文件日志等）。

- 网络设备日志主要记录用户创建、修改、删除的操作，用户修改网络配置的操作，用户登录、退出的操作等。
- 应用系统日志主要记录中间件运行情况；交易类信息，如时间、日志级别、交易渠道、交易节点、交易流水号；操作类信息，包括针对应用系统维护所做的修改操作，如重启、修改、删除。

金融机构应该使用适当的系统实用程序或审计工具对日志进行查询，或者对日志的副本进行处理。原始日志不允许更改或者删除。

系统日志审计可以包括如下内容。

（1）日志内容完整性
- 用户（特别是特权用户和管理员用户）的登录尝试、账户创建、信息修改、删除账户等操作记录。
- 用户权限的增加、删除与修改，包括用户权限修改者的用户名称、用户角色、操作时间、操作内容、操作结果、系统配置变更等记录。
- 用户发起的交易信息，包括交易唯一标识（如交易流水号）、交易类型、交易开始时间、交易结束时间、交易状态、交易异常事项等记录。

（2）日志信息的存储和提取
- 日志的在线保留期限和离线保留期限。
- 日志备份是否及时、内容是否符合规定。

13.1.4 应用安全

金融机构应建立覆盖应用系统需求分析、架构设计、编程、测试、运维等全生命周期的安全管控机制。

1. 需求分析阶段

在应用系统设计和开发前，即需求分析调研阶段，必须明确所有的安全需求。应制定安全目标，安全目标应明确要保护的内容及要求。

安全需求的参考点主要包括信息的机密性和完整性保护、抗抵赖性、身份鉴别和认证、信息源鉴别、访问控制和授权、跟踪监控与审计、意外报告和入侵检测、合法性和合规性、灾难恢复、数据校验及消息验证、数据传输安全保护、密码保护、网络安全控制要求、传输安全控制、容量需求及容量监控需求等。确定安全功能，需要综合考虑实现成本、技术成熟性、可操作性、实用性等因素。

2. 架构设计阶段

对安全需求进行详细的分析后，应将已确定的安全需求体现在应用系统架构设计中。应用系统架构设计中采用的技术、工具，必须遵循本机构相关的安全技术标准或经过严格论证审批的安全技术。应用系统的架构设计必须与本机构总体安全架构兼容并保持一致。同时，应用系统的各子系统之间的安全设计应保持兼容和一致，符合总体目标。

在应用系统架构的设计中，必须参照相关的信息系统安全技术标准和安全指引，综合考虑信息系统的安全机制，采用一种或多种安全机制的综合运用来实现安全功能。在应用系统架构的设计中，必须提供对输入数据的检验功能，检验应用系统的输入数据，保证输入数据的有效性，要能够对错误的输入数据进行正确的响应和处理。

应用系统的设计必须提供对内部处理的检验功能，最大限度地降低处理错误导致数据完整性破坏的风险。

3. 编程阶段

在应用系统的编程实现阶段，必须对编程过程进行安全控制。应用系统代码编写阶段必须依靠成熟的质量管理体系以保证程序质量，减少安全风险的引入。程序员对编程语言和工具的使用要依照相关的安全编程指引，以减少不规范的使用所造成的系统缺陷。

编程过程中对系统安全性有影响的修改都要有专业的安全技术人员参加，并进行相应的评审，保证系统安全设计的有效性。应组织具有丰富经验的开发小组进行代码检查，可采取开发人员交叉检查的方式，对于重要信息系统或重要代码的检查应由安全技术人员参与。

4. 测试阶段

必须对完成的应用系统进行安全测试，检查所有的安全设计是否得以实现以及应用系统是否存在脆弱点。应用系统的安全测试必须依照相关的安全测试规定和方案进行，测试方案应该明确各类应用系统应采用的安全测试类别及测试要求。

安全测试主要包括以下内容。

- ❏ 代码安全检查：重要安全组件和关键系统应该独立进行代码安全回顾。
- ❏ 渗透测试：应该明确特定目标，检验在系统运行正常的情况下是否能承受各种类型的攻击，如对非常规性及非法数据的处理。

此外，应根据应用系统的安全目标和安全设计，确定安全测试的目标，并制订应用系统的安全测试计划。安全测试计划中应明确测试的内容、测试的范围、测试的方式、测试采用的工具及手段。对应用系统进行安全测试，不同的测试须保证有相应的测试人员开展测试工作。

5. 运维阶段

必须建立必要的机制，保证能够对投产后的应用系统进行安全机制的更新、升级以及对安全事件进行响应。对投入运维的应用系统，要具备开发和测试环境，成立专门的技术团队，保障对应用系统代码安全风险的升级与维护，以及对内部和外部安全事件及时响应。将安全事件纳入生产运维事件管理范畴进行统一管理，对安全事件及时进行监测、分析、处置和定级，对安全事件进行记录，建立规范的档案。

随着开源软件的使用越来越广泛，金融机构应重视开源软件安全。

开源是源代码、文档等设计内容开放的开发模式，具有代码公开、易获取、可重用的特点，可以突破技术壁垒、推动创新。

开源软件使用广泛，开源漏洞信息往往分布在各大社区，开源软件使用者大多缺少漏洞信息跟踪能力，开源组件、开源文件之间又存在相互依赖的复杂关系，导致漏洞在开源软件之间存在传播风险。一旦开源软件出现安全漏洞，可能会给金融机构信息科技建设带来严峻的挑战。

为了有效管控开源软件的安全风险、最大化开源软件带来的正面效应，金融机构需要采取以下措施。

1. 明确开源软件的管理职责

开源软件因其特殊性和广泛性，涉及软件产品采购、系统架构设计、研发、运维交付等多个环节，需要跨团队协同管理。金融机构需要制定开源软件管理细则，明确开源软件管理职责，明确责任人，牵头组织开展开源软件从选型、引入、使用到退出的全生命周期管理工作，开展开源软件风险分析，根据风险评估情况制定相应的风险管控措施。

2. 识别开源软件的漏洞与风险

建立开源软件威胁情报收集机制。开源软件已经全面渗透至金融机构软件供应链体系中，需要完整、准确识别应用软件中的开源组件、开源代码等，形成开源软件资产清单，做到对开源软件组件及其依赖链条信息、版本信息、应用情况等一目了然。

建立开源软件资产维护机制，根据实际情况及时增加、修改、更新和删除开源软件资产。

建立开源软件威胁情报收集机制，及时收集、监控和跟踪散落在互联网海量信息中的威胁情报信息，及时将有效的开源软件威胁情报反馈给相关责任人。

3. 及时修复漏洞并更新版本

金融机构应明确开源软件的风险承受水平，制定开源软件漏洞修复要求，例如极高风险的漏洞应立刻修复，高风险的漏洞应在 2 周内进行修复，中风险的漏洞应在 1 个月内修复，低风险的漏洞可以选择性接受。对于未修复或短期内无法修复的漏洞，要明确风险缓释措施或者风险转移措施及相应的应急预案，把风险降低到可以接受的水平。

此外，由于老旧的开源软件往往存在大量安全漏洞，也存在软件供应链安全隐患（如停止更新升级），因此金融机构应选择较新的、安全的开源组件，并做到及时更新，降低开源安全风险。金融机构应制订计划，及时升级开源软件版本，不使用老旧的开源组件和版本，定期进行补丁升级。

13.1.5 终端安全

在互联网＋金融科技的背景下，金融机构的终端管理面临使用范围广、数量多、类型多、使用环境复杂等特点，而且随着开发外包、项目外包、上下游合作伙伴等广泛参与到金融机构的日常运营工作中，也使得管理边界变得模糊，终端安全风险也随之增大。

针对上述挑战，金融机构应制定桌面终端安全管理制度和整体的终端安全防护解决方案，覆盖病毒和恶意代码防范、数据防泄漏、外部设备控制、终端资产管理、漏洞补丁管理、应用软件管理、移动存储管理、合规性检查等领域。下面介绍其中的重点领域。

1. 病毒和恶意代码防范

病毒和恶意代码防范一直是终端安全的重点。目前使用最广泛的防病毒基本技术是特征码匹配识别。随着技术的进步，病毒也越来越"聪明"，不断进化，通过变形来躲避查杀。由于杀毒软件具有滞后性，因此需要针对未知病毒的主动防御技术来应对，就是在没有病毒样本的情况下，通过行为判断、漏洞攻击监测等措施，识别未知病毒和病毒变种。

此外，通过大数据分析，结合威胁情报，实时更新病毒样本和特征库，有效提升终端病毒和恶意代码的防护效果。

2. 数据防泄漏

首先对金融机构海量的文件进行精准识别和分类，支持关键词、正则表达式、文件指纹、文件属性等多种方式识别敏感信息。其次通过文件类型、文件大小、敏感词等多种维度来管控文件外发，对敏感信息的泄露行为进行识别和拦截。最后对敏感的屏幕内容打印水印，包括显性水印（可以肉眼识别）和隐性水印（肉眼无法直接识别，但可以借助工具识别），从而有效降低通过截图、拍照、录屏、打印等方式泄漏敏感信息的风险。

3. 外部设备控制

终端外设主要包括 USB 存储设备、光驱设备、蓝牙设备、红外设备等。外设管控的目的是防止敏感信息泄露。对外设的管控主要通过驱动来实现。任何终端外设的运行都依赖于设备的驱动程序，而外设的驱动程序遵循操作系统对驱动程序的要求。

在 Windows 操作系统下，为每个设备驱动建立驱动对象和设备对象，为开发者提供驱动对象和设备对象的操作方法。Windows 外设驱动主要是 WDM（Windows Driver Model），一种即插即用的驱动。

完成一个设备的操作，至少需要两个设备对象——物理设备对象和功能设备对象。Windows 在插入外设时会提示检测到新设备并要求安装驱动，即 WDM。此驱动创建功能设备对象并附加到物理设备对象之上。通过对设备对象的操作进行拦截和重写，实现对外设的管控，如拦截设备驱动的写入方法，根据设备管控策略加入设备写入方法的处理逻辑，实现设备的读写禁用。

4. 终端资产管理

终端资产一般指组成终端的硬件以及终端上所安装的软件。终端资产管理的主要工作是建立终端软硬件资产台账，实现终端软硬件资产的统计、查询和展示，覆盖终端资产的生命周期管理全过程，为终端安全审计提供数据。

首先收集终端资产的信息，包括硬件资产信息，如 CPU 信息、硬盘信息、内存配置、网口数量与型号、USB 接口数量与版本、串口数量与类型、并口数量与类型、资产价格、重要性、责任人等，以及软件资产信息，如操作系统类型、操作系统版本、操作系统授权信息、系统补丁信息和应用（含中间件、数据库等）软件名称、应用软件版本号、软件授权信息等。

其次为终端的每个软硬件资产进行编号，以资产编号作为资产的唯一标识，对所有资产的操作进行记录，如资产信息编辑、资产责任人变更、资产外借、资产归还、软件资产卸载、安装和版本升级等操作。从而为每个资产建立一份资产档案，提供资产档案信息查询和资产流转可视化展示。

最后建立软硬件资产的关联关系。因为软件资产必然依附于硬件资产运行，所以每个软件资产必然关联至硬件资产，这种关联关系应记录到资产管理档案，并及时更新，以保证得到完整、准确的终端资产信息。

13.1.6 数据安全

数据安全涉及金融机构客户资金安全与信息安全，是金融机构安全管理的核心，数据安全管理包括数据的安全性、完整性及保密性，任何一个方面出现问题都将影响金融机构数据的安全性和业务的可靠性。

1. 数据安全性

数据安全性主要包括数据传输安全、数据使用安全、数据存储安全、数据安全审计。

（1）数据传输安全　在数据传输过程中对数据进行加密及防篡改保护。数据传输过程加密是在源节点到目标节点传输的过程中进行加密，经过不可信网络时以防止网络抓包的方式捕获传输内容。数据传输防篡改是在消息发送过程中，采用数字签名等技术手段，保证数据在传输过程中不被篡改。

（2）数据使用安全　所有数据要根据用户和字段建立多级分类管理，所有数据的访问申请需要经过管理员授权，针对敏感数据的访问要建立白名单，按最小必须原则对人员进行权限控制。

（3）数据存储安全　数据存储加密有两种方式，一种是透明加密，加密过程无须人工干预，整个加解密是和数据库服务器绑定的，即使数据文件被盗取，也无法解析相关内容；另一种是核心字段加密，将数据库核心字段进行列级加密，设置完成后，即使登录数据库服务器也无法显示核心字段信息，在应用程序需要获取信息时，可通过硬件加密狗的方式解开对应信息。

（4）数据安全审计　所有访问的使用都记录相关日志，安全审计平台需要有事前、事中、事后 3 种方式的检测预警，在数据安全出现问题时，可进行追踪溯源。

2. 数据完整性

数据完整性包括数据的精确性和可靠性，数据完整性访问控制用来防止共享数据被非法访问的方法、机制和程序控制，如读访问控制与读/写访问控制。

（1）读访问控制　必须制定相应的读控制措施，以确保获准访问数据库或数据库表的个体，能够读取数据库数据的合适级别。通过报表或者查询工具提供的读访问，必须由数据所有人控制和批准，以确保能够采取有效的措施，控制可以读取的数据。

（2）读/写访问控制　对于那些提供读写访问的数据库而言，每个访问该数据的自然人以及对象或进程都必须有相应的账户。该账户可以在数据库内直接创建，或者通过提供数据访问功能的应用创建。

3. 数据保密性

数据保密性是指对敏感的数据进行保护，金融机构有严格的数据保密要求，可通过以下技术手段，在数据和文档的生命周期内进行安全防护，确保内部数据和文档的安全。

- 加强对于数据的认证管理：操作系统须设置相应的认证，数据本身也须设置认证，对于重要的数据应对其本身设置相应的认证机制。
- 加强对于数据的授权管理：对文件系统的访问权限进行一定的限制，对网络共享文件夹进行必要的认证和授权。可禁止在个人的计算机上设置网络文件夹共享。
- 数据和文档加密：保护数据和文档安全的另一个重要方法是进行数据和文档加密。数据加密后，即使他人获得了相应的数据和文档，也无法获得其中的内容。
- 数据和文档日志审计管理：使用审计策略对文件夹、数据和文档进行审计，将审计结果记录在安全日志中，通过安全日志就可查看哪些组或用户对文件夹、文件进行了什么级别的操作，从而发现系统可能面临的非法访问，并通过采取相应的措施，消除这种安全隐患。
- 通信保密：用于特定业务通信的通信信道应符合国家有关规定，密码算法和密钥的使用应符合国家密码管理规定。对于移动办公人员的安全接入，建议在网络安全管理区部署一个 SSL VPN 接入平台，所有外网对内网业务系统的访问需求均通过 SSL VPN 平台认证，并在数据访问过程中采取加密传输方式，开放指定的资源。
- 数据防泄密：为防止数据泄密，建议在系统中部署数据防泄密系统，基于数据存在的存储、使用、传输等三种形态，对数据生命周期中的各种泄密途径进行全方位的监查和防护，保证敏感数据泄露行为在事前能被发现，事中能被拦截和监查，事后能被追溯，使得数据泄露行为无处遁形，敏感数据无径可出。

4. 备份和恢复

建立数据备份恢复系统，制订完善的备份策略，对业务系统的重要数据进行定时备份，并定期开展数据恢复演练工作。

13.2 安全评估和安全态势感知

对于金融机构来说,安全评估最重要、最常见的方式是渗透测试。通过渗透测试对安全技术防御体系的潜在风险进行有效的衡量并建设安全态势感知能力,可以帮助金融机构从整体上提升对安全威胁的识别、分析和处置的能力。

13.2.1 渗透测试

渗透测试是安全人员利用安全工具,结合个人经验,使用各种攻击技术对客户指定的目标进行模拟黑客攻击和深入的安全测试,发现信息系统隐藏的安全弱点,并根据系统的实际情况,测试安全弱点被一般攻击者利用的可能性和造成的影响,从而深入了解当前系统的安全状况,了解攻击者可能利用的攻击方法和进入信息系统的途径。通过渗透测试,安全人员可以直观地了解当前系统所面临的问题,明确信息系统面临的风险,以采取更强有力的保护措施。

测试对象是金融机构所拥有的信息资产或具有运营管理权限的信息资产,通常包括网站、App、API、微信小程序等信息资产。

1. 渗透测试的基本原则

- 标准性原则:渗透测试方案的设计和实施应依据国际、国家监管部门的相关标准和规定进行。
- 规范性原则:工作过程和所有文档应具有良好的规范性,以便于项目的跟踪和控制。
- 可控性原则:在保证测试质量的前提下,按计划执行,用于安全评估的工具、方法和过程要在双方认可的范围之内合法进行。
- 整体性及有限性原则:渗透测试的内容未经授权不得减小或扩大测试的范围和对象。
- 最小影响原则:渗透测试工作应避免影响系统和网络的正常运行,不能对正常运行的系统和网络构成破坏和中断。测试前应整理出受测对象的负载情况,并合理规划测试时间,避开运转高峰时段,确保业务流程不受影响,尽可能减小受测对象的性能压力。
- 保密原则:渗透测试的过程和结果应严格保密,未经授权,不得保留和泄露测试项目所涉及的任何有效数据和文件。

2. 测试流程

渗透测试基本流程包括明确目标、分析风险、信息收集、漏洞探测、漏洞验证、清除整理、编写报告、整改复测。

(1)明确目标

- 确定测试范围,如 IP、域名、微信小程序等。

- 确定测试规则，如发现漏洞便修复还是要继续利用漏洞进行深入测试。
- 确定需求，包括测试应用漏洞、业务逻辑漏洞、人员权限管理漏洞等。

（2）分析风险　分析渗透测试过程中可能产生的风险，如大量测试数据的处理、影响正常业务开展、服务器发生异常、数据备份和恢复遭到破坏等。由于存在上述风险，因此需要制定风险缓释或转移措施，并获得书面委托授权书。

（3）信息收集　收集渗透测试所需信息，包括脚本语言的类型、服务器的类型、目录的结构、使用的开源软件、数据库类型、所有链接页面、用到的开发框架等。通过搜索引擎、爬行网络、Robots 文件、操作系统识别、Web 应用程序识别、分析错误代码等方式来收集上述信息。结合测试目标和收集的信息准备渗透测试工具。

（4）漏洞探测　这是渗透测试的关键步骤，主要通过各种工具对被测对象进行漏洞扫描，结合收集到的环境信息及漏洞情况，进行综合分析，并尝试提升权限，直到最高权限。

这个过程是一个循环的过程，在整个测试过程中，不断进行信息收集、漏洞探测和权限提升。

（5）漏洞验证　包括对手工检测和扫描检测发现的漏洞进行验证，可以搭建模拟环境进行实验，成功后再应用于实际目标对象中。

（6）清除整理　根据渗透过程的情况进行必要的清除过程，如清理相关日志（访问日志、操作日志）、上传的文件等。

（7）编写报告　整理渗透测试过程中发现的各种漏洞和脆弱位置信息，分析漏洞成因、验证过程和带来的危害，对存在的问题给出合理可行的解决措施，并编写报告。

（8）整改复测　根据报告建议，结合实际，制订整改计划和整改方案，开展整改工作。完成整改后进行复测验证，形成工作闭环。

3. 测试漏洞类型及检测方法

渗透测试的目的是发现和修复安全漏洞，渗透测试里常见的漏洞类型及相应的检测方法如表 13-1 所示。

表 13-1　渗透测试常见漏洞及检测方法

漏洞类型	检测方法	漏洞危害
跨站脚本攻击（Cross-Site Scripting, XSS）	通过对交互点传入危险标签和闭合符号，结合前端内容判断 XSS 漏洞是否存在	XSS 可以在访问了被插入 XSS 页面的用户的浏览器上执行 JavaScript 脚本，从而进行一系列的操作。常见的攻击方式主要是利用 XSS 盗取用户身份，进一步获取权限，甚至利用高级攻击技巧直接攻击企业内网
权限越权	通过对相关参数进行更改，测试返回内容是否有区别，能否获得本账户不该获取的数据、权限	获取其他用户的数据，修改其他用户的信息，乃至直接获取管理员权限，从而对整个网站的数据进行操作

（续）

漏洞类型	检测方法	漏洞危害
跨站请求伪造（Cross-Site Request Forgery，CSRF）	通过对功能逻辑点进行测试，抓取请求包分析参数，结合不同的用户测试结果，判断 CSRF 是否存在	CSRF 可以在受害者不知情的情况下转移用户资金、发送邮件等功能逻辑操作。如果受害者是一个具有管理员权限的用户，CSRF 可能威胁到整个 Web 系统的安全
服务器端请求伪造（Server-Side Request Forgery，SSRF）	通过对网站获取远程连接信息等交互点进行测试，判断回显信息是否存在 SSRF	SSRF 由攻击者构造形成由服务端发起请求的安全漏洞。一般情况下，SSRF 攻击的目标是从外网无法访问的内部系统，直接影响企业内网安全
敏感信息泄漏	通过对各个交互点，敏感目录和文件进行 fuzz 测试（故意把格式错误等的异常数据发送到程序，以便在程序中找到漏洞），通过对返回信息进行分析，判断是否存在泄露敏感信息的漏洞	获取泄漏的服务器、Web 应用等相关敏感信息，为后续渗透测试收集信息
SQL 注入	按照可显注入、报错注入、盲注的方式检测，通过添加闭合符号、逻辑字符判断 SQL 注入漏洞是否存在	攻击者利用 SQL 注入漏洞，可以获取数据库中的多种信息（如管理员后台密码），从而脱取数据库中内容（拖库）。在特殊情况下还可以修改数据库内容或者插入内容到数据库，如果数据库权限分配存在问题，或者数据库本身存在缺陷，那么攻击者可以通过 SQL 注入漏洞直接获取 Webshell 或者服务器系统权限
文件上传	通过白盒或黑盒方式，对文件上传的功能点进行请求截断，插入恶意字符，修改文件后缀等，以验证上传任意后缀文件是否可以获取 Webshell	文件上传攻击用于上传可执行文件、脚本到服务器上，进而进一步导致服务器沦陷
代码注入	通过白盒或黑盒方式，对可能将字符串转为代码执行的功能点进行截断，通过注入字符等方式执行攻击者精心构造的恶意代码	代码注入攻击可以使攻击者直接执行任意代码，远程获取服务器代码执行权限甚至直接获取服务器的系统权限
命令注入	通过白盒或黑盒方式，对可能调用外部命令、程序或将用户输入数据作为系统命令参数的功能点进行截断，通过注入字符等方式执行攻击者精心构造的恶意命令	命令注入攻击可以使攻击者直接执行任意命令读写文件，远程获取服务器的系统权限
运维不当	针对测试目标使用的服务、中间件、系统进行测试，获取运维信息或其他配置文件	获取系统、服务、中间件敏感信息，甚至可能直接获取系统权限
XML 外部实体注入（XML eXternal Entity injection，XXE）	发送含有恶意参数实体和内部实体的 XML 请求，观察服务端是否返回相应数据；在外网监听相应端口，查看服务器是否会解析 XML 并回连至外网服务器	通过构造恶意 XML 实体读取任意文件，执行系统命令，探测内网端口，攻击内网网站等
弱口令	对员工账户进行大数据分析和构造密码暴破或撞库攻击	获取网站管理或内部系统权限、员工权限，为进一步渗透打下基础，甚至可能直接获取系统权限

(续)

漏洞类型	检测方法	漏洞危害
任意文件读取	对系统程序中实现下载文件的功能模块进行测试，可以尝试使用"../"（该命令用于进入上一级目录）绕过下载文件目录的限制，读取其他目录下的敏感文件	任意文件读取漏洞能够读取服务器上任意的脚本代码、服务及系统的配置文件等敏感信息，造成企业代码与数据的泄漏，威胁主机安全
文件包含（RFI/LFI）	通过白盒或黑盒方式，对可能使用$include、$require等函数的交互点进行测试，以判断是否执行攻击者文件中的代码	文件包含攻击可以使攻击者执行外部恶意代码，以读写文件、获取服务器权限等
逻辑缺陷	针对测试目标的业务场景，对业务进行测试，利用逻辑问题执行非预期的功能	实现刷单、刷评论等恶意操作，或获取系统、服务、中间件的敏感信息，甚至有可能直接获取系统权限

4. 漏洞等级定级

渗透测试可能会发现较多的漏洞，需要结合金融机构的实际情况，根据漏洞的危害程度、利用难度、影响范围等，综合制定漏洞等级标准，为后续整改计划和整改优先级的制订提供参考。表13-2所示是漏洞等级的定级参考，金融机构可以参考该标准执行。

表 13-2 漏洞等级定级参考

漏洞等级	描述
高	可直接威胁到网络、操作系统、业务系统的安全性，可导致业务中断或敏感信息泄漏。此类漏洞包括高危性质远程缓冲区溢出、SQL注入、关键业务弱口令、验证绕过、未授权的访问、敏感信息泄漏等
中	存在一定的危害性，一经利用即可威胁操作系统、业务系统的安全性，进而威胁网络的安全性。此类风险如远程缓冲区溢出、非关键业务弱口令、XSS跨站、敏感信息泄漏等
低	存在相对较小的危害性，并不直接对系统或应用造成危害。一旦被利用时影响相对较小，在测试中通常会为进一步的渗透测试提供辅助性支持。此类漏洞包括信息泄漏、非关键业务拒绝服务等
无	无风险，未发现相关安全问题

13.2.2 网络安全态势感知技术架构

网络安全态势感知技术架构包括如下主要模块。

1. 前端数据源

前端数据源输出的数据是网络安全态势感知系统得以有效运行的基础。前端数据源有不同的类型，典型的如主流安全设备、网络设备、主机、数据库、中间件、应用系统和虚拟化系统等，以及第三方数据源如威胁情报、第三方监测平台等。

不同的前端数据源有不同的业务处理能力及数据输出格式，目前各前端数据源输出数据的格式不一，导致每个网络安全态势感知系统都需要与前端数据源进行适配。

2. 数据采集层

数据采集层主要关注采集什么数据，通过什么方式采集数据。数据采集层应支持多源异构数据源的全流量数据采集，支持多种采集协议，以及流量镜像、爬虫、扫描监测、手工导入等采集方式，对安全对象属性、运行状态、安全事件、评估与检测等异构数据进行采集。

针对不同类型的数据，自动适配协议，具备自定义配置日志过滤功能，可对收集的重复日志进行自动聚合归并，减少日志量。基于全流量数据进行威胁识别，通过双向流量检测对网络流量行为进行判定（例如数据报文恶意特征匹配、资源使用情况、使用者的访问行为等），识别病毒、木马、敏感信息等异常行为。

此外，通过云端采集、接口采集、本地累计以及本地导入等方式进行威胁情报数据的采集，用采集来的威胁情报数据对接内部和外部的各类情报源，并对情报数据进行格式化、标准化、检索、去重等预处理，为情报分析提供支撑。

在采集管理方面，应支持个性化数据采集，支持配置灵活的采集策略，如动态配置采集周期、清洗过滤策略等。

3. 数据处理层

数据处理层主要对多源、异构数据进行清洗、补全、关联、归一化、打标签等操作，从而提高安全分析的可信度，降低误报率。数据清洗是将大量格式不一致、输入有误、不完整、重复的数据进行处理，如转换、合并、拆分、替换、计算等，并剔除无效数据（如存在时间字段越界、关键属性值缺失、关键属性值异常等问题的数据）。

数据补全是对标准化数据进行关联补全，补全对象包括用户信息、资产信息、地理位置信息、威胁情报信息等，目的是形成完整数据，便于后期统计分析。

数据关联包括支持用户身份映射，利用自然人和虚拟身份关联技术，识别同一个自然人不同虚实身份之间的映射关系，并支持虚拟身份挖掘，对用户的多种设备信息、账号信息等进行关联，识别同一身份。

数据归一化是将原始数据转换为统一格式，为后续分析处理提供统一的标准化数据结构。

数据打标签是对海量数据流量进行识别，利用模式识别、深度学习、大数据分析技术和人工智能技术，对数据、数据集进行某一特性、特征的识别和认定，增加数据维度，扩展数据属性，主要包括根据业务系统打标签、根据设备类型打标签、根据时间打标签、根据责任人打标签、根据数据逻辑的分类打标签、根据数据的使用目的打标签等。

4. 数据存储层

数据存储层是网络安全态势感知系统对采集到的不同类型的数据进行分级分类存储，为数据分析提供基础支撑。采用分级、分类、分层的模式，汇聚网络设备（如路由器、交换机等）、安全设备（如防火墙、威胁情报、数据库审计系统等）、服务器（如登录日志、运行日志、状态数据、访问日志、中间件日志等）、业务系统、流量数据，实现各类网络安全数据的统一存储，为数据分析、数据共享提供数据基础。

态势感知平台可以将收集到的各类数据分布存储到不同的服务器上，各节点服务器能够对原始安全数据进行自动索引，实现分布式数据存储与全文索引，从而大幅提升存储效率和处理性能。

5. 数据分析层

数据分析层主要关注系统应具备何种数据分析能力，从而进行安全事件辨别、定级、关联分析等。数据分析利用流量识别、协议分析、文件还原等手段，通过特征检测、规则分析、算法分析、行为分析等方法，结合人工智能、深度学习、关联分析、行为建模、场景构建等技术，采用数据整理分类、对比统计、重点识别、趋势归纳、关联分析、挖掘预测的数据处置策略，从海量数据中自动挖掘有价值的信息。

这些有价值的信息可以辅助有关人员发现威胁动态及安全态势，并对威胁进行分类定级，从而及时、有效地发现安全威胁，如拖库行为、命令注入行为、弱口令、暴力破解、Web攻击行为、邮件攻击行为、文件威胁、木马回连、DoS攻击、违规登录行为、黑产黑链、隐蔽信道通信等。

数据分析是态势感知能力建设的核心，主要包括构建安全分析模型和设计安全分析框架。

安全分析模型主要包括以下内容。

- ❑ 规则建模：通过用户自定义规则，将安全日志的任意字段进行筛选过滤、阈值设定、结果集整合等。
- ❑ 安全事件关联建模：对多源数据、历史数据等进行字段关联、逻辑关联，通过关联规则将跨越多个设备来源的安全日志进行关联分析。
- ❑ 安全事件统计建模：对各类事件和行为的状态、频次、发生周期等数据量化特征进行计算，通过阈值过滤异常指标。
- ❑ 威胁情报建模：通过威胁情报信息与安全日志碰撞发现最新和潜在的安全威胁，与安全日志中的信息实时碰撞，筛选异常记录，发现资产失陷情况。
- ❑ AI学习建模：内置时序算法、分类算法、聚类算法等多种集群学习算法原型，对指标数据进行学习与分析，持续构建并更新基线信息，自适应发现异常和偏离情况，从而发现未知威胁。

设计安全分析框架是利用分析引擎安全模型设计，对数据进行挖掘分析、特征发现、攻击预警。建立分析基础能力，并在此基础上构建可视化的安全威胁检测场景和能力。让安全人员能够快速理解和利用场景进行分析，从而提升检测准确率，降低误报率。

安全分析框架应具备对海量事件的逻辑分析能力，基于单点事件进行统计、逻辑顺序、事件属性等信息的关联分析，如时序关联、因果关联、频次关联等，通过关联分析发现潜在威胁。

6. 监测预警层

网络安全态势感知的监测预警是数据分析的应用，是依据数据分析结果，对外部攻击、横向威胁、业务系统、资产失陷等态势进行评估、安全预警、追踪溯源等。

外部攻击态势重点关注来自外部的攻击源对企业内部资产的威胁情况，实时监控外部攻击源的分布情况，掌握外部攻击变化趋势等。横向威胁态势重点关注来自企业内部的威胁，包括内部资产之间的违规操作、病毒传播等，实时监测资产之间的威胁关系。业务系统态势重点关注 Web 服务的访问状态和受攻击情况，以便于及时发现业务系统的访问异常情况，掌握业务系统遭受攻击的变化趋势。资产失陷态势重点关注企业内网存在的回连行为和对外攻击的风险资产，实时监控外连行为的变化趋势等。

通过数据分析框架和分析模型进行分析和数据挖掘等操作，生成安全风险态势；结合威胁情报，找出攻击手段，还原攻击过程，溯源攻击者；通过归纳总结、统计分析，形成网络安全态势分析报告。提供可编辑的安全可视化大屏，展示度量安全信息和安全指标，帮助用户管理网络安全态势，从而为事件预警和应急指挥提供参考依据，支撑安全决策。

7. 数据展示层

网络安全态势感知的数据展示层主要支持安全态势的可视化呈现，以大屏的方式展示攻击事件、资产安全、追踪溯源、运行监测等多个维度；支持展示外部对内部的攻击、内部跨安全域横向攻击、内部外连攻击等威胁方向，并持续从多维度监测信息资产和相关的安全威胁、安全事件等分类态势指标的变化情况，同时展示告警信息。

8. 安全运营层

为安全人员提供安全事件处置工作界面，包括工单总体状态、通报情况、最新安全动态等视图，帮助安全人员提高安全运营效率。支持工单举证信息溯源，安全人员可以直接定位到工单关联的原始信息进行查看。支持通过安全告警功能自动派发工单给对应的安全管理员，并支持工单转派。支持与防火墙等安全设备进行联动，如通过态势感知平台直接下发联动策略，进行安全事件的阻断。

除工单功能外，还应支持安全运营相关功能，如支持接收监管机构态势感知平台的威胁情报、支持导出检索结果、支持通过流量自动发现资产等。

9. 系统安全保障层

网络安全态势感知平台需要接入信息系统的网络进行数据采集，在设计之初就考虑到自身安全防护的需求，避免成为安全防护体系的短板。态势感知平台应从数据安全、集中监控、安全审计、标识与鉴别、访问控制、远程管理、资源控制、运维管控、平台扩展等多个方面全面设计。

在访问控制方面，应提供三权分立的用户管理能力，系统管理员、用户管理员、审计员相互独立，支持根据对象属性自定义划分系统管理角色和一般用户角色，按照数据和功能分级灵活设置用户权限。

13.2.3　安全态势感知实施效果

金融机构应从自身实际出发，逐步建立安全态势感知平台，实现一套比较完善的网络安全防护体系，通过主动监测、智能分析、精准防护、运营协同，逐步实现对安全对象的主动管理、安全事件的及时分析，进而打造安全可监控、攻击可防护、威胁可感知、事件可控制的安全能力，最终实现联防联控的目标。

1. 整合多维数据，建立全面的资产梳理能力

多维数据包括静态安全信息、业务数据、第三方数据3个层面。静态安全信息包括内部的重要业务系统IP、服务、资产、人员、组织机构、漏洞、配置信息等；业务数据包括操作系统日志、中间件日志、应用日志等日志数据，以及NetFlow、全流量等流量数据；第三方数据主要包括威胁情报、漏洞库及其他交换信息。

态势感知平台采集不同维度的数据，形成统一的数据池，通过主流网络协议解析、智能适配日志解析、数据标准化、数据分类打标签等多种手段，对分散在各个信息孤岛上的数据资产进行全面梳理，实现对安全要素的体系化管理、集中化管理和全生命周期管理。

2. 通过深度威胁监测，形成先进的安全分析能力

态势感知平台通过全面收集现有安全设备产生的告警，基于面向总体安全态势的认知和监测，对多源安全告警进行关联分析、融合分析、规则分析、情报分析，包括对资产及业务系统受到的攻击威胁和自身风险程度的分析、复杂攻击的攻击过程及攻击目标分析、攻击的危害及影响范围分析、攻击威胁溯源分析、外部威胁情报与内部安全信息比对分析等。

以多种分析手段支撑平台的安全态势分析，发现潜伏的高级持续性威胁，并通过资产感知、漏洞感知、运行感知、攻击感知、威胁感知、风险感知和态势总览等多个维度，覆盖安全态势各个方面，实现全方位的态势感知，从而显著提升告警准确率，降低误报率，将海量告警转化为安全人力资源可以接受的范围。

3. 建立高效的安全运营能力

安全态势感知平台内置完整的预警通告及处置工作流程，建立相应的应急处置预案，对接联动安全防护设备，在安全事件发生时自动下发阻断策略，自动、及时止损。

结合安全威胁检测结果，建立基于流量、安全日志数据的规则、行为分析计算能力，支撑各类关联分析安全场景，梳理内网资产互访关系。基于攻击链阶段推导事件发展过程，分析历

史数据，实现逆向溯源，梳理安全事件发生链路，及时阻断威胁蔓延，从而构建监控、分析与处置的三层运营组织架构，形成基于风险识别、威胁防护、持续监测、响应处置的全闭环安全运营能力。

13.3 安全运营

安全运营是体系化地运用安全技术、安全运维和安全管理手段，持续降低金融机构面临的安全风险。这是一个不断发现问题、分析问题、诊断问题、协调资源解决问题、验证解决效果、持续跟踪，不停地优化迭代并形成闭环的过程。

13.3.1 组织架构

安全运营源于运维、包含运维，但又高于运维，可以说是传统安全运维的升华，是促进网络安全良性发展、安全建设实际落地的必经之路。

简而言之，运维就是保障信息系统正常运转，使其可以按照设计需求正常使用，通过技术保障产品可以提供更高质量的服务。"运营"与"运维"虽然只有一字之差，本质却有明显的区别，运营强调的是持续、稳定地输出价值，实现常态化、稳定化、标准化，将安全服务质量保持在稳定区间内，并持续地、常态地输出。同时，安全运营对运营流程的要求较高，包括管理上和技术上的标准化流程，体现在标准化运营流程，也就是标准作业程序中。

传统的安全运维服务通常是为了解决某个问题而开展的单一、离散的安全服务，一般具有单一、被动、静态的特点；而安全运营是围绕安全的整体目标，从业务系统安全的角度出发，具有主动、全面、动态的特点。

在具体实现上，安全运营一般建立统一的安全管理中心，围绕其融合各类安全资源，包括安全产品和安全数据，集中进行安全态势感知，常态化开展安全管理、安全监测、指挥与调度、事件应急处置等活动，开展持续的监控、检测、评估、整改、优化等工作，形成网络安全运营的闭环管理。

安全运营的有效落地，本质上依然是人与人的对抗，为了实现安全目标，安全运营人员运用工具，按照规定的流程发现问题、分析问题、响应处置、解决问题、验证问题，并实现持续迭代优化。

因为安全运营的本质和关键是人，所以安全运营的组织架构设计尤为重要。缺乏足够的优秀人才来运营，并且难以与开发、测试、生产运维、业务、管理层和监管等相关部门和单位进行有效的联动，就无法充分发挥安全工具的价值。金融机构应根据组织架构、业务特点，以及现有安全组织架构、安全建设水平、安全保障能力等进行设计，明确运营岗位、运营流程、运营制度、运营考评机制，建立权责清晰、群策群力的安全运营体系。

在组织架构落地方面，金融机构管理层的参与非常重要，他们应参与到安全运营工作中，负责重大事项的指挥、决策工作，并自上而下进行推动。安全运营组织架构要敏捷灵活，能够快速决策、快速响应、快速落实，实现业务、开发、生产运维、测试和安全团队之间的快速、有效联动。根据实际工作情况，可划分为如下工作组。

- 领导小组：由负责金融机构分管科技工作的高管担任组长，开发、生产运维、测试和安全团队负责人及主要业务部门负责人担任组员，主要职责是对安全运营重大事项进行指挥和决策，包括重大安全事件处置，指导安全运营流程、安全运营制度、安全运营考评机制等安全运营相关重大工作机制的制订和开展。
- 监测预警组：负责日常安全事件的监测预警工作，结合本机构实际情况，实行5×8或7×24小时值班制。
- 技术分析组：负责对日常安全事件从业务、网络、系统、应用、数据库、终端等多个层面及时开展技术分析，给出切实可行的处理建议。
- 应急处置组：根据流程要求和技术分析组的建议，对日常安全事件进行有效的应急处置。
- 联络保障组：负责各职能部门及第三方（如监管机构、第三方合作单位）的沟通协调工作。
- 技术研究组：负责研究前沿攻防技术和实践，深入分析和追溯安全事件，组织开展改进和优化工作。

13.3.2 安全运营体系

安全运营体系包括安全运营的目标、安全运营的主要工作和安全运营的支撑体系。

1. 安全运营的目标

安全运营的目标是构建整体的、联动的、主动的安全防御体系，围绕业务活动场景，实现预警响应处置恢复的闭环，充分使安全要素达到最优配置，动态、智能地协同内外资源，不断提高安全能力和安全服务质量，并实现标准化、流程化、工具化、自动化和智能化的能力输出，不断从人员、流程、技术、工具、管理等多方面进行迭代优化，最终保障金融机构的业务动态安全，有效抵御内外部各种安全威胁。

2. 安全运营的主要工作

（1）资产管理　有效开展资产梳理工作，摸清底数，有效收敛攻击暴露面。重点对互联网资产进行梳理，包括但不限于 IP、IP 端口映射关系、域名、App、SSL 证书、API、公众号、中间件版本、管理后台、上网终端、VPN、云桌面等，并通过内外网资产梳理情况完成与现有资产清单的交叉比对。发现并补充无登记资产，完善 IT 资产归属细化到责任人，形成 IT 资产责任归属清单。

对内网资产进行排查和梳理,包括但不限于系统类型、版本、软件、中间件、网络架构等,对于无业务、未下线、无人维护、漏洞严重的老旧资产(包括网络策略、代码、系统等),应及时进行下线处理。

上述内容可以通过调研表、工具扫描及部署相关安全工具进行收集,同时结合人工确认的方式,确保资产清单的准确性。

(2)脆弱性管理 脆弱性包括漏洞、弱口令、默认口令(通用口令)、用户权限设置不合理、网络隔离和安全设备有效性不足、敏感信息泄露、供应链风险等,主要包括以下内容。

- ❏ 弱口令检查:使用弱口令检查工具、流量探针等工具对各类主机、数据库、中间件、业务系统弱口令、默认口令进行排查及人工辅助核对。

- ❏ 漏洞验证:通过漏洞扫描工具对生产环境、测试环境、办公环境等关键区域进行漏洞扫描,重点结合本机构对外开放的端口及应用类型,对常见漏洞及热门高危漏洞进行验证。

- ❏ 基线排查:对各类集中管理系统(包括域控、网络认证服务器、工单系统、CMDB、堡垒机、态势感知、HIDS 服务器等)、文件服务器(如 SVN、Git、邮件服务器等)及运维用户终端、操作间终端等关键资产进行基线排查、漏洞修复情况检查、用户权限排查、网络权限排查、终端定期重启。

- ❏ 网络权限排查:开展网络权限排查,重点关注测试环境、办公环境等区域是否存在跳板机可绕过堡垒机访问生产系统等。

- ❏ Wi-Fi 风险检查:开展 Wi-Fi 风险排查,包括办公 Wi-Fi、互联网 Wi-Fi、测试环境 Wi-Fi 等。

- ❏ 敏感信息排查:通过工具搜索、人工搜索、威胁情报等途径,排查 GitHub 网站、百度网盘、百度文库、CSDN、暗网信息等,重点对泄露在外的网络拓扑信息、系统配置信息、邮件配置信息、数据库配置信息、FTP 配置信息、SVN 配置信息等进行排查。

- ❏ 权限排查:导出系统清单、账号清单,对供应链信息进行排查,包括系统集成商、第三方运维、开发厂商等的账号权限、邮箱权限、代码服务器权限等。

- ❏ 防护策略优化:定期对安全防护设备策略进行梳理与优化,针对边界安全设备策略进行梳理、评估与优化,对安全域的安全保障能力进行检查与评估,评估安全监控产品与策略(如规则库、病毒库等),找出安全监控弱点与策略弱点,优化产品策略。

- ❏ 防护策略有效性验证:重点对态势感知平台等安全工具策略,以及网络访问控制策略、日志收集平台日志接收策略、邮件/短信通知有效性、安全体系全流程策略进行有效性验证,可以通过攻防演练模拟攻击或制订计划任务,发起定时任务,尝试触发各种安全策略,验证监测、阻断策略的有效性。

- 网络隔离验证：检查网络隔离的可靠性、数据传输的信息保密性和一致性，可以通过使用扫描工具，发起跨区域扫描（主要针对 80、21、22、23、53、69、137、139、443、445、1433、1521、3306、3389、6379、7001、7002、8080-8089、9080、9081、9090等高危端口），验证网络隔离的有效性，重点关注 IPv6 区域、VPN、桌面云等区域。

（3）威胁管理　威胁管理主要包括应急预案管理、红蓝对抗攻防演练等。

应急预案管理是根据安全体系建设情况，对安全事件应急预案及其应急处置流程定期进行内容梳理与补充修订，按照应急预案事件分类，对各类事件的处置流程、步骤进行细化。常见应急预案主要包括以下内容。

- 网络攻击类应急预案，如扫描攻击事件、DNS 劫持事件、Web 应用安全事件、后门程序植入事件、DDoS 攻击事件、内部网络攻击事件、网页篡改及挂马事件等。
- 病毒类攻击事件，如 BOTNET（僵尸网络）攻击事件、防病毒设备告警事件等。
- 其他安全事件，如敏感信息泄露、系统业务交易量过高、流量异常等事件。

定期开展红蓝对抗安全攻防演练，检验网络安全防御体系的有效性，检验安全运营人员对事件的实时检测分析、应急处置能力、协作配合能力，增强信息安全意识等。攻防演练主要是通过模拟蓝军对本机构所有对外 IT 资产（如域名、IP、公众号等）进行网络安全对抗攻击，包括网络、服务器、应用、数据库等层面，模拟红军进行防守。攻防演练可以分成 4 个阶段，包括备战阶段、临战阶段、实战阶段和总结阶段。

- 备战阶段主要对资产进行梳理、风险排查、系统加固、部署安全工具、优化策略、整理应急预案体系流程和处置方案，部署安全防护设备及优化相关策略。
- 临战阶段主要通过攻防演练验证防护体系的健壮性、监控体系的有效性和应急处理的及时性与合理性。
- 实战阶段主要指在完成了大量的前期防护工作后，在重大活动期间进行现场值守，实时监控安全态势，并对安全事件进行紧急响应，确保重大活动期间的安全。
- 总结阶段侧重于保障工作结束后对保障期间各阶段的工作、成果及不足进行总结，并从中吸取经验及教训，为内部安全防护工作及以后重要活动的保障工作提供经验指导，对所有文档进行分类归档，便于以后调取。

3. 安全运营的支撑体系

安全运营的支撑体系主要包括安全管理体系、安全技术体系和安全运营保障机制。

安全管理体系是信息安全日常工作的管理规范，目的是约束信息安全管理者、技术实施者、日常运营者的行为。安全技术体系涵盖物理安全、网络安全、主机安全、数据安全与应用安全，包括访问控制、授权、系统加固、网络安全域结构、病毒防护等。安全运营保障机制包括例会机制，如日例会要在每天下班前对前一日的事件、漏洞等进行简要的跟进和分析，确认当天安全事件处置和追踪溯源情况、重要安全事件是否需要交接给下一班进行处置，保证安全事件处置不丢失、工作交接及时有序；周例会是对当周事件进行跟进，督促未关闭事件和未修复漏洞的进度；月例会的重点是对重要运营问题进行总结复盘，跟进重大加固方案的进度。

此外，应注重将安全运营制度要求嵌入安全运营流程。安全运营保障不能依赖于人的责任心，要制定和优化各种模板，并将其嵌入流程和管理工具，保证输出稳定的质量。

13.3.3　安全运营实施效果的评价和持续改进

安全运营实施效果的评价有两个维度。

- 按服务维度进行衡量，如业务满意度、安全事件对业务价值的影响、安全事件造成的经济损失和非经济损失等。
- 按技术维度进行衡量，如安全设备覆盖率、安全设备告警准确率、攻击场景覆盖率、安全事件主动发现率、安全事件及时响应率等。

类似软件能力成熟度模型，金融机构的安全运营也可以制定类似的成熟度模型，并将安全运营的衡量指标嵌入模型，对安全运营的实施效果进行评价，根据评价结果进行有针对性的改进。

安全运营成熟度通常分为五级。

- 一级是初始级，开始部署一些较为基础的安全设备，制定基本的安全要求，基本上完全依赖于安全厂商。
- 二级是基础级，开始具有基本的安全运营理念，建立基本的安全防护体系，需要本机构有一定安全技术能力和安全运营能力的人才，不再完全依赖于安全厂商。
- 三级是标准化级，制定了标准的安全运营流程和标准作业程序，有比较完善的运营工单系统等辅助管理工具，保证大部分安全事件能被及时响应、及时处置、及时解决。
- 四级是自动化级，建立了比较完善的安全管理体系和安全技术体系，部署和有效运作较为先进的安全设备和安全工具，具有自动化监测、响应、处理甚至溯源反制能力，并能把安全能力工具化，实现较为稳定的输出。
- 五级是智能优化级，具有非常完善的管理和技术体系，以及能力出众的各级人才，完全实现安全运营有效闭环，并具有真正意义的智能化能力，可实现及时、持续的迭代优化。

安全运营没有绝对的最佳实践，金融机构要脚踏实地，从自身实际出发，制定合理的策略，弄清细节，扎实推进。

安全运营建设要避免好高骛远，在安全运营初级阶段，应先把基础安全工作做好，建立和完善安全防御体系，可以暂时搁置 APT 攻击防御、零信任架构的建设。总而言之，没有最好的安全运营，适合自己的就是最好的。

13.4 本章小结

本章分别对安全技术体系、安全评估、安全态势感知、安全运营进行了阐述，首先介绍了机房安全、网络安全、系统安全、应用安全、终端安全和数据安全的主要工作；接着对安全评估中的渗透测试工作进行了介绍，并对态势感知平台的技术架构和实施效果进行了阐述；最后介绍了安全运营组织架构、体系和实施效果评价。

第 14 章

开发与测试管理

提到信息科技,很多人首先会想到系统软件的开发与测试。对于银行、证券和保险这些金融机构而言,金融系统的开发与测试虽然不是信息科技建设的全部,但绝对是信息科技能力建设的重要组成部分。金融业务的发展创新需要金融信息科技系统不断推陈出新。

收益与风险往往是相伴而生的。系统开发与测试的过程就是不断创新,同时不断规避风险、控制风险的过程。如何做好开发与测试的管理,在金融机构业务快速发展的同时,有效防范和控制风险,是金融机构信息科技系统建设需要重点考量的问题。

本章首先介绍开发管理工具的体系建设和测试管理工具的体系建设,然后结合金融机构系统开发建设的特殊要求,详细介绍系统开发建设需要特别关注的风险。

14.1 开发管理工具的体系建设

随着信息科技的飞速发展,金融行业对信息技术的应用日益广泛和深入,信息系统和相关软件在数量和规模上逐步增加。为了满足信息化建设的要求,金融机构大多成立了软件研发部门,承担本机构应用系统的研发工作。

随着软件开发过程的管理手段和管理规范的不断深入,软件开发过程管理从手工方式转为自动化方式的需求日益迫切,需要一系列工具对需求管理、开发过程管理、变更管理、测试管理、产品发布管理、运维管理等软件项目生命周期的各个环节进行管理,以便对软件开发进行内部整合,打通数据孤岛,形成有机联系的整体,并对组织和项目进行统一的分析和度量,实现精细化管理。

在笔者看来，金融机构开发工具体系可以从标准方法体系、技术能力、开发工具链、交付模式等方面进行分解，并配以项目及项目群管理平台、架构管理工具、数据管理工具、接口管理工具、配置管理工具等开发管理工具链，如图 14-1 所示。

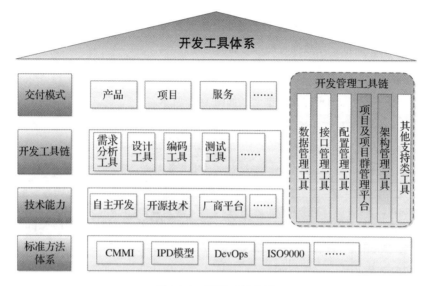

图 14-1　开发工具体系

在标准方法体系方面，金融机构由于所处环境不同，软件研发管理模式也不尽相同。这其中有基于能力成熟度模型构建的研发管理体系，有基于集成产品研发框架构建的研发管理体系，也有基于 DevOps 规划的敏捷研发管理体系，还有融合稳态和敏态、博采 CMMI 和敏捷之长的多模研发模式。

在技术能力方面，大型及国有股份制金融机构普遍实现了自主开发或掌握开源技术；中小机构一般采购厂商产品或平台，进行二次开发。不同技术能力的金融机构，对开发工具把控的程度也不一样。

在开发工具链方面，按照工作阶段划分，包含需求分析工具、设计工具、编码工具、测试工具等。不同的技术框架一般会有不同的开发工具。

在交付模式方面，包括产品、项目、服务等。

在开发管理工具链方面，包含贯穿各类应用开发的数据管理工具、接口管理工具及配置管理工具，以及为项目和项目群管理活动提供指导的项目管理平台等。

综上，我们可以将开发相关的工具划分为两类，一类是面向不同技术领域的开发工具，另一类是面向开发过程管理的开发管理工具。开发管理工具是管理开发工作的，与具体开发所用的编程语言关系不大，是面向开发过程管控（项目管理）及贯穿于应用开发的公共技术管理。项目管理和架构管理在第 10 章中有详细介绍，本节主要介绍数据管理、接口管理及配置管理。

14.1.1 数据管理——数据管控平台

金融机构业务系统多,监管力度大,适合自上而下开展数据治理,通过元数据管理厘清数据关系,参考行业标准,制定数据标准管理办法,并将数据质量管理嵌入系统开发过程,从需求开始控制数据质量,建立数据质量考核机制。建设数据管控平台就是为了解决金融机构所面临的数据标准、数据质量、元数据管理等方面的问题。

1. 平台架构

我们先了解一下数据治理体系的框架,如图 14-2 所示。

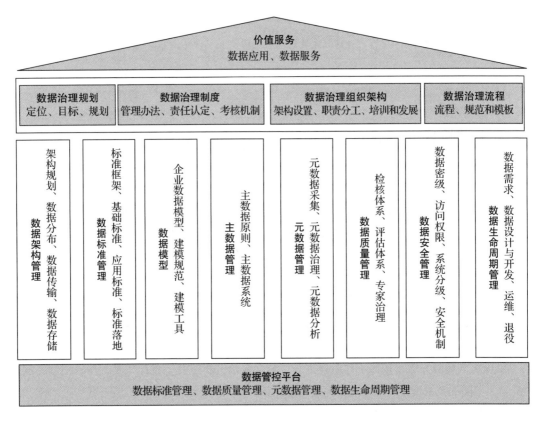

图 14-2 数据治理体系框架

数据治理体系框架包括数据治理保障机制和数据治理八大核心领域。

数据治理保障机制主要包括数据治理规划、数据治理制度、数据治理组织架构、数据治理流程和数据管控平台。

❑ 数据治理规划明确数据治理工作的定位、目标和规划,是数据治理体系建设和工作开展的引领。

- 数据治理制度明确数据治理工作的管理办法、责任认定和考核机制,是数据治理工作的制度保障。
- 数据治理组织架构明确数据治理的架构设置、职责分工、培训和发展体系,是数据治理工作的组织基础。
- 数据治理流程明确数据治理的流程、规范和模板,指导数据治理工作有序开展。
- 数据管控平台主要包含数据标准管理、数据质量管理、元数据管理、数据生命周期管理等支持系统,是数据治理工作高效开展的技术支撑。

数据治理八大核心领域包括数据架构管理、数据标准管理、主数据管理、元数据管理、数据质量管理、数据安全管理、数据生命周期管理和数据模型。

- 数据架构管理通过数据架构规划和落地执行,确保数据资产合理分布、高效传输和有效存储。
- 数据标准管理通过建立数据标准并落地执行,确保数据定义的一致性、准确性和规范性。
- 主数据管理基于主数据系统实现主数据的统一管理,确保主数据的共享性和一致性。
- 元数据管理通过对元数据的统一采集、质量治理和分析,实现数据资产有效利用。
- 数据质量管理基于统一的数据质量检核体系,主动、及时监控和发现数据质量问题,并推动数据质量问题的定位和解决。
- 数据安全管理重点关注数据的访问安全和存储安全。
- 数据生命周期管理通过建立和实施数据生命周期管理策略,确保数据资产在各生命周期得以有效管理和使用。
- 数据模型通过数据需求管理、提供数据开放共享以及数据服务,确保数据价值得以实现。

基于上述数据治理体系框架,可以形成一套完善、有效的数据治理机制,建立企业级数据管理和控制的完整体系,使数据处于整体有序的状态。

数据管控平台的架构如图 14-3 所示。

- 数据门户,即数据管控门户,为数据标准管理、数据质量管理、元数据管理等提供门户服务。
- 数据规范,即数据标准管理,建立数据标准信息模型和文档,为数据质量提供检核规则,将数据标准存储在元数据管理中。
- 数据质量,即数据质量管理,配置业务规则和技术规则,执行监控,由元数据管理提供检核对象以及定位检核问题,为数据标准落地提供评估分析。
- 数据形态,即元数据管理(广义),包含元数据采集、元数据管理和元数据分析等。

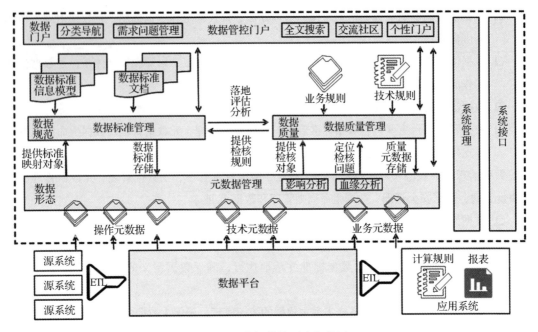

图 14-3 数据管控平台架构图

2. 关键功能

（1）元数据管理　元数据分为业务元数据、技术元数据和操作元数据，三者之间关系紧密。业务元数据指导技术元数据，技术元数据以业务元数据为参考进行设计，操作元数据为两者的管理提供支撑。具体功能包含元数据采集管理、元数据关系维护、元数据目录管理、元数据版本管理、元数据变更管理、元数据分析（影响分析、血缘分析）等。

（2）数据标准管理　数据标准是金融机构建立的一套符合自身实际，涵盖定义、操作、应用多层次数据的标准化体系，包括基础标准和指标标准（或称应用标准）。具体功能为标准规划、标准制定、标准发布、标准执行、标准维护等。

（3）数据质量管理　数据质量管理已经成为金融机构数据治理的重要组成部分。高质量的数据是金融机构进行分析决策、业务发展规划的重要基础，只有建立完整的数据质量体系，才能有效提升金融机构数据的整体质量，才能提供更为精准的决策分析数据。

由于数据质量问题会发生在各个阶段，因此需要明确各个阶段的数据质量管理流程，如图 14-4 所示。在需求阶段和设计阶段需要明确数据质量的规则定义，从而指导数据结构和程序逻辑的设计。在开发阶段和测试阶段需要对规则进行验证，确保相应的规则能够生效。在投产阶段要有相应的检查，从而将数据质量问题尽可能消灭在萌芽状态。数据质量管理措施宜采用控制增量、消灭存量的策略，有效控制增量，不断消除存量。

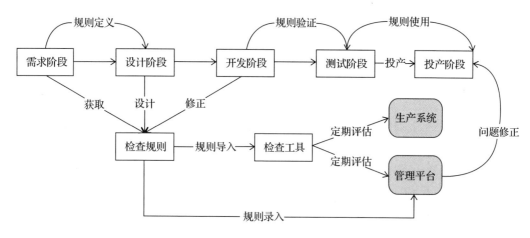

图 14-4 数据质量管理流程

3. 预期效果

数据管控平台可以产生以下价值。

（1）提高工作效率，节约项目沟通成本　建立统一流程，管理各类数据管控对象，在数据管理平台上按照统一的管控流程提交申请，提高各方工作效率，节约沟通成本。

（2）建立数据资产库，提供数据决策基础　建立本机构的数据资产库，为架构决策提供数据支持。数据管理平台对数据资产进行统计分析，形成多口径、多维度的报表和各类数据对象图形化的统一视图，为整体决策提供依据。

（3）保证数据模型落地，使用统一的数据标准　保证数据建模成果的落地，机构内部使用统一的企业级数据字典、数据标准、业务定义一致。通过数据管理平台对模型设计进行质量核验，不合格的不允许导入平台，并且提示质量不达标。

（4）贯穿实施全过程，保障项目实施质量　在项目全生命实施过程（需求分析、设计、开发、测试、部署、切换上线）中，数据管控平台提供各类数据对象（包括域、数据项、报文接口、交易线、错误码、数据线等）的查询、变更、影响分析等功能，保障项目实施质量。

14.1.2　接口管理——服务治理

随着互联网金融的加速发展，金融机构的客户量呈爆发式增长，客户群体及场景更加细分，服务需求变得多样化、个性化。与此对应的，金融机构拥有复杂的研发环境，上百条产品线、成千上万名开发人员、数千个服务。服务部署在多个地域的多个机房，各种服务运行环境复杂。开发语言繁多，不同业务线使用的技术框架不同。为了实现统一管理，服务治理应运而生。

1. 平台架构

服务治理平台架构如图 14-5 所示。

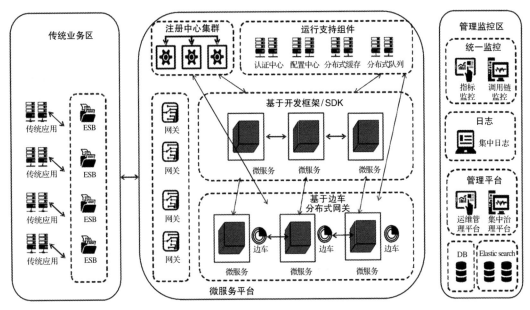

图 14-5　服务治理平台架构

- 针对传统业务区：对于尚未完成改造或不适合改造的传统应用，通过集中部署的原企业服务总线（Enterprise Service Bus，ESB）与微服务平台进行互联。
- 微服务平台：每个微服务应用启动时注册到注册中心，所有外部请求（含客户端请求、旧有异构系统请求）统一调用网关发布的 API，网关将请求路由到具体的微服务中。
- 管理监控区：针对接入微服务平台的各个服务提供多维度的监控、展示与告警功能。

2. 关键功能

服务治理平台就是与服务打交道的统一入口，无论是开发人员还是运维人员，都能通过这个平台对服务进行操作，比如开发人员可以通过这个平台对服务进行降级操作，运维人员可以通过这个平台对服务进行上下线操作，而不需要关心这个操作背后的具体实现。服务治理平台的关键功能如图 14-6 所示。

- 注册中心：提供各种管理接口来实现服务的管理，主要包括服务上下线、节点添加和删除、服务查询、服务节点查询等。
- 配置中心：支持动态修改各种配置来实现服务的治理。常用的手段包括限流、降级、切分流量等。
- 监控系统：一般包括两个层面的监控。一个是整体监控，比如服务依赖拓扑图，将整个系统内服务间的调用关系和依赖关系进行可视化展示；另一个是具体服务监控，比如服务的每秒查询率（Queries Per Second，QPS）监控指标。
- 服务追踪系统：问题定位可以从两个层面进行。一个是宏观层面，即通过服务监控发觉异常，比如某个服务的平均耗时异常导致调用失败；另一个是微观层面，即通过服务追踪来具体定位一次用户请求失败是服务调用全链路的哪一层导致的。
- 日志系统：通过接入第三方日志系统，实时查询某个用户请求的详细信息或者某一类用户请求的数据统计。
- 容器管理平台：实现常见的运维操作，主要包括发布部署、扩缩容等。

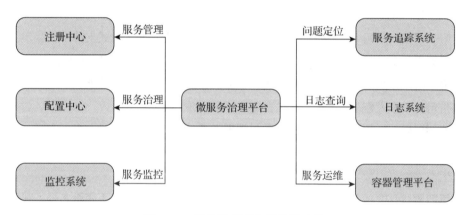

图 14-6　服务治理平台的关键功能

3. 预期效果

服务治理平台可以产生以下价值。

- 以微服务的设计理念和分布式的开放技术体系，打造企业级微服务架构平台，满足多数据中心、混合云环境的应用部署和管理。
- 提供完善的服务拆分方法和业务参考模型，将单体系统拆分为多个松耦合、功能单一、相互协同的轻量化系统，降低 IT 维护成本，提升业务敏捷度和业务弹性。
- 基于开放式的架构，可通过服务网格实现存量、新建等复杂异构系统的集成，建立企业级微服务架构。拥抱前沿技术，加速金融科技业务赋能，打造更快、更强的核心竞争力。
- 有效解决金融机构实现微服务架构过程中容易遇到的系统管理、自动化运维、服务治理等难点问题。

14.1.3　配置管理——持续集成与持续发布

随着金融机构之间的竞争日趋激烈，金融机构软件开发如何高效产出满足客户需求的产品并提供丰富多样的金融服务，就显得尤为重要。为满足金融机构迅速增长的业务需求和产品创新需求，提供高质量的软件产品，保证金融机构软件开发过程高效、有序，保障金融机构软件开发产品质量稳定，需要在软件开发过程中实施配置管理。

简单而言，软件配置管理（Software Configuration Management，SCM）就是管理软件的变化，它应用于整个软件生命周期过程，通常由相应的工具、过程和方法组成。在软件开发过程中，配置管理是一项非常重要的支持活动，可以对开发过程进行变更管理、版本管理、构建与发布管理等，实现与任务管理、需求管理、测试管理系统的信息交互和共享，保证整个软件版本的正确性。

SCM的发展历经了许多阶段。

- 第一阶段：采用人工管理模式，通过共享目录、复制接龙的方式支持多人合作。每天或每周进行全量备份。同一段代码只允许一个人负责，编译时手工在共享目录上处理。
- 第二阶段：虽然使用了配置管理工具，但仅有主干，没有分支功能，同一段代码只允许指定的一个人修改，文档和文件在定稿后存放进工具中。
- 第三阶段：文档从一开始就进入配置管理工具，文件名带版本号，多人在同一个组件或项目工程里同时开发；识别中间里程碑基线；采用配置管理三库，即开发库、测试库、生产库。
- 第四阶段：文档与代码能够在统一的基线下管理，所有文件名不带版本号，利用工具来管理基线，代码能够一键编译。
- 第五阶段：有明确的主干分支策略，基于发布目的建立分支，而不是每人建立分支。配套工具每日自动构建和持续集成，各组件版本号与基线自动关联。
- 第六阶段：每天能自动得到2个以上的版本，自动部署测试并出具报告，不同开发工程师提交的代码在1小时内就能得到确认和交付。

金融机构科技部门一般会采用统一的配置管理策略、模型和工具，以有效屏蔽应用产品平台的差异，解决不同平台的产品在开发过程中版本统一管理的难题，实现金融企业应用软件资产的统一管理，配置管理水平一般达到了第五阶段或第六阶段。下面介绍配置管理平台。

1. 平台架构

配置管理平台主要包含持续集成和持续部署管理，平台架构如图14-7所示。

2. 关键功能

实施全生命周期配置管理，满足软件开发过程版本管理、变更管理和发布管理的要求，为金融机构软件开发提供有力支持。配置管理过程包括制订配置管理计划、配置标识管理、版本管理、变更管理、基线管理、配置审计和配置状态报告等内容。除了涵盖这些传统功能外，应实现持续集成、持续部署的代码管理流水线。

（1）持续集成流水线　包括自动拉取代码、编译、构建、单元测试、代码质量扫描、病毒漏洞扫描等,并结合持续部署管理,实现根据策略在开发、测试、生产环境的全流程自动部署,各环境之间以版本包形式传递。能够自动根据不同环境配置不同环境变量,并在持续集成时对软件包中相关的配置进行变量替换。

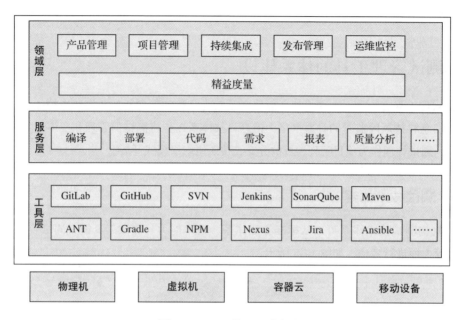

图 14-7　配置管理平台架构

(2)持续部署流水线　衔接持续集成管理功能,实现自动化部署,支持版本集中上线的计划编排,支持应用内(单流水线)步骤编排及应用间(多流水线)的关联编排,支持版本快速回滚等能力。对接数据管控平台、项目管理平台、ITSM 等。

(3)代码管理　提供统一集中的代码管理能力,开发人员提交分支时须明确相关的需求和任务信息;应用架构师借助此功能模块可以便捷、高效地进行代码评审。代码评审完成后才能进行代码合并。具体功能包含代码库管理、代码库权限设置、代码评审、分支管理、代码版本、版本对比功能、代码质量管理等。

3. 预期效果

配置管理平台可以产生以下价值。

- ❏ 金融机构采用统一的配置管理策略、模型和管理界面,可有效屏蔽应用产品平台的差异,解决不同平台的产品在开发过程中版本不便统一管理的问题,实现应用软件资产的统一管理。
- ❏ 制定统一的代码、介质、持续集成、持续部署等管理规范,打通全链路工具链并实现流水线自动化,提高研发效率,缩短版本交付周期。

- 可依据任务基线发布应用版本，采取多层次并行开发分支策略，实现一个产品同时支持多项目开发、测试及投产各阶段的版本管理，有效支持并行开发，确保版本正确。
- 有效的软件配置管理，可以减少一些常见的软件问题，加快问题的定位和修复。同时使开发依赖于过程，而不依赖于人，确保建立正确的开发系统。

14.2 测试管理工具的体系建设

依据软件工程方法论，金融机构一般建立了较为完整的信息科技开发和维护体系。随着我国金融业信息科技风险监管的日益严格，信息科技体系逐步将测试的管理和实施建立成单独的组织体系，测试管理作为项目管理领域的分支，按照组织级模式开展。

14.2.1 测试技术体系

金融机构测试技术体系可以从标准方法体系、技术能力、测试工具链、测试管理工具链、技术应用等方面进行考虑，如图 14-8 所示。

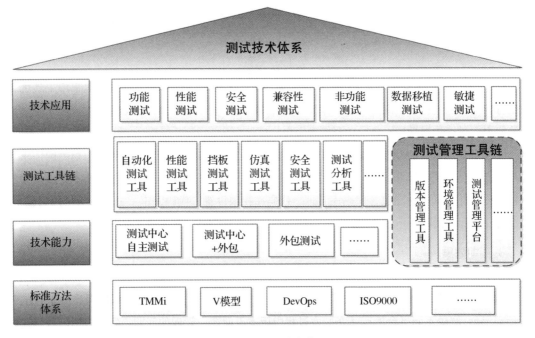

图 14-8 测试技术体系

在标准方法体系方面，有基于 TMMi 构建的测试管理体系，有基于 V 模型（将软件生命周期过程按阶段划分的一个模型，不同的开发过程对应不同的测试阶段和方法，模型构图形似字母 V）构建的测试管理体系，有基于 DevOps 规划的敏捷测试管理体系，也有基于 ISO9000 构建的测试管理体系，当然还有一些混合模式。

在技术能力方面，大型及国有股份制金融机构一般实行自主测试；中小型机构一般采购外包资源进行测试，自身侧重于测试管理。不同技术能力的金融机构对测试工具的把控程度也不一样。

在测试工具链方面，包含自动化测试工具、性能测试工具、挡板测试工具、仿真测试工具、安全测试工具、测试分析工具等。

在测试管理工具链方面，包含用于解决测试过程中团队协作问题（如缺陷管理、用例管理、测试任务管理等）的测试管理平台，支撑测试环境和数据维护的环境管理工具，以及版本管理工具等。

在技术应用方面，包括功能测试（包括业务验证测试，如业务流程、账务、清算、报表等）、性能测试、安全测试、兼容性测试、非功能测试、数据移植测试、敏捷测试等。

常见的测试工具可以分为两类：一类是测试管理工具，用于实现测试管理体系的信息化，可以简单理解成"管人和管事的"；另一类是代替或辅助人的工具，主要包括自动化测试工具、性能测试工具（也属于广义的自动化测试工具）等。

14.2.2 测试管理平台

工欲善其事，必先利其器。测试管理平台就是测试过程中的"器"，是贯穿测试整个生命周期的工具集合，主要解决的是测试过程中团队协作的问题，比如测试项目管理、测试过程管理、测试缺陷管理、测试资源管理等。

1. 平台架构

常见的测试管理平台架构如图 14-9 所示。

2. 关键功能

系统管理实现用户管理、机构管理、权限管理、参数配置、工作流程管理等的配置化管理，以及测试辅助工具管理。

项目管理包括项目信息管理、测试人员管理、工作计划管理、工作流程管理、版本管理、度量管理等。

测试过程管理包括功能测试、性能测试、自动化测试、接口测试、数据测试等不同类型测试，提供测试计划管理（含评审），测试需求的执行、监控和总结，测试案例的设计、导入、执行登记，测试报告评审归档等。测试过程管理是测试人员使用频率最高的功能模块。

测试缺陷管理实现测试缺陷的增、删、改、查功能。缺陷录入模块应带截图及附件功能，支持缺陷的状态流转、缺陷的指派、缺陷的批量导入与导出，能通过不同维度查询缺陷，支持模糊查询，缺陷须和项目、需求、计划、用例、功能点关联，支持发送缺陷邮件或短信通知，需要有缺陷的解决时效记录，并能设置时效阈值等。

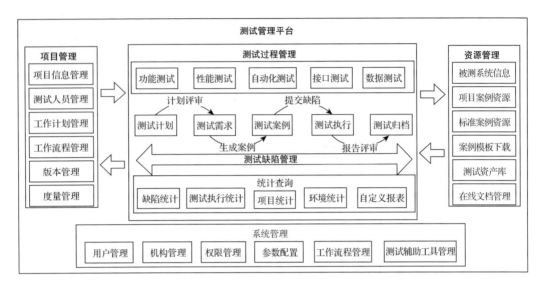

图 14-9　测试管理平台架构

统计查询提供丰富的测试报表统计数据，根据测试案例、缺陷及度量指标衡量项目测试质量，实时监控项目的测试情况。

资源管理主要针对测试案例资源，建立测试案例资源池，在资源池中的满足一定条件的案例都可以在各个项目中共用共享、即取即用。通过提取具备可复用、可服务于所有项目案例执行的测试资源形成标准案例资源，为测试资产沉淀提供功能支持。

3. 预期效果

测试管理平台可以产生以下价值。

- ❑ 通过测试管理平台，实现了测试过程的可视化和度量化，实施对测试全过程的跟踪和管理，让测试管理无死角，从而加快测试效率，不断提升产品质量。
- ❑ 测试管理平台以测试过程管理和测试缺陷管理为核心，覆盖整个测试生命周期。确保测试用例模块明晰，覆盖到位，进度可控，责任到人。从定义软件缺陷开始，建立缺陷实施状态报告，了解当前项目任何一个时刻的缺陷状态，并通过缺陷趋势分析和分布分析在时间和空间上全面了解缺陷的规律，找出缺陷产生的根本原因。在测试用例和测试缺陷之间建立关联，从而采取更高效的测试策略。
- ❑ 测试管理平台将协助构建全过程的测试度量指标体系，包括测试分析与设计、测试执行、缺陷等的度量，为测试管理的可量化提供技术支撑。
- ❑ 测试管理平台与项目管理平台、服务治理平台、IT 运维系统等建立关联，为研发效能的全面提升提供支撑。

14.2.3 自动化测试

根据自动化程度，软件测试工作可以分为手工测试与自动化测试。手工测试是人工一个一个地执行测试用例，通过键盘、鼠标等输入一些参数，查看返回结果是否符合预期。而自动化测试是先把手工测试用例的操作步骤和校验转换成代码实现，然后批量执行代码，是一种以程序测试程序的方式。

传统的自动化测试更关注产品 UI 层，如今的自动化测试倡导产品开发的不同阶段（层次）都进行自动化测试。

如图 14-10 所示，分层自动化测试划分为单元测试、集成/接口测试和 UI 测试。理想情况下，这三层呈一个金字塔形状分布。

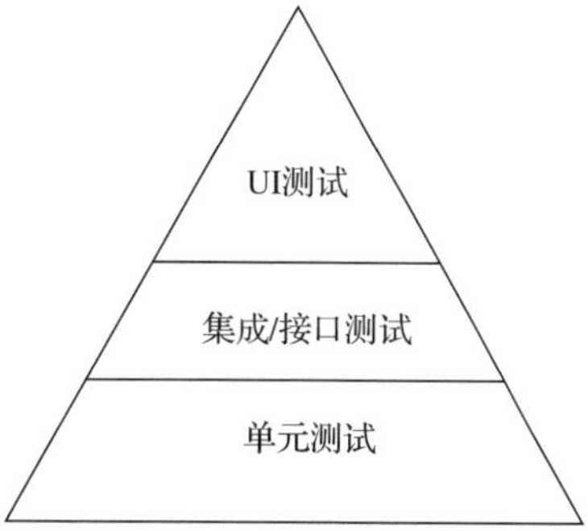

图 14-10　自动化测试金字塔

三层测试对比如表 14-1 所示。

表 14-1　三层测试对比分析表

层级	所处位置	投入建议	测试对象	运行速度	定位问题难度	维护成本
单元测试	底层	70%	类或者方法	极快	十分容易	低
集成/接口测试	中间	20%	服务接口	快	一般	低
UI 测试	上层	10%	UI	慢	较难	非常高

下面介绍当前主流的自动化测试平台的应用架构。

1. 平台架构

自动化测试平台架构如图 14-11 所示。

- 数据服务层：提供系统的数据服务，如持久化存储等。
- 基础服务层：提供系统的基础服务，如项目管理、用户认证、调度管理、系统监控、日志管理等基础服务。
- 通信服务层：提供系统与其他层或外系统的通信服务，如通信处理、报文处理、流程处理、服务处理、组件管理、数据库操作、异常处理、测试工程配置管理等。
- 应用服务层：提供系统的主体功能，可以按照环境数据、单元测试、接口测试、UI 测试分类提供应用服务。在笔者看来，市面上目前暂无集成所有应用服务于一体的成熟产品，各类产品在不同功能领域各有专长。金融机构须根据自身实际情况，在成熟产品的基础上进行个性化开发改造和功能的增减。
- 用户展现层：可以从测试终端使用人员视角和管理者视角来展示。测试终端使用人员方面，包含测试用例编写、测试组件编写、测试用例执行、缺陷回归跟踪等功能；测试管理人员方面,可包含测试用例审计、测试报告审查、持续集成管理、测试环境管理等。
- ❏ **外部应用系统**:即与自动化测试平台相关的外部应用系统,可以概括为三类。第一类是输入系统,如统一认证系统、项目管理平台、元数据管理平台等;第二类是测试对象系统,即待测系统;第三类是输出与集成系统,如 DevOps 平台、统一消息平台等。

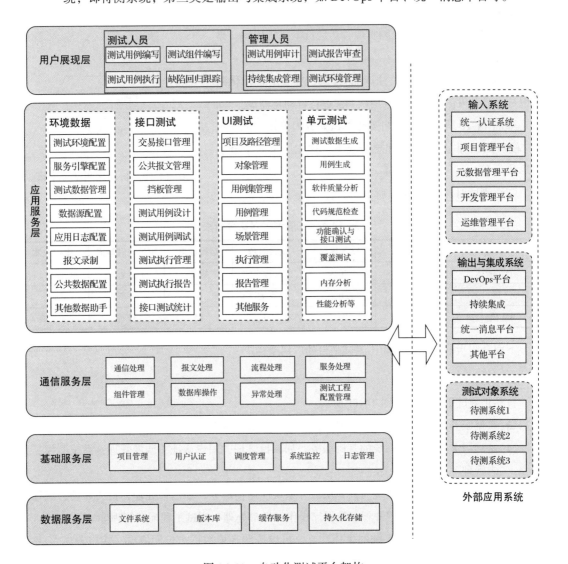

图 14-11　自动化测试平台架构

2. 关键功能

自动化测试平台应支持接口、AppUI、WebUI、静态单元测试、动态单元测试等自动化测试,集成实现测试用例管理、产品管理、任务计划、测试报告、定时任务或持续集成等功能模块，使自动化测试的过程实现数据、脚本、任务分离，易于维护和管理，成本更低，数据更直观，产出更快等目标，甚至能让不会编程的手工业务测试人员参与后续自动化测试工作。

（1）环境数据模块　测试环境数据作为测试体系的重要组成部分，通过标准化服务为各种功能测试、非功能测试、自动化测试等测试任务提供自动化的数据生成、数据查询、数据修改相结合的测试数据服务能力，有利于减少准备数据的时间，降低对测试人员的要求，降低测试整体成本，提升整体测试效率和质量。具体包括以下功能。

- 结构化查询数据：为用户提供查询取数功能，通过灵活的单表查询、多表查询、跨库查询，实现查询取数自助服务。
- 一键式交易造数：为用户提供交易造数功能，使用户可以通过交易接口组合创造测试需求的数据。
- 平台级系统支撑：为测试案例管理、自动化测试、非功能测试等平台和系统提供平台级数据服务。

（2）接口自动化测试　接口自动化包含接口管理、报文管理、测试集管理、测试执行、测试报告几个模块，用户通过创建接口→创建接口报文→创建报文场景→配置场景数据→建立测试集→执行测试来完成接口自动化测试管理的流程，并通过测试报告模块来查看测试结果。具体包括以下功能。

- 接口管理：用于接口的创建、修改、删除，并且可以管理接口下的所有入参节点。
- 挡板管理：在测试时模拟无法在测试环境部署，但又需要信息返回的系统，挡板需要简单匹配业务，如流水号需要实时更新。
- 报文管理：主要对接口下属各种不同格式的报文进行管理，同时也能管理对应报文的各种测试场景、配置测试场景的测试数据、返回报文的参数验证规则编辑以及执行单次测试等。
- 测试集管理：用于管理由不同测试场景组合而成的测试集合。
- 测试执行：用于配置全局的测试设置，进行测试集测试或者全局测试。

（3）UI自动化测试　UI自动化测试包含项目及路径管理、对象管理、用例管理、用例集管理、场景管理、测试执行、报告管理等几个模块。用户通过创建项目→创建对象→创建场景→配置场景数据→建立测试集→执行测试来完成UI自动化测试管理流程，并通过测试报告模块来查看测试结果详情。具体包括以下功能。

- 项目及路径管理：对被测系统的名称和版本进行管理。
- 对象管理：快速添加导入页面元素，对页面元素对象进行管理，方便页面元素的维护。
- 用例集管理：通过用例功能树形菜单管理，便于后期用例的维护与查找。
- 场景管理：所见即所得的用例，以拖曳的方式可视化维护与测试场景。
- 执行管理：统一的执行调度功能，可进行执行时间、执行次数等相关参数的配置等。

（4）单元测试　单元测试是对软件中的最小可测试单元进行检查和验证，就像工厂在组装一台电视机之前，会对每个元件进行测试。单元测试主要实现静态测试（测试数据用例生成、软件质量分析、代码规范检查等）和动态测试（功能确认与接口测试、覆盖测试、性能测试、内存分析等），单元测试自动化工具一般与编程语言相关。单元测试的基本步骤如下。

1）为被测试程序制定测试用例：在使用工具进行测试前，为被测程序制定覆盖全面的测试用例非常重要。

2）执行测试用例：打开测试工具，运行被测试的程序，按照制定好的测试用例逐个执行，一旦发现错误，会马上记录错误的相关信息，不但能记录功能上的错误，还可以发现内存泄露这样的问题。

3）分析错误：根据错误列表，分析错误产生的原因。对于每一个错误，工具一般会给出该错误的类型、描述、发生位置等信息。

4）修正错误并重新测试与验证。

3. 预期效果

通过搭建自动化测试体系，至少可以实现以下效果。

（1）降低测试成本　对于产品型的软件或生命周期长的项目，经常会有新功能开发或需求的变动。对于新发布的软件功能，大部分会和上一个版本相近或相同，这些功能如果在上一个版本已经实现了自动化测试，那么在新发布的版本中，这部分功能就可以通过自动化测试实现，避免了重复测试的成本，也确保了软件的质量。通过自动化测试可以高度复用测试资源（案例、知识、组件等），有效降低测试成本。

（2）提高测试效率　一些测试用例需要手工测试，比较烦琐，比如话单或协议字段的检查，采用人工检查是一件既烦琐又耗时还容易出错的工作，如果采用自动化测试，就会轻松和容易很多。

对于检查点很多的测试用例，手工执行的每一步都需要停下来检查好几个复杂的检查点，测试的效率自然是非常低的，如果使用自动化测试，设置好输入条件和预期结果后，只要点击按钮并运行一下脚本就可以获得复杂的测试结果。

（3）易于发现软件的改动　自动化测试脚本可以重复执行，便于发现软件的变动。比如修复了一个漏洞后，引起原功能的改动，再执行相同的脚本，就可以通过测试发现问题。

（4）充分利用资源　自动化测试可以自动执行，开发人员发布一个新版软件后，在上班时间进行新功能的手工测试，原有功能的自动化测试可以在晚上或周末由后台自动执行，第二天上班就可以看到执行的结果。这样充分利用时间资源，提高了测试的效率，也节约了开发和测试之间的等待时间。

（5）将精力投入更有意义的测试　自动化测试减轻了很多重复的工作，我们有更多的时间去思考如何提高软件的质量，制订详细的测试计划，精心设计测试用例，构建更复杂的测试。

虽然自动化测试的好处有很多，但并不意味着自动化测试可以取代手工测试，也不意味着任何系统都适合自动化测试。自动化测试的意义不是取代人在测试中的位置，而是将人从重复、烦琐的工作中解放出来，做更有价值的测试工作。

14.2.4 性能测试

性能测试是为描述测试对象性能相关的特征，并对其进行评价而执行的一类测试。主要通过自动化的测试工具模拟多种正常、峰值以及异常条件来对系统的各项性能指标进行测试。通常把负载测试、压力测试、配置测试、并发测试、容量测试、可靠性测试和失败测试等统称为性能测试。

随着金融行业软件的规模越来越大、对处理能力的要求越来越高，进行性能测试成为金融行业软件测试中必不可少的环节。金融行业软件一般在投入使用时需要接收大批量的业务，并且对于业务的响应处理时间也有很高的要求，这对于应用程序本身、操作系统、中心数据库服务器、中间件服务器以及网络设备的承受力都是一个严峻的考验。任何一个环节出现问题都可能给用户带来巨大的商业损失。保证在有压力的情况下系统能正常运行，是保证金融行业软件质量的关键，同时也是测试人员最需要关注的重点。

1. 平台架构

以 LoadRunner 为例，平台架构如图 14-12 所示。

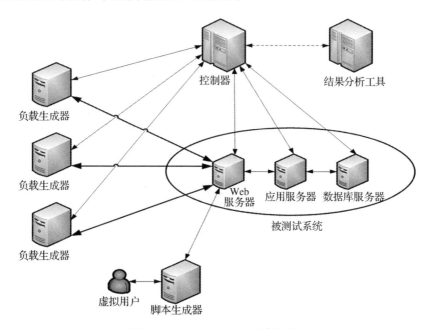

图 14-12　LoadRunner 平台架构

- 脚本生成器（Virtual user Generator，VuGen）提供了基于录制的可视化图形开发环境，可以快速生成用于负载的性能脚本。
- 控制器（Controller）负责定义场景（设置负载测试环境）和运行场景（驱动、管理和监控负载测试）。
- 负载生成器（Load Generator，LG）负责将 VuGen 程序复制成大量虚拟用户，对系统生成负载。
- 结果分析工具（Analysis），可以对负载生成后的相关数据进行整理和分析。

2. 关键功能

性能测试的基本过程如图 14-13 所示。

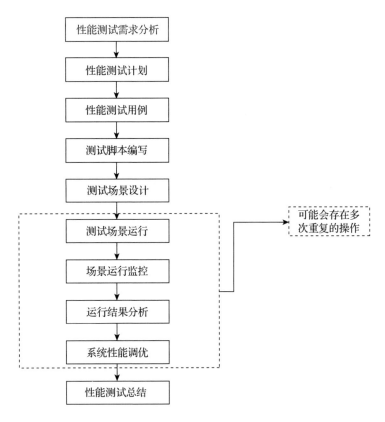

图 14-13　性能测试的基本过程

成熟的性能测试平台具有如下关键功能。
- 压力机管理：支持压力机的横向扩展和管理，支持在测试场景中选择压力机，并支持虚拟用户负载在压力机上的自动分配和人工分配。
- 测试数据管理：通过函数助手实现接口报文中字段数据的动态生成，通过数据池技术实现测试数据在虚拟用户之间的分配和管理。
- 接口用例设计：通过零代码配置报文数据、选择发送环境、设置检查点和数据关联等，可重用接口自动化测试中设计的接口用例。
- 业务用例设计：在接口用例的基础上，通过拖曳式配置，实现业务处理流程的控制，定义事务、定义集合点、设置思考时间，实现业务用例设计。
- 业务模型设计：定义性能需求调研中获取的各业务场景下典型交易的交易占比，支持设计多组业务模型供业务场景使用。
- 业务场景设计：模拟真实运行情况，设计业务场景，包括选择业务模型，配置虚拟用户数，设置加压和减压策略，设置场景运行时间，配置日志存储选项等。
- 实时性能监控：在业务场景运行过程中，在 Web 管控平台实时监控各关键性能指标，包括虚拟用户状态、处理能力、响应时间、后台主机或容器资源的使用情况等。
- 性能问题分析报告：对于发现的性能问题，测试人员在 Web 管控平台填写问题现象、问题描述、监控数据等信息，对后续处理过程中的问题分析、解决方法和回归验证结果也进行统一记录。
- 测试报告生成：根据业务场景的执行情况，动态生成关键性能指标的性能测试报告和性能指标趋势曲线，导出生成文件，之后分享和发布。
- DevOps 集成：提供 REST API 和 Jenkins 插件，可实现和持续集成平台或 DevOps 平台的集成，实施性能自动回归测试，并查看性能测试报告。

3. 预期效果

性能测试的目的是验证软件系统是否能够达到用户提供的性能指标，同时发现存在的性能瓶颈，并起到优化的作用。

- 评估系统的能力：测试中得到的负荷、响应时间和并发用户等数据可以用于验证系统的能力，并辅助作出决策。
- 系统调优：重复进行性能测试，验证系统活动是否达到预期结果，从而进行改进。
- 检测软件中的问题：主要查找一些隐含的问题或者硬件引发的问题。
- 验证稳定性和可靠性：不但需要验证系统的稳定性和可靠性，还要验证人为因素的稳定性。

需要说明的是，引入测试工具需要投入较大的采购成本、开发成本和后期维护成本，金融机构应根据自身 IT 发展水平逐步进行测试工具的引入和推广。

14.3 账务差错风险规避与解决

无论银行、证券还是保险，金融机构的信息科技系统都离不开账务处理，换句话说，账务处理是金融机构信息系统最重要的功能。然而金融机构信息系统因为各种不可避免的因素，无法保证完全不出现账务处理差错。而通过有效的账务核对等手段，减少和避免账务处理差错是金融机构信息科技系统需要面临的重大课题之一。

本节将首先介绍金融机构信息科技系统账务差错风险产生的原因，其次有针对性地提出规避手段，最后重点介绍在系统建设和使用过程中不可避免的系统记账差错风险，并提供解决方案。

14.3.1　产生账务差错风险的两大原因

我们通过金融科技系统实现了金融机构账务处理的电子化、自动化、批处理化，在很大程度上避免了手工账务处理存在的人为不可控因素，可以大量减少人为导致的账务处理差错。

金融科技应用系统终归只是一个工具，一个需要人为开发、供用户使用的工具。从开发的角度，开发人员对账务处理需求的理解差错以及开发质量等因素导致的账务处理差错仍旧无法完全避免。从使用的角度，用户如果在使用过程中操作不当，同样也会导致应用系统的记账差错。根据过往的系统研发经验，金融科技系统产生账务差错的原因主要包含两个方面。

1. 人为因素

人为因素是使用问题导致的账务差错，指的是金融机构应用系统的用户在使用应用系统记账时，因操作不严谨或未严格按照业务规程进行操作导致的应用系统记账错误。

操作不严谨指的是用户使用应用系统过程中的操作错误，包括录入错误、点击错误等。例如，某银行因柜员录入错误，将客户的账号输入到金额域，导致客户账户发生天文数字的账户交易。同样，某国有大行，曾发生了业务人员在录入账户贵金属报价时，错把"美元/盎司"的报价录入到"人民币/克"报价中，导致客户贵金属交易出现差错的重大生产事故，也是由于应用系统用户操作不严谨导致的。

此外，金融机构的账务记账处理，往往有着非常严谨的操作规程，如"录入－复核"的记账处理要求。那么这套严谨而复杂的操作规程通过系统实现后，同样也需要用户清楚金融机构账务记账处理的要求，在系统使用中严格遵守并谨慎操作。如果用户在使用系统进行记账的过程中对系统操作流程不熟，并未严格按照业务规程进行操作，同样也会导致应用系统记账错误。

2. 应用系统因素

应用系统因素是因系统自身缺陷导致的账务差错，指的是系统自身隐含的漏洞导致应用系统记账错误。导致此类漏洞的原因可能是相关人员对业务需求解读与理解存在偏差，也可能是系统设计不完善，还有可能是应用程序开发差错等。

应用系统因素还包括对应用程序运行过程中的异常处理完整闭环。应用程序在运行的过程中，如果基础设施或基础软件突然发生问题，例如网络中断和延时、系统宕机、操作系统崩溃、数据库连接中断、应用进程因系统资源不足而挂起等，均会导致应用程序出现异常。那么如果这是一个记账程序，则可能存在记账只记了一半，并没有完成完整记账的情况。如果此时应用程序自身不具备健全的异常处理能力，同样会导致应用系统记账差错。

14.3.2　账务差错风险的规避手段

根据上述账务差错风险的原因分析，我们可以采取一些手段，尽可能地予以规避。

1. 针对人为因素

人为因素可以通过加强系统控制以及优化 UI 引导加以避免。

加强系统控制包括两个方面：一方面是对系统界面的输入域进行控制，包括输入域的值域控制、合理性与合法性控制等；另一方面是在交易跳转的过程中，对交易流程进行有效控制，即按照正确的操作规程一步步控制用户的记账流程，确保系统记账的合规性与准确性。

优化 UI 引导，采用清晰友好的使用提示，交易处理过程中每一步都有清晰准确的引导，可以帮助用户在应用系统的实际操作过程中少出错或不出错，轻松而准确地完成每一笔交易。

最后，可以通过有效的业务培训以及系统功能宣讲，提高应用系统用户的业务能力水平和系统操作能力。

2. 针对应用系统因素

通过开发与测试管理提升应用系统的设计、开发水平，可以有效减少甚至避免可能存在的应用系统缺陷。

导致应用系统自身存在缺陷的原因可能是业务需求解读与理解的偏差，也可能是系统设计不完善，还可能是应用程序开发出现差错等。那么对于业务需求解读和理解偏差，最有效的解决办法就是通过业务场景图的设计，帮助系统设计人员与业务需求人员进行有效沟通，并在设计应用系统的过程中，通过业务场景流程的直观体现，确保每个业务处理分支均能在系统中实现功能闭环。对于系统设计和开发过程中的差错，则需要通过严谨的设计评审、代码评审和系统测试加以规避。在应用系统投入使用之前，进行有效的 UAT 测试，让用户真实地体验和测试应用系统的功能，确保系统准确记账，并达到应用系统的验收标准。

14.3.3　账务自动轧账的设计

虽然通过账务差错风险规避手段可以减少应用系统账务差错，但是不能杜绝应用系统账务差错的风险。对于金融机构的应用系统而言，账务处理的准确性和精确性往往追求极致，任何账务处理差错都是无法容忍的。

在金融机构业务电子化尚不健全的时期，业务部门在每日营业终了时，往往需要花费大量的时间和精力对全天的账务记账进行核对，即我们通常说的轧账，这是避免账务差错风险最重要的手段。

在账务处理实现自动化记账的今天,如果仍旧采用手工轧账的方式是非常不明智的。设计有效的应用系统账务自动轧账,可以有效规避账务差错风险。

如图 14-14 所示,应用系统轧账根据轧账边界范围可以分为系统内轧账、系统间轧账和合作方轧账。

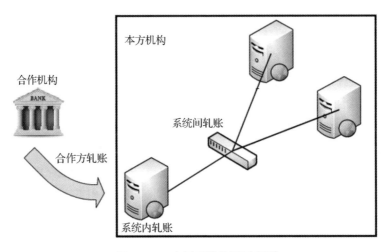

图 14-14 应用系统轧账示意图

系统内轧账是针对通过金融机构内单一系统完整的账务记账的轧差核对;系统间轧账是针对需要通过金融机构内多个子系统间协同完成的记账业务的轧差核对;合作方轧账是指当本方金融机构与其他金融机构有账务往来时,对相互之间的记账结果进行轧差核对。

1. 系统内轧账

系统内轧账分为总分核对与试算平衡两种轧账方式。这两种轧账方式均来源于最初的业务手工轧账的方法论。两种轧账方式往往是同时存在、相辅相成的。总分核对通常用于帮助发现应用系统自身缺陷导致的账务差错,试算平衡通常用于防范人为操作错误导致的账务差错。

(1)总分核对 在银行系统中,经常会听到总分核对的概念,指的是核对总账与分户账。核对的逻辑是上日总账余额 + 本日总账发生额 = 本日分户余额汇总。

一般来说,银行的总账报表(也称日计表,如果是月报就叫月计表,以此类推)表样设计如表 14-2 所示。

表 14-2 银行日计表

汇总维度	上日借方余额	上日贷方余额	本日借方发生额	本日贷方发生额	本日借方余额	本日贷方余额

汇总维度根据具体情况而定，一般为机构号、币种、科目等，即统计某一机构、某一币种、某一科目项下的汇总数。按照表14-2，总分核对的核对逻辑进一步扩展为上日借方余额－上日贷方余额＋本日借方发生额－本日贷方发生额＝本日借方余额－本日贷方余额。

具体核对步骤如下。

1）先进行总账报表的初始化，将总账的本日余额更新到上日余额项下，即对总行的每一个科目汇总项均用其本日借方余额覆盖上日借方余额，用本日贷方余额覆盖上日贷方余额，同时将本日发生额（包括本日借方发生额和贷方发生额）和本日余额（包括本日借方余额和贷方余额）清零。

2）根据当日的交易流水（应用的交易日志）统计总账各个科目项下的发生额，包括借方发生额和贷方发生额，并更新到总账本日借方发生额和本日贷方发生额栏目中。

3）对所有的与总账相关的系统内分户账参照总账的汇总维度进行数据汇总，按机构号、币种和科目统计各项当日借方余额和贷方余额，并更新到总账的当日余额栏目下。

4）按照核对公式（上日借方余额－上日贷方余额＋本日借方发生额－本日贷方发生额＝本日借方余额－本日贷方余额）进行核对，并对核对存在差错的科目进行标记。（通常会在日计表的最后一栏打上特殊的标记，例如星号。）

上述总分核对的过程可以每天循环处理，即金融机构每天发生的账务，均可按照上述方式进行总分核对。同样，对于月计、季计、年计等各种不同周期的总账数据，均可以用这个方式进行核对。

在实际交易中，应用系统每进行一笔账务处理，均需要同步产生两个动作：一个是更新分户的余额，体现账务发生后账户真实的余额状态；另一个是记录账户发生流水，也称交易流水。针对每一个账户，都有一个账户自身的核对动作，即定期（往往是每日营业终了时）根据账户的上日余额，匹配账户的当日发生流水，试算账户的发生后余额，与账户的当前余额状态进行匹配，确保每个账户的余额以及交易流程的真实性。也可以将发生额汇总后，用来更新总账（称为走总账），得出总账按当日发生后完成账务处理后的余额状态，与分行按总账科目汇总的余额状态进行钩稽。存在差错的一律标记为可疑。

总分核对有助于发现应用系统处理逻辑的缺陷，或者程序漏洞导致的记账差错，如更新了分户余额但未准确记录交易流水，或者产生了交易流水但未准确更新分户余额，均会导致总分核对差错。

（2）试算平衡　试算平衡来源于复式记账法的一记双讫的要求，即总借等于总贷、有借必有贷，借贷必相等。

复式记账法

是区别于单式记账法的会计账务簿记方式，目前是商业领域及各类组织记录金融交易的标准方式。复式记账法要求每笔交易的结果至少被记录在一个借方和一个贷方的账户中，且该笔交易的借贷双方总额相等，即有借必有贷，借贷必相等。

试算平衡在系统中的具体实现方式很简单,即统计一个会计周期内(一般是一个会计日)的所有借方发生额和贷方发生额,按账务核算单位(一般是按核算机构、币种和科目)统计并汇总后,比较总借方发生额是否等于总贷方发生额。如果出现不等的情况,则做挂账处理。

业务人员在核对报表时,只需要根据每日报表里的挂账科目是否产生挂账,就可以判定当日报表是否出现了借贷不平,即当日的借方发生额和贷方发生额是否存在差异。这就是通常所说的试算平衡。

试算平衡的轧账处理,是帮助业务人员发现人为操作错误导致账务差错的有效手段。例如由于业务人员操作不规范,导致系统的记账处理只记了一方,未记另一方,即通常所说的发生了单边账业务,通过试算平衡的轧账方式可以将这种情况体现出来。有借必有贷,如果只记借方,未记贷方,则贷方挂账科目会发生挂账,反之亦然。

2. 系统间轧账

由于金融业务系统的复杂性,一笔金融交易往往无法在单一系统中完成全部的账务处理。例如,信贷业务的贷款放款和贷款还款的动作,必然涉及存款账务处理系统和信贷系统之间的联动,那么在两个系统之间账务各自独立处理的情况下,如何确保两者账务处理一致呢?这就涉及系统间轧账的问题。

通常系统间轧账是通过系统间往来的设置完成的,即在协同记账的双方系统内均设置一个系统间往来账户,两个账户之间互为影子账户(影子账户即两个账户每笔交易的发生额一致,只是借贷方向相反)。系统间往来账户的设置,一方面可以满足单系统内账务处理一记双讫的要求,另一方面可以用来进行系统间轧账。仍以贷款还款账务处理为例。如果不考虑系统间的跨度,这笔账务正确的处理方式如下。

借:存款账户所属科目　　还款金额
贷:信贷账户所属科目　　还款金额

由于系统间跨度的问题,这笔交易无法在系统内一次性完成处理,必须分别在存款账务处理系统和信贷系统两个系统内进行处理。为了保证每次处理能够满足一记双讫的会计账务处理需求,我们不得不设置一个系统间往来账户(可以是资产类,也可以是负债类)来进行账务流转过度。实际系统处理后的账务流程方式如表14-3所示。

表 14-3　跨系统账务处理的会计分录

存款账务系统处理		信贷系统账务处理	
借:存款账户所属科目	还款金额	借:系统间往来	还款金额
贷:系统间往来	还款金额	贷:存款信贷账户所属科目	还款金额

通过上述处理流程不难看出,如果跨系统的所有业务交易都是正常处理的,无任何账务差错,则系统间往来账户的余额应该是 0,即没有账务沉淀。一旦出现账务沉淀,那么基本可以判

定，一定是某笔跨系统处理的业务交易在处理上出现了账务差错。设置系统间往来账户可以及时捕捉账务问题，达到系统间轧账的效果，从而有效防范账务差错风险。

3. 合作方轧账

在经济活动日益频繁的今天，任何一家金融机构都不具备独立完成所有金融交易活动的能力，不可避免地存在金融机构之间的交易活动。典型的如跨行账务往来、银行与券商的第三方存管业务等。这就需要进一步探讨与合作方之间的账务轧账处理。以银行为例，我们重点讨论与人行、银联这类合作方的账务核对。

当银行与银行之间发生业务往来时，往往需要一家中间机构作为过渡，这个角色通常由人行（主要用于完成银行之间转账交易）或银联（主要用于跨行 ATM 和 POS 交易）完成。参与跨行交易的每一家银行，均需要在人行或者银联存入一定的备付金。当银行之间发生账务往来时，对于人行或者银联来说，就是不同银行备付金之间的周转。

为便于银行系统内账务记账，我们在系统内也会设置上存人行备付金账户的影子户，或称头寸户。以 A 行往 B 行转账为例，银行之间的账务流转过程如表 14-4 所示。

表 14-4　跨机构账务处理的会计分录

人行端账务处理			
借：A 行上存人行备付金户			
贷：B 行上存人行备付金户			
A 行账务处理		B 行账务处理	
借：存款账户	转账金额	借：上存人行头寸	转账金额
贷：上存人行头寸	转账金额	贷：存款账户	转账金额

对于任何一家银行来说，一个会计日的账务处理完成后，其上存人行备付金账户的影子户将发生变化。倘若这个时候，系统账务处理存在差错，则上存人行备付金账户的影子户的记账就可能出现差错。

上存人行头寸户

中国人民银行下辖的所有政策性银行、商业银行以及各类金融机构均要在人行开立上存人行备付金账户，并按要求缴存备付金。根据复式记账法的要求，这些机构需要在自身的账务系统中开立与其上存人行备付金账户对应的影子账户，用于同步记录其在人行上存备付金的情况，这个影子账户是作为金融机构的资产存在的，我们称之为上存人行头寸户。

与人行的账务处理进行核对，首先可以使用银行方本方记账的上存人行头寸户，与人行记账的该行上存人行备付金账户（前者称为后者的影子户）进行核对，如果核对不正确，则基本可以确定必然存在账务处理差错。

与系统间往来的原理一样，此时我们只能初步确定本行系统与合作方之间存在账务处理差错。但是具体的账务核对则在当前会计日营业终了时借助批量账务核对的方式进行。

银行与人行、银联这些合作方之间的账务核对，通常是以合作方的数据为准。在营业终了时，由人行或者银联提供当日汇总明细对账文件，由银行端根据自己记载的账务情况进行核对。同样按照先汇总后明细的方式进行处理，定位账务差错所在位置，根据核对的结果修正本行的系统记账或向合作方发起请款（请求将错误记账的业务在人行或者银联端冲回）。

在实际的系统设计过程中，账务处理的逻辑千变万化，甚至是十分复杂的，如何化繁为简，通过简单的账务轧账设计，匹配账务的钩稽关系，快速发现和定位账务处理差错，是金融机构应用系统设计人员在账务流程设计中的关键点。

14.4 联机批量冲突风险的应对方案

金融机构的信息系统往往同时存在前台联机交易和后台批量业务处理。联机交易和批量业务处理之间既有协同，又不可避免地存在冲突。冲突主要包括数据处理的冲突和资源使用的冲突。如果无法有效处理冲突，则会导致应用系统数据处理差错，甚至引发系统因资源使用冲突而崩溃的风险。本节主要介绍如何有效应对联机批量冲突风险。

14.4.1 联机批量冲突风险的分析归类

前台联机交易和后台批量业务处理的冲突风险，主要分为数据处理冲突风险和资源使用冲突风险两类。

1. 数据处理冲突风险

数据处理冲突风险指的是当联机交易和批量业务处理需要处理相同的业务数据时，因数据访问时序与数据更新的差异导致的数据处理问题。

以银行系统的每日账户余额统计处理为例（相对而言，银行的应用系统对 7×24 小时的联机处理要求更高，证券、保险等其他金融机构的应用系统也存在类似的处理）。我们要统计一个会计日营业终了后，所有客户账户的营业终了余额。那么对于 7×24 小时的系统，我们就必须在系统日切（也叫换日，指系统会计日期切换到下一个日期）后再对系统中的所有账户进行统计。

如果在统计的过程中，出现某一个账户尚未统计上一个会计日终了时的余额，即已经发生一笔或多笔新的会计日的业务时，其账户余额会更新，此时系统无法准确统计到期上一个会计日终了时的余额。

如图 14-15 所示，当某账户在 B 时间点才被批量程序读取到时，由于账户在 A 时间点已经发生新一天的联机交易，此时应用程序将无法获取该账户在上一日末的余额。这就是因为前台联机交易和后台批量业务处理之间发生了数据处理的冲突。

2. 资源使用冲突风险

联机交易与批量业务处理的冲突除了数据处理的冲突，还会在系统资源使用上产生冲突。后台批量处理一旦运行起来，大量数据的并发处理会消耗大量的系统资源，可能导致大量系统资源占用。而联机交易和批量业务处理往往都是运行在同一个环境或者同一台服务器中，就可能导致联机交易因为获取不到资源，出现交易缓慢或无法对外提供服务的现象。这就属于联机交易与批量业务处理之间的资源使用冲突风险。

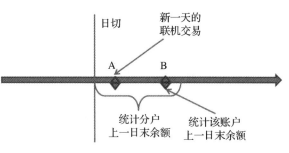

图 14-15 系统日切时序图

资源使用冲突的风险不仅包括系统 CPU 和内存等资源，还包括数据库的锁资源等。这些资源的争用很可能会导致相互发生死锁。资源使用冲突风险如果不能妥善处置是非常危险的，甚至会因为资源没有合理分配，导致系统崩溃，出现宕机的情况。

14.4.2 数据处理冲突风险的解决方案

解决数据处理冲突风险的一个通用方式即联机 7×24 小时技术。这是一种完全通过系统自身的巧妙设计来解决联机交易与批量业务处理的数据访问冲突的方法。

1. 双应用日志和系统控制表

双应用日志简单来说就是针对业务系统，设计 A、B 两面日志，区分两张物理的数据库表进行存储。两面日志分别提供给实时的联机交易和批量业务处理进行访问，互不冲突，交互更替使用和访问，如图 14-16 所示。

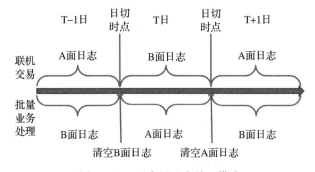

图 14-16 双应用日志处理模式

A、B 两面日志分别存储在两张物理独立的数据库表中。两面日志供联机和批量交替使用，两者间不存在访问冲突。日切时（以 T−1 日到 T 日的日切为例），除将系统的账务处理日期切换到下一日外，同时发生以下动作。

- 将T-1日联机处理的A面日志切换下来供批量处理系统进行处理。此时批量业务可根据T-1日联机日志（A面日志）的记录情况进行账务统计与核对处理。
- 将T-1批量已经处理完的B面日志清空后，切换给联机处理，即T日的联机业务将重新登记新的一面日志表（B面日志）。

通过上述切换动作，当一个会计日终了，系统进行日切时，可快速将上一日联机业务的日志记录交由批量处理进一步统计和分析，同时切换新的日志表供下一会计日的联机业务进行处理。这个方式可以达到快速切换且相互间不造成影响的目的。

要实现快速切换，需要在系统的日期表中记录当前联机交易和批量业务处理使用的日志面。简单设计的表结构如表14-5所示。

表14-5 应用日志使用控制表

系统标识	当前系统日切	联机日志面	批量日志面
某某系统	2021-02-26	A	B

任何联机交易或批量业务处理在进入系统的第一步都是访问控制表，除取得当前系统的记账日期外，同时获取联机业务和批量业务所应使用的日志面，根据日志面的不同，分别访问不同的物理表进行处理。

2. 初笔联机交易

初笔，即针对某一具体账户来说，发生在一个新的系统会计日下的第一笔业务。比如我所持有的某行账户，今天还没有发生交易，此时我通过ATM取一笔款，或者通过手机银行进行一笔转账，那么这笔业务就称为这个账户的初笔交易。此后同一天内，同一个账户进行的后续任何交易，都不再算作初笔。

对于联机24小时业务的实现，初笔是非常重要的。我们简单列举一下初笔模块的逻辑。

- 在分户中，分别设置账户上日余额和账户当前余额两个字段，初笔首先要把账户当前余额记录在账户上日余额字段中。
- 根据账户的最后交易日，计算账户上一次交易后至当前时间点新产生的积数或息余，并进行累计，用于后续账户利息的计算，俗称滚积数或者滚息余。
- 账户处于挂失或者冻结的状态下，访问挂失登记簿和冻结登记簿，判断账户是否满足挂失到期日或者冻结到期日，尝试进行账户解挂和解冻的动作。
- 清空账户的日发生额，如果是月初，则清空账户的月发生额，以此类推。
- 更新账户的客户最后交易日为当前会计日。

有了初笔模块的处理，在营业终了时，对于账户上日终了时点余额进行统计的问题自然迎刃而解。设想一下，当系统日切后，系统会计日期换成新的日期，例如由T日换成T+1日，如果要统计所有账户在 T 日终了时的时点余额，判断客户账户的客户最后交易日，则无非存在如下两种情况。

- 账户的客户最后交易日为 T 日或者 T 日之前，说明当批量统计程序在统计到该账户时，该账户尚未发生 T+1 日的交易，则该账户的当前余额即为该账户在 T 日营业终了时的时点余额。
- 账户的客户最后交易日为 T+1 日，则说明当批量统计程序统计到该账户时，该账户已经发生了 T+1 日的交易。此时，我们可以从账户的上日余额字段中取得账户在 T 日营业终了时的时点余额。

如此，通过巧妙的双面日志设计和初笔模块的处理，我们就可以有效解决联机交易和批量业务之间的数据访问冲突，从而解决联机 7×24 小时的业务连续性问题。

3. 临界点业务的账务处理

在金融业务系统中，还存在一种极特殊的业务，该业务需要在营业终了时，根据营业终了时点的情况进行处理，但其所触发的业务记账又必须记录在上一个会计日。T 日营业终了，系统记账日期已经自动切换到 T+1 日，此时系统要求根据某一账户的某一类业务在 T 日营业终了时点的状态触发一笔新的业务，但这笔业务的记账要记录在 T 日的账务上。这种情况我们称为记上日账。

举例说明，某行有一种非常特殊的对客业务，客户在该行同时存有活期户和定期户的情况下，如果客户在当天出现活期账户余额不足，系统允许在不超过其定期存款余额的额度内对活期账户进行账户透支处理。客户须在当日内（银行系统日切前）还清账户透支部分。如果客户未能及时归还欠款，系统将对客户持有的定期账户进行销户或进行部分提前支取处理，用于归还客户的活期账户透支部分。

这就是典型的需要在日切时才能根据当时状况触发并记上日账的例子。这个时候双日志面以及初笔模块的设计发挥了作用。对于这类业务，完全可以在系统已经发生日切，记账日期发生改变，联机日志面已经发生切换的情况下，仍然使用上一个记账日期进行记账，并将日志记录在上一日的日志表中。

如果在进行该笔交易时，该账户尚未发生新一会计日的账务，则无须进行额外处理。否则，由于初笔模块已经更新了账户的上日余额，则当前该笔交易除更新账户的当前余额外，还需要更新账户的上日余额，从而确保批量统计程序的准确性。

14.4.3　资源使用冲突风险的解决方案

解决资源使用冲突风险主要在于前台联机交易和后台批量业务处理之间资源争用的有效隔离。具体的隔离方法分为系统内隔离和系统间隔离两种。

系统内隔离是相对简单的处理方案，即在联机交易和批量业务处理共同运行的系统环境内，通过资源的动态分配，确保联机交易和批量业务资源的合理分配，该方案适用于简单场景下的资源隔离需求。系统间隔离则是将联机交易和批量业务处理分别部署在两套不同的系统环境中，相互之间彻底隔离，避免资源使用的冲突，这种隔离方式对系统架构存在一定的影响，适用于复杂场景或者隔离要求比较高的场景。

1. 系统内隔离

系统内隔离即在系统内通过动态分配的方式，确保联机交易和批量业务所需资源的合理分配。例如确定批量业务最多只能使用 60% 的系统资源，考虑到夜间联机业务相对处于低峰期，40% 的资源是足够用的。

在实际情况中，不可避免地存在批量处理延迟的情况，特别是系统已经进入次日白天联机时段，业务高峰期即将来临，批量业务仍没有处理完成，此时为保证联机业务的处理，需要进一步压缩批量业务的资源使用上限。这在一定程度上限制了批量业务处理的性能。而批量处理性能往往也会对业务产生影响：轻则当日无法将经营分析数据送达决策者手中，影响业务的决策分析；重则无法及时生成监管报送数据，导致不良的声誉风险。

系统内隔离的方案相对简单，可在应用系统投入运行后根据应用的运行情况，动态部署，即时生效。

2. 系统间隔离

系统间隔离即通过系统的架构部署，将联机交易和批量业务处理分别部署在不同的系统环境下运行，做到两者之间资源使用的彻底隔离。这个方案最典型的应用就是业界推崇的 OS-ODS 架构，即引入操作数据存储（Operational Data Store，ODS）系统与原系统并行部署，实现原系统对外联机处理与 ODS 系统的后台批量处理的隔离。

如图 14-17 所示，ODS 主要用于在线和近线数据的处理。将源系统的数据准实时同步到 ODS 中，由 ODS 完成夜间批量的业务处理，同时负责向下游数仓提供数据，也可以有效避免联机和批量处理在系统资源上的争用。

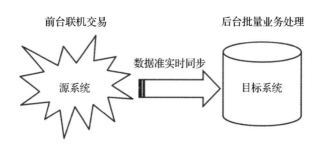

图 14-17 OS-ODS 架构部署图

系统间隔离相对来说对系统架构部署的依赖度较高，在很大程度上会对系统架构的设计造成影响，需要在系统架构设计之初做长远的规划和设计。

14.4.4　联机批量冲突的案例分析

业界对于联机批量冲突风险的解决方式有很多，14.4.2 节、14.4.3 节介绍的是被多数金融机构普遍接受和采用的方式。这些方式最大的好处在于可以真正实现应用系统联机业务的零中断，不会对金融机构应用系统的正常对外服务造成任何影响。

相反，联机批量冲突的风险如果没有得到很好的解决，可能会影响系统的正常对外服务，或者导致账务差错。我们通过近年来实际发生的案例做进一步阐述。

为了解决联机批量冲突风险，部分金融机构会采用备用系统辅助联机 24 小时技术，具体说明如下。

- ❏ 当夜间批量业务开始处理时，通过系统快速切换，将联机交易引流到备用系统中。此时原交易系统退出联机业务，并开始进行批量账务处理。
- ❏ 当原系统批量业务处理完成后，将备用的联机业务同步到原系统中，待同步完成后，迅速切换系统，将联机交易重新引流至原系统，由原系统进行对外业务处理。

不难看出，备用系统辅助切换是一种比较简单的实现联机业务连续性的方式。这种方式不需要对原系统做过多的技巧性处理，系统设计和维护较为简单。这种处理方式存在的较大问题是，主辅系统切换时，可能造成应用联机交易中止服务的问题。

该方案还存在一个漏洞，即对于备用系统与原系统的交易同步依赖性较大。而该同步处理的准确与否，关系到系统账务处理的准确性和完整性。此前某股份制银行内部人员作案，就是通过修改同步处理程序实现的。具体的作案手段是利用空白卡片自制一张本行的卡，然后在每天开始处理批量业务，且系统已经切换到备用系统时，使用该卡片去他行 ATM 机取钱，并修改备用系统到原系统的同步程序，屏蔽该卡在备用系统的交易数据到原系统的数据同步动作，毫不留痕地抹去了该卡的他行 ATM 取款交易。由于没有一个较好的原系统和备用系统的数据核对与钩稽机制，该案在相当长的一段时间内没有被及时发现。

通过备用系统辅助实现联机 24 小时的方案，一定要增加备用系统交易数据与原系统的核对，包括从汇总和明细两个维度进行核对。在备用系统承接的联机业务同步至原系统之后，应将原系统的处理结果与备用系统的记账结果进行钩稽，确保备用系统中的每笔交易均完成了原系统的同步，及时发现可能存在的差错风险。

应用的业务连续性设计往往有很多技巧，同时应用的设计也需要防范新的系统漏洞。联机 24 小时的设计远不限于笔者所讨论的这些方法。无论如何，这是我们在系统设计过程中必须重点考量的方面。

14.5 系统更替式升级风险应对方案

金融机构的信息系统在实际使用的过程中，需要经常做一些功能升级或版本更替的处理，我们统称为应用系统升级。金融机构的应用系统升级分为两类：一类是现有系统的完善和改造，这类升级对业务的影响较小，影响相对可控；另一类是对旧应用系统的更替式升级，即舍弃老旧的应用系统，更替为一个全新的应用系统，这类升级可能造成业务处理模式发生较大的变化，影响是非常大的。对于后者，我们称为系统更替式升级。对于金融机构的信息科技体系而言，应用系统，尤其是重要的、甚至核心的应用系统的更替式升级是存在非常大的风险的。本节介绍如何有效规避和控制系统更替式升级的风险。

整体而言，系统更替式升级主要风险点如下。

- ❑ 应用系统功能更替的风险，即新应用系统对旧应用系统功能的继承与升级的风险。对于旧应用系统中仍然发挥着作用的业务功能，新应用系统要做到很好的继承，同时按照业务的需求进一步实现功能升级。
- ❑ 应用系统数据迁移的风险，即旧应用系统中的数据完整、准确地迁移到新应用系统的风险。旧应用系统中的数据经过分析和梳理后，将业务仍旧需要查看或者继续处理的业务数据准确迁移到新应用系统中。
- ❑ 应用系统与其他系统的耦合风险，即新应用系统要确保与存在相互调用关系的应用系统进行良好的耦合，不影响自身与其他应用系统的功能运行。

14.5.1 应用系统功能更替的风险

新应用系统继承与升级旧应用系统功能时，主要考虑旧应用系统功能的梳理、新应用系统功能的设计与新应用系统的投产运行。

1. 旧应用系统的功能梳理

旧应用系统在生产运营环境中已经运行多年，业务部门或者用户已经对旧应用系统产生了很大的依赖性。对旧应用系统功能进行全面的分析和梳理，包括 UI 使用习惯的梳理，是为了确保旧应用系统中业务部门和用户已经依赖的功能和习惯能够平稳过渡。

（1）旧应用系统业务功能的梳理　梳理旧应用系统的所有已知功能点，以便于在新应用系统的设计研发过程中做到平稳继承。按照汰弱留强的思路，确保新应用系统在相同功能的处理能力上比旧应用系统更强。

具体梳理方法包括但不限于重新收集旧应用系统的软件需求说明书、功能说明书、用户手册等。需要根据实际情况开展逆向工程，即根据旧应用系统的代码进行设计还原。

此外，对旧应用系统的用户以及运维人员进行调研也是旧应用系统功能梳理工作的重点，特别是对于较核心、较重要的应用系统的更替升级,这个调研可以说是不可或缺的。精心设计一份全面、完整的调研表,下发给旧应用系统的相关用户和运维人员,收集他们对旧应用系统的使用体验以及对新应用系统的建议。必要时,安排面对面访谈,与相关人员深入交流,发掘他们的潜在需求,力争新应用系统能够实现应用功能的完美替代以及优化升级。

(2)旧应用系统数据模型的梳理 数据模型的梳理主要是对数据结构和元数据的梳理,主要在于两个方面。一方面是通过对旧应用系统数据结构的梳理,进一步分析和了解旧应用系统的功能设计,我们知道,数据结构是一个系统的灵魂,对数据结构进行分析和梳理往往能够让我们更直观地掌握系统的完整功能,甚至挖掘一些潜在的功能设计。另一方面是为旧应用系统的数据迁移做准备,参考旧应用系统的数据结构,进行系统数据结构的设计,同时设计旧应用系统数据的移行方案,确保旧应用系统的有效数据不会在系统迁移过程中丢失。

具体的梳理方法包括查看旧应用系统的应用文档,深入解读数据结构和元数据;查看实际应用系统,查看每一个数据库表的情况,特别是数据存储的情况。

在数据模型的梳理过程中,最重要的是确保新应用系统的数据模型能够实现对旧应用系统数据的完整继承。不能因为数据模型的变化,旧应用系统中的有效数据无法在新应用系统中兼容。

举例说明,对于客户地址信息的存储,我们通常有两种数据模型设计:一种是纵向存储模型设计,如表14-6所示;另一种是横向存储模型设计,如表14-7所示。如果旧应用系统采用的是纵向存储模型设计,而新应用系统采用的是横向存储模型设计,那么在系统升级的过程中,就需要确保新应用系统设定的地址类型能够覆盖旧应用系统所有已知的有效地址类型。

表 14-6 客户地址信息纵向存储方式

客户 ID	地址类型	详细地址
客户 1	家庭地址	
客户 1	办公地址	
客户 1	户籍地址	
客户 2	家庭地址	
客户 2	办公地址	

表 14-7 客户地址信息横向存储方式

客户 ID	家庭地址	办公地址	户籍地址
客户 1			
客户 2			

2. 新应用系统的功能设计

新应用系统的功能设计开发重点是在继承旧应用系统功能的同时,实现新应用系统功能的升级与扩展。这种升级与扩展，包括业务功能和非业务功能两个方面。

在业务功能方面，新应用系统对旧应用系统的功能进行大幅升级和扩展是非常重要的，否则替换就没有意义了。新的应用系统一定要结合业务发展的理念，兼容旧应用系统有效功能的同时，给用户带来更多最新的业务功能和体验。这需要系统研发人员进行充分的市场调研，包括同业的发展经验和发展水平。在广泛借鉴、众采所长的基础上，从自身业务的实际需求出发，设计能够用于本机构业务发展的业务处理模式和业务功能扩展。

在非业务功能方面，新应用系统平台能力的提升，例如分布式服务平台的引入，提升了系统的横向可扩展能力；新应用系统运维成熟度的提升，包括系统的自动化部署能力、交易响应时间的提升等，都是在系统研发设计中必须重点考虑的。

3. 新应用系统的投产运行

新应用系统投产运行是系统更替过程中需要特别关注的风险点。新应用系统投产后，能否有效运行，能否确保机构业务正常办理，决定着系统更替升级工程的成败。有效减少新应用系统投产运行风险的办法是做灰度部署。

灰度部署是针对新应用系统测试能力不足的有效补充，即在系统投产过程中，部分功能先行投产，先在生产上通过真实的业务进行验证，验证通过后，放开全面投产的措施。灰度部署也是提高新应用系统投产后系统可用率和系统业务连续性水平的重要方式。目前，业界采用较多的灰度部署方案如下。

（1）多应用服务器分步部署　金融机构的业务系统为了确保高可用，往往实施多机部署，即使用两台或两台以上的服务器，承载系统运行，并通过负载均衡网络分流，将业务平均分流到多台服务器上，由多台服务器并行处理。当其中一台服务器出现故障无法正常对外提供服务时，新流入的业务会自动分流到其他服务器上，避免对外服务能力降低。

新应用系统投产时，利用多服务器部署的特性，可以只投产一台或少数几台服务器，从前端分流一定的业务量，由已经投产新应用系统的的服务器进行处理（其他流量则继续分流到旧应用系统的服务器进行处理）。如果分流到新应用系统服务器的业务处理完成且验证正常，则继续投产剩余的服务器，直到完成投产。

（2）利用多机构的灰度部署　金融机构下面往往有多个分支机构，利用多机构的灰度部署，在系统中通过应用参数的设置，在新应用系统版本投产完成后，控制前端业务量的分发，先指定一个或少数分支机构的业务分流到新应用系统进行处理，确认业务处理的情况并加以验证。确认无误后，放开参数设置，将所有分支机构的业务分发至新应用系统中进行处理。

（3）外围系统分布对接部署　这种方式多用于不直接对外的后台处理系统。此类系统往往对接多个前端或者调用方，新应用系统投产后，可以先只接入一个或少数调用方，让业务调用新应用系统的功能，确认处理无误后，再完成所有前端调用方系统的对接。

上述 3 种方式都离不开系统迁移的技术验证和业务复核。在系统投产后，或者灰度投产期间，利用行之有效的技术验证手段和业务复核方法，提前发现系统可能存在的问题和隐患。是有效提高系统的可用性，提升系统业务连续性水平的重要保障。

14.5.2 应用系统数据迁移的风险

金融机构应用系统更替必须考虑对旧应用系统业务数据的迁移。需要迁移的数据主要包括两部分，一部分是系统更替后，业务部门仍须查看的已经办结的业务数据；另一部分是业务尚未办结的在途数据。这些数据如果没有准确、完整地迁移，可能给后续的业务办理带来不可预知的风险。针对应用系统数据迁移的风险，我们主要对旧应用系统的数据治理和新旧应用系统的数据迁移两个步骤加以考虑。

1. 旧应用系统的数据治理

数据治理是当前金融机构信息科技建设的热门话题，特别是数字化转型大势所趋的今天，金融机构系统数据的质量保证愈发重要。只有数据质量得到有效的保证，才有可能在数据价值发掘中尽可能多地发现数据价值。

旧应用系统由于建设时间早，在业务数据的采集和保存方面存在很多不完善之处。同时，旧应用系统运行多年，无法避免各种故障导致的存储的业务数据存在缺失甚至是谬误。

系统升级更替，则是一个非常好的数据治理的机会。对旧应用系统的元数据进行梳理，制订新应用系统的元数据标准、新应用系统数据存储和使用规范，确保数据的完整性和准确性。在迁移旧应用系统的数据之前，对数据进行补充和修正，确保从旧应用系统迁移到新应用系统的数据能够满足新应用系统的数据标准要求。通过有效的数据治理，提升系统的数据质量，是保障新应用系统上线后稳定运行的重要因素之一，也是满足业务系统连续性要求的重要手段。

在对旧应用系统进行数据治理时，着重注意如下几个方面。

（1）清洗无效的垃圾数据　例如没有任何有效信息的客户数据、用户使用过程中随意输入的非法数据等，都在垃圾数据清理之列。无效的垃圾数据不仅影响数据质量，而且容易在系统数据迁移过程中产生错误，是数据迁移前需要重点清理的对象。

（2）清理重复存储的数据　重复存储的数据是旧应用系统数据迁移过程中经常发现的问题，也是影响数据迁移质量的主要因素。重复数据容易引起系统业务功能处理的紊乱，也是需要重点清理的。

（3）清理无法对标的错误数据　旧应用系统存储的不符合数据标准的错误数据是迁移程序和系统功能都无法识别的，也需要在系统迁移前进行清理。例如有效数据字典之外的其他阈值、日期字段中存储的非法日期均属于这一类数据。

2. 新旧应用系统的数据迁移

新旧数据迁移的风险主要在于以下方面。

（1）数据迁移对系统停机时间的影响　新的应用系统在完成数据迁移之前是无法正常对外提供服务的。数据迁移在很大程度上会影响系统对外提供服务。缩短系统停机的时间，是需要重点考虑的问题，关键是要压缩数据迁移的时间，尤其是会导致系统停机的数据的迁移时间。

首先，要尽可能压缩数据迁移的整体时间。这一点主要是在数据迁移的方案设计上做充分的考虑。通过程序设计，提高数据迁移的效率，压缩数据迁移的时间。对于新应用系统的数据库表存在多个索引的情况，合理的数据迁移方案是在旧应用系统的数据完成迁移，数据成功导入新应用系统的数据库表中之前，不要建立这些索引，特别是非分区索引。待所有数据成功导入新应用系统的数据库表后，再建立这些索引，以达到有效提升数据迁移效率的目的。

其次，尽可能压缩会导致系统停机的数据迁移时间。一个有效的办法是通过分步移行的方式，将不影响系统运行的数据迁移工作安排在系统停机时间之外。旧应用系统需要迁移到新应用系统的数据往往包括业务已经办结的历史数据和尚未办结的在途数据。根据这一点，在做新旧应用系统数据迁移设计时，可以考虑将已经办结的历史数据提前进行迁移，避免安排在投产停机时间窗口期间迁移。

对于在途数据以及历史数据迁移完成后新产生的增量数据，安排在停机时间窗口期间进行迁移，以达到最大化压缩停机时间窗口的目的，减少系统更替期间。

（2）数据迁移中差错数据的处理　在数据迁移期间，很难避免由于旧应用系统存量数据的差错，数据迁移程序在识别数据时也产生差错。

对于这种情况，主要从两个方面入手解决。

一方面，可以在数据迁移之前，对旧应用系统的数据进行数据检查，减少或避免引入差错数据。

另一方面，在数据迁移过程中，对于不可避免的差错数据，我们可以在程序中进行例外处理。通过例外处理，临时跳过差错数据，并将成功处理的差错数据记录在临时表中。我们将这个临时表称为移行差错数据表。如此，在迁移完成后，检查并核对移行差错数据表，对移行期间未成功处理的差错数据进行手工补处理。

数据迁移期间，差错数据的例外处理可以有效避免因差错数据导致的数据迁移程序中断，进而避免由此带来的迁移时间消耗，达到有效压缩数据迁移时间，提升系统业务连续性的目的。

（3）迁移后进行移行结果的核对　为确保数据迁移的完整性和正确性，在数据迁移完成后，还应该进行一次数据迁移结果的核对。具体包括技术手段的核对以及业务手段的复核。最简单的方式是比较新旧应用系统的记录数量，看迁移前后的数据记录是否匹配。涉及金额累计的时候，可以对数据迁移前后的总额进行核对，匹配数据迁移的完整性。进一步，可以开发一些复核校验的检查程序，比对新旧应用系统的数据，确保数据迁移的完整性和准确性。

此外，新应用系统上线初期，也需要业务部门进行数据验证。在设计数据迁移流程时，开发可供业务部门核对的数据迁移报表。业务部门在数据迁移完成后，通过报表进行复核也是非常有效的数据迁移结果核对方式。

在数据迁移的设计中，千万不要吝啬于一张或几张数据迁移报表的设计开发，根据笔者的经验，较大级别的金融系统升级更替以及数据迁移工程中，可供业务部门核对的数据迁移报表是非常有用的。

14.5.3　应用系统与其他系统的耦合风险

金融机构中的各个应用系统往往存在与其他系统之间的相互调用。特别是对于核心或重要的业务系统更是如此。对于系统的更替，一定要考虑应用系统与存在相互调用关系的其他系统的耦合风险，避免因为遗漏，系统间调用的功能无法运行。对于该问题的考虑，主要分为项目前期的旧应用系统接口梳理和项目后期的新应用系统核对验证两步。

1. 旧应用系统接口梳理

对旧应用系统的系统间接口进行梳理包括旧应用系统作为接口提供方所提供的接口的梳理，以及旧应用系统作为接口消费方所调用的接口的梳理。

对接口的梳理，最佳实践是从接口的通信区出发进行梳理。分析接口通信区的每个字段，包括值域以及输入和输出数据，从而掌握接口的功能，进一步强化对旧应用系统功能的了解和掌握，从而便于在新应用系统设计的过程中，更好地从全局出发，规划、部署新应用系统与其他系统的调用关系。

需要注意的是，接口梳理范围不限于对联机接口的梳理，还包括对批量文件传输接口的梳理。

2. 新应用系统核对验证

新应用系统核对验证的主要手段是系统间的联调测试，验证需要跨系统运行的功能是否能够完整运行，并完成业务处理。这需要对系统间数据的交互进行仔细核对，确保系统间的调用关系正确，处理返回结果无误。

对于存在大量文件交互的批量处理系统，需要投入大量精力对系统下传的文件数据进行核对。确保数据文件所展示的数据是源系统业务数据办理的真实体现。这个核对结果是复杂且烦琐的，需要根据实际情况进行设计和部署。

系统更替和数据迁移是一个非常大的课题，其重要性不亚于新应用系统设计开发本身，是金融系统研发从业人员需要着重投入并加以研究的重点。

14.6 本章小结

开发与测试管理是信息科技风险考量的重要组成部分。本章首先阐述了开发管理工具体系建设和测试管理工具体系建设的方法论，然后分别从账务差错的风险规避与解决、联机批量冲突风险的应对方案以及系统更替式升级风险的应对方案3个方面，阐述了金融机构信息科技系统在开发测试管理方面需要特别关注的风险点以及应对方案。

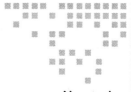

第 15 章

数据中心的运维管理

随着金融机构信息科技体系的发展与成熟,金融机构开始搭建自己的数据中心。由此,数据中心运维管理也就成了金融机构信息科技风险管理的重要组成部分。任何一家金融机构的数据中心能否正常运转将决定整个业务能否正常开展,数据中心运维风险的管理,是金融机构信息科技风险管理的重中之重。

金融机构数据中心的运维风险管理,必须借助一个好的运维管理体系。除了遵循各个层级的制度外,数据中心还须利用科技手段,从长远出发,建立、健全运维管理的技术体系,并采用运维一体化管理的思路,开展运维标准化、自动化的建设。近年来,借助 AI 与大数据逐步迈向智能化运维,是运维管理发展的必由之路。

15.1 信息科技运维技术体系

架构即未来,好的架构规划对后续的系统建设,包括工具体系的建设尤为重要。对金融机构的整个业务体系是如此,对于运维管理体系亦是如此。对于金融机构而言,运维体系架构的建设往往晚于业务体系架构的建设。

曾经很多金融机构认为,数据中心的运维是各种零散的运维管理工具的堆砌。随着金融机构业务的迅猛发展,业务体系架构日趋规模化和复杂化,金融机构信息系统的运维管理开始展现其重要性和复杂性,这就促成了运维管理体系架构的建立。

本节将从数据中心运维管理一体化架构的建设出发,介绍数据中心运维管理架构的组成,并逐一介绍组成数据中心运维管理架构的配置管理数据库(Configuration Management DataBase,

CMDB)、监控一体化、操作一体化和 IT 服务管理（IT Service Management，ITSM）。结合 IT 基础架构标准库（IT Infrastructure Library，ITIL）的管理要求，介绍管监控一体化运维体系如何防范数据中心的运维风险。

15.1.1 运维一体化体系架构

金融机构规划自身的业务体系架构时，往往因为科技战略规划不同，匹配业务不同的发展战略需求，规划出与同行相比有较大差异的业务体系架构。对于金融机构的运维体系架构而言，由于目的是保障生产运行的安全和稳定，快速响应应用系统的更新需求，因此在进行运维体系架构规划时，也具有一定的一致性。

如图 15-1 所示，一个简化的金融机构运维体系架构包括配置管理、监控管理、操作管理和 ITSM 四部分。

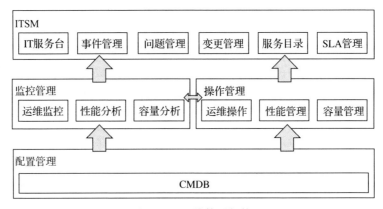

图 15-1 运维体系架构

- CMDB 是运维体系架构的基础，监控管理、操作管理、ITSM 均构建于 CMDB 之上，CMDB 也被称作数据中心之魂。
- 监控管理主要包括运维监控、性能分析、容量分析等。一体化监控架构可以将数据中心的基础设施、网络、硬件、基础系统软件和应用的监控整合为监控门户。监控管理需要从 CMDB 中获取各配置项的信息以及配置项的关联信息，用于监控分析，实现精准监控。监控管理可以称作数据中心之眼。
- 操作管理基于数据中心运维工作的实际操作对象而定。例如硬件的操作和软件的操作就有本质的区别。比较普遍的是堡垒机的使用，可以将尽可能多的运维操作集中在一起。操作管理可以称作数据中心之手。
- ITSM 按照 ITIL 服务管理体系，基于监控管理和操作管理，实现运维的精细化管理。ITSM 是数据中心的统一对外服务窗口。

规划运维体系架构时，需要考虑以下内容。

1. 运维管理系统的高可用和多活部署

运维管理系统负责数据中心的管理、监控与操作，其重要性是不言而喻的。在做运维管理系统的规划时，必须考虑运维管理系统的高可用部署，通过多机负载的方式，确保运维管理系统的连续性运行。必要情况下，基于数据中心双活部署的规划，运维管理系统也应实现双活部署，满足数据中心双活的要求。

2. 运维管理系统的运维人员开发平台

运维管理系统与其他业务系统一样，往往是由专业的开发团队搭建的。中小型金融机构更愿意直接采购运维系统开发厂商的产品，由厂商根据机构的特色和需求进行改造。

与其他业务系统不同，运维管理系统的用户是数据中心运维一线的 IT 人员。亲临运维一线，IT 人员能够切身体会运维管理最迫切的需求，他们自身也具备一定的开发能力。这就要求运维管理系统务必预留供运维人员直接使用的开发平台，由他们根据自身的需求，快速开发、快速部署，及时响应生产运维管理的需求。在运维管理系统中提供面向运维人员的开发平台是运维管理系统架构规划时考虑的重点。

面向运维人员的开发平台给运维人员提供了一个实现自我价值的舞台，通过开发平台，将运维人员常用的运维脚本予以固化，比如运维三板斧中的服务启停，不仅可以减少日常手工操作出错的情况，也能帮助运维团队提高工作效率。

3. 运维管理系统的工具集成能力

信息科技的运维管理是一个从无到有积累的过程。在成体系的运维管理架构规划之前，金融机构往往已经拥有多年累积的各种运维工具。在进行运维架构规划设计时，必须考虑对已有运维工具的集成。

运维管理的架构规划绝不是一个推倒重来的过程，必须全面考虑对已有运维工具的继承。我们必须认识到，现有的运维工具都是根据实际需要开发出来的，并在实际的运维工作中发挥了必要或重要的作用。优秀的运维架构设计必须具备对已有运维工具的集成能力。

4. 运维管理系统的可视化能力

运维管理系统的可视化能力也是系统架构设计必须考虑的内容。提供友好、清晰、准确的 UI 交互，让运维人员能够清晰地了解系统运行的真实情况，并通过轻松且准确的功能按钮完成复杂的运维工作，也是提高运维效率，减少人为差错的重要措施。

一提到运维工作，大家想到的往往是满屏的英文字母，以及待输入的命令行，运维人员的工作就是输入各种指令，并检查输出的结果。这种运维方式对运维人员的技能要求是比较高的，往往需要一段较长时间的培训与辅导，而且在实际操作中，容易出现各种人为差错。可视化的界面可以让运维操作更加友好、更加简单，让运维工作更加轻松，减少出错。

15.1.2 配置管理数据库

配置管理是数据中心运维管理系统架构的基础。下面首先介绍 CMDB 的 4 层架构，然后在此基础上进一步说明在 CMDB 设计中需要关注的 5 个要点。

1. CMDB 的 4 层架构

CMDB 之所以被称作数据中心的灵魂，是因为它在整个数据中心的运维工作中发挥了基础性作用。而配置管理作用的发挥，则基于其所管理的各项数据信息的完整性与准确性。只有配置管理系统里面所管理的各项数据是完整且准确的，能够供监控管理系统、运维操作管理系统和 ITSM 等系统使用，配置管理系统才算优秀。

分析一些金融机构不成功的 CMDB 建设案例可以看出，CMDB 最后往往沦落到只有登记管理的作用。这不仅在很大程度上造成使用人员的维护负担，而且往往由于数据不准确，CMDB 无法真正发挥作用。CMDB 所管理的各项数据是否完整和准确，和整体架构设计是分不开的。

CMDB 自下而上被划分为数据采集层、数据管理层、应用接口层和用户交互层，如图 15-2 所示。

（1）数据采集层 数据采集分为自发现自动维护和手工维护两种方式。在配置管理系统的设计和开发过程中，必须将提高配置管理数据的自发现自动维护比例作为重点，即实现自发现能力。

实现自发现能力的通用做法是代理部署，即在数据中心的各个服务器和网络设备中部署代理，通过代理监听服务器和网络设备的运行情况，自动采集数据中心的各类配置项，以及它们之间的隶属关系和依赖关系，并上传至配置管理服务器进行自动维护。一个好的配置管理能够实现 90% 的自动部署，有效保证配置管理系统的准确性，从而真正发挥配置管理的作用。

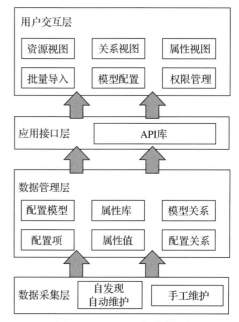

图 15-2 CMDB 架构模型

（2）数据管理层 数据管理层包括配置模型、属性库、模型关系、配置项、属性值和配置关系共 6 个模块。其中配置模型可以理解为数据模型，例如物理机、虚拟机、应用、网卡、软件等。配置项是配置模型的实例，例如具体的 1 台物理机就是 1 个配置项。

数据管理层用于描述模型数据和实例数据，以及它们之间的关系。这一层需要运维人员按照具体的应用场景来完成模型的构建。属性库属于模型的范畴，对于配置管理中的每一个属性，我们可以指定它的数据类型、值域要求等，以确保属性值的准确性和完整性。总结下来，运维

CMDB 实际上主要包括下面 4 种类型的数据。

- 硬件数据：物理机、宿主机、机柜、网络设备、网卡、硬盘、内存等。
- 软件数据：Docker、MySQL、Redis、Tomcat 等。
- 业务数据：应用、产品线、部门等。
- 关系数据：上面 3 种类型数据之间的关系。

（3）应用接口层　应用接口层就是 API 库，库中的接口同时服务于 CMDB 系统自身以及其他数据中心运维系统，包括监控管理系统、操作管理系统和 ITSM 等。API 主要对下层数据管理层的各数据模块实行接口抽象与封装，并对 CMDB 的用户交互层以及其他运维系统提供一套统一、透明的调用接口。

（4）用户交互层　用户交互层是 CMDB 用于直接访问的门户。核心功能主要包括资源视图、关系视图、属性视图、批量导入、模型配置和权限管理。

2. CMDB 的 5 个设计要点

在设计 CMDB 的过程中，我们需要特别关注如下 5 个设计要点。

（1）配置项的颗粒度　配置项是配置管理的基本单位。作为金融机构的运维管理单元，配置项的颗粒度过大可能无法满足运维管理的需求；过小可能导致资源投入和管理成本的增加。配置项的颗粒度决定了 CMDB 中信息的详细程度。

如果无法投入相应的资源实现 CMDB 的有效维护，CMDB 就无法保证数据的准确性，也就无法发挥应有的价值。配置项的颗粒度应与运维管理需求保持一致，由粗及细，循序渐进，逐步完善，在实际应用中保障 CMDB 数据的正确性。

（2）配置项的属性　配置项的属性也是构建 CMDB 时需要考虑的一个重要方面。属性太多则增加管理难度，太少则满足不了运维要求。配置项的属性设置以满足运维要求为原则，静态上可以定位配置的物理位置，动态上可以反映配置的运行属性，管理上可以反映配置的生命周期变化情况。

配置项的属性通常包括通用属性（例如标识、名称、描述、创建时间和修改时间等）和专有属性。其中专有属性因配置项的不同而不同。例如对于硬件，则专有属性主要是型号、MAC 地址等；对于软件，则专有属性主要是版本号、运行时间等。

（3）配置项的分类　CMDB 中的配置项非常多，需要进行有效的分类管理。分类往往采取多级分类的方式，如表 15-1 所示（该表所列举的配置项仅为示例）：一级分类可以分为硬件、软件；二级分类可将软件进一步细分为数据库、中间件、操作系统，将硬件进一步细分为网络设备、服务器、存储设备；三级分类可进一步区分具体的数据库软件、中间件、操作系统、网络设备、服务器和存储设备。

表 15-1 CMDB 配置项的分类

一级分类	二级分类	三级分类
软件	数据库	DB2
		Oracle
		MySQL
	中间件	WAS
		Tomcat
		Weblogic
	操作系统	Linux
硬件	网络设备	路由器
		交换机
		防火墙
	服务器	小型机
		PC 服务器
		数据库一体机
	存储设备	NAS 存储

配置项的分类不宜太多，通常以三级为宜。为便于管理，在配置项的编号设计中，也可以考虑配置项的分类分级。

（4）配置项的关系　完成配置项的属性设置以及分类管理后，可以通过 CMDB 维护配置项的关系。配置项的关系须尽量简洁，同样以满足实际运维管理需求为原则。

配置项之间的关系分为隶属关系和依赖关系两类。隶属关系是指一方的有效运行以另一方的有效运行为依据，造成隶属关系的主要形式是物理部署，例如数据库运行于某服务器之上，中间件运行于某操作系统之上。

依赖关系是指交互的双方协同运行的关系，双方不一定存在物理部署的关系，但是一方运行出现问题，往往导致相互之间无法进行有效交互，最终导致另一方也出现问题，例如数据库和中间件之间的依赖关系、上下游应用间的依赖关系等。

（5）配置管理数据的使用　一个完善的、数据准确的配置管理系统建成后，可以在数据中心运维管理中发挥巨大的作用。可以说，数据中心绝大多数的运维工作都离不开配置管理数据。下面简单列举配置管理的功能。

- ❑ 可视化展示：基于配置管理数据，可以从多个维度展示配置项的内容和关系，比如物理视图、逻辑视图。
- ❑ 监控部署：根据 CMDB，部署需要监控的对象，进行数据采集，包括事件触发策略和事件通知策略的部署。

- 故障检查：当出现故障后，可以根据配置管理中各配置项的关系，针对该故障涉及的对象进行检查。
- 自动化运维：包括程序自动启停、自动巡检等，以及后续自动化运维的实现，均离不开配置管理系统。
- 管理报表生成：生成数据中心管理所需要的各类报表，如配置统计报表、配置变更报表、事件报表等。

配置管理是数据中心运维管理的基础。后续数据中心的监控管理、操作管理和 ITSM 等系统的建设均离不开配置管理的支撑。

15.1.3 监控一体化管理

作为数据中心的眼睛，监控是数据中心运维技术体系重要的一环。即便是规模再小的金融机构，承载系统运作的数据中心也是非常复杂的运维架构体系，从底层的机房基础设施，到顶层的应用运行，涵盖硬件、软件、网络等方方面面的运行单元。任何一个单元的故障点都可能对金融机构正常业务的办理和经营的开展造成影响。部署全面、有效的监控体系，及时发现数据中心各运行单元可能存在的故障点，并及时加以处置，防范不可预知的运维风险，是保证数据中心生产运行稳定的重要一环。

本节首先探讨统一监控平台的架构设计，然后就监控的分类分级进行分析。

1. 统一监控平台的架构设计

统一监控平台是近年来数据中心监控设计的新理念，是将各类监控系统采集的监控数据纳入同一系统，实现统一管理，共同处理，关联分析，并将最终的结果统一展现、统一处置。统一监控平台可以很好地解决因监控工具多样化导致的监控管理复杂、报警处置混乱等问题。

如图 15-3 所示，金融机构的监控管理平台架构分为数据采集层、数据处理层和数据展现层。

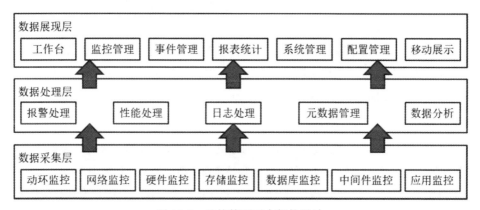

图 15-3　监控管理平台架构设计

（1）数据采集层　数据采集层包含多个种类的监控采集，由不同的监控子系统组成，包括动环监控、网络监控、硬件监控等。利用监控子系统采集监控信息数据，并将数据推向数据处理层。

- 动环监控：用于机房动力和环境的监控，主要靠各种感应设备实现。
- 网络监控：在不影响网络流量正常传输的前提下，通过网络旁路等手段，抓取网络包，实现对网络传输情况的分析与监控。
- 硬件监控：主要依赖网络设备的管理端口，通过管理端口获取硬件设备的运行信息，监控设备运行的健康状况。
- 存储监控：对存储设备的剩余空间进行监控。通常需要考虑不同系统的存储使用情况。
- 数据库监控：通常数据库系统自带的监听工具可以通过应用性能管理（Application Performance Manager，APM）等外置工具监控数据库的运行状态和性能变化。
- 中间件监控：主要依赖系统监控工具，监控当前的工作状态。对于 MQ 中间件，我们可以监控其队列的长度，从而判断是否出现拥堵。
- 应用监控：上述监控都是为了确保应用的正常运转。应用自身也应该有一套完备的监控机制。这套监控机制不能局限于监控应用自身，而是要实现端到端的监控，即从应用的发起方到最后的数据库访问等，均须监控到位。如果只是监控应用自身，则很可能被应用"假活"（应用线程还在，但是已经僵死，不再工作）所欺骗。

（2）数据处理层　数据处理层旨在将各监控系统的数据处理和分析功能剥离后，纳入统一的管理，进行综合处理和关联分析后，形成监控报警信息并推向数据展现层，具体包括报警处理、性能处理、日志处理、元数据管理和数据分析等模块。

数据处理层在整个监控体系中起着非常重要的作用，包括监控的分类分级，监控的整合、监控的关联分析等，均在数据处理层实现。数据处理层是实现监控处理平台准确、高效的关键环节。作为统一监控平台的数据处理层，将各类监控系统采集的监控数据纳入同一系统，实现统一管理、共同处理、关联分析，并将结果统一展现、统一处置，很好地解决了监控工具多样化导致的监控管理复杂、报警处置混乱等问题。

（3）数据展现层　数据展现层即最终呈现给运维用户的操控前台。完成监控信息和事件的统一展现和处置，包括移动端展现和处理的实现。对于数据展现层，往往需要考虑不同角色、不同岗位的多维展现的要求。

2. 监控的分类分级

监控体系建设的一个重要思想就是监控的分类分级。没有分类分级的监控等于没有监控，如果监控报警不区分主次，关键的告警事件就容易淹没于浩如烟海的告警中。

（1）系统等级划分　系统等级划分主要考虑系统的重要程度、系统损失和社会影响。根据该原则，将系统分成关键系统、重要系统、一般系统。

- 关键系统：业务范围为全国、全省、省内多个地市，有重大的社会影响，与公众利益密切相关的系统。具体包括面向客户、涉及账务处理且实时性要求极高的系统，或者与其他多个系统密切相关的系统。
- 重要系统：业务范围为一个或多个地市的部分地区，有一定社会影响，与公众利益有一定关联的系统。具体包括面向客户、涉及账务处理且实时性要求较高的业务处理类或业务管理类系统。
- 一般系统：对公众利益基本没有影响的系统。具体包括经营分析类系统、不涉及账务处理的业务系统、非直接面向客户的业务系统，以及面向内部管理、实时性要求较低的业务系统。

（2）监控告警等级划分　根据监控告警的紧急程度，将监控告警分成严重告警、一般告警。不同的告警级别应设置不同的监控指标阈值。

（3）监控指标分类　根据监控指标的重要程度，将监控指标分为三类——Ⅰ类、Ⅱ类、Ⅲ类。关键系统监控应覆盖Ⅰ类、Ⅱ类、Ⅲ类的全部指标，重要系统监控应覆盖Ⅰ类、Ⅱ类指标，一般系统监控应覆盖Ⅰ类指标。

统一监控平台是数据中心运维风险防范的关键，及时准确地发现数据中心运维的风险离不开统一监控平台的部署。同时监控部署的完整性和覆盖率也是监控体系建设的关键。金融机构的数据中心通常有一个监控覆盖率的考核指标，旨在追求对数据中心各个运维单元、各个应用的完整覆盖。只有这样，当数据中心的运维工作存在潜在的风险隐患时，才能被及时有效地发现。

15.1.4　操作一体化管理

对数据中心的运维工作，最终需要体现在具体的操作上。对数据中心运维风险的管控最终也体现在对数据中心操作风险的管控上，即操作一体机化的管理。业界普遍采用的方式是部署堡垒机。

堡垒机是在一个特定的网络环境下，为了保障网络和数据不受来自外部和内部用户的入侵和破坏，而运用各种技术手段监控和记录运维人员对网络内的服务器、网络设备、安全设备、数据库等设备的操作行为，以便集中报警、及时处理及审计定责。堡垒机的核心是可控及审计，其中"可控"是指权限可控、行为可控。

1. 堡垒机的架构设计

如图15-4所示，堡垒机分为代理部署和统一操控平台两部分。代理部署即在堡垒机管控的数据中心运维单元（包括主机、网络设备、操作系统、数据库和应用系统等）部署代理，实现远程代理管控。统一操控平台是堡垒机的主体，分为运维平台、管理平台、控制平台和审计平台。

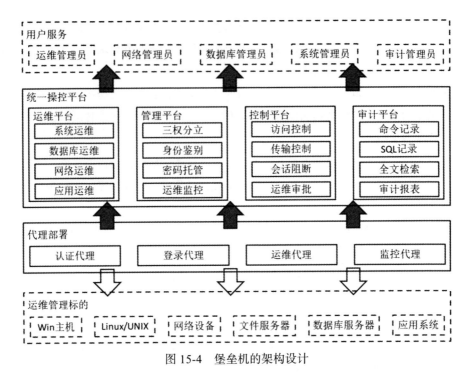

图 15-4　堡垒机的架构设计

（1）运维平台　运维平台包括系统运维、数据库运维、网络运维和应用运维。通过远程代理对堡垒机所管理的数据中心的具体运维单元进行运维操作。

（2）管理平台　管理平台实现对堡垒机运维操作的管理控制与事中监控，分为三权分立、身份鉴别、密码托管和运维监控。

- 三权分立，即实际运维人员的用户权限、堡垒机管理员权限和安全审计人员三者的权限分立。
- 身份鉴别，为防范操作风险，堡垒机的身份鉴别必须做到双因子认证，例如 USBKey、动态令牌、短信网关、手机 App 令牌等。
- 密码托管，即将数据中心各运维管理单元，包括主机系统、数据库、应用等的用户名和密码托管在堡垒机中，实现密码管理。
- 运维监控，即对所有通过堡垒机的操作进行录屏监控，以便追溯。

（3）控制平台　用户通过堡垒机对数据中心主机、数据库、系统和应用进行访问控制、传输控制、会话阻断。运维操作需要的审批或者双人复核等控制也是在控制平台中实现的。

（4）审计平台　审计平台用于审计用户对堡垒机的运维操作，包括命令记录、SQL 记录等。对于敏感操作命令提供全文检索，并在需要的时候定期出具运维审计报表。

2. 堡垒机的高可用与逃生机制

在通过堡垒机实现对生产运维操作的严格管控之后，堡垒机的高可用就成了非常重要的风险点。一旦堡垒机的可用性受到影响，会影响整个生产运维工作的正常运行。特别是在出现紧急应急处理的时候，堡垒机突然出现故障可能给数据的运维带来巨大的风险。

鉴于堡垒机的重要性，我们需要对堡垒机服务器做本地高可用部署，确保一台堡垒机出现故障后，另外一台堡垒机能够接管全部运维操作请求。对于实现同城双活部署的机构，堡垒机同样要做到同城双活部署。

除堡垒机的高可用部署之外，还需要考虑逃生机制，即在堡垒机的高可用在不可预见的突发情况下完全失效，堡垒机完全无法使用的情况下，要有快速切换的手段，实现无堡垒机管控下对生产主机、数据库、系统和应用等的应急操作。

15.1.5 IT 服务管理

ITSM 是帮助数据中心对信息系统的规划、研发、实施和运营进行有效管理的高质量方法，是一种方法论，强调的是流程、人员和技术三大要素的结合，缺一不可。ITSM 平台则是实践 ITSM 方法论的工具和技术，一个优秀的 ITSM 平台可以按照 ITIL 的理念将数据中心的管理流程规范化、标准化，明确定义各个流程的目标和范围、成本和效益、运营步骤、关键成功因素和绩效指标、有关人员的责权利，以及各个流程之间的关系，确保数据中心高效准确运行是运维风险管理的关键。

1. 架构设计

基本的 ITSM 平台架构从下至上分为底层支撑、基础服务和综合服务，如图 15-5 所示。

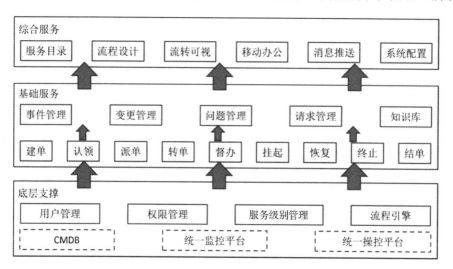

图 15-5　ITSM 平台架构图

（1）底层支撑　CMDB、统一监控平台和统一操控平台（如图 15-5 中虚线标识部分）属于 ITSM 平台的底层支撑。ITSM 平台对数据中心运维的管控，依赖数据中心的部署和实现。

ITSM 平台的底层支撑服务包括用户管理、权限管理、流程引擎和服务等级协议（Service Level Agreement，SLA）服务级别管理。其中流程引擎是 ITSM 平台的关键服务，灵活的流程引擎使 ITSM 流程可灵活配置，为后续 ITSM 的流程设计和流程管理提供快速实现的技术底座。为确保数据中心的 IT 服务能够满足最终用户的需求，SLA 服务级别管理会对 ITSM 平台的管理进行过程控制和度量。

（2）基础服务　基础服务是 ITSM 管理平台的重要能力组成，该层次进一步细分为两个子层次。

基础服务的下层是根据数据中心独立的运维管理流程的生命周期，构建建单、认领、派单、转单、督办、挂起、恢复、终止、结单等基础服务单元。

基础服务的上层是基于流程引擎，将底层的服务单元串接，结合数据中心运维管理流程的要求，进一步构建事件管理、变更管理、问题管理、请求管理等较高层次的服务功能。

（3）综合服务　综合服务是 ITSM 服务功能的综合展现，属于更高阶的部分，包括服务目录（用于形成 ITSM 目录树）、流程设计（用于依赖流程引擎设计运维管理流程）、流转可视（实时展现每个流程的流转进度和结果）、移动办公（支持 ITSM 操作的移动化处理）、消息推送和系统配置等。

2. 建设 ITSM 平台重点考虑的问题

ITSM 平台的建设与其他运维管理系统的建设整体是一致的，下面主要阐述 ITSM 平台建设中需要重点考虑的问题。

（1）用户调研　ITSM 平台不同于 CMDB 和监控平台，除了面向科技人员外，更多的是面向金融机构的各业务部门，是全行各业务部门寻求 IT 服务的重要渠道。ITSM 平台的 UI 设计很友好，在确保合规的前提下，各类 IT 服务需求的完整、准确采集都是 ITSM 系统功能设计考虑的重点。ITSM 平台并非一个业务系统，需求方和主管方仍属于科技条线，即业务部门并不会像其他金融机构业务系统一样，会提出一个清晰、完整的业务功能需求书。那么这种情况下，一个妥善的解决方案即在 ITSM 功能设计阶段主动发起对用户的调研，特别是对业务用户的调研。

设计一个优秀的调查问卷，准备好可充分挖掘用户需求的调查问卷，了解业务部门对 IT 服务的需求类型、业务部门对 IT 服务改进的诉求，并将其充分纳入 ITSM 的功能设计当中，有助于提升 IT 服务能力，提升科技条线对业务部门的服务水平。反之，可能产生相反的效果，在很大程度上影响业务部门对科技部门的认可。

ITSM 功能设计阶段的用户调研不仅是不可或缺的，也是要重点投入的。这一环节，务必安排有经验的专家重点参与。

（2）SLA 协议的纳入　IT 服务管理必须以与业务部门签订的 SLA 协议为准，ITSM 平台的功能设计应同步考虑纳入 SLA。在 ITSM 平台中提供 SLA 服务水平的统一定义和管理，帮助按需定义工单 SLA，确保 SLA 的定义符合要求；对 SLA 进行持续的监控和评估，保证 IT 服务的质量，提升 IT 服务管理水平，具体包括如下内容。

- 个性化的 SLA 评价标准：支持以自然时间或者工作时间为评估标准，确保评估的合理性。
- 灵活的 SLA 配置：根据工单类型及工单内容来定义和匹配 SLA，保证评估的精确性。
- SLA 逾期提醒：定义 SLA 逾期消息提醒，保证工单响应及处理的及时性。
- SLA 处理升级：定义 SLA 逾期转派工单，保证工单按时完成。

在运维一体化体系的架构规划中，配置管理、监控一体化和操作一体化都属于数据中心内部能力的建设，可以简单地理解为数据中心自身安全稳定运行的重要保障。作为金融机构的数据中心，最终要为业务运营、客户服务提供 IT 服务，而 ITSM 平台作为数据中心对外服务的重要窗口，其建设内容和水平就显得愈发重要了。

一个优秀的 ITSM 平台是金融机构数据中心对外服务水平的直观体现，也是运维风险管理的重要考量之一。

运维风险的防范在于数据中心运维各环节的整体协同，这是一体化运维管理的基本思想。一体化运维的建立，实现数据中心运维管理的协同与共享，也为后续运维标准化、自动化和智能化的建设打下坚实的基础。

15.2 运维的标准化、自动化和智能化

从数据中心运维技术体系的分析中可以看出，金融机构的数据中心运维工作是非常复杂的。随着金融机构数据中心规模的发展，仅依靠个人经验的手工运维已经无法满足数据中心运维风险的管控要求。特别是对于中小型金融机构，由于数据中心运维人员有限，仅靠手工运维，必然给数据中心的生产运维工作带来极大的风险。为此，实现数据中心运维的标准化、自动化和智能化，已经成为金融机构数据中心运维的必然发展方向。

如图 15-6 所示，数据中心运维管理的发展分为纯手工运维、标准化运维、自动化运维和智能化运维 4 个阶段。

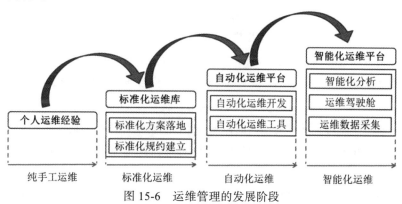

图 15-6　运维管理的发展阶段

- 纯手工运维阶段凭借的是数据中心运维人员的个人经验。
- 标准化运维阶段则是通过标准化规约和标准化方案，实现运维的标准化。该阶段的标志是标准化运维库的建立。
- 自动化运维阶段则是基于已经形成的标准，开发自动化运维工具，甚至为数据中心运维人员提供开发者平台，实现自动化运维开发。该阶段的标志是自动化运维平台的建立。
- 随着大数据技术和人工智能技术的运用，数据中心运维同样也可以借助新技术，采集数据中心的运维数据，形成运维数据集市，并基于此实现智能运维驾驶舱的展示和生产运维数据的智能化分析与处置。该阶段到来的标志是智能化运维平台的建立。

15.2.1 运维标准化建设

运维标准化工作的目标是通过建立的标准化规约，从各运维单元的命名、资源的使用、系统和应用的安装与部署、运维参数的配置等方面进行规范和统一，形成标准化的方案，从而达到提高运维管理效率，减少和避免运维差错，为后续运维自动化打下坚实的基础。运维标准化分为标准化规约建立和标准化方案落地两个部分，最终的目的是形成数据中心标准化运维库，包括标准化的运维管理规范、标准化变更库和标准化的应急预案等。

1. 标准化规约的建立

建立标准化规约需要梳理数据中心各运维管理单元的实际状况，并基于系统和应用的需要，通过与架构师和应用开发人员的协同，建立一套完整的运维部署规范。

- 网络：建立网络设备的命名规范、防火墙策略的开通原则、负载均衡的可用性探测要求等。
- 操作系统：包括主机的命名标准、主机的目录使用标准、系统的版本基线、系统账号的管理标准、系统权限的管理标准、系统的标准化配置和系统的标准化部署等。
- 中间件：包括选型标准、版本基线、安装规范、部署规范和性能参数调优标准等。
- 数据库：包括选型标准、版本基线、安装规范、部署规范和初始化配置标准等。
- 应用：包括部署要求、目录使用规范、日志和临时文件的输出规范等。

标准化规约所涵盖的领域是非常多的，而且针对每一个领域而言，往往都有进一步的细分。例如操作系统可能分为 Linux、Unix 和 Windows，中间件可能分为 WebLogic、Tomcat 和 WAS，数据库可能分为 Oracle、DB2 和 SQL Server，应用可能分为 OLTP 型应用和 OLAP 型应用。

可以说，每一个细分领域都有不同的标准和要求。标准化规约的梳理和建立工作是非常复杂的。为确保标准化规约建立后能够切实发挥效果，我们在制定规约的过程中，必须遵循如下原则。

- 必要性原则：对于每一项标准都仔细论证必要性，判断能否为自动化带来收益。由于标准化对于已有环境的改造代价非常大，谨慎选择当前收益最大的标准化进行改造，比较符合精益的思想。如日志路径是否进行标准化，由于对所有应用都需要改造，可考虑将日志路径作为配置项进行保存，解决日志统一处理的自动化要求。

- 最小代价原则：结合各企业的情况，多数存在即视为事实标准，这样的标准化改造代价也是最小的。如制定数据库版本标准时，大部分应用的版本已经确定，其他版本逐步向标准版本靠拢。
- 唯一性原则：同一类型的组件只保留一个，减少技术复杂度。如文件传输统一使用通用组件，凡是使用文件传输协议（File Transfer Protocol，FTP）、安全文件传输协议（Secure File Transfer Protocol，SFTP）等方式进行文件传输的，都视为非标准。
- 可落地原则：制订标准需要考虑是否具备改造可行性，标准的落地无论通过流程控制，还是通过生产变更（自动化或手工），都需要符合企业管理流程及技术可行性。建议统一采用自动化的作业平台进行标准化落地，一方面可以提高自动化的复用，另一方面保证标准可以统一、快速地落地。
- 可持续原则：所有的标准化首先应该是可以监控的，也就是说能通过配置管理进行评价。其次标准需要根据具体情况进行升级，结合可落地性原则，当标准变更后，需要保证标准可以持续落地。
- 责任边界原则：各类型的标准根据管理职责确定管理责任人、标准执行人。管理责任人组成的标准化委员会负责标准的制订及评价，而标准执行负责人（运维人员）负责根据标准进行标准化落地。

标准化规约的建立是一个非常复杂的过程，不是数据中心内部运维人员的简单工作就能够完成的，涉及运维、开发以及系统引入等多个领域，需要信息科技部的全体成员统一协作与配合。组织内部需要对标准化建设的重要性达成一致，建立标准化意识，并明确标准化建设的目标，建立持续性的优化和改进机制，确保标准化规约的有效性和可落地。

2. 标准化方案的落地

标准化方案的建立与验证仅是万里长征的第一步，只有切实地将规约落地，并应用到日常的运维工作中，才能体现标准化的价值。标准化方案验证通过后，基于整个IT运维环境的推广实施必须充分考虑标准化过程中的成本与风险。

对于已投产上线的生产业务系统与后续新入网的业务系统，建议评估其难度与风险成本，区分重要程度与系统类型，结合应用系统升级与更替的节奏，采用分步式落地方案，降低标准化方案落地的风险。

（1）新建环境标准化

- 根据标准化规约，从标准库中选择适用的服务器、数据库、中间件等，作为应用架构设计的基础。

- 应用部署到生产环境之前进行资源自动分配，资源分配参考标准环境资源配置。
- 作业中心根据应用情况进行环境搭建，创建所需的操作系统、数据库、中间件等。通过配置中心获取创建环境所使用的版本等信息，自动搭建符合目前标准的环境。
- 通过作业中心进行自动部署，完成新应用上线。
- 应用自动纳入配置中心，进行持续标准化监控，进入持续标准化循环。

（2）已有环境标准化

- 标准库在配置中心进行配置，并且作为标准化监控的参照物。如果标准有变更，需要同步进行标准配置变更。
- 配置中心通过自动采集的方式获取运维对象的生产配置信息。
- 定期进行运维对象采集信息与标准配置的比较，生成运维标准化程度报告，报告包括每个运维对象的标准化程度及不符合标准的明细项。
- 标准不符合项通过作业平台或外部应用改造进行标准化改造，如数据库版本标准化；而应用参数的标准化，则需要在运维平台外部进行改造。
- 标准化改造执行后，通过配置中心的自动采集，再次进行标准化评估。
- 标准化评估 - 标准化改造 - 配置自动采集，形成一个闭环，持续进行标准化的监控及改造。

标准化规约和标准化方案实施落地后，将形成数据中心的标准运维库，包括标准化规范库、标准变更库和标准化应急预案库等。这些标准库的建立成为后续数据中心快速实现运维自动化的基础。

15.2.2 运维自动化建设

通过运维标准化，数据中心形成了运维标准化库，那么基于标准运维库，数据中心运维人员可以通过开发和部署标准化的自动运维脚本，快速推进数据中心运维自动化的进度。运维自动化阶段分为自动化运维工具的部署和自动化运维开发平台的搭建两部分。简单而言，这两部分可以代表数据中心运维自动化实现程度的两个阶段。运维自动化的最初阶段，主要是各种不同的自动化运维工具的引入和使用，在达到一定规模和水平后，统一的可管控自动化运维平台建设就成了运维自动化的必然产物。

1. 自动化运维工具

引入自动化运维工具，可以实现生产运维操作的自动化，包括版本的自动发布、自动安装部署、系统的自动化配置和定期的自动巡检等。如图15-7所示，自动化运维工具的开发，除基于运维标准化库外，更是基于运维技术体系，包括CMDB、一体化监控、一体化操作和ITSM等。

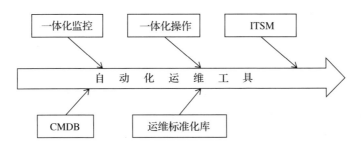

图 15-7　自动化运维工具鱼骨图

建立运维标准库后，数据中心就可以尽快引入自动化运维工具。网络、主机、数据库、系统和应用的各类标准化规范的建立和实施落地，很大程度上实现了数据中心运维部署和配置的标准化。基于此，自动化运维工具可以根据标准化命名、标准化的策略快速完成开发，达到自动化运维的要求。例如，应用临时文件的存放目录实现标准化规范后，对于应用在运行过程中大量产生的临时文件，就可以开发统一的自动化工具进行定期的自动清理。此外，运维标准库中的标准变更库和标准应急库，同样也可以串接到自动化工具中，在条件触发的情况下自动运行，实现自动运维。

CMDB 系统里面准确地记录了数据中心各配置项的信息，包括各配置项的关联信息，同时也提供了对外提供数据消费能力的 API。自动化运维工具所提供的版本自动发布、自动安装部署、系统的自动化配置和定期的自动巡检功能均可以通过调用 CMDB 的 API，获取准确的配置项信息，为自动化运维的最终实现提供数据支撑。

一体化监控与自动化运维工具结合后，自动化快速应急处置就启动了，例如批量中断的自动重提、应用服务重新拉起、故障自愈、数据库自动重连、系统资源不足情况下的自动扩容等。

归纳和提取鉴别一体化监控报警特征，有利于有针对性地提供快速处置的自动化脚本。将常规、重复性的操作纳入自动化应急处理，一方面可以减少运维人员的工作压力，另一方面可以通过机器的敏捷响应大大提升应急处理的效率，提升系统的业务连续性水平。

为确保自动化运维的操作同样做到可管控和可审计，自动化运维工具的开发同样要考虑与一体化操作体系相结合，即在必要的情况下，自动化运维操作也尽可能通过堡垒机完成，或者在完成后，通过堡垒机留下可追溯的痕迹。

ITSM 与自动化运维工具结合后，经常性发生、重复性较强的变更处理就可以自动对接 ITSM 与自动化运维工具。在变更流程完成后，按照变更单约定的时间，自动执行变更脚本，完成约定的变更操作，从而有效解决了 ITSM 流程与设计变更操作的不一致问题（即通常说的变更管理和变更操作"两张皮"问题）。

采用自动化运维工具的主要目的是完成重复性强、能够准确定义、标准化实施的运维操作：一是可以减轻运维人员的工作压力；二是可以减少人为不可控因素产生的差错；三是在应急情况下可以实现应急的快速处置，从而确保生产运维的安全，提升数据中心的生产运维风险管控能力。

2. 自动化运维开发平台

自动化运维工具如果缺乏统一的集成和管控，就很容易出现各自为政的情况。各种不同的自动化运维工具往往不能站在全局的角度去思考问题，造成开发工作重复，边界不清晰，甚至功能冲突的情况，这是自动化运维需要规避的问题。自动化运维开发平台从整体的角度实现对运维工具的集成和统一管控，可以清晰地划分不同运维团队的自动化运维边界，真正实现运维端到端的自动化服务。

自动化运维开发平台的建设应考虑平台的可重用性与易用性，在架构设计与实现中须遵循以下建设原则。

- 整体性：自动化运维平台属于运维一体化体系架构的一部分。建设自动化运维开发平台应考虑与运维一体化体系的其他成员实现充分的结合。
- 原子化：自动化运维平台应尽可能对运维操作进行拆解，必要时，应建立细粒度的原子操作组件库。
- 标准化：自动化运维平台应从输入、输出、操作规范、安全控制等方面对自动化运维工具进行规范性约束。
- 安全性：自动化运维平台不能对被管理的系统及其所在网络的正常运行造成影响，必须保证业务系统的安全性和连续性。数据安全、访问安全、审计都应是基本要求。
- 开放性：自动化运维平台应尽可能采用模块化设计，便于根据信息系统的变化加以调整，同时又是一个可扩展的系统，以满足日后的功能增减。

自动化运维开发平台能够让运维人员根据自身需要，灵活开展自动化运维的创新，是一个提升运维人员技术水平，提升运维人员工作效能的舞台。通过自动化运维开发平台，数据中心运维人员可以将日常操作中经常需要进行的重复操作纳入自动化执行，一方面可以规避一些复杂操作对于人工的依赖，另一方面可以减轻运维人员的工作负荷。

整体而言，国内绝大多数金融机构在运维自动化方面都已经有了较多的探索和实践，并取得了非常好的效果。技术是在不断进步的，随着近年来大数据和机器学习的引入，智能化运维的概念已经被提出，并已经有很多金融机构开始去尝试和探索，这为运维管理的发展开启了一个全新的阶段。

15.2.3 运维智能化建设

运维智能化是运维自动化更进一步的提升和发展。运维自动化更依赖于流程控制，即将运维人员手工操作的流程用机器取代。而智能化则是在自动化的基础上增加了机器的"思维"，这个"思维"来源于大量的运维数据以及机器学习的算法,数据和算法是运维智能化的两个关键要素。

1. 运维数据的采集

智能化运维建设的第一个关键要素就是数据。数据是金融机构数据中心重要的资产,除了业务数据,各个金融机构数据中心也积攒了多年的运维数据,包括基于数据库的结构化数据和系统日志的半结构化数据,这为智能化运维建设奠定了良好的基础。

运维数据采集主要分为数据治理和建设运维大数据平台两步。

(1)数据治理 运维数据采集的过程中,数据的完整性、可靠性、及时性都是需要关注的问题,数据治理成为运维数据采集的第一步。运维数据的数据治理,可以伴随着运维标准化同步进行。在标准化的过程中,对运维数据的输出进行规范,确保运维数据的完整性、可靠性和及时性。例如,在标准化的过程中,我们会对应用系统的日志输出进行规范,包括日志输出的内容要求、格式要求等,这些都属于数据治理的一部分。

除运维标准化推动的数据治理之外,也需要对运维数据进行抽取、转换、加载(Extract、Transform、Load,ETL)处理,即对各应用系统输出的运维数据进行清洗,过滤不必要的干扰数据,提升智能运维分析的准确性。

(2)建设运维大数据平台 数据治理完成后,应建设运维大数据平台,通过运维大数据平台实现各类运维数据的集成存储与关联分析。运维大数据平台的组成包括监控数据、日志数据和配置信息等,如表15-2所示。

对于金融机构的数据中心而言,在运维大数据平台建设的过程中,需要注意两个问题。

一是对于大数据量、非标准化的数据分析与处理要做到轻量化。对金融机构的数据中心而言,每天的业务和运维数据都是海量的,每天就会产生TB级别的数据。数据指标选择、数据采集技术和数据计算效率决定了数据分析处理的时效性。对于智能监控而言,要做到对系统或应用分钟级甚至秒级的告警,数据监控和数据异常检测需要做到轻量化。

二是运维数据的存储应考虑存储成本,避免过大的支出。与其他大数据平台应用一样,运维大数据平台同样可以根据实际需要

表 15-2 运维大数据平台数据组成

运维数据种类	具体数据
监控数据	设备监控数据
	系统监控数据
	数据库监控数据
	中间件监控数据
	应用监控数据
	安全监控数据
	动环监控数据
	统一告警事件
日志数据	系统日志
	应用日志
	网络日志
	设备日志
	安全日志
配置信息	CMDB
	变更管理

选取不同的技术平台，例如关系型数据库 Oracle、MySQL 等，或者分布式存储 Hadoop 等。需要注意的是，由于数据中心的运维数据量非常庞大（每天 TB 级的输出量），因此运维大数据平台的存储一定要选择廉价的方式，避免存储成本过高。

2. 运维驾驶舱

在运维大数据平台建设的基础上，为了更好地实现运维数据的展现和使用，我们可以引入运维驾驶舱。运维驾驶舱可以为管理层的决策提供及时有效的参考数据以及预警信息，成为运维管理决策的重要利器。就像汽车和飞机上的仪表盘，运维驾驶舱随时显示数据中心关键系统的运行指标以及生产运行情况。

运维驾驶舱的实现离不开运维数据，特别是在实现了运维大数据平台之后，运维驾驶舱的实现就变得更加容易了。

运维驾驶舱的展现分为桌面端和移动端。桌面端是按照运维管理大屏的展现需求进行设计的，注重的是用户界面（User Interface，UI）设计；移动端即在手机端展现运维管理并具有一定的交互功能，须同时考虑 UI 和用户体验（User Experience，UE）的设计。

运维管理驾驶舱在具体的功能特性上需要考虑以下几点：一是需要考虑数据展现的完整性，即生产运维的关键指标，如资源使用率、实时交易率、总交易量等；二是需要考虑数据展现的条理性，即需要进行一定的分类摆放，不同类指标应分区域甚至是分屏展示；三是需要考虑预警信息展现的实时性，因为运维管理往往需要快速发现、快速决策，所以对于预警信息一定要实时展现，便于实时决策。

3. 智能化运维分析

数据只是智能化运维的第一个关键要素，有了数据后，我们可以开始进行智能化运维分析，这就涉及智能化运维的第二个关键要素——算法。算法是智能化运维的核心，有了结构化的数据，我们就能做到数据分析与预测，对于动态监控场景，我们也能生成监控的动态阈值。可以说，有了算法的加持，才是从自动化到智能化转型的关键因素。这里以智能化运维中最普遍的智能监控场景为例，详细介绍智能化运维算法。

（1）智能化运维算法的运用　引入机器学习算法可以对即将发生的运维故障进行预告。在没有实现智能监控之前，告警机制大多基于单一指标的分布和阈值来判定，误报率非常高，而且在时效上具有一定的延迟。在传统告警的基础上，引入改良的时间序列模型对单一指标进行预测；引入机器学习的聚类算法解决与多个指标相关联的异常问题，并根据专家经验制定相应的规则抓取异常数据，以此提高异常识别的准确性。同时，将告警规则与预测结果相结合，也可以达到预警的效果，提前获知未来可能发生的运维问题。这不仅为问题排查和应急处理争取到了宝贵的时间，也能通过提前处置，避免因 IT 故障所导致的业务影响。

综合运用机器学习的多种算法，可以大幅提升告警的准确率。对于多指标、多数据源、复杂场景下的故障根因定位,首先在采集方面因为各监控应用系统的分割和独立,采集数据的时间做不到完全统一;其次,在复杂运维场景下,适用于多指标的算法定位问题的准确性普遍偏低,单一的算法无法同时满足高准确性和少误报的告警需求,需要将多种算法进行集成,同时通过规则对告警进行收敛,以减少不必要的告警,达到提升告警准确率的效果。

(2)智能分析决策组件　基于机器学习的各类算法,我们可以构造不同的智能分析决策组件。当前在金融机构数据中心智能化运维方面,存在较多探索的,主要是运维知识图谱组件和动态决策类组件的运用。

运维知识图谱类组件是通过多种算法挖掘运维历史数据,得出运维主体各类特性画像和规律以及运维主体之间的关系,形成运维知识图谱,如图 15-8 所示。

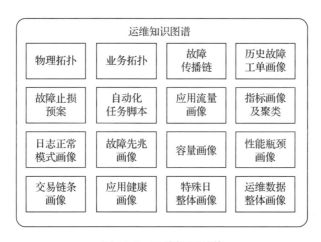

图 15-8　运维知识图谱

动态决策类组件则是在已经挖掘好的运维知识图谱的基础上,利用实时监控数据进行实时决策,最终形成运维策略库。实时决策主要有异常检测、故障定位、故障处置、故障规避等,如图 15-9 所示。

实现运维数据采集,构建运维大数据平台,在此基础上,引入机器学习算法,构造不同的智能决策分析组件,智能化运维平台即呼之欲出。智能化运维平台是自动化运维平台的升级,也是当前金融机构数据中心提升运维管理水平的发展方向。

在金融业竞争日趋激烈的今天,数据中心运维的自动化和智能化水平也已经是金融机构之间比拼软实力的关键指标,因为这在很大程度上决定着金融机构数据中心防范运维风险的水平。然而对多数金融机构而言,数据中心的自动化和智能化水平不是一蹴而就的,必须根据实际情况和需求,循序渐进、小步快走地向前发展,在确保生产管理水平稳步提升的同时,逐步提升运维自动化和智能化的能力,提升自身的运维风险防范水平。

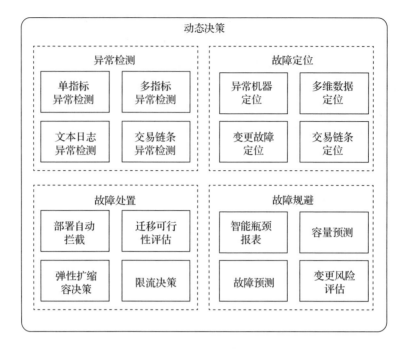

图 15-9　运维动态决策组件

15.3　本章小结

本章首先从金融机构运维管理风险防范的角度出发,重点论述了金融机构数据中心运维技术体系的组成,并从运维架构部署方面重点讨论了运维技术体系中各成员的具体实现。然后结合当前金融机构运维自动化和智能化的发展方向,阐述了金融机构数据中心运维体系先标准化再自动化,先自动化再智能化的发展路径,并针对每个阶段给出了可供借鉴的方法论。

数据中心运维风险管控是信息科技风险管控的重要课题,运维自动化和智能化概念的引入使得这个话题更加火热,本章限于篇幅仅说明了其中一部分重点工作,相信在实际的运用中我们可以发掘出更多的话题,待各位读者在工作中加以体会。

第 16 章 金融机构基础设施系统

金融机构须建立一个全方位的业务连续性保障体系,其中既包括管理体系,也包括技术体系。本章将在业务连续性整体管理框架的基础上,进一步深入剖析金融机构基础设施技术架构,探讨数据中心机房、网络与存储等基础设施架构,结合金融机构灾备体系建设方法论,阐述两地三中心的架构体系,并对常见问题进行分析。

16.1 金融机构基础设施基本组成

金融机构基础设施的稳定性是保障业务连续性的关键,基础设施通常包括数据中心机房、网络通信系统、存储及主机系统、数据库系统、虚拟化、云平台及两地三中心灾备体系等。

近年来监管部门对业务连续性管理趋严,加上技术的快速发展,绝大多数金融机构已建设了数据中心机房;在业务需求及技术发展的双重驱动下,基础通信网络也从最初的简单分区架构发展到当前的软件定义网络架构;在集中存储高可用架构不断完善的同时,分布式、对象存储也随着业务场景的需求逐步发展与完善;虚拟化、私有云也在金融机构得到大量应用。根据技术的发展,金融机构持续更新与优化基础架构,不断完善业务连续性保障,建成了两地三中心灾备体系,同城双活架构已得到了广泛应用。总的来说,金融机构业务连续性保障体系已基本完成,业务连续性得到了较大的提升。

金融机构基础设施系统的各部分均是业务系统持续运行的基本保障,主要部分如下。

1. 数据中心机房

数据中心机房是金融机构底层的基础设施,出现任何故障均有可能带来巨大损失。机房的建设与运维管理涵盖了建筑与结构、给排水、电气技术、暖通、通信、消防、智能化等多个领域。金融机构总部的数据中心机房须按《数据中心设计规范》（GB 50174—2017）中 A 级机房标准的要求建设，在冗余的基础上可在线维护，为业务系统提供持续稳定的基础服务。

2. 网络通信系统

网络通信系统是以机房基础设施及综合布线系统为基础，连接所有信息系统的关键设施。随着云计算、大数据和移动互联网技术的飞速发展，金融机构对网络架构的设计不仅在稳定性与安全性方面提出更高的要求，还要求能够快速响应敏态业务，金融机构须在保持网络系统的整体可靠性的基础上，根据发展趋势，调整与优化网络系统架构，满足业务发展的需求。

3. 主机与存储系统

主机与存储系统是金融机构业务系统运行的关键基础设施，主机的主要特性包括性能、可靠性、可用性、可服务性、可管理性；存储系统保存着金融机构的核心业务数据，不仅要求安全、可靠，还需要匹配业务信息系统对存储的性能要求，既能适应大量顺序文件读写，也能适应高 I/O 的联机交易类数据库文件读写。而在保障业务方面，存储系统的同步机制、故障情况下的仲裁机制也非常重要。

4. 虚拟化与云平台

虚拟化与云平台的核心理念是从抽象资源中创建可用的环境。在虚拟化技术中通过虚拟化监控程序来实现对物理硬件的监控，并抽象机器中的各项资源，创建多个虚拟主机。当前虚拟化架构有寄居架构和裸金属架构两种，寄居架构是在操作系统之上安装和运行虚拟化程序，依赖于主机操作系统对设备的支持及物理资源的管理，而裸金属架构就是直接在硬件上面安装虚拟化软件，再在其上安装操作系统和应用，依赖虚拟层内核和服务器控制台进行管理。

云平台是一种抽象、汇集和共享网络中可扩展资源的 IT 环境，包含各种裸机、虚拟化或容器软件，以底层硬件为基础，提供计算、网络及存储等服务。

5. 两地三中心

为应对区域性自然灾害或数据中心整体性生产事故，两地三中心成为金融机构标配的灾备模式。其中两地是指同城、异地，三中心是指生产中心、同城灾备中心、异地灾备中心。同城灾备中心是指在距离主数据中心数十公里可独立承担关键系统运行的灾备中心，同城两个数据中心具备基本等同的业务处理能力，并通过高速链路实时同步数据，日常情况下同城灾备中心分担业务系统的运行功能，灾难情况下可在基本不丢失数据的情况下快速切换，保持业务连续运行。异地灾备中心是指在距离主数据中心数百公里的异地城市建设灾备中心，实现远程数据备份及突发事件下关键业务的恢复。异地灾备中心通常为冷备方式，而近年来，随着技术的发展，也出现了金融机构建设多地多活数据中心容灾模式。

16.2 金融机构数据中心机房的建设

数据中心机房肩负保障信息系统安全、稳定、持续运行的重要任务，承担着银行业务开展、金融科技创新不可或缺的保障作用，是金融机构业务连续性保障的重要组成部分。数据中心机房建设是非常复杂的系统工程，涉及建筑与结构、给排水、电气技术、暖通空调、消防、智能楼宇等方面。因专业技能欠缺、重视程度不够、资金投入有限等原因，金融机构数据中心机房可能存在规划不合理、设计有缺陷、关键模块建设不科学的现象，甚至因此产生了影响业务连续性的生产事件。实践表明，数据中心机房建设首先是做好前期的规划设计，其次就是把控好配电与暖通等关键系统的建设。

16.2.1 数据中心机房规划设计的问题与方法

在数据中心机房建设初期，金融机构均希望数据中心具有前瞻性、性价比高、扩展能力强、可靠性高等特点。而建成后的数据中心多存在规模不合理、系统可维护性差、安全与稳定性不足、能耗大、维护成本高等问题。造成这些问题的原因有很多方面，而规划设计的不科学、不规范是关键原因之一。

1. 数据中心机房规划设计的问题

规划设计是数据中心机房建设非常重要的环节，直接影响后续施工及机房的可靠性。经调研了解，当前个别金融机构在数据中心机房建设的规划设计阶段普遍存在如下问题。

（1）缺少规范的决策流程　数据中心机房建设是一项投资大、技术复杂的系统性工程，规划设计须遵循业务驱动的原则，充分分析业务战略及 IT 发展目标，在高层管理人员的高度重视及牵头组织下，形成数据中心建设需求，并以此制定科学合理的建设目标。如果设计缺少决策流程，在规划设计阶段，凭主观臆断确定功能指标，不切实际地追求规模及高可用等级，整体方案未进行论证，就会导致数据中心机房建设定位不准确、投入大、管理难度高、业务连续性保障不足等问题。

（2）重施工、轻规划设计　数据中心机房建设须遵循从规划设计到施工的实施路径，在合理规划与设计的基础上，开展施工建设才能做到有的放矢。受经验、能力及费用投入等方面的限制，建设主管部门与相关人员容易陷入重施工、轻规划设计的认知误区，如先开展设备选型、后进行整体方案设计，以至于出现机房分区不合理、人/物流通道混乱、整体架构逻辑不清晰、建设成本不可控等问题。

（3）重设备、忽视系统、缺乏全局意识　数据中心机房的设计须以整体可用性为目标，按局部服从整体、设备服从系统的方法，将各功能模块进行集成，摆脱各功能模块简单堆砌的设计方式。在实际执行时，以设备选型为主导，忽视系统的整合，重设备、轻系统、重局部、忽视大局的情况普遍存在。如供电系统采用 2N 设计，配电电缆却使用同一路由管道，导致个别子系统的短板影响整个数据中心机房的可用性。

（4）忽视系统可维护性设计　数据中心机房在规划设计阶段需要考虑投入使用后的可维护性，在出现故障时，可以快速修复也是提高可用的关键指标。前期设计忽视对后期的维护，部分金融机构数据中心机房的建设由办公室或基建部门承担，运维管理部门前期规划参与少，设计与实施方案未考虑后期的运维，导致建成后设备维修空间小，故障发生时，应急物资无法快速搬运。

（5）设计方案缺乏科学论证　系统可用性是数据中心机房规划设计的重要指标，在设计阶段须分别对各子系统进行可用性论证，并根据子系统整合推导机房的整体可用性。数据中心机房的整体可用性应是各子系统可用性的乘积。因缺乏专业人才，对设计公司或厂家过于依赖，整体设计方案缺乏科学的论证，存在评估数据中心机房可用性时仅以某一关键设备的可用性为依据的情况，甚至存在建设完成后再反推机房等级的情况，这种本末倒置的方式非常容易导致数据中心机房出现关键缺陷，造成较大的安全风险隐患。

2. 数据中心机房的设计理念

随着金融机构业务的快速发展，信息化的步伐不断加快，特别是在金融科技的背景下，对数据中心机房的要求也越来越高，建设一个满足业务发展需求且可靠的数据中心机房，同时又能充分利用绿色节能技术降低数据中心能耗，是当前金融机构数据中心机房规划设计的重要目标。

（1）全生命周期设计理念　金融机构数据中心机房的生命周期通常在 15 年左右，生命周期内经历 3~4 代 IT 系统的升级换代，按当前金融机构系统的增长趋势，再过 15 年，机柜总量将增长 3 倍，耗电量将增长 5 倍。在进行数据中心机房建设时，应从全生命周期着手，遵循总体规划、分期建设的原则，做好时间安排，确定分阶段建设、升级的关键点，并充分考虑未来的运维管理计划。

（2）高可用理念　安全可靠是数据中心机房建设的核心要求，通过高可用方案保障数据中心安全可靠，在规划设计时须确保基础环境、电力、制冷能力等匹配可靠性目标，具备与业务连续性需求相匹配的冗余能力及灾难备份能力。

（3）整体性设计理念　数据中心机房整体性设计理念主要体现在两个方面，一方面是规划设计不仅考虑技术层面，也要把业务战略及科技需求作为整体来考虑；另一方面是在规划设计的同时，考虑运维模式与管理流程，将前期规划设计与后期运维管理有机结合。

（4）智能化设计理念　数据中心机房智能化管理是当前的主要发展方向，在大数据、人工智能、云计算等技术的驱动下，数据中心机房的规模快速增长，传统人工维护模式已无法满足管理要求，须在动态制冷、电力控制、巡检、安全防控、日常管理等方面充分考虑智能化手段。

（5）可扩展性设计理念　数据中心机房具有使用周期长、资源需求逐年增长的特性，在设计上须基于资源增长趋势考虑可扩展性。通过模块化的设计思想，实现空间与容量的快速扩展。

（6）绿色节能理念　绿色节能是数据中心机房规划设计的重要目标，根据需求确定各项节能指标,并采用先进技术手段及科学的管理流程,实现数据中心机房绿色节能。

3. 数据中心机房的设计依据

数据中心机房建设涵盖建筑与结构、给排水、电气技术、暖通空调、消防、智能楼宇等多个专业,各专业领域也出台了相应的国家标准或行业规范,在建设过程中,不仅要考虑实际需求与资金投入,也要遵循相应的标准与规范。目前国内数据中心机房建设均以《数据中心设计规范》(GB 50174—2017)为总纲,并参考《数据中心电信基础设施标准》(ANSI/TIA—942)进行设计与建设,相关标准及规范如下。

(1)总体规范与标准

《数据中心设计规范》明确数据中心机房分级依据,并对各级别机房选址、周边环境、建筑结构、供配电、制冷系统、综合布线、消防与安防等方面提出了明确的技术规范指标。

《数据中心电信基础设施标准》包括数据中心空间与布局、配电与制冷系统、布线路由、冗余、分级标准。

(2)监管与行业标准

- 《商业银行数据中心监管指引》
- 《JR/T 0131—2015 金融业信息系统机房动力系统规范》

(3)建筑与结构规范

- 《电子计算机场地通用规范》(GB/T 2887—2011)
- 《建筑装饰装修工程质量验收规范》(GB 50210—2021)

(4)电气技术规范

- 《供配电系统设计规范》(GB 50052—2019)
- 《低压变配电设计规范》(GB 50054—2019)
- 《民用建筑电气设计标准》(GB 51348—2019)
- 《建筑物防雷设计规范》(GB 50057—2019)

(5)暖通规范

- 《采暖通风与空气调节设计规范》(GB 50019—2015)
- 《通风与空调工程工质量验收规范》(GB 50243—2016)

(6)消防规范

- 《建筑设计防火规范》(GB 50016—2014)
- 《火灾自动报警系统设计规范》(GB 50116—2013)

4. 数据中心机房规划设计流程

数据中心机房规划设计受多种条件与因素的制约,包括规模、预算、升级要求、可靠性级别、管理模式等,完善的规划设计包括业务需求分析、IT 需求分析、需求细化、方案论证、方案设计与成本匡算六部分。

（1）业务需求分析　根据业务战略及科技规划，对未来业务发展规模进行预测和估算，评估数据中心机房使用生命周期内的业务规模，并据此确定数据中心的战略定位、用途、建设目标。

（2）IT需求分析　根据业务发展规模的预测结果，以行业最佳实践为标准，对应用系统的规模和数量进行评估，在充分考虑业务连续性目标与IT硬件资源架构的基础上，评估所需的硬件设备数量及机柜空间需求，并以此推导数据中心机房建设规模及高可靠性目标。

（3）需求细化　通过业务需求分析、IT需求分析及关键方案分析论证，已明确了数据中心建设的定位、规模及整体架构。在此基础上，对各子系统的需求进行进一步细化，结合运维管理、投资回报率等方面综合考虑，形成完整的建设需求。

（4）方案论证　在明确建设规模与高可靠性目标的前提下，开展总体容量的计算与论证，根据建设标准进行不间断电源及供配电方案论证。由用电需求推导数据中心制冷需求，同样根据标准与能耗指标要求，制定合适的制冷解决方案。

（5）方案设计　根据需求分析及方案论证，结合场地限制条件，在满足规范标准的前提下进行方案设计。

（6）成本匡算　按设计方案进行建设成本的匡算，统筹考虑投资回报及资金能力因素，综合权衡工程成本。

5. 数据中心机房规划设计的重要因素

通过上述介绍，我们已经了解了数据中心机房设计存在的主要问题及设计的基本流程，并对设计规范与标准进行全面的梳理与总结。做好数据中心机房的规划设计，关键在于把握重要因素，主要体现在如下方面。

（1）数据中心机房选址　选址是规划设计的基础，选择合适的场地是数据中心机房持续安全运行的先天条件，需要对地理条件、市政配套、周边环境等方面进行调研与综合考量，详细评估，并得到决策层的认可。

判断地理条件是否符合建设数据中心机房的要求，需要分析的因素包括地震、洪涝、沉降等自然灾害的发生概率，环境温度、湿度、空气含尘浓度等情况，发生战争威胁的可能性等。可通过查阅水文地质资料，走访气象部门等方式，结合地缘政治因素综合考虑，避免选择不适合的区域建设数据中心机房。

市政配套重点包括水电供应、通信资源、交通等方面。在水电供应方面，须资源充足并稳定供应，确保建成后数据中心机房能持续稳定运行；在通信方面须确保资源丰富，服务保障可靠；在交通方面，须提供便利的公共交通，使得数据中心的日常维护、供应商支持、突发事件的应急处理可以得到快速响应；周边环境则要求选址应远离产生粉尘、油烟、有害气体，以及生产或贮存具有腐蚀性、易燃、易爆物品的场所，避免选择强振源、强噪声源、强电磁场的场所。

（2）空间平面布局　数据中心机房的平面规划设计体现了数据中心的设计思想，在规模、可用性等级、能源效率、扩展计划、运维管理等方面有了较明确的目标后，才能较准确地完成平面规划，平面布局与数据中心的配电、制冷及建成后的运维管理有着密不可分的关系。重点包括四点。一是数据中心出入口须单独设置，从人流、物流及维护流等方面进行路由规划设计，尽量避免交叉。人流通道入口应设置在人员活动区域，物流通道入口尽量靠近机房区，同时在物流通道入口处还应配置设备拆箱与测试用房区。二是总控中心、值班室等人员活动较多的区域，尽量与数据机房、设备用房分区布置。三是从配电、制冷等方面综合考虑，按低、中、高不同机柜功率密度分区布局，便于供电与制冷系统的针对性设计与管理。四是合理设置强电管井、弱电管井、水管井、风管井等，管井的设置遵循上下对称原则，减少线缆、管道敷设距离。

（3）供配电系统　供配电系统是机房规划与方案设计的核心，在规划设计时重点把控如下几个方面。一是高可靠性，金融机构数据中心机房的配电系统按全冗余的标准设计，且冗余架构的切换逻辑应达到容错标准。二是可扩展性，因数据中心机房的使用生命周期较长，一次性按规划建设虽然解决了扩容施工的问题，但投入成本大，前期资源使用率偏低的问题非常明显。按总体规划，分步实施的原则，在设计供配电系统时，须解决近期与远期的关系，并以扩容施工风险小为原则做好接口的预留设计。三是投资性价比，供配电系统是整个数据中心机房建设中成本最高的模块，在保障设计满足标准要求时，需要充分考虑此部分设备投入的性价比。

（4）制冷系统　制冷系统不仅是数据中心机房持续运行的关键模块，也是能否实现节能环保、降低运行成本的核心部分，在设计时应重点把握总体热负荷、末端制冷方式及制冷系统评估三部分。

- 总体热负荷：按平均功率密度计算整个机房设备的总发热量，结合场地其他因素的发热量，综合确定机房的总体热负荷。
- 末端制冷方式：目前数据中心机房主流的末端制冷方式主要分为传统房间级精密空调、列间制冷精密空调两种。采用传统房间级空调，当单柜功率密度达到 8kW 时，向服务器前端提供均匀且足够的冷空气将变得非常困难，因此高功率密度机柜应采用列间制冷精密空调，机柜的上下进风温度保持一致，保证有足够的冷空气带走热量。需要特别注意的是，末端空调的选择会直接影响机房的平面布局。
- 制冷系统评估：目前主流的制冷系统包括直接膨胀式系统、冷冻水空调系统。直接膨胀式系统具有安装维护简单的特点；冷冻水空调系统更容易采用节能技术，但在运行维护上比直接膨胀式系统复杂，须在综合评估数据中心机房的能耗指标需求及运行管理能力的基础上，选择适合的制冷系统。

（5）绿色节能设计　随着国家对节能环保要求的不断提升，金融机构应充分考虑绿色节能设计，通过对冷热气流组织的优化设计，结合液冷、分布式供电、模块化机房等方案，辅以动力环境系统与IT设备运行状态的精准适配技术实现绿色节能。同时研究自然冷源、系统余热回收等技术，降低数据中心的电源使用效率（Power Usage Effectiveness，PUE）。

16.2.2 数据中心机房关键模块的建设

数据中心机房建设及运维管理涉及土建、供配电、暖通、综合布线、消防、安防、自动化、智能化等一系列专业，而供配电系统及暖通系统又是数据中心机房的重中之重。

分析近年来金融机构数据中心安全风险事件，绝大多数是由配电系统或制冷系统引起的，如某城市商业银行，因配电系统中下级配电开关容量大于上级开关容量，在机房内末端发生短路时，上级配电开关跳闸，导致机房内大面积供电中断，造成重大的生产安全事件；某银行末端供电电缆采用单一路由经过保护等级较低的区域，在该区域发生火灾时，途径该区域的供电电缆遭毁坏，导致数据中心设备供电中断，最终造成业务长时间中断的重大生产安全事件。

造成此类事件有设计与建设方面的原因，也有运维管理方面的原因，对于金融机构而言，建设与维护一个安全可靠、持续稳定运行的数据中心，重点是把控关键的供配电系统与制冷系统的建设与运维。

1. 供配电系统

数据中心机房供配电系统是从高压市电接入，经高低压转化及一系列配电转换与保护措施后，为后端负载提供电力的整套系统，包括外部配套供电资源、高低压配电、不间断电源（Uninterruptible Power Supply，UPS）、自动开关系统、柴油发电机等。建设要求总体为连续、稳定、平衡。

- ❏ 连续：通过市电接入及后端配电的冗余与保障措施，为后端负载提供连续的供电，在发生市电短暂（秒级到分钟级）中断时，有合适的 UPS 及配电逻辑，保障后端设备不会有任何中断。在中断时间较长（数分钟以上）或有计划性停电时，有柴油发电机系统提供电力保障。
- ❏ 稳定：电源电压与频率稳定，波形失真小。
- ❏ 平衡：三相电源平衡，即相位平衡、电压平衡与电流平衡，后端负载在三相之间平衡分配，保护供电设备与负载。

金融机构数据中心机房通常按照《数据中心设计规范》并参考《数据中心电信基础设施标准》的要求进行设计与建设。两项标准对于供配电系统的要求如表 16-1、表 16-2 所示。

表 16-1 《数据中心设计规范》机房分级及电气系统要求

机房等级	A 级	B 级	C 级	备注
供电电源	应由双重电源供电	宜由双重电源供电	两回线供电	
供电网络中独立于正常电源的专用馈线电路	可作为备用电源	—	—	

(续)

机房等级	A 级	B 级	C 级	备注
变压器	$2N$ 个	$(N+1)$ 个	N 个	A 级也可以采用其他避免单点故障的系统配置
后备柴油发电机系统	$(N+X)$ 个，冗余 $(X=1\sim N)$	$(N+1)$ 个，当供电电源只有一路时，须设置后备柴油发电机	不间断电源系统的供电时间满足信息存储要求时，可不设置柴油发电机	
后备柴油发电机的基本容量	应包括不间断电源系统和制冷设备的基本容量	—	—	
柴油发电机燃料储存量	满足 12 小时用油	—	—	应防止滋生柴油微生物
不间断电源系统配置	$2N$ 个 或 $M(N+1)$ 个（$M=2$、3、4）	$(N+1)$ 个	N 个	N 个 $N\leqslant 4$
	一路 $(N+1)$ 个 UPS 和一路市电	—	—	满足国标中不间断电源系统和市电电源系统相结合的供电方式要求
	$2N$ 个或 $(N+1)$ 个	—	—	满足国标中不间断电源系统和市电电源系统相结合的供电方式要求
不间断电源自动转换旁路	需要		—	
不间断电源手动维修旁路	需要			
不间断电源系统电池最少后备时间	15 分钟，柴油发电机作为后备电源	7 分钟，柴油发电机作为后备电源	根据实际需要确定	
空调系统配电	双路电源（其中至少一路为应急电源），末端切换。采用放射式配电系统	双路电源，末端切换。采用放射式配电系统	采用放射式配电系统	
变电所物理隔离	容错配置的变配电设备应分布在不同的物理隔间内	—	—	

表 16-2 《数据中心电信基础设施标准》数据中心分级及电气系统要求

机房等级	T1	T2	T3	T4
总体要求	基本型，无冗余。允许单点或多点故障，不要求在线维护	组件冗余型，单路由。允许单点或多点故障，不要求在线维护	在线维护型，系统冗余，双路由。不允许单点故障	容错型，系统冗余，不允许单点故障，可在线维护

(续)

机房等级	T1	T2	T3	T4
供电电源	单路市电	单路市电	双路市电	双路市电（来自两个不同的变电站）
变压器	N 个	N 个	$(N+1)$ 个或 $2N$ 个	$2(N+1)$ 个
后备柴油发电机组	可以不设置，若设置，则容量应满足设备及暖通设备要求	需要设置，容量应满足设备及暖通设备要求	$(N+1)$ 个，在容量满足设备及暖通设备要求时，增加一台备用设备	$(N+1)$ 个，在容量满足设备及暖通设备要求时，增加一台备用设备
后备柴油发电机燃料存储量	8 小时	24 小时	36 小时	72 小时
不间为电源系统配	N 个	$(N+1)$ 个	$(N+1)$ 个	$2N$ 个或 $2(N+1)$ 个

综上，在满足金融机构数据中心机房供配电体系总体要求的基础上，应深入相关标准要求，详细了解国家及行业标准对各配电子模块的要求。下面从变配电系统、柴油发电机、UPS系统及供配电系统常见问题4个方面分别进行介绍。

（1）变配电系统　变配电系统是负责电压转换、电流分配的系统，其主要目的是将电源的电能分配给机房环境及设备使用，也就是将电能自电源侧传输、分配给用电设备。变配电系统主要由连接导体、开关、变压器、配电装置、配电设备等相互连接构成。

金融机构数据中心供电可建设10kV高压两回路供电系统，从不同区域变电所引两路专线电力电缆作为正常工作电源，通过变压器完成高低压转换。两路电源采用双母线分段方式运行，两端母线独立运行并互为备用，当一路电源故障时，通过自动/手动操作母联开关，由另一路电源负载全部负荷。进线、母联开关之间设电气连锁，任何情况下只能有两个开关处在闭合状态，高低压配电室、变压器室及电力电池室独立布局且贴近负载设备，供电距离最短，损耗最低，可以大量节省金属导体的电损，达到节资节能的目的。

高压市电引入后，由配电系统完成电力的传输与转化，低压配电系统侧采用双母线分段方式运行，主要包括电气连锁、自动转换开关（Automatic Transfer Switch，ATS）及低压配电系统。其中电气连锁通过主进开关预设与联络开关之间的转换逻辑，保证任何情况下只能有两个开关处在闭合状态；而ATS是根据监测电源电路状态的结果，将一个或几个负载电路从一个电源自动转换到另一个电源；低压配电系统的主要作用是电能分配，将上级电能按照设计要求、标准及规范分配给后端不同类型的用电设备，包括配电装置及配电线路。配电装置包括断路器、空气开关、负荷开关、控制开关、继电器及计量设备。

常见的配电方式有放射式、树干式、链式，金融机构数据中心机房通常采用放射式，即由总配电箱直接分配给下端分配电箱或末端负载。由于后端负载独立取电，供电故障一般不影响其他回路，具有可靠性高、控制灵活等特点，但也具有成本高、灵活性差等缺点。

金融机构变配电系统架构参考如图 16-1 所示。

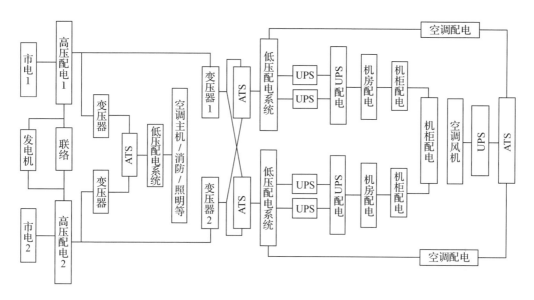

图 16-1 变配电系统结构图

（2）柴油发电机 《数据中心设计规范》要求，金融机构 A 级数据中心机房须配置后备柴油发电机，在市电中断时为负载提供电源保障，并根据容量配置储油罐，以满足不小于 12 小时的耗油要求。柴油发电机因设备复杂、使用频率低，且金融机构人员专业技能不足的问题，在设备选择、建设与日常维护方面困难较大。下面从选型标准、容量计算与重点注意事项三方面进行分类介绍。

金融机构数据中心机房后备柴油发电机组持续运行有两种情况，即长时间的市电中断或 UPS 系统灾难性故障。柴油发电机应能为所有的负载持续供电，应按照持续功率标准来选择，即在运行条件下，按制造商规定的维修间隔和方法实施维护与保养。具体要求如下。

- 稳态电压偏差（稳态电压调整率）正负偏差小于 1%。
- 瞬态电压偏差（瞬态电压调整率）正偏差小于 20%，负偏差小于 15%。
- 电压调制（电压波动率）0.3%。
- 电压恢复时间（电压稳定时间）≤4s。
- 稳态频率调整率≤3%。
- 瞬态频率正偏差小于 10%，负偏差小于 7%。

在市电中断时，柴油发电机应该最大限度地满足应急负荷的启动及供电容量的要求。若容量较小，则电动机启动时电压降过大；若容量过大，则运行经济效益差。因此应根据负荷大小、类别等进行综合考虑，根据金融机构的负载性质，通常采用稳定负荷计算发电机容量。

对于大型数据中心机房，数量较多的冷冻机组启动时对发电机容量的影响比较大，采用适当的分组，错开启动时间，以减少发电机的总容量。柴油发电机容量还受海拔、大气压力、负载谐波、使用环境温度等因素的影响，会不同程度地影响柴油发电机机组容量。

后备柴油发电机系统是非常复杂的，对技术人员的要求高，需要在柴油发电机的建设与运维过程中重点关注如下问题。

- ❑ 良好的运行环境：柴油发电机组应安装在通风良好、环境清洁，且靠近主要用电设备及配电室的机房内，机房应设置排风设施；在设计前期须充分考虑建筑布局与造型；机房内不能放置能产生酸、碱等腐蚀性气体的物品。
- ❑ 保障储油容量及安全：因为 A 级机房柴油发电机燃储存量可供使用时间为 12 小时，而储存燃料具有一定的危险性，所以发电机组较多，储油量较大时，应分组设置。
- ❑ 设置合理安全的启动信号：发电机启动信号有不同的采样方案，其信号的数量和逻辑复杂程度各不相同，须与供配电的整体处理逻辑统一考虑。
- ❑ 制定正确的启用顺序：数据中心市电中断后，需要根据负荷的重要性与紧迫性制定启用的顺序，根据启用的顺序，设置不同的延时启用顺序，通过各路发电机馈电回路的电动操作，实现自动延时与错时启用。
- ❑ 控制多机并机风险：发电机并机数量增加，风险也随之增加，完成并机运行启动的时间也越来越长，因此并机运行发电机的数量不宜太多，《民用建筑电气设计规范》（GB51348—2019）规定，备用柴油发电机并机台数不宜超过 7 台。
- ❑ 充分考虑负载匹配：非线性负载有容性及感性两种，而 IT 设备均为容性负载，功率因数超前，在直接由柴油发电机供电时，应特别注意在发电机选型时考虑带容性负载及非线性负载的能力。
- ❑ 注重工程验收：柴油发电机组选型的功率参数一般采用持续功率，在工程验收时须带载测试运行 12 小时以上，以充分验证设备长时间运行的可用性。
- ❑ 制定维护机制：柴油发电机通常长时间不需要使用，设备故障可能很多，需要建立定期维护机制及应急预案，通过启动发电机负载测试及应急演练，检验设备的可用性，提高维护人员的应急能力。

（3）UPS 系统　UPS 系统是安装于电力系统与负载之间的电气装置，为后端负载设备提供稳定可靠的电源。

当市电正常时，不间断电源将市电稳压后提供负载使用，此时 UPS 电源相当于交流市电稳压器，同时对电池进行充电；当市电中断时，UPS 将电池的电能通过逆变转换向负载提供交流电源，主要作用如下。

- ❑ 停电保护作用：市电电网瞬间停电时，将蓄电池直流电源转换成交流电继续为负载供电。
- ❑ 稳压作用：为设备提供稳定的电压电源，保障设备的正常运行并延长使用寿命。
- ❑ 谐波失真保护作用：电力经由输配电线路传送至使用端时，电压波形失真，基波电流发生变化产生谐波，为设备提供稳定、高品质的电源，有效提高设备的运行效率和使用寿命。
- 稳定频率作用：提供稳定的频率，确保设备正常工作。

UPS 的主要性能指标包括输入特性与输出特性，输入特性表示对输入电网的具体要求，输出特性指经 UPS 电源转换后输出的电能质量。

输入特性的主要指标如下。
- 输入电压：为保证 UPS 发挥最大的效能，UPS 输入电压应在额定电压的 ±10% 内。
- 输入频率：输入频率指标表示 UPS 正常运行时所要求的电网频率范围，当输入频率超出设备范围时，禁止旁路切换。
- 输入功率因数：低的输入功率因数将产生大的无功功率，严重的还会影响其他用电设备的正常运行，标准要求输入功率因数在 0.95 以内。
- 输入保护：输入电源发生故障或输入电压、频率超过规定范围，能立即转为蓄电池供电，不出现中断。

输出特性的主要指标如下。
- 输出电压：UPS 电源输出电压的变化范围为 220V 的 ±1%～±5%。
- 输出容量：UPS 输出容量为后端设备所能提供的供电容量，即为 UPS 的视在功率。
- 输出频率：逆变器由蓄电池提供直流电能工作时的输出频率，要求输出频率为 $50\times(1\pm0.5\%)$Hz。
- 输出电压的波形失真度：输出电压为正弦波时，允许的最大波形失真度（或谐波含量）上限为 5%。
- 额定负载功率因数：功率因数为不间断电源输出的有功功率 P 与视在功率 S 之比，一般为 0.8 或 0.85，以 0.8 最为普遍。

（4）供配电系统常见问题　通过调研分析，金融机构数据中心机房供配电系统的常见问题如下。
- 供配电系统的设计和实施不匹配。设计无法有效落地，设计和施工出现匹配偏差的问题，设计阶段需要充分考虑施工现场的实际情况和未来运维的便捷性。
- 供电系统普遍存在过度规划及设备利用率低的问题。供配电系统建设施工难度大，往往以"一次到位"的方式规划与采购供电设备，在投入运行初期，实际负载非常低，导致能源效率低下、建设费用及服务费用巨大的问题。应以总体规划适当超前，建设实施分步执行的方法，以模块化扩展的方式解决后续扩容的问题。
- STS 对 UPS 双总线系统的影响问题。在 2N 系统中，通常采用 STS 的方案解决单电源的供电问题，而 STS 在电池逆变工作时，要电压同步，必须在 UPS 间加总线同步器。在实际运行中，会出现一组 UPS 故障诱发另一组 UPS 故障的现象，系统恢复后发现被

- 诱发故障的一组 UPS 一切正常，甚至找不出故障原因。对于少量单电源的负载设备，后端宜采用小型转换时间小于 10ms 的机械式转换 ATS，满足供电需求且不破坏两路 UPS 的隔离功能。
- 双总线 UPS 供电系统中 UPS 再冗余的问题。冗余系统已成为普遍采用的提高系统可用性的主要措施。在设计时，存在着一种错误的观念，即冗余程度越高越好。结果是系统过于复杂，设备堆积，不仅预期的系统可用性难以实现，且大大提高了建设成本与运维复杂度。
- 串联系统的可靠性是该系统连接的所有子系统可靠性的乘积，一味增大某一环节的可靠性，对整个系统的可靠性没有帮助。根据可靠性模型计算比较，对于 UPS 组成的 2N 系统和冗余 UPS 组成的 2N 系统，两者可靠性基本一致，而投入成本、维护复杂度则大大增加。

2. 制冷系统

数据中心使用的服务器、交换机等 IT 设备，在运行中会产生大量的热量，为保障 IT 设备稳定运行，需要制冷系统保持数据中心机房的温度在设备正常运行的范围之内。

（1）制冷系统的发展趋势　随着数据中心的规模越来越大，绿色节能已成为数据中心机房建设重要的评价标准，在新型数据中心机房的建设中，"高可用""动态按需冷却""高密度制冷"是制冷系统的发展趋势。

- 高可用：制冷系统需要按冗余或容错设计，设备出现故障时，冗余设备及应急方案可以保障数据中心正常运行。
- 动态按需冷却：随着虚拟化及云计算技术的快速发展及应用，服务器的发热量在时间与空间上会有波动，所需冷却量也随着业务量的变化而变化，这就要求数据中心机房制冷系统能适应这种变化趋势，提供动态按需制冷能力。
- 高密度制冷：随着硬件技术的发展，服务器的体积减小，而功率越来越大，随着高密度 IT 设备的广泛应用，数据中心单个机柜的功耗不断提高，需要解决机房高密度局部过热的问题。

（2）冷负荷的评估方法　数据中心制冷系统的根本目标是把负载设备产生的热量带走。冷负荷包括如下几个部分。

- 设备散热冷负荷。机房内设备散热是冷负荷的主要部分，绝大多数设备生产厂商均能提供计算机设备的电功率及散热量，设备电功率 97% 以上转换为冷负荷。
- 围护结构的传热量形成的冷负荷。主要包括外围护结构（外墙、屋顶、架空楼板）的传热冷负荷和内维护结构（内墙、内窗、楼板）的传热冷负荷。
- 人体散热形成的冷负荷。人体散热与进入房间的时间及人员数量有关，包括显热冷负荷和潜热冷负荷。
- 照明散热形成的冷负荷。照明设备的散热也分为对流和辐射部分，其中对流部分形成瞬时冷负荷,辐射部分先由室内表面物体吸收,再通过对流的方式形成冷负荷。
- 新风形成的冷负荷。机房内要保证正压,需要不断向机房内补充新风,新风冷负荷中包括显热和潜热形成的冷负荷。

以上冷负荷中,2~5 项形成的冷负荷占比较小,为 5%~20%,大部分冷负荷为机房内设备发热造成的显热冷负荷。

(3) 制冷系统常见解决方案　数据中心机房制冷系统通常分为直膨系统、冷冻水系统、自然冷却与机械制冷相结合系统三类,在新建数据中心时须根据机房大小、气候条件、配套资源供应能力、建筑物的特性、IT 设备需求、机房定位等来确定制冷系统的技术方案,选择适合的系统。采用多系统冗余配置时,可综合考虑各系统之间的优劣势进行最佳搭配。

- 风冷直膨系统:属于分体式独立控制系统,分为室内机与室外冷却两部分。风冷直膨系统制冷剂经压缩机做功后,形成高压气体制冷剂,进入冷凝器后放出热量,由此形成冷热循环。风冷直膨系统具有设计安装简单、可靠性高的特点,但室外机需要较大空间,能效比低,适合于机房规模较小的低密度机房。
- 水冷直膨系统:同样属于分体式独立控制系统,室内机与风冷直膨系统类似,室外冷却设备包括冷却塔或干冷器及水泵,通过冷却水系统实现冷热循环。水冷直膨系统的冷凝器在室内机内部,制冷循环系统在机组内完成,制冷效率较风冷直膨系统高;通过冷却水管道将机组连接,不受距离限制;缺点在于数据中心机房内部有水循环,施工相对复杂,较风冷直膨系统维护复杂,适合于机房规模较小的低密度机房。
- 冷冻水系统:属于集中式控制系统,包括冷水机组、冷冻水泵站、冷却水泵站、冷却塔、热交换器及末端空调。冷冻水系统最大的优势在于能效比高,对于规模大的数据中心机房,较直膨系统具有较大的节能优势,但施工与维护复杂,维护成本较高。

(4) 制冷系统常见问题及解决方案　数据中心制冷系统是一个非常复杂的综合系统,经常会出现一些问题而影响系统的可用性,包括机房内局部热区、系统容错能力低、制冷效率低、运行成本高等问题,通过调研总结与研究,金融机构机房制冷系统的常见问题如下。

- 气流短路循环问题。数据中心机房冷热气流流向合理制冷系统的效率至关重要,常见的气流短路包括机架内直接循环、冷热气流混合等,通过冷热通道的隔离,将输送到机柜内部的冷气以最节约、有效的方式全部输送给散热设备,机柜内的热量沿指定方向输送出机柜,同时设备间空隙使用盲板遮挡,不引起热气回流,减少冷气流供应量,提高整个空调系统的制冷效率。
- 制冷方案不支持高功率密度机架持续运行。金融机构数据中心机房大部分按 4kW 的平均功率密度设计,而数据中心机房使用周期往往经历三四代设备的更替,根据 IT 设备功耗的摩尔定律,设备功率将不断增长,部分设备功率密度可能会超出平均设计密度,导致机房局部过热。在规划设计时,须考虑高功率机柜区域的设置,设计符合高功率需求的制冷区域，消除局部热区问题。
- 空调系统温湿度设置问题。对于多台制冷设备的数据中心机房，因回风气流的湿度不一致、设备的温湿度传感器校准不一致、制冷设备的湿度设置问题，导致机房精密空调设备会相互抵消湿度，机房能耗大。须做好制冷系统设置管理，并采用空调系统集群联动技术，实现各空调根据环境状态进行联动调整。
- 机架布局与设备分布不合理。机柜空间的布局会影响机柜的温度。合理的机柜布局目标是控制空气循环，即避免冷空气在到达设备进气口前与热空气混合，通过将机柜按行排列，采用冷热通道技术可以大幅降低短路循环现象。

16.3 两地三中心的建设与运维

金融机构的业务连续性涉及国家金融安全与社会稳定，各金融机构也基本按监管要求完成了两地三中心的建设。特别是近年来，较多金融机构开展了同城双活的落地实施，甚至部分金融机构开展多活数据中心的探索与尝试，业务连续性得到了很大的提升。与此同时，从金融机构的业务连续性案例来看，还存在一些问题。

一是基础架构缺陷或高可用不足，出现了数据中心设备级故障，影响了业务系统正常运行。

二是灾备中心采用的冷备方式或双活架构并不完善，在应对数据中心级别的故障时，不能短时间内切换，或主数据中心发生灾难时，同城灾备中心并不能充分承担金融机构业务的运转。

三是数据中心之间基础架构相互依赖、相互影响，一个数据中心出现问题，也会影响另一个数据中心，灾备没起到应有的作用。

针对上述情况，从业务连续性的视角出发，本节将针对两地三中心的灾备体系展开讨论。

16.3.1 主数据中心

从金融机构现状及业务特性来看，主数据中心仍是业务连续性保障的根本，做好主数据中心基础架构的高可用建设与维护，对保障业务连续性起着决定性作用。下面将对主数据中心网络系统、存储系统、数据库系统、虚拟化与云平台等方面进行分析。

1. 网络系统

近年来，随着云计算、大数据和移动互联网技术的飞速发展，金融机构对网络系统不仅在稳定性与安全性方面提出了更高的要求，还需要其具备响应敏态业务发展能力。金融机构在保持网络系统整体可靠性的基础上，还需要根据发展趋势，调整与优化网络系统架构，满足业务发展需求。

(1）金融机构网络系统总体架构　金融机构网络系统总体架构采用"功能分区，垂直分层"的设计理念，在功能分区方面，根据功能的重要性等级划分不同区域，有利于安全控制；在垂直分层方面，根据通信控制逻辑与特性分为核心层、汇聚层、接入层，有利于流量管控、故障隔离。金融机构网络系统总体架构如图 16-2 所示。

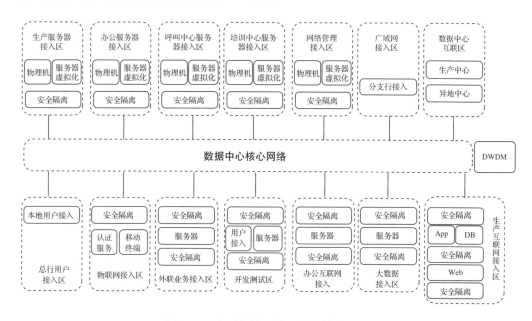

图 16-2　金融机构网络系统总体架构图

金融机构业务系统非常复杂，涉及核心业务处理、第三方业务接入、互联网应用发布、分支机构上联总行、两地三中心互连等。各场景的数据流量类型、特性、安全访问需求等各有差别。根据业务流量的特性，结合安全访问的需求，金融机构应将基础网络进行分区建设，使流量管理界面清晰，网络安全等级层次明了，并可有效地进行安全流量控制。同时分区建设控制网络广播与路由风暴，安全性与稳定性能够达到监管部门的要求。金融机构网络分为服务提供网、骨干互连网、用户接入网。

为进一步提升网络的可靠性、安全性及性能，将特定功能区域中的网络分为核心层、汇聚层与接入层。这样的分层设计，便于对每一层的功能需求和设计目标进行分类，有利于分层管理、分层运维和故障隔离。核心层主要用于在区域之间或区域内部进行高效数据转发，同时为多个汇聚层提供连接性，要求容量大、可靠性高、延迟低。汇聚层起到承上启下的作用，汇聚接入层的流量，然后转移到核心层。通常可以利用汇聚层完成一些特殊的任务，例如安全控制、路由转发控制、网络分析等。接入层主要负责终端设备、服务器等接入，包括虚拟局域网（Virtual Local Area Network，VLAN）标记及流量的二层转发。

（2）业务形态的变化对网络架构的影响及网络架构的演进　金融机构网络架构受业务需求

与技术发展的驱动,目前经历了 3 个典型的阶段,绝大多数的金融机构处于第二或第三阶段。

网络架构第一阶段,以模块化、层次化为典型特征,按照"水平分区、垂直分层"设计,且逻辑架构与物理布局紧密耦合。具体特点是物理资源限制在功能分区内,无法实现分区共享;功能分区与物理设备绑定;采用多生成权协议(Multiple Spanning Tree Protocol,MSTP)及虚拟路由冗余协议(Virtual Router Redundancy Protocol,VRRP)技术,资源利用率只能达到 50%;以千兆接入为主。

网络架构第二阶段,即网络虚拟化与资源池化阶段,逻辑架构与物理布局开始解耦,物理资源不再局限于单区域内部使用,通过虚拟化的手段实现资源跨区共享,具体特点包括功能分区增减灵活;资源利用率可达 100%;网络资源虚拟化与池化;出现 10Gbit/s 接入,25Gbit/s 互联网络。

网络架构第三阶段,网络架构进入软件定义阶段,典型代表是软件定义网络(Software Defined Network,SDN)的出现,容器技术对网络架构的需求,使数据中心网络演进到数据转发平面与控制平台分离,通过集中化的网络状态控制,实现底层网络设施对上层应用的透明。具体特点包括实现数据中心全网资源共享,网络横向扩展能力强,转化控制逻辑不再局限于具体设备,网络以 10Gbit/s 接入、40Gbit/s 上行为主。

近年来,金融机构业务以数字化及移动互联网化为主要趋势,业务发展对网络系统的需求已发生了很大的变化,汇总如表 16-3 所示。

表 16-3 网络系统需求

内 容	需 求
高可用需求	关键系统实现本地高可用与双活建设,异地数据级备份,网络单节、单链路故障不影响业务,版本升级、设备更换不出现业务中断,出现故障可自动切换,RPO=0、RTO 接近 0
安全管理	逻辑安全隔离,满足业务安全对访问控制的要求,支持防火墙虚拟化、控制资源池化
灵活扩容	网络架构标准化,支持业务跨数据中心灵活扩容与部署,网络通信与服务解耦,模块化扩容
自动化管理	支持网络策略与服务的自动下发,IP 自动配置与管理,支持 4~7 层设备的统一管理
运维管理	网络拓扑自动维护与更新,转化质量与转发路径的可视化;监控全面并支持故障自愈,支持网络与业务关联关系智能化分析

(3)数据中心核心网络 生产与办公服务器接入区承载核心生产应用和数据,此区域的逻辑架构采用一层设计,与核心层网之间通过防火墙隔离,区域内按照分层原则进一步隔离。分层隔离技术手段可选择"虚拟交换机+虚拟防火墙"的模式,也可以选择访问控制列表的方式。生产与办公服务器接入区的逻辑架构如图 16-3 所示。

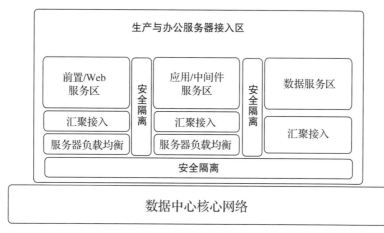

图 16-3 生产与办公服务器接入区逻辑架构

互联网接入区为用户提供互联网业务接入服务，区域核心交换机采用集群模式部署，与内部防火墙三层互联，与外网防火墙二层互联。防火墙均可采用主备路由模式，主备设备之间使用高可用接口同步配置和会话状态。负载均衡设备旁挂在区域核心交换机上，全部采用二层互联。内部接口与本地负载均衡设备进行三层互联，并提供数据中心内部地址到 Internet 的地址转换，分为 Web 访问层、应用接入层及数据库层，各层之间需要采用异构模式，其逻辑架构如图 16-4 所示。

金融机构要进行业务办理，离不开与第三方机构互联，外联外部单位时，基于安全需要和避免地址冲突等原因，须进行地址转换，外联区与互联网接入区类似，各层之间分别经过防火墙进行隔离，逻辑架构如图 16-5 所示。

广域网区是指分支机构接入数据中心、同城灾备中心及异地灾备中心的网络区域，各分支机构的链路经分行汇聚

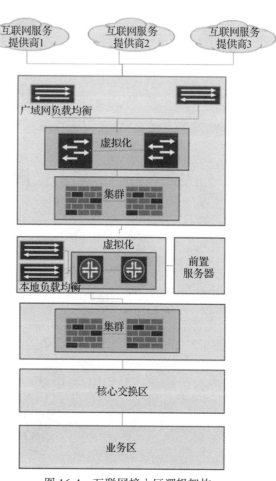

图 16-4 互联网接入区逻辑架构

后，上联到主数据中心和同城灾备中心的广域网汇聚路由器中。在上联时，能够选择上联路由器和汇聚路由器分离的方式，也能够根据实际情况选择上联路由器和汇聚路由器复用的方式，广域网区逻辑架构如图 16-6 所示。

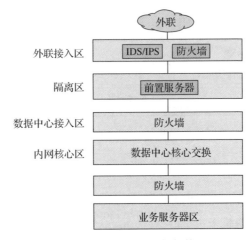

图 16-5　外联区逻辑架构

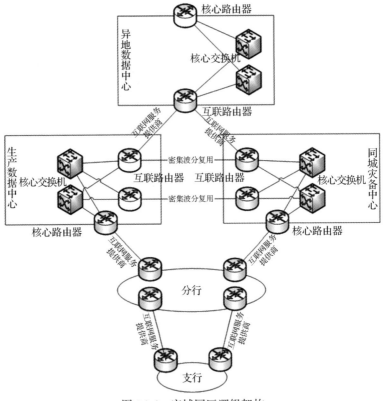

图 16-6　广域网区逻辑架构

（4）数据中心非业务网络　除上述与业务直接相关的关键网络外，还有与业务不直接相关的网络，往往容易被忽视，如果设计与运维管理不当，实际使用中同样会造成较大影响，包括带外管理网、虚拟化管理网、虚拟化迁移网、数据备份网、数据同步网、集群心跳网、分布式集群数据同步网。

- 带外管理网：用于连接网络、存储、服务器、安全等设备的带外管理接口，不能与业务网使用相同的网络，不对外发布路由。每台设备的带外管理口连接到带外管理网，带外管理网对高可用要求不高，往往不需要冗余设计。

- 虚拟化管理网：用于虚拟化资源池的管理。网络流量较小，高可用要求高，宿主机须通过不同的网卡接入交换机。需要特别注意的是，虚拟化管理网须根据虚拟化管理要求，划分不同子网并相互隔离，并把路由发布到全网，使运维人员可远程管理。

- 虚拟化迁移网：用于虚拟化资源池中的虚拟机。网络流量大，高可用要求高，宿主机须配置不同网卡，分别连接到两台接入交换机上。虚拟化迁移网可根据虚拟化资源池划分子网。虚拟机迁移在资源池内部进行，各子网相互隔离，数据中心之间无须发布路由进行通信。

- 数据备份网：用于备份数据的传输。网络流量大，高可用要求高，宿主机须配置不同网卡，分别连接到两台接入交换机上。通常数据在本地备份到服务器后，须同步传送到同城灾备中心和异地灾备中心保存，因此各数据中心的备份网络须互通，在实现上述要求的同时，不打破业务中的安全域规划，根据业务子网的隔离规则，划分与之对应的备份子网进行隔离。

- 数据同步网：用于数据中心之间的数据同步。网络流量大，高可用要求高，通过数据库的复制技术，在网络上实现数据中心之间的数据同步。数据同步网同样需要根据数据库所在安全域划分子网，并在不同子网间相互隔离，数据中心之间对应的数据同步网须互联互通。

- 集群心跳网：用于集群的心跳数据传输，如数据库心跳、网络高可用集群心跳等，网络流量大，高可用要求高，根据不同集群心跳划分不同子网，并实现子网之间相互隔离，如需要跨数据中心集群，应在数据中心之间发布路由，实现互联。

（5）SDN网络架构及金融机构的应用　随着金融机构业务形态的变化及IT技术的飞速发展，传统网络架构受到了挑战：一方面，私有云特别是容器技术的出现，颠覆了原有的数据中心网络模型，传统网络技术已不足以适配云环境下新的应用场景；另一方面，金融科技的快速发展，对网络系统的性能及弹性扩展方面提出了更高的要求。SDN技术通过分布式架构理念，将网络系统中数据平面与控制平面分离，实现网络流量的灵活控制，为核心网络及应用的创新提供了良好的平台，是实现私有云网络服务的有效技术支撑。近年来，较多金融机构已开展技术研究，部分金融机构已完成落地实施。

SDN 网络的驱动因素如下。

- 敏态业务的驱动。互联网敏态业务要求网络能够满足金融创新应用的多样化需求，具体包括：能快速提供网络资源，以支撑应用的快速投产；具备细粒度的网络策略管控能力，在应用频繁变化的情况下，网络能够灵活地变更调整；可兼容多样化的资源类型，以融合网络的方式实现虚拟化、容器、物理机等不同资源的统一接入。
- 智能运维的驱动。在运维压力暴增的情况下，能先于业务发现问题，在业务访问量快速增长的同时，网络规模及复杂度也会快速增长，须采用高效、出错率低的自动化运维代替传统的手工方式，通过对流量数据的采集分析，实现问题预测、排障、优化以及网络攻击的规避，提升整体网络的稳定性。

综上，在敏态业务的驱动下，网络系统的规模、灵活度、兼容性等多方面均有了更高的要求，传统的架构与运维模式已无法匹配，SDN 的网络架构通过数据平面与控制平台相分离的思想，很好地解决了以上问题。

云计算、大数据、分布式等新技术的应用打破了传统网络竖井式架构，加快了网络资源池化的进程，SDN 技术将网络能力服务化，让每层网络功能以服务、标准 API 的形式对外提供服务，网络系统内部以服务的形式进行自组织，从而提升对外服务能力，简化外部调用网络能力的复杂性，满足了新应用技术对网络资源池化的需求。

SDN 逻辑模型中，二、三层可互相通信，四至七层功能的管理界面采用统一视图，不同网络资源池采用统一管理编排，底层适配不同网络资源池的管理操作，主要特点如下。

- 转控分离：控制平面在控制器上，负责协议计算，产生流表；转发平面在网络设备上。
- 集中控制：通过控制器集中管理和下发策略，不需要对设备进行逐一操作。
- 开放接口：第三方应用通过控制器提供的开放接口，通过编程方式定义一个新的网络功能，然后在控制器上运行。

SDN 与传统网络较大的区别，主要由数据平面、控制平面、应用平面、管理平面、控制数据平面接口、SDN 北向接口组成，详细介绍如下。

- 数据平面：由若干网络设备组成，每个网络设备包含一个或多个 SDN 数据路径，每个 SDN 数据路径是一个逻辑上的网络设备，没有控制能力，只是单纯用来转发和处理数据，在逻辑上代表全部或部分物理资源。
- 控制平面：即 SDN 控制器，主要负责两个任务，一是将 SDN 应用层的请求转换到 SDN 数据路径，二是为 SDN 应用提供底层网络的抽象模型。控制器包含北向接口代理、SDN 控制逻辑以及控制数据平面接口驱动三部分。SDN 控制器要求逻辑上完整，可以由多个控制器实例组成，也可以是层级式的控制器集群。

- 应用平面：由若干 SDN 应用组成，通过北向接口与 SDN 控制器进行交互，即应用能够通过可编程方式把需要请求的网络行为提交给控制器，SDN 应用可以包含多个北向接口驱动，同时 SDN 应用也可以对本身的功能进行抽象、封装来对外提供北向代理接口，封装后的接口形成了更为高级的北向接口。
- 管理平面：负责一系列静态工作，如对网元进行配置、指定 SDN 数据路径的控制器，同时负责定义 SDN 控制器以及 SDN 应用的控制范围。
- 控制数据平面接口：控制平面和数据平面之间的接口，对所有的转发行为进行控制、设备性能查询、统计报告、事件通知，非常重要的一点是它应该是一个开放的、与厂商无关的接口。
- SDN 北向接口：应用平面和控制平面之间的一系列接口。主要负责提供抽象的网络视图，并使应用能直接控制网络行为，包含从不同层对网络及功能的抽象，这个接口是一个开放的、与厂商无关的接口。

SDN 作为网络技术领域的一项新技术，虽然已发展多年，但金融机构在建设阶段仍持慎重的态度。由于经验不足或技术人员匮乏，在 SDN 建设与维护中金融机构仍会遇到一些问题。其中的普遍性问题如下。

- 软件 SDN 与硬件 SDN 的选择问题。硬件 SDN 采用专用的硬件交换设备与控制器，控制器对硬件设备进行策略以及流表下发，实现网络相关功能。优点是性能强，稳定性高，缺点是灵活性差且建设成本高。而软件 SDN 的网络功能是通过软件虚拟技术实现的，它的优点是对硬件网络设备的依赖小，建设成本低，但缺点也比较明显，主要表现在网络的稳定性及性能不如硬件方案。金融机构对稳定性及性能要求高，加上维护能力须持续加强，选择硬件 SDN 更有优势。
- SDN 网络如何与现有网络融合。金融行业网络系统按严格的分区建设，SDN 建设中网络架构不会改变，实际实施中，通常按分区部署 SDN 网络，从测试分区开始建设，原有网络分区设备无须更换。
- SDN 集中式网关和分布式网关如何选择。集中式网关通过集中节点对三层流量进行处理，虽易于维护，但有两方面的局限性：一是性能差，三层流量必须经过一个节点，会造成流量路径的增长；二是稳定性不足，集中网关处理性能有限，大流量场景下可能造成网络拥塞，甚至导致网络故障。分布式网关将网关部署在叶子节点的交换机上，跨网段互访流量在直连的叶子节点交换机上完成三层转发，当前 SDN 方案一般采用分布式网关的设计。

2. 存储系统

金融机构的基础架构中，存储系统有着举足轻重的地位，存款、贷款、理财等交易数据的安全直接影响客户和企业的资金安全，数据的存取效率影响客户体验，存储系统稳定性也直接关系到金融机构的业务连续性。近年来，随着大数据、人工智能等技术的发展，数据存储场景与要求也发生了巨大变化，在结构化数据存储的基础上，非结构化数据存储需求大量增长。金融机构须从应用场景出发，梳理数据存储需求及特性，从而制定合适的存储解决方案。

（1）存储场景的需求特点　金融机构不同的存储场景对存储的要求有所不同，须根据不同的需求建设存储资源，通常有如下方面的需求。

- 虚拟机的存储需求，金融行业大量应用节点部署在虚拟机上，包括 Web 服务器、业务处理的 App 服务器及部分体量较小的数据库服务器。此场景的特点为：数据存储量大，重复数据多，可压缩空间大；对 I/O 性能的要求不高，通常应用节点 I/O 时延 10ms 左右可满足要求，而在虚拟机上运行的数据库节点，I/O 时延通常要求小于 5ms；对存储的稳定性要求较高。
- 容器应用的存储需求，容器上运行的主要是无状态应用或轻量级数据库。容器应用的存储需求与虚拟机基本相同。由于有些应用没法完全做到无状态，往往需要共享存储，通常通过网络附属存储（Network Attached Storage，NAS）来提供共享能力。
- 数据库的存储需求，数据库系统的性能问题是应用系统性能问题的关键，而存储系统的性能又对数据库性能影响很大，数据库按其处理业务的类型主要分为联机事务处理（On-Line Transation Processing，OLTP）与联机分析处理（On-Line Analytical Processing，OLAP）两类。OLTP 数据库对存储的 I/O 时延极为敏感，通常要求在 2ms 以内，应用系统的并发量越大，对存储性能的要求越高，高 I/O、低时延是 OLTP 数据库对存储的共性要求。OLAP 数据库主要处理分析类应用，对存储的吞吐量、I/O 时延要求高，通常对存储的 I/O 时延要求在数毫秒以内。
- 文件共享的存储需求，应用系统的服务器节点之间，需要共享数据，这类场景对存储的要求是 I/O 时延在几毫秒左右，且时延不能随着文件数量的增加而增加。
- 非结构化数据及归档数据的存储需求，非结构化数据文件数量大，对存储的时延要求不高，通常在几十毫秒左右，但存储容量增加时，性能不能降低。

（2）存储高可用设计　存储系统的高可用主要利用数据复制技术实现数据的双副本保存，以避免单一存储设备故障时丢失数据或访问停顿，保证服务器、数据库、存储多点故障下应用的高可用。存储设备高可用可采用逻辑卷镜像的复制技术或磁盘阵列的同步复制技术。其中逻辑卷镜像的复制技术是利用操作系统自身镜像软件或专用卷管理软件来确保每个逻辑卷在两台存储设备之间进行镜像，从而保证存储设备上逻辑卷的高可用。磁盘阵列的同步复制技术利用磁盘阵列的同步复制软件来确保磁盘之间数据的镜像，从而保证存储的高可用。两种技术的对比分析如表 16-4 所示。

表 16-4　逻辑卷镜像与磁盘阵列同步复制对比表

	操作系统逻辑卷镜像技术	卷管理软件逻辑卷镜像技术	磁盘阵列同步复制技术
性能影响	影响服务器性能	影响服务器性能	影响存储性能
技术复杂度	较高	较高	较低
实施和运维	每个卷操作，维护难	每个逻辑卷操作，维护难	磁盘阵列级操作，易维护
切换时间	本地切换时间短，灾备切换时间长	本地切换时间短，灾备切换时间长	本地切换时间短，灾备切换时间短
切换复杂度	本地切换、回切较简单，工作量较大，灾备切换复杂	本地切换、回切较简单，工作量较大，灾备切换复杂	本地切换和回切较简单，灾备切换和回切较简单
数据读写请求	I/O 高会造成系统缓慢	I/O 高时系统会短暂缓慢	I/O 高对系统性能有影响
存储要求	支持异构存储	支持异构存储	要求同构存储/控制器
平台兼容性	LVM mirror 功能将受到限制	支持不同的操作平台	与操作系统平台无关
数据库兼容性	Oracle ASM 不支持操作系统裸设备	Oracle ASM 支持部分并行卷管理软件	支持主流的存储系统
投资成本	无	增加卷管理软件成本	复制软件成本
运维成本	运维较复杂，成本高	运维较复杂，成本高	运维简单，成本低

对于实施同城主备模式容灾的应用系统，建议在本地高可用方面采用磁盘阵列同步复制技术。

（3）集中式存储架构与应用场景　集中式存储将整个存储集中在一个系统中，包含核心的机头（控制器）、磁盘阵列、交换机及管理等辅助设备。机头为存储系统中最核心的部件，通常机头包含两个控制器，互为备用，避免硬件故障导致整个存储系统不可用，机头包含前端端口和后端端口，前端端口为服务器提供存储服务，后端端口用于扩充存储系统的容量，通过后端端口，机头可以连接更多的存储设备，从而形成一个非常大的存储资源池。

集中式存储在金融行业中的主要应用场景集中在核心业务、稳态系统、数据库、虚拟化等方面。集中式存储目前仍然是金融机构关键业务的主流架构，能够保障数据安全，支撑业务高可靠、高可用和稳定。

（4）分布式存储架构与应用场景　金融机构数字化转型的大背景下，传统存储模式已经不能满足当下金融业务的所有需求。海量的数据使金融机构需要更大的存储容量，更加便捷的扩容方式。近年来，金融机构逐步采用分布式存储替代传统集中存储，以解决非结构化业务数据的存储问题。通过分布式存储，将数据分散存储在多台独立的设备上，利用多台存储服务器分担存储负荷，利用元数据服务器定位存储信息，不但提高了系统的可靠性、可用性和存取效率，还易于扩展。

分布式存储运行在标准的 X86 服务器上，利用虚拟化技术，将集群中的存储资源虚拟为存储池，向应用提供块、文件和对象存储服务，其总体架构如图 16-7 所示。

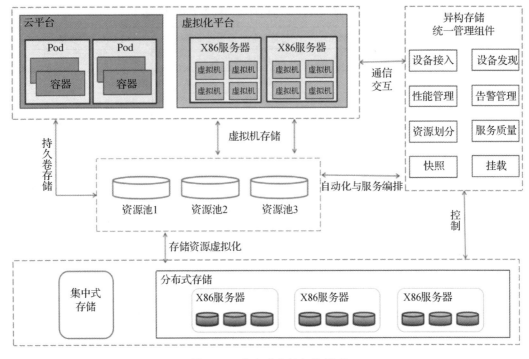

图 16-7　分布式存储架构模型

当前分布式存储技术包括 HDFS、Ceph、Swift、GFS、GPFS，每一种存储技术都有各自的特点和应用场景。金融机构中 HDFS、Ceph 和 Swift 的应用比较多。

HDFS 主要用于大数据存储场景，是 Hadoop 大数据架构中的存储组件，具有高容错性，能提供高吞吐量的数据访问，主要应用于大文件存储场景或少写入多次读取的数据分析场景。

Ceph 是应用广泛的开源分布式解决方案，能提供较好的性能、可靠性和可扩展性，可提供块存储、对象存储、文件存储服务。采用 Ceph 相应算法后，数据分布均衡，并行度高，而且在支持块存储的特性上，数据具有强一致性，支持精简配置、快照、克隆，可以获得传统集中式存储的使用体验。Ceph 主要应用于块和对象存储。

Swift 主要面向对象存储，用于解决非结构化数据存储问题，如虚拟机镜像、图片存储、邮件存储和存档备份。在海量数据场景下，Swift 的数据处理效率更高。

（5）分布式存储与传统集中存储的优缺点　银行业金融机构存储的选型主要在于上层的业务对底层存储基础架构的要求，对于敏态类型的业务系统，业务系统分布式部署，具有横向弹性扩展等特性需求，可以使用分布式存储。而对于稳态业务，对性能及可用性要求较高的数据库系统，传统的集中存储的优势更为明显。金融机构应根据业务特性，结合业务数据增长及性能和容量要求的增长，选择合适的存储类型。集中式存储与分布式存储的对比如表 16-5 所示。

表 16-5　集中式存储与分布式存储对比表

	集中式存储系统	分布式存储系统
系统架构	紧耦合，控制器+磁盘笼	松耦合，服务器+本地盘
部署方式	同一集群内多节点，部署于同一个机房，通过存储虚拟化可实现跨数据中心部署	多节点，节点可以跨数据中心部署
扩展性	集群内按存储允许范围扩展	大部分形式为按节点扩展，可跨站点
系统开放性	厂商自有专业存储系统，产品成熟	厂商在开源软件的基础上加以完善并封装成商业系统，产品成熟度因厂商而异
数据一致性	强一致性（数据每次读写的结果是一致的）	支持强一致性或最终一致性
磁盘层面保护	RAID 保护	纠删或多副本
性能侧重	数据量不大但对可靠性、低延时等性能有极致要求	海量数据，高并发，高吞吐量，如大数据分析、数据湖、数据备份、云平台
稳定性	硬件采用全冗余架构，相对简单且成熟稳定，主要故障部件是磁盘介质，其他故障率极低	硬件采用 X86 服务器架构，节点内无冗余设计，故障点相对较多
维护复杂度	提供成熟的服务接口，经过大量用户的长期验证，应用无须改造	提供服务过程需要经过开发调试

目前金融机构核心业务以集中式存储为主，集中式存储的发展时间长，各种高级特性相比分布式存储更加完善及安全，可保障业务连续性。近年来，基于业务形态的改变及成本方面的考虑，非核心业务通常采用分布式存储，特别是大数据类应用，要求灵活扩展的场景需求，分布式存储的选择较多。

3. 虚拟化技术及应用

虚拟化技术将一台计算机虚拟成多台逻辑计算机，运行不同的操作系统，应用程序在相互独立的空间内运行且互不影响。虚拟化完成了物理节点到逻辑节点的转化，解决了物理设备使用效率低、成本高等问题。

（1）主流的服务器虚拟化技术　当前虚拟化技术中主要有 VMware 的 ESX、微软的 Hyper-V、开源的 XEN 和 KVM，从虚拟化的实现方式来看，虚拟化架构主要有两种形式：宿主架构和裸金属架构。在宿主架构中，虚拟机作为主机操作系统的一个进程来调度和管理；裸金属架构下则不存在主机操作系统，而是将虚拟机监视器直接运行在物理硬件之上。

（2）虚拟化技术在金融机构中的主要应用　服务器虚拟化解决了资源的有效利用与服务器的高可用问题，金融机构主要使用自动迁移、高可用资源调度功能。

自动迁移功能可以使运行中的虚拟机从一台物理服务器实时迁移到另一台物理服务器，实现零停机时间和连续可用服务，并能全面保证事务的完整性。使用自动迁移需要如下条件与技术。

❑ 实现虚拟机自动迁移须使用同一个共享存储器。

❑ 虚拟机的迁移须通过高速网络快速传输虚拟机的活动内存及精确的执行状态，确保用户察觉不到传输期。

❑ 虚拟机迁移需要使用的网络也被虚拟化，在迁移之后，虚拟机的网络身份和网络连接需要保留下来。

虚拟化集群通过心跳信号自动监测服务器的状态，在服务器故障时可立即在同一资源池的其他物理服务器上重启虚拟机且无须人工干预。金融机构在虚拟化集群的实施与管理中要特别关注实际效果。

❑ 保障故障监测与发现的及时性。

❑ 时刻监控集群中是否有足够的资源可用，以便在主机发生故障时能够在其他物理主机上重启虚拟机。

❑ 当主机故障的数目超过预计容量时，可以对具有最高优先级的虚拟机进行故障切换。

对资源池资源负载实施动态监控，可以合理触发均匀分配规则，可实现在资源池中的物理服务器之间重新分布虚拟机。

（3）虚拟化的设计重要因素　虚拟化环境中的存储需要充分考虑存储冗余，以便提升高可用、可扩展性和性能。如果有至少两条指向LUN的活动路径，那么当主机总线适配器、交换机或存储处理器出现故障时，系统仍可用，多条路径既可以提供高可用，也可以实现负载平衡以提高性能。

虚拟化环境中有多个网络流量类型，在实施时须根据底层网络的实际情况及需求，尽量隔离不同类型的网络流量，以此减少流量争用和降低延迟，并提高性能，如图16-8所示。

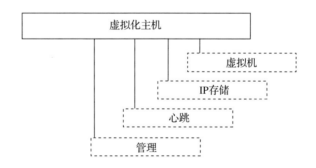

图16-8　虚拟化环境的网络流量

由于流量种类较多，在虚拟化网络设计中，采用网络流量分离是保障业务系统运行的重点。一般情况下会将管理流量、生产流量、存储流量与心跳流量进行分离设计。

在虚拟化环境中，需要考虑通过安全手段控制网络流量的分段隔离，配置内部和外部防火墙，开启并管理网络接口防火墙，及时更新相应补丁，开启日志审计等功能，全方位保障虚拟化环境的安全。

在选择虚拟化备份方案时，需要考虑以下因素。
- ❑ 备份软件对虚拟化环境备份的支持，详细测试备份软件与虚拟化架构的兼容性及效率，防止备份效率较差导致资源的消耗，影响整体性能。
- ❑ 对虚拟机进行镜像级别的备份，即在虚拟化层直接对虚拟机进行备份，这种备份方式更有效率并且不会占用太多资源，重点关注虚拟机镜像备份中用于优化和去重的方法。

（4）虚拟化建设与运维的重点　金融机构通过虚拟化平台对服务器进行统一管理，包括底层物理服务器、虚拟资源池、虚拟机、虚拟交换及虚拟存储等，在建设与运维方面重点做好虚拟化管理平台建设、虚拟化架构设计、资源调度设计、虚拟机高可用 4 个方面的建设与管理。

虚拟化管理平台包括资源管理、可用性管理与权限管理。在资源管理方面，重点关注对虚拟机的处理器、内存和网络资源的管理，可通过集中管理和监控，提供资源调配自动管理能力；在可用性管理方面，可通过在线迁移技术实现虚拟机无中断的迁移；在权限管理方面，可根据角色授权不同用户的管理权限，通过权限分离实现统一的安全管理。

在虚拟化架构中创建服务器集群，高效地将虚拟化底层物理服务器资源整合到集群的虚拟化资源池中，单个虚拟机可以使用多个处理器，在进行虚拟机部署时可遵循如下原则。
- ❑ 将资源占用较多的业务系统均匀分配到不同的底层物理服务器上。
- ❑ 关联应用不在同一底层物理服务器上。
- ❑ 同一应用集群的不同虚拟机不在同一底层物理服务器上。
- ❑ 根据应用占用的内存与 CPU 资源分配虚拟机。
- ❑ 根据上述规则，制定物理服务器故障情况下虚拟机自动迁移的规则。
- ❑ 预留一定的虚拟化集化物理资源。

将处于运行状态的虚拟机由当前所在的物理服务器迁移到另一台物理服务器上。迁移过程不影响虚拟机所承载业务的正常运行，可优化金融机构日常的运维管理。
- ❑ 物理服务器在升级与维护期间，通过将物理机上承载的虚拟机迁出，可规避物理机维护存在的风险。
- ❑ 利用虚拟机的热迁移，将资源繁忙的物理机上的虚拟机迁移到相对空闲的主机上，提升资源利用率。

虚拟化平台采用虚拟机的高可用机制，系统周期性检测虚拟机的状态，当物理服务器宕机、系统软件故障等引起虚拟机故障时，通过高可用机制在资源池中选择合适的物理服务器并自动启动虚拟机，保证虚拟机能快速恢复。

4. 云技术及应用

随着互联网金融的兴起，应用系统的架构创新对 IT 基础设施也提出了更高的要求，需要能敏捷、按需地提供基础资源以支撑业务的发展，特别是分布式与微服务架构在金融机构的推广下，虚拟化的交付方式明显力不从心。基于业务发展的需要，传统金融机构也在探索与实践私有云的建设，从早期的基于基础设施即服务（Infrastructure as a Service，IaaS）的云服务，到基于容器技术的平台即服务（Platform as a Service，PaaS）云建设，金融机构的私有云建设已全面应用到生产环境中。根据金融机构的实际情况及发展趋势，本书重点介绍基于容器技术的云建设与管理。

（1）总体架构　金融机构容器云通常以 IaaS 为基础，基于容器对网络、计算及存储资源池进行统一管理与调度，包括资源管理、镜像管理、应用管理、监控管理、安全管理等部分。

- 资源管理：通过与基础设施的对接，获取相应资源，并负责容器所需的计算、网络、存储资源的分配与管理。
- 镜像管理：通过与持续集成的对接，上传应用或服务的镜像，并对镜像进行权限管理。
- 应用管理：通过编排与管理工具，发布及运行基于容器镜像的应用或微服务，提供应用的微服务编排能力、应用生命周期管理、运行管理及高可用管理。
- 监控管理：通过监控工具，实现应用及资源状态监控，掌握应用系统的运行状态。
- 安全管理：通过安全技术及管理工具，实现系统的安全管控及审计。

（2）关键功能　计算与存储资源管理负责容器运行所需的计算、存储，以及网络资源申请、分配通常有两种做法。

- 按照容量预估，预先为容器平台分配计算、存储容量的资源，并注册到容器集群中使用，当需要扩容或删除某些资源时，执行相应的操作实现资源管理。
- 通过调用外部系统的接口，容器平台按需获取所需的计算和存储资源。

两种方案各有优缺点，第一种方案的优势在于系统简单，不需要对接外部资源管理系统，适合容量不会频繁变化的情况。第二种方案较第一种方案复杂，但容器平台可以借助外部的 IaaS 管理功能进行动态的资源管理。金融机构须根据自身的业务需求、费用投入及现状，选择合适的管理方式。

镜像仓库负责存储和发布应用的镜像部署版本，在持续集成越来越普遍的情况下，为了给开发和测试提供方便，需要有测试镜像仓库及生产镜像仓库。测试镜像仓库允许随时上传和更新镜像，对接持续集成系统；而对于生产镜像仓库，须按照现有的生产发布和变更流程，在经过必要的审批后，在指定的变更窗口，从生产镜像库中拉取镜像进行部署。这样做也很好地满足了金融机构的安全监管要求。

应用编排给应用提供了标准化模板，描述应用运行的资源需求、部署模式、部署参数、运行时动态规则。开源和商用容器平台均支持应用编排，但不同的编排系统甚至同一编排系统的不同版本，可能存在编排语法不同、不兼容的问题，金融机构应重点关注。

安全管理的难点在于涉及面广，包括系统漏洞、病毒威胁、链路加密、攻击防范、系统访问权限上收、操作审计等。云环境下面对的安全威胁不断变化，也增加了防范的技术难度和工作量，包括多租户隔离、角色管理、镜像安全检测等新问题。

容器平台的监控体系须对接现有的集中监控系统，现有的应急方案、流程、人员技能和经验都可以得到沿用，但不同于传统的监控，容器运行不再关注单个容器实例的增加或消失，只关注整体服务的可用性。

（3）容器云网络方案　在容器云的建设与管理中，网络资源管理相对较为复杂，目前容器云网络方案包括网络地址转换（Network Address Translation，NAT）方案、隧道方案、路由方案。

NAT 方案是指容器借助宿主机端口映射，对容器的网络数据包进行 NAT 操作，再通过宿主机的路由转发，实现不同容器间跨主机的网络通信。这种方式的优势是原生支持且简单，容器实例不需要额外消耗骨干网络 IP，也不会增加在宿主机之间传递数据包的长度。NAT 方案的缺点有以下几个：一是同一宿主机上不同容器在宿主机上的映射端口必须分开，以避免端口冲突；二是容器迁移到不同宿主机时，很可能需要改变所映射的宿主机端口，控制比较麻烦；三是通过 NAT 通信使得容器网络数据包在骨干网上使用的不是自身的 IP，给防火墙策略带来不便。综上，NAT 方案比较适合小规模的功能验证和实验环境，不适合金融机构生产环境。

隧道方案是借助容器宿主机网络构建三层路由可达虚拟网络，通过把容器网络数据包整体封装进宿主机网络报文，由宿主机网络转发到目标容器所在的宿主机，再由目标容器所在的宿主机对报文进行拆解，得到容器网络数据包，由容器网桥再转发到目标容器。

隧道方案的优点是没有 NAT 方案的端口冲突问题，不消耗额外的骨干网络 IP，与现有网络技术不产生冲突，通过构建不同的虚拟网络很容易实现网络隔离。不足是需要配置从容器外部访问容器的路由，而容器动态变化和跨主机迁移的特点使得配置从外部访问容器的路由是一个比较复杂的问题，不仅需要在外部路由器、宿主机路由表中进行配置，还需要将这些配置动作和容器的启停联动起来，需要复杂的 SDN 能力。另外，由于容器网络数据包在底层网络传输时被封装在宿主机网络报文中，因此对普通防火墙来说，容器网络数据包的地址不可见，不具备外部防火墙控制的能力。

路由方案通过路由技术从三层实现跨主机容器互通，每一个容器具有路由可达的 IP，且可以做到从容器平台外路由可达。这种网络方案的优点是性能损失小、外部路由可达，传统的防火墙仍然能正常发挥作用等。缺点是 IP 消耗大，如果容器数量规模大，特别是采用微服务架构后，大量的容器 IP 资源被消耗，导致路由效率降低等问题。容器平台外部对容器网络中网络实体的变化仍不能感知，需要额外的路由更新工作补充。

综上，容器云网络拓扑规划是非常重要且复杂的，金融机构须根据自身技术水平并结合应用场景的需求，选择合适的容器云网络方案。

16.3.2　灾难备份中心

16.3.1 节介绍了金融机构主数据中心的作用及关键的技术方案，随着移动互联网的飞速发展，金融机构对信息系统的依赖程度越来越高，一旦出现数据中心级别的突发灾难，造成关键业务数据丢失或信息系统不能尽快恢复，轻则造成经济损失，重则造成不良的社会影响，因此灾难备份中心成为解决数据中心级别灾难的重要手段。

监管部门对金融机构灾难备份中心也提出了明确的要求：总资产规模一千亿元人民币以上且跨省设立分支机构的法人商业银行及省级农村信用联合社应设立异地模式的灾备中心，重要信息系统灾难恢复能力应达到《信息安全技术信息系统灾难恢复规范》中定义的灾难恢复等级第5级（含）以上；其他法人商业银行应设立同城模式灾备中心并实现数据异地备份，重要信息系统灾难恢复能力应达到《信息安全技术信息系统灾难恢复规范》中定义的灾难恢复等级第4级（含）以上。

为保障业务安全、稳定、高效地持续运行，并满足监管机构对金融机构业务连续性管理的要求，金融机构需要建立同城灾备中心及异地灾备中心。

1. 灾难备份中心的定义与要求

监管机构对金融机构的业务连续性保障有明确的要求，按《商业银行业务连续性监管指引》《商业银行信息科技风险管理指引》《信息系统灾难恢复规范》及《商业银行数据中心监管指引》等对业务连续性的要求，灾难备份中心建设是必不可少的。

（1）灾难备份中心的定义　灾难备份中心包括同城灾备中心与异地灾备中心，具体定义及要求如下。

同城灾备中心：与主数据中心位于同一地理区域，与主数据中心距离比较近，一般为数十公里，比较容易实现数据的同步复制，保证高度的数据完整性和数据零丢失，用于应对火灾、建筑物破坏、供电故障、计算机系统及人为破坏引起的灾难。

异地灾备中心：指与生产中心处于不同地理区域，一般距离在数百公里以上，用于应对区域性灾难风险，如地震、台风和洪水等。

（2）信息系统灾难备份的等级与要求　金融机构须根据信息系统的重要程度，参照《信息安全技术信息系统灾难恢复规范》对系统进行分类分级，并按《银行业信息系统灾难恢复管理规范》的要求进行灾备能力建设。

对于信息系统灾备恢复要求，《银行业信息系统灾难恢复管理规范》为金融机构系统恢复能力提出了明确的标准，如表16-6所示。

表16-6　灾难恢复能力等级表

灾难恢复能力等级	目标恢复时间	目标恢复点
1	2天以上	1～7天
2	24h以上	1～7天
3	12h以上	数小时至1天
4	数小时至2天	数小时至1天
5	数小时至2天	0～30min
6	数分钟	0

对于信息系统分类与分级，根据银行业信息系统灾难恢复管理规范要求，金融机构根据风险分析、业务功能分析和业务中断影响分析的结论，可将信息系统按时间敏感性分成以下三类。

第一类：
- 短时间中断将对国家、外部机构和社会产生重大影响的系统；
- 短时间中断将严重影响关键业务功能并造成重大经济损失的系统；
- 单位和用户对系统短时间中断不能容忍的系统。

第二类：
- 短时间中断将影响单位部分关键业务功能并造成较大经济损失的系统；
- 单位和用户对系统短时间中断具有一定容忍度的系统。

第三类：
- 短时间中断将影响单位非关键业务功能并造成一定经济损失的系统；
- 业务功能容许一段时间中断的系统。

根据灾难恢复要求，第一类系统的灾难恢复能力最低为 5 级，第二类系统的最低为 3 级。

《信息安全技术信息系统灾难恢复规范》将信息灾难恢复能力分为 6 级，对相应等级所需的灾备资源建设也有明确的规范要求，金融机构信息系统通常在 4～6 级。详细情况介绍如表 16-7、表 16-8、表 16-9 所示。

表 16-7　第 4 级灾难恢复能力表

要　素	要　求
数据备份系统	□ 完全数据备份至少每天一次 □ 备份介质场外存放 □ 每天多次利用通信网络将关键数据定时批量传送至备用场地
备用数据处理系统	配备灾难恢复所需的全部数据处理设备，并处于就绪状态
备用网络系统	□ 配备灾难恢复所需的通信线路 □ 配备灾难恢复所需的网络设备，并处于就绪状态
备用基础设施	□ 有符合介质存放条件的场地 □ 有符合备用数据处理系统和备用网络设备运行要求的场地 □ 有满足关键业务功能恢复运作要求的场地 □ 以上场地应保持 7×24 小时运作
专业技术支持能力	□ 7×24 小时专职计算机机房管理人员 □ 专职数据备份技术支持人员 □ 专职硬件、网络技术支持人员
运行维护管理能力	□ 有介质存取、验证和转储管理制度 □ 按介质特性对备份数据进行定期的有效性验证 □ 有备用计算机机房运行管理制度 □ 有硬件和网络运行管理制度 □ 有电子传输数据备份系统运行管理制度
灾难恢复预案	有经过完整测试和演练的灾难恢复预案

表 16-8　第 5 级灾难恢复能力表

要　素	要　求
数据备份系统	❑ 完全数据备份至少每天一次 ❑ 备份介质场外存放 ❑ 采用远程数据复制技术，并将关键数据实时复制到备用场地
备用数据处理系统	配备灾难恢复所需的全部数据处理设备，并处于就绪或运行状态
备用网络系统	❑ 配备灾难恢复所需的通信线路 ❑ 配备灾难恢复所需的网络设备，并处于就绪状态 ❑ 具备通信网络自动或集中切换能力
备用基础设施	❑ 有符合介质存放条件的场地 ❑ 有符合备用数据处理系统和备用网络设备运行要求的场地 ❑ 有满足关键业务功能恢复运作要求的场地 ❑ 场地应保持 7×24 小时运作
专业技术支持能力	❑ 计算机机房管理人员 ❑ 数据备份技术支持人员 ❑ 硬件、网络技术支持人员
运行维护管理能力	❑ 有介质存取、验证和转储管理制度 ❑ 按介质特性对备份数据进行定期的有效性验证 ❑ 有备用计算机机房运行管理制度 ❑ 有硬件和网络运行管理制度 ❑ 有实时数据备份系统运行管理制度
灾难恢复预案	有经过完整测试和演练的灾难恢复预案

表 16-9　第 6 级灾难恢复能力表

要　素	要　求
数据备份系统	❑ 完全数据备份至少每天一次 ❑ 备份介质场外存放 ❑ 远程实时备份，实现数据零丢失
备用数据处理系统	❑ 备用数据处理系统具备与生产数据处理系统一致的处理能力并完全兼容 ❑ 应用软件是集群类型的，可实时无缝切换 ❑ 具备远程集群系统的实时监控和自动切换能力
备用网络系统	❑ 配备与主系统相同等级的通信线路和网络设备 ❑ 备用网络处于运行状态 ❑ 最终用户可通过网络同时接入主、备中心
备用基础设施	❑ 有符合介质存放条件的场地 ❑ 有符合备用数据处理系统和备用网络设备运行要求的场地 ❑ 有满足关键业务功能恢复运作要求的场地 ❑ 以上场地应保持 7×24 小时运作
专业技术支持能力	❑ 计算机机房管理人员 ❑ 专职数据备份技术支持人员 ❑ 专职硬件、网络技术支持人员 ❑ 专职操作系统、数据库和应用软件技术支持人员

(续)

要素	要求
运行维护管理能力	❑ 有介质存取、验证和转储管理制度 ❑ 按介质特性对备份数据进行定期的有效性验证 ❑ 有备用计算机机房运行管理制度 ❑ 有硬件和网络运行管理制度 ❑ 有实时数据备份系统运行管理制度 ❑ 有操作系统、数据库和应用软件运行管理制度
灾难恢复预案	有经过完整测试和演练的灾难恢复预案

2. 灾备模式分析

目前主流的两地三中心建设模式主要包括主备模式、双活模式和冗余模式，不同模式的特点如表 16-10 所示。

表 16-10　不同灾备模式的特点

建设模式	描述	特点	适用范围
主备模式	❑ 同城灾备和异地灾备均处于备用状态，不对外提供服务 ❑ 数据从主中心复制到同城中心再到异地中心	❑ 技术较成熟，案例多 ❑ 投资相对较小 ❑ 日常维护相对简单 ❑ 灾难切换较为复杂	数年前金融机构建立灾备体系的主要模式
双活模式	❑ 主中心和同城中心均提供对外服务，异地中心处于备用状态 ❑ 数据在主中心和同城中心实现双向复制	❑ 技术较复杂，案例少 ❑ 投资相对较大 ❑ 日常维护较复杂 ❑ 灾难切换较简单	金融机构现有两地三中心架构的主要模式
冗余模式	❑ 主中心和同城中心均提供对外服务，异地中心处于备用状态 ❑ 数据在主中心和同城中心实现双向复制，并可同时向异地中心进行数据复制	❑ 技术成熟度低 ❑ 投资较大 ❑ 日常维护较复杂 ❑ 灾难切换较简单	适用于灾备体系非常完善的大型金融机构

近年来，两地三中心成为金融机构业务连续性保障的重要手段，灾备模式从主备模式发展到当前流行的双活模式，大大提高了业务连续性，但业务系统运行需要机房、网络、存储、主机系统、数据库等各个基础条件的支撑，须数据中心信息系统各个层面紧密结合，并辅以自动化的运维手段，才能做到真正意义上的双活。

3. 灾难备份关键技术方案

近年来，金融机构灾备中心基本以同城双活、异地冷备的模式建设。在同城双活的具体实现上，有紧耦合与松耦合两种不同的模式。紧耦合模式下，主备数据中心之间以二层网络为基础，通过存储、数据库及上层应用的集群技术，实现主备数据中心的双活运行，由于采用集群及大二层互联技术，两个数据中心间各层相互耦合；松耦合模式下，主备数据中心间通过三层网络互联，存储、数据库采用相应厂商的容灾技术，数据中心的应用相互独立，单独对外提供服务。

（1）通信网络方案　通信网络系统是灾备建设非常重要的一部分，需要将主备数据中心当作一个整体进行设计与考虑，不同的灾备方案对通信网络的建设要求也有所不同，首要目标为主数据中心发生整体性灾难时，外部用户、分支机构、外联单位能切换至灾难备份中心。实现用户入口切换的技术包括手工切换、路由注入及智能 DNS（Domain Name System，域名解析系统）解析。

- ❑ 手工切换：主数据中心与同城灾备中心选择相同的 IP 网段，正常情况下，同城灾备中心的入口关闭，数据中心间通过大二层技术实现底层互联，当生产中心发生灾难时，手工操作打开灾备中心网络入口，用户和分支机构不做任何修改便可以连接到容灾中心。此方案适用于上述两个数据中心紧耦合的场景。
- ❑ 路由注入：此方案须配合负载均衡一起设计，并结合路由的度量值进行选择，在主生产中心和灾备中心配置负载均衡设备，探测数据中心服务器的健康状况，并向网络发送主机路由。在正常情况下，选择度量值小的主机路由，当生产中心发生灾难时，请求连接的用户只能收到一条来自灾备中心的度量值路由，用户通过该路由连接到灾备中心。此方案路由设计及管理较为复杂，不仅适用于紧耦合的数据中心，也适用于松耦合的场景。
- ❑ 智能 DNS 解析：此方案数据中心采用不同的 IP 段，在主数据中心和灾备中心部署智能的 DNS 设备作为站点的域名解析服务器，当用户访问某一个应用服务器时，首先会将请求发送到数据中心的 DNS 服务器进行处理，并通过监控数据中心服务器的状态进行请求转化。当主数据中心发生灾难时，DNS 检测不到主数据中心服务器状态，灾备中心 DNS 将备份数据中心服务器的 IP 传给用户，用户连接到灾备中心。此方案实现了真正意义上的双活的网络接入，适用于松耦合的场景。

以上 3 个方案对比如表 16-11 所示。

表 16-11　用户入口切换模式对比

分　类	手工切换	路由注入	智能 DNS 解析
适用场景	紧耦合	紧耦合、松耦合	松耦合
切换方式及速度	须人工干预，速度慢	自动化、速度快	自动化、速度快
复杂度	低	高	中
可扩展性	低	高	高
辅助技术	大二层	增加负载均衡设备	增加智能 DNS 设备

（2）数据同步技术　利用复制工具把数据从一个数据中心复制到另一个数据中心，生成数据副本并提供给系统直接访问。由于数据复制技术决定了灾备系统的 RPO 指标，因此金融机构应根据业务连续性目标的 RPO，选择合适的数据同步技术，保证数据的安全可用，确保应用与

业务的快速恢复。数据复制分为基于存储设备的数据复制、基于存储虚拟化的数据复制、基于主机的数据复制、基于数据库的数据复制。

基于存储设备的数据复制技术利用存储阵列自身数据块复制技术实现对生产数据的远程复制，在主数据中心发生灾难时，直接利用灾备中心的数据恢复业务。

数据可以复制到多个远端存储上，并可以实现双向复制。根据业务连续性要求，基于存储设备的数据复制技术也有两种方式，同步方式和异步方式。

同步方式是主备数据中心磁盘阵列同步进行数据更新，即应用系统写入主数据中心磁盘阵列后，同步写入备数据中心磁盘阵列，主备数据中心磁盘阵列均确认后，才返回应用的写操作。此方式也称为存储双活技术，当生产数据中心发生灾难事件时，不会造成数据丢失，可以实现RPO为零，但对主备数据中心的通信质量要求非常高，对通信距离也有要求，通常在数十公里范围内，主备数据中心通信线路发生抖动对数据读写的影响非常大。

异步方式是在主数据中心写入磁盘阵列后，立即返回主机响应信息，应用继续进行写操作。同时主数据中心磁盘阵列将利用复制技术写入备数据中心磁盘阵列，实现数据保护。异步方式对数据中心之间的距离没有特别要求，通信质量也不如同步方式要求高。

基于存储设备的数据复制技术的优点如下。
- 独立于主机平台和应用，适用于各类应用，不占用主机的处理资源。
- 实施过程中受应用、主机环境等相关技术的影响小，在业务系统很多且复杂的环境下，此种方式可以有效降低实施和管理的难度。
- 同步方式可以做到数据完全不丢失，在同城容灾方案中，在通信质量能得到保障的情况下，可以采用同步方式。

基于存储设备的数据复制技术的缺点如下。
- 通常必须采用同一厂家同一系列具有数据复制技术的高端存储平台，如要实现异构复制，须建设存储虚拟化层。
- 同步方式可能对生产系统的性能产生影响，而且对通信链路要求较高，有距离限制，通常只能在近距离范围内实现。
- 异步方式存在数据丢失的风险。

综上，基于存储设备的数据复制技术属于数据层容灾范畴，对存储平台的要求高，适合底层存储平台单一、服务器平台构成复杂、上层应用繁多且数据中心之间通信质量保障高的场景。

基于存储虚拟化的数据复制可以将异构的存储设备映射为统一的存储资源，对上层应用透明，达到屏蔽存储设备异构的目的。有了存储虚拟化技术，我们就可根据需求分配存储池，并根据业务的需要对存储资源进行动态而透明的增加与缩减。通过存储虚拟化技术实现数据的远程复制，其复制技术原理和基于存储设备的原理基本一致，区别在于存储虚拟化数据复制通过专用虚拟控制器实现，存储虚拟化技术通常在存储网络层实现，其数据复制同样也分为同步复制方案和异步复制方案,需要根据具体的需求选择合适的技术。

基于存储虚拟化的数据复制技术的优点如下。

- ❏ 存储阵列可以异构,存储平台的选择不受厂商的限制,具有统一的管理界面。
- ❏ 服务器及其应用系统识别的是存储设备的逻辑镜像,在物理存储发生变化时,逻辑镜像不会发生改变,存储管理轻松、简单。

基于存储虚拟化的数据复制技术的缺点如下。

- ❏ 设备选型与功能非常重要,须选择技术成熟且金融案例较多的品牌。
- ❏ 存储虚拟化控制器的性能会影响存储性能,在高读写负载的应用场景下,存储虚拟化控制器的性能可能成为整个系统的瓶颈。

综上,虚拟化技术继承了基于存储设备的数据复制技术的优点,同时又能兼容异构存储系统,切换过程比较简单,甚至可以实现自动切换,是目前金融机构使用较多的方案。

基于主机的数据复制技术是主备数据中心主机通过数据管理软件实现数据的远程复制,复制数据在 IP 网络传输。

基于主机的数据复制技术的优点如下。

- ❏ 不依赖底层存储平台,仅与服务器平台及数据管理软件相关,可以采用不同的存储平台。
- ❏ 同时对数据库和文件系统提供容灾保护。
- ❏ 基于 IP 网络没有距离限制。

基于主机的数据复制技术的缺点如下。

- ❏ 只能在同架构的主机平台下复制,且数据复制过程消耗主机的计算资源,情况严重时可能影响主机系统运行。
- ❏ 技术方案比较复杂,特别是与数据库应用结合时需要经过复杂的机制。
- ❏ 管理复杂,需要大量的人工干预,易发生错误。

金融机构基于主机的数据复制技术案例相对较少。

基于数据库的数据复制技术主要为数据库自身提供数据复制。经过多年的技术发展与沉淀,各厂商的数据复制技术已相当成熟,在金融机构的应用较为广泛。

4. 灾备建设的重点与难点

灾备能力是金融机构业务连续性的重要保障,各金融机构在建设时因现状、规模及技术能力不同,技术路线选择与实施方案也各有不同,建成后所达到的能力也有所区别。通过调研金融机构灾备建设情况及经验总结,我们发现在建设与维护过程中的主要难点包括定位与规划、技术选型、应急预案与演练等方面。

(1)定位与规划　进行灾备建设规划时,须明确整体的建设需求,包括国家规范与标准、监管要求及金融机构自身的业务连续性需求,而这 3 个方面最难把握的往往是金融机构自身的业务连续性要求，其直接影响灾备建设的资源投入甚至是技术架构的选择，存在的难点如下。

- 业务战略与科技需求的匹配。
- 业务连续性等级与费用投入的权衡。
- 技术路线与技术支持能力的适应。

（2）技术选型　灾备建设方案，特别是双活模式，如果设计不当，不仅起不到灾备的作用，反而可能因为数据中心之间的相互干扰，影响整体业务连续性，金融机构在建设过程中需要注意如下问题。

- 数据中心脑裂：数据中心间通信线路发生中断，影响存储同步、数据库跨数据中心集群等，须充分考虑各集群在脑裂下的检测与处理机制。如果处理不当，可能导致主备数据中心均停止对外服务。
- 流量请求的分发与引流：通过智能 DNS 域名解析实现引流，不同数据中心处理不同来源的流量，需要充分考虑域名解析的缓存因素，在基础架构设计时须全面考虑应用系统数据中心之间的互联互通。
- 外部单位互联：金融机构很多业务依赖第三方机构，各机构基础架构、要求及基础条件不同，外联的技术选择与保障也是金融机构建设的难点之一。
- 运维监控及工具建设：双活架构最大的挑战在于跨数据中心之间的运维管理与资源部署，确保应用版本的一致性，在考虑好基础架构的同时做好运维工具的建设。

（3）应急预案与演练　为保障业务连续性，须制定应急预案并定期进行演练。应急预案往往是在一定条件下的假设，而真实故障往往错综复杂，可能涉网络、存储、主机、数据库、应用等层级，突发故障时往往很难作出清晰的判断。

突发事件下，受技术能力等方面的影响，很难对应急预案的启动条件作出正确的判断，真实故障可能由某一个细节引发，在处理不当等情况下导致重大故障。

16.4　本章小结

基础设施系统稳定是保障金融机构业务顺利开展的关键环节。本章从业务连续性出发，以金融机构普遍建设的两地三中心为出发点，全面阐述了金融机构基础设施系统的基本原理，包括数据中心机房、网络系统、存储系统、主机系统及数据库等，以数据中心本地高可用为基础，分析了金融机构的灾备模式、关键技术方案及建设重点，为金融机构业务连续性建设提供参考。

第 17 章

外包管理平台

为了在激烈的市场竞争中提高核心竞争力，金融机构对信息科技的投入越来越大，而信息科技外包服务是金融机构借助外力塑造自身核心竞争力的有效途径。与此同时，大规模的信息科技外包也带来了各种外包风险。为了更好地管理和规避信息科技外包风险，金融机构有必要通过建立外包管理系统来实现外包工作的自动化、精细化和规范化管理，并在金融机构之间建立信息科技外包信息共享平台，实现同业之间的外包信息共享，在控制外包风险、满足合规要求的同时提高效率，节约成本。

17.1 外包管理系统

金融机构需要通过建立信息科技外包管理平台，实现信息科技外包工作的自动化、精细化合规管理，满足监管要求和金融机构自身的发展需求。

17.1.1 业务架构

信息科技外包在科技方面的投入占比越来越高，已经成为金融行业提升业务竞争力的重要手段。同时，金融监管机构逐步加强了信息科技外包监管力度，不断提升对信息科技外包风险防控监管的要求。如何在有限的投入下，既提高信息科技外包管理效率，又有效防范外包风险，是金融机构普遍面临的挑战。

建立信息科技外包管理平台之后，金融机构就可以实现精细化外包管理，量化外包评价考核，优化外包资源配置，从而满足金融机构科技外包管理的实际需要，简化外包管理工作流程，提升工作效率和外包管理水平，同时还能满足外部监管、内部风控合规要求，有效控制外包风险。

信息科技部外包管理平台应从单纯的项目管理领域延伸到外包管理的多职能协同管理和全生命周期，实现外包需求管理、外包费用管理、外包项目管理、外包合同管理、外包风险管理、外包商管理、外包人员管理、外包舆情监测等多职能协同运作，覆盖各项外包工作的事前、事中和事后全生命周期。

此外，通过提供接口和调用其他系统接口，实现与金融机构的其他内部管理系统，如办公自动化系统、统一门户系统、采购系统、运维管理平台等系统数据的对接交互，实现融合管理，从而提高工作效率，减少操作风险，加强科技治理，落实精细化管理，达到集中管理、有效监控、降本增效的目的。

17.1.2 技术架构

信息科技外包管理平台技术架构的设计目标是安全、高效、标准、可扩展、易用。

- 安全：系统应能在正常和高峰业务中稳定运行，并具有多级安全保密、权限管控机制，确保业务数据安全、可靠。
- 高效：系统应能将系统资源使用控制在较低水平的同时具备较高的处理能力。
- 标准：系统应严格执行国家和金融行业相关标准规范，采用标准开发语言、开发环境进行开发，并对外提供标准的接口。
- 可扩展：系统设计应灵活、易于改造。
- 易用：系统应提供良好的使用界面，操作简便、高效。

技术架构可分为五层。

- 前端展示层：通过网页进行展示。
- 业务展现层：包含系统核心应用、数据分析展现。
- 应用支撑层：通过消息中间件等组件进行支撑。
- 数据资源管理层：包含关系型数据库等的集群管理。
- 基础服务层：包括设备硬件、操作系统、网管支撑等基础服务。

各层之间应尽量实现松耦合，上层依赖下层的服务支撑，下层服务不依赖上层。组件之间的数据交互通过消息中间件进行消息的互通，实现各服务之间的业务互通。

17.1.3 功能实现

信息科技外包管理平台主要有如下功能模块。

1. 外包商管理模块

该模块应包括以下子模块。

- ❑ 外包商准入管理子模块：根据外包商准入规则，结合外包商风险评估结果，以及工商、法院、税务等外部输入数据进行分析，对外包商进行筛选和入库管理。
- ❑ 外包商出库管理子模块：根据外包商退出规则，对外包商正常退出、中途退出、考评不合格退出等情况进行及时管控。
- ❑ 外包商黑名单管理子模块：根据外包商黑名单规则，将具有不良记录或经营服务出现重大风险的外包商加入黑名单，避免与其再次合作。
- ❑ 外包商尽职调查子模块：在签订外包合同前开展尽职调查，包括外包商的管理能力和行业地位、财务稳健性、经营声誉和企业文化、技术实力和服务质量、突发事件应对能力、金融行业案例情况等，以此作为外包商入库的判断条件，避免不符合资质的外包商进入外包商库。
- ❑ 外包商分级管理子模块：以量化方式对外包商进行等级划分，作为外包商评价和后续合作的重要参考指标。

2. 外包人员管理模块

外包人员管理主要包括外包人员签订保密协议、外包人员资产管理（含电脑、门禁卡等的发放、回收等）、外包人员考勤（含加班、请假、补签）、外包人员考评（采用定量+定性相结合方式）、外包人员奖惩记录、外包人员评级、外包人员的进退场流程、外包人员信息变更（关联合同、关联系统、人员等级和其他基本信息）等功能。

信息科技外包管理平台应支持导入和导出外包人员数据信息、外包商与外包人员双向关联、外包人员与外包项目双向关联（如某外包人员为某外包项目的项目经理）等关联功能。

3. 外包项目管理模块

该模块应包括以下子模块。

- ❑ IT立项子模块：支持新增立项登记表，关联对应预算，按不同的采购类型记录采购信息及金额；支持创建商务事项，生成立项申请表；支持商务谈判材料审核；支持外包工作量评估，如Delphi功能点估算法等进行线上工作量评估；与外包合同管理模块联动，将立项信息同步到外包合同管理模块，以建立和维护该项目相关合同；与外包费用管理模块联动，将立项信息同步到外包费用管理模块，以申请该项目相关费用。
- ❑ 需求管理子模块：当外包项目发起需求分析流程后，系统将外包项目状态更改为需求分析中，进入需求分析子模块。该子模块应支持需求提出，可实现多人共同编辑，对需求进行条目化拆分，关联至功能点和应用系统。支持在信息科技部门和业务部门等跨部门、跨层级的需求会签。支持需求提出人建立里程碑计划，支持需求跟踪矩阵，实现"需求分析""需求确认""系统设计""程序编码""测试""测试完成""已定版""已投产"

等需求主要里程碑流转。
- 预算管理子模块：建立预算登记表，关联立项并核减预算金额。预算条目有"未使用""正在使用""已使用"3个状态。预算条目未关联立项准备申请时，状态为"未使用"。当立项准备申请流程关联到预算条目并提交到下一步流程处理环节时，关联的预算条目状态设置为"正在使用"，系统临时在预算条目金额中锁定关联的立项准备申请金额，当立项准备流程通过后，正式扣减预算条目金额；当立项准备申请未通过时，将关联的预算条目中临时锁定的金额还原，预算条目状态改为"未使用"；当预算条目中的金额用完时，预算条目状态显示为"已使用"。
- 合同管理子模块：该子模块应支持关联合同以扣减费用，关联变更明细；支持需求关联合同变更，并进行立项费用分配和变更；支持合同签订、结构化付款信息及配套付款文档、合同到期信息、后评价信息等，配套提供提醒功能；支持合同状态管理和合同统计分析；支持根据合同付款条件和项目执行状态收集配套的付款文档，并提示是否可付款。

4. 外包舆情监测模块

该模块应具备金融机构的外包商舆情数据采集功能，能够监测主流媒体，并对社交网络平台、网络社区、新闻客户端、短视频平台等的数据进行监测，确保信息获取的全面性与科学性。

该模块应对外包商舆情进行及时监测，能够 7×24 小时不间断地进行监测，并随时进行重要信息即时预警，点对点通知具体负责人，以确保及时监测、发现和处置外包舆情风险。

该模块应支持定制外包舆情分析报告，根据金融机构具体需求，对重要外包舆情信息提供包括监测数据和简要概括分析在内的舆情速报，对重要外包舆情事件实行实时重点监测，监测期间每日提供分析报告，监测结束后提供深度分析报告。

17.1.4 预期效果

信息科技外包管理平台应实现如下预期效果：对外包工作的事前、事中、事后全生命周期线上化管理，减少线下操作，减少操作风险，提升外包项目管理效率和质量。同时，通过多系统关联，实现需求提出、立项管理、项目管理、外包商管理、外包人员管理、外包项目管理、外包合同管理、外包舆情管理等多职能协同运作的精细化管理体系，达到集中管理、有效监控、降本增效的效果。

17.2 外包信息共享平台

随着信息科技外包管理工作的发展，多家金融机构可以联合创建外包信息共享平台，实现同业外包管理关键信息共享，从而有效降低外包风险。

17.2.1 业务架构

随着业务的高速发展，金融机构受制于有限的信息科技资源，需要逐步丰富信息科技外包服务，推出更多金融产品与服务，提高自身的竞争力。随着信息科技外包的投入不断增加，信息科技外包风险也随之上升，金融机构外包普遍存在外包商数量多、水平参差不齐，以及管理信息不对称、真实性无法有效溯源等痛点。

此外，监管机构对信息科技外包风险越来越重视，不断出台如《银行业金融机构信息科技外包风险监管指引》等监管文件。金融机构需要构建一套信息科技外包信息共享平台，由多家同业金融机构共同参与，共享外包管理过程的关键信息，为外包管理提供可靠的参考依据，解决金融机构在信息科技外包管理过程中的外部风险信息采集、尽职调查取证等工作难点，提升管理水平，降低外包风险。

信息共享平台主要业务逻辑如下。

第一步：后台管理端分配菜单、角色、账号、权限。

第二步：应用系统根据后台系统分配的业务账号登录系统。

第三步：业务端录入基础数据，支持单条录入、批量导入、附件上传等功能。

第四步：数据持久化到本地数据库。

第五步：数据同步给共享平台的其他节点。

第六步：接收其他节点的广播数据，并持久化到本地服务器。

第七步：查询共享数据。

17.2.2 技术架构

外包信息共享平台系统技术架构设计的目标是高效、安全、稳定、可扩展、易用。

- 高效：通过开发系统应用，优化数据架构，具备较高的吞吐量及较短的响应时间，实现系统高效运行。
- 安全：通过身份管理和权限设置，让只有授权的用户才能使用和修改系统的信息，未授权用户禁止调用系统信息，从而防止信息泄漏。
- 稳定：系统要经过各种严格的测试，最大限度地保证其上线后稳定运行。
- 可扩展：系统上线后，支持后续的功能扩展，可在原有的系统上进行二次开发。
- 易用：系统的界面显示和菜单管理简单易用，符合人性化设计，易于理解，操作简单。

整个系统主要分为三层。

- 应用层：管理客户端，主要负责数据的展示、添加、修改、删除、查询，以及数据保存、数据共享等操作。
- 服务层：应用层和共享平台底层之间的桥梁，负责调用共享平台底层接口以及对外提供接口，也作为共享平台底层的安全防护层。

❑ 共享平台底层：主要负责将本节点发布的数据推送到其他节点、验证数据的合法性、自动同步其他节点数据等。

用户发送增删改查、批量导入、批量删除等数据请求后，首先在应用层前端判断用户数据的合法性。验证通过后数据被提交到服务层后台，后台首先会判断用户的操作权限及合法性，验证通过后继续判断数据的合法性。验证通过后提交数据，将数据保存到本地数据库中，并同步到共享平台所有节点上，每个节点保存一份副本，此时所有节点在本节点的数据共享模块就可以看到该数据了。

为了提高安全性，整个共享平台运行于金融专网等专门网络中，设置一个管理节点和多个普通节点，各节点之间需要网络互通，普通节点可以进行数据采集、数据保存、查看其他节点分享的数据等。管理节点除了拥有普通节点的功能外，主要负责管理整个共享平台，包括证书的发放、通道管理、组织管理、节点管理等。

17.2.3 功能实现

外包信息共享平台的主要功能如表 17-1 所示。

表 17-1 外包信息共享平台的主要功能

功能模块	功能名称
首页	首页数据统计
数据存储	外包商尽职调查报告
	外包案例报告
	外包项目评价报告
	外包人员评价报告
	非驻场外包管理报告
	缺陷管理报告
	重要外包商风险评估报告
	外包商自评估报告
数据共享	尽职调查报告共享信息查询及溯源
	外包案例查询及溯源
	外包项目评价查询及溯源
	外包人员评价查询及溯源
	缺陷管理信息查询及溯源
	非驻场外包现场检查报告查询及溯源
系统管理	用户管理
	权限管理
	菜单管理
	登录账号管理

以其中最关键的数据共享功能为例，分析其应实现的主要功能。

1. 外包商尽职调查报告

主要用于与共享平台成员分享外包商尽职调查的情况。金融机构在甄选外包商时，可调取该外包商的尽职调查报告，了解外包商的真实情况，为共享平台成员选取合适的外包商提供可靠的参考依据，同时为降低外包风险起到一定的作用。

外包商尽职调查报告主要包括两部分——关键属性和报告文件。其中关键属性包括外包商类型、外包商名称、统一社会信用代码、外包商地址、法人代表、注册资本、注册时间、尽职调查时间等。可以预留扩展属性，快速支撑后续业务扩展。

2. 外包案例报告

将外包案例的重要信息分享到共享平台，供其他成员参考，上传的信息要确保不可随意窜改，保障案例信息安全可信任，避免外包商伪造案例，为共享平台成员验证案例的真实性提供可靠的参考依据。

外包案例报告主要包括两部分——关键属性和报告文件。其中关键属性包括外包商名称、统一社会信用代码、案例资料类型（合同/中标项目）、案例时间（合同签订时间/中标时间）、案例名称（合同名称/项目名称）、案例内容简述（合同内容/项目内容简述）等。可以预留扩展属性，快速支撑后续业务扩展。

3. 外包项目评价报告

主要用于共享平台成员分享的外包项目的建设情况，提取外包项目的重要信息并分享到共享平台。金融机构在选择供外包商进行外包项目的合作前，可通过共享平台调取外包项目评价信息，了解同类项目有哪些外包商做过、建设情况、服务评价情况如何。选取合适的外包商进行项目合作，对于外包项目的建设有一定的促进作用，也有一定的保障，同时为降低外包风险起到一定的作用。

外包项目评价报告主要包括两部分——关键属性和报告文件。其中关键属性包括项目名称、项目外包商名称、项目外包商统一社会信用代码、评价单位、评价时间、评价结果等。可以预留扩展属性，快速支撑后续业务扩展。

4. 外包人员评价报告

主要用于共享平台成员分享的外包项目中主要负责人的情况，提取外包人员的重要信息并分享到共享平台。金融机构在进行外包合作前，可通过共享平台调取外包项目主要人员的评估信息，了解人员的经验、资质等情况，选取合适的外包项目负责人。这些工作对于外包项目的建设有一定的促进作用，同时为降低外包风险起到一定的作用。

外包人员评价报告主要包括两部分——关键属性和报告文件。其中关键属性包括人员姓名、身份证号、所属公司、资质类型、项目经历、项目角色、评价结果、评价时间、资质编号、资质名称等。可以预留扩展属性，快速支撑后续业务扩展。

5. 缺陷管理报告

主要用于共享平台成员分享的软硬件缺陷情况，提取缺陷报告的重要信息并分享到共享平台。金融机构可通过共享平台了解同业发现的软硬件缺陷信息，对于存在缺陷的厂商的产品，可以及时进行修复，为降低外包风险起到重要的作用。

缺陷管理报告主要包括两部分——关键属性和报告文件。其中关键属性包括缺陷名称、缺陷类型、严重级别、关联厂商名称、关联厂商统一社会信用代码、关联产品名称、关联产品版本、发现缺陷时间等。可以预留扩展属性，快速支撑后续业务扩展。

6. 非驻场外包管理报告

主要用于共享平台成员共享的非驻场外包商管理情况，提取报告的重要信息并分享到共享平台。对于非驻场外包管理，一般采用不定期现场检查外包商情况的方式，将检查结果形成报告文件，金融机构可通过共享平台了解跟自己相关的非驻场外包供应商、外包项目的情况，从而降低非驻场外包风险。

非驻场外包管理报告主要包括两部分——关键属性和报告文件。其中关键属性包括外包商类型、外包商名称、产品或服务简述、统一社会信用代码、经营状况是否良好、风险指数（高/中/低）、服务质量评分、内部管理措施是否完善、存在违法违规事件的数量、存在未整改问题的数量、现场检查时间等。可以预留扩展属性，快速支撑后续业务扩展。

17.2.4 预期效果

信息科技外包信息共享平台最关键的功能是数据共享，应实现以下效果。

- 缺陷管理报告：通过外包商名称、社会信用代码、产品名称、产品版本、缺陷名称、缺陷类型、缺陷严重级别进行快速检索。
- 非驻场外包现场检查报告：通过外包商名称、社会信用代码、所选外包商类型、经营情况、风险指数、内部管理措施是否完善、未整改问题的数量和范围、服务质量评分范围、违法违规情况的数量和范围、现场检查时间范围等进行快速检索。
- 外包案例溯源报告：通过外包案例名称、外包商名称、社会信用代码、所选案例资料类型、实施时间范围等进行快速检索。
- 外包人员评价报告：通过外包人员名称、身份证号、所属公司、资质名称、资质代码、项目角色、评估结果、资质类型、评价时间范围等进行快速检索。
- 外包项目评价报告：通过外包项目名称、外包商名称、社会信用代码等进行快速检索，支持模糊检索及复杂组合查看。

- 外包商尽职调查报告：通过外包商名称或者外包商类型对外包商尽职报告进行快速检索，支持模糊检索。
- 外包商自评估报告：通过发布机构、外包商名称、注册号、自我评价总结、备注、评估时间等进行快速检索。
- 重要外包商风险评估报告：通过发布机构、外包服务商名称、外包服务名称、外包服务主要内容、实施方式、外包服务类型、影响业务类型、外包服务时间等进行快速检索。

以上检索功能应支持模糊检索及复杂组合查看，并可以查看相关报告的详细信息、历史修改记录等信息，以实现对每份记录的溯源。

建设金融机构之间的信息科技外包共享系统，可以响应监管机构的相关要求，用于多机构信息安全共享，建立外包管理过程关键信息数据共享渠道，并可以实现与金融机构内部的外包管理项目管理系统对接，系统自动化同步及共享，提升数据共享的有效性、准确性和及时性，从而有效提高外包管理的综合水平。

金融机构可以在本行业、本区域范围内建立信息科技外包信息共享平台试点，逐步扩大平台的试点范围，逐步探讨并增加数据共享类型，丰富数据内容，例如增加外包商或外包人员黑名单，把外包商或外包人员的违规情况共享出来，不仅可以让同业及时了解外包商或外包人员的情况，还可以对外包商或外包人员有警示作用。

建立数据共享的激励机制，比如贡献数据多的金融机构可以多分享其他机构的数据等。可以探索积极尝试和引入新技术，如区块链、联邦学习和联合建模等，借鉴国际、国内先进技术并积极开展交流合作，共同推动技术攻关、技术交流及人才培养等方面的工作，秉承合作共赢的原则，有力提升金融机构的信息科技管理水平。

17.3　本章小结

本章重点论述了信息科技部外包管理的技术化、平台化工作，阐述了信息科技外包管理系统和外包信息共享平台的业务架构、技术架构、功能实现和预期效果，从而实现信息科技外包管理工作的自动化、精细化管理，满足合规要求的同时提高外包管理效率，促进金融机构提升竞争力。

第 18 章 金融科技相关技术与风险管理

金融科技指利用各类科技手段创新传统金融行业所提供的产品和服务，提升效率并有效降低运营成本。根据金融稳定理事会的定义，金融科技是指由大数据、区块链、云计算、人工智能等新兴前沿技术带动，对金融市场以及金融服务业务供给产生重大影响的新兴业务模式、新技术应用、新产品服务等。

近年来，金融科技相关技术的运用已经普遍得到各大金融机构的认同。本章将围绕金融科技相关技术在金融机构信息科技风险管理中的应用，以及在实际应用中的风险防范展开探讨。

18.1 金融科技相关技术在风险管理中的应用

被各个金融机构普遍接受并应用的金融科技相关技术除了大家耳熟能详的人工智能、区块链、云计算、大数据外，还有 5G 技术、物联网技术等。这些技术在金融服务创新方面发挥了非常重要的作用，对各个金融机构的商业模式、金融业态都产生了非常深远的影响。就信息科技自身的风险管理而言，同样可以积极探索金融科技相关技术的应用。本节介绍金融科技相关技术在信息科技风险管理方面的运用。

18.1.1 人工智能和大数据

人工智能是研究和开发用于模拟、延伸和扩展人的智能的理论、方法、技术及应用系统的一门技术科学。

大数据指无法在一定时间范围内用常规软件工具进行捕捉、管理和处理的数据集合。Gartner 对大数据的定义是：需要新处理模式才能具有更强的决策力、洞察力和流程优化能力的海量、高增长和多样化的信息资产。

人工智能和大数据是有紧密关联的，人工智能离不开大数据。大数据负责不断采集、沉淀、分类等数据积累的工作；人工智能基于大数据的支持和采集，运用人工预设的特定技术和运算方式完成模拟、延伸和扩展人类智能的工作。在金融科技的实际运用中，人工智能和大数据往往也是同时运用，共同协作的。下面我们探讨一下人工智能在信息科技风险管理相关领域中的运用。

1. 信息科技运维

人工智能技术在信息科技运维领域的使用已经普遍被各个金融机构所接受，在实际运用中确实已经取得了实实在在的效果。这里可以列举几个场景加以说明。

（1）生产运维智能监控　数据智能技术在生产运维智能监控方面的运用目前已经被金融机构普遍接受。传统的运维监控手段往往是针对不同的指标分开监控，缺少关联分析，可能导致产生不必要的虚警。传统的运维监控手段过于依赖监控指标，阈值设置过大或过小，都容易产生漏警或虚警。利用数据智能，通过对监控指标的变化情况以及关联情况进行分析，可以很好地解决这些问题。

通过对监控指标的变化情况进行分析，我们可以得到监控指标的动态阈值，再根据时间的变化，通过学习历史数据，得出动态变化的阈值（业务高峰期和业务低峰期阈值可以动态区分），从而避免虚警或漏警。通过对监控指标的关联分析，我们可以综合各方信息，更加精准地定位问题。

此外，利用数据智能分析，我们也可以对各指标的运行趋势进行分析，对于指标虽未超过阈值但是运行趋势发生变化的情况，也能及时预警，及时发现可能存在的问题和隐患，避免发生严重的事故。根据海恩法则，任何严重的事故，都是基于此前已经不断发生的事故征兆和事故苗头发生的。那么我们使用智能化的数据分析技术对已经发生的各类小事件或者指标数据的微小波动进行分析，就可能避免重大生产事故的发生。

（2）知识图谱在运维中的运用　知识图谱被称为知识域可视化或知识领域映射地图，是显示知识发展进程与结构关系的一系列各种不同的图形，用可视化技术描述知识资源及其载体，挖掘、分析、构建、绘制和显示知识及它们之间的相互联系。知识图谱是通过将应用数学、图形学、信息可视化技术、信息科学等学科的理论、方法与计量学引文分析、共现分析等方法结合，并利用可视化的图谱形象地展示学科的核心结构、发展历史、前沿领域以及整体知识架构，达到多学科融合目的的现代理论。

在生产运维中，我们可以利用知识图谱分析生产运维单元的关系，例如网络图谱的自动绘制，即通过生产网络的访问流数据和服务器 IP 配置数据，自动绘制整个金融机构所有服务器的访问关系。通过这个网络图谱，在变更的影响分析、故障的关联分析中就能准确定位影响范围，解决人工分析容易遗漏的问题。

2. 信息科技外包管理

人工智能技术在信息科技外包管理方面已经取得了实际的效果，典型的如生物识别技术在外包人员管理中的运用。

（1）出入门禁管理　生物识别技术在金融机构信息科技运维管理中的应用场景非常多。例如出入门禁管理，目前已经广泛采用了指纹、人脸识别甚至虹膜识别技术。通过生物识别技术代替普通的门禁卡识别，一方面可以有效防范通过借用或者复制门禁卡等手段的非法闯入，另一方面可以有效避免和减少门禁卡的管理成本。

（2）人员行为管理　目前许多金融机构都有员工以及外包公司人员日常行为管理的需求。例如，在生产数据中心不能拍照，外包公司人员进入机房区域必须有员工陪同等。引入图像智能中的行为识别能力，我们就可以对违反规定的行为予以实时监控，及时发现和提醒，减少和杜绝违规行为。

3. 信息科技审计管理

信息科技审计管理中也可以引入人工智能技术，典型的场景是利用文本智能处理技术对信息科技的商务合同以及项目过程文档进行智能识别和分析，对信息科技日常研发过程中的合规性、严谨性进行审计和把控。

此外，在非现场审计中，也可以利用大数据分析技术对信息科技的日常数据进行分析，确保信息科技运行的合规性。

4. 信息科技安全管理

人工智能在信息科技安全管理方面已经逐步成为常用手段。对于金融机构而言，随着计算机技术的进步，信息科技安全管理的压力越来越大。传统的防范外界攻击的手段是根据已经识别的攻击方式，采取对应的方案进行识别和防范。这在外界攻击手段不断推陈出新的情况下，往往疲于应对。使用人工智能技术，通过对历史数据的分析与学习，及时捕捉可能存在的异常，则会显得从容许多。例如我们可以通过长期监控企业官网、手机银行、个人网银等重点业务系统的访问请求趋势，积累足够的训练样本，建立访问行为动态基线，实时发现请求中的异常流量并加以防范。

此外，自然语言处理技术也能够用于信息科技安全管理，如黑链的智能检测，即根据网站的访问流量发现用户网站可能存在的非法链接。首先基于用户站点的行为分析建立正常访问的基线，然后针对超过基线的异常请求进一步分析该请求的返回报文，利用自然语言处理技术对返回报文进行语义分析，对高概率包含黄、赌、毒等黑链的网址统一资源定位系统（Uniform Resource Locator，URL）进行告警。通过检测黑链可以间接发现网站是否存在其他漏洞。

18.1.2 区块链

区块链起源于比特币，是一种综合数学、密码学、互联网和计算机编程等多门学科技术而形成的去中心化的分布式存储技术，通过点对点传输形成共识机制。从应用的视角来看，区块链是一个分布式的共享账本和数据库，具有去中心化、不可篡改、全程留痕、可以追溯、集体维护、公开透明等特点。这些特点保证了区块链的"诚实"与"透明"，为区块链建立信任奠定了基础。区块链的应用场景丰富，基于区块链能够解决信息不对称的问题，实现多个主体之间的协作信任与行动一致。区块链分为公有区块链、行业区块链和私有区块链3种。

公有区块链是指世界上任何个体或者团体都可以发送交易，且交易能够获得该区块链的有效确认，任何人都可以参与其共识过程。公有区块链是最早的区块链，也是应用最广泛的区块链。

行业区块链的记账人为某个群体内部指定的多个预选的节点，每个块的生成由所有预选节点共同决定（预选节点参与共识过程），其他接入节点可以参与交易，但不过问记账过程。行业区块链本质上还是托管记账，只是变成了分布式记账。预选节点数量以及如何决定每个块的记账者是行业区块链需要重点考虑的问题，也是主要风险点；而其他参与者仅通过该区块链开放的API进行限定查询和交易，由于不参与最终的记账，因此风险可控。

私有区块链使用区块链的总账技术进行记账，可以是一个公司，也可以是个人，独享该区块链的写入权限，本链与其他的分布式存储方案没有太大区别。

目前区块链在信息科技风险管理各个领域的使用还是比较少的，有一些金融机构正在探索。

当前各个金融机构都不同程度地涉及信息科技外包供应商的管理，如果能够在可信的基础上共享供应商信息及外包人员信息，则对提升供应商管理水平会有很大的帮助。

目前已经有部分金融机构建立了可以实现点对点共享的供应商管理和外包人员管理平台，通过区块链技术，将各自的供应商信息和外包人员管理信息进行共享。

金融机构成员可以通过该平台实时了解不同供应商的评价以及具体外包人员的奖惩情况。同时各个金融机构也可以把自己的供应商评价信息和外包人员奖惩信息进行共享，以便其他机构在使用时作为参考。这个平台通过区块链技术，解决了去中心化和不可篡改的问题，确保了信息的透明度和可追溯性。

当前各个金融机构在信息科技安全管理领域也存在大量需要共享的信息，例如伪基站、虚假域名、恶意扫描的黑名单IP等。这些信息的共享同样能帮助金融机构提升安全防护水平。利用区块链技术实现点对点的去中心化共享，则是一个便捷的技术手段。

18.1.3 云计算与边缘计算

在金融科技相关技术中，云计算与边缘计算也是相辅相成的两个核心技术，在很大程度上解决了单个计算服务器计算能力不足的问题。可以说，云计算和边缘计算是大数据与人工智能技术能够充分发挥作用的基础。

大数据和人工智能的发展，需要完成大量数据信息的处理、学习和信息萃取，没有足够的计算能力是难以实现的。而云计算和边缘计算则很好地解决了这个问题。

在相应的应用场景中，云计算和边缘计算同样是金融科技风险管理不可或缺的技术保障，主要体现在信息科技运维和信息科技业务连续性管理两个方面。

1. 信息科技运维

云计算具有可快速完成部署、自动弹性伸缩的特点，很多金融机构纷纷引入私有云完成信息科技运维架构的部署。私有云的部署，从底层往上，分为 IaaS、PaaS、SaaS。目前金融机构使用最多的是 IaaS 部署。

使用 IaaS 完成数据中心的私有云部署，可以替代 VMware 等工具完成硬件基础设施的虚拟化部署，实现基础设施资源的充分利用和有效分配。同时，IaaS 相较于 VMware 等虚拟软件的最大优势在于可以实现快速部署和资源的弹性伸缩。这对于金融机构应对互联网业务快速变化是非常有效的。

2. 信息科技业务连续性管理

IaaS 私有云的部署在很大程度上隔离了应用系统与实际物理服务器的关系。一方面，通过私有云的部署，应用用户无须关注应用系统所运行的物理服务器；另一方面，当 IaaS 私有云当中的任何一台或几台服务器发生故障时，运行在其上的应用系统可以实现快速迁移，对应用系统的实际运行基本能够做到无感知。利用私有云的这些特点，生产运维人员可以有效提高生产应用系统的高可用性，从而提升业务连续性。

目前各个金融机构根据监管的要求，都在部署双活甚至多活数据中心运维基础设施架构。而私有云的运维则为双活数据中心和多活数据中心提供了更加便捷的系统基础，为金融机构业务连续性提供了更加有效的方案。

18.1.4　5G 和物联网

5G 与物联网技术目前在金融机构信息科技风险管理领域的使用相对较少，可以使用的场景主要是信息科技生产运行和维护管理方面。例如，可以利用 5G 和物联网技术对信息科技的基础设施进行智能化识别、定位、跟踪和管理。

金融科技相关技术的运维往往涉及较大的使用成本，很多金融机构出于成本的考虑，在信息科技风险管理中运用的技术有限。随着技术的进步，使用成本会不断降低，我们可以创造更多的应用场景，通过金融科技相关技术，更好地提升信息科技风险管理水平。

18.2 新技术应用的风险防范

金融科技应用的不断创新，对金融机构的业务发展和金融生态的变化都带来了深远影响，为金融机构的用户不断创造便利的同时，也帮助金融机构进一步提升服务的广度、深度和速度，帮助金融机构实现了提质增效。金融科技的新技术在信息科技风险管理方面也有较多的应用，帮助金融机构提升信息科技风险的管理水平。

任何事务都存在两面性，金融科技新技术在应用的同时，自身也可能带来一些不确定的风险，而对金融科技新技术应用的风险防范，同样是金融机构信息科技从业人员需要考虑的问题。本节介绍金融科技新技术应用风险防范的要点。

18.2.1 人工智能和大数据

人工智能技术在金融机构中的应用非常广泛，使金融机构在规模化快速分析、精准服务、风险管控等方面焕发新的生机与活力，帮助金融机构特别是中小型金融机构在抢占市场、提升客户服务方面缩小了与大型金融机构的差距。然而，人工智能技术的快速发展和应用，在带来高效的同时，也带来了一些隐忧，如数据安全、算法风险、隐私保护、社会伦理等问题。这些风险如果不能妥善处理，可能会带来极大风险。此外，一些风险也限制了金融机构在人工智能领域更深层次的探索和创新。

作为一种新兴技术，相比于传统 IT 技术，人工智能（AI）技术有其独特之处。首先，一些 AI 算法的决策逻辑不像传统程序逻辑那样清晰可见。AI 系统使用者只须将相关数据输入 AI 系统，AI 系统就会输出相应的结果，然而其间 AI 算法是如何进行决策，为什么做特定的决策，即使 AI 系统的开发者有时也不能解释清楚。其次，AI 具有智能性，能独立进行学习、归纳、推理、求解等活动。只需要提前设定好目标和规则，提供足够的数据，AI 系统便可自行进行相关的智力活动。正因为 AI 兼有不透明性和智能性两种特性，如果不对 AI 系统进行规范，AI 便有可能作出违反道德伦常、公平正义，甚至危害社会的行为。因此，AI 治理需要更加谨慎，考虑更多的因素。一般来说，这些风险按照是否和技术相关可以分为技术风险和非技术风险两大类。技术风险包括数据风险和算法风险，非技术风险则包括隐私风险和伦理风险。

1. 数据风险

数据风险是用于人工智能分析的数据带来的风险，会影响人工智能分析结果的准确性，包括以下两种可能的情况。

- ❑ 数据样本偏差造成的"以偏概全"，典型的如幸存者偏差。
- ❑ "脏数据"造成的数据污染。

2. 算法风险

算法风险是人工智能算法问题造成的风险,最终可能造成结果的方向性误导,包括如下三种可能的情况。

- 算法偏见或数据分析模型偏差带来的方向性错误。
- 算法不透明导致算法的错误可能被隐藏。
- 算法被恶意操纵导致金融机构利益受到损害。

3. 隐私风险

隐私风险主要在于金融机构用户隐私数据的保护,包括两个方面。

- 隐私数据被采集的知情权,即用户可能在不知情的情况下被采集了隐私数据。
- 隐私数据的保护,即由于缺乏隐私数据保护的规定和措施,导致用户隐私数据泄露。

4. 伦理风险

人工智能的运用往往需要结合伦理的认知,否则可能造成伦理风险。

- 用户对人工智能过度依赖,导致陷入"信息茧房"。
- 人工智能替代人工劳动,导致失业率上升等社会问题。
- 人工智能造成的情感危机。
- 人工智能应用中的归责问题。

针对人工智能技术存在的风险,各金融机构应深化 AI 治理,构建 AI 使用原则与共识,制定标准化的 AI 系统的设计和使用规范,对设计和使用 AI 系统过程中涉及的概念和流程进行定义和指导,从而保障 AI 被合理规范地使用,更大程度地发挥 AI 的价值。具体措施我们从技术风险管理和非技术风险管理两个方面加以论述。

1. 技术风险管理

人工智能技术应用的技术风险包括数据风险和算法风险,金融机构可以从如下两个方面对人工智能应用的技术风险加以管理和防范。

(1) 加强金融机构 "三道防线" 风险管理　首先,针对不同的场景和功能,安排不同的团队进行 AI 模型开发,从而避免一套大而全的 AI 系统全权负责,实现风险分散,作为第一道防线。其次,增加 AI 模型验证环节,并设置专门的模型验证部门对 AI 模型进行审核和验证,形成第二道防线。最后,由内部审计部门或外部第三方的专业审计机构,对 AI 模型进行专业审计并反馈意见,形成第三道防线。通过建立 AI 治理的三道防线,对 AI 相关的数据、算法等风险进行有效管控。

(2) 建立人工复核和兜底机制　以银行业为例,2020 年 7 月中国银保监会发布的《商业银行互联网贷款管理暂行办法》第 22 条明确指出:"商业银行应当建立人工复核验证机制,作为对风险模型自动审批的必要补充。商业银行应当明确人工复核验证的触发条件,合理设置人工复核验证的操作规程。"在贷前审批环节,对接近某一评分的审批结果进行人工复核;在运用人工智能处理人脸核身业务时,可定期对审核结果进行人工抽检,从而及时发现和解决 AI 模型可能存在的未知问题,防范模型风险。

2. 非技术风险管理

人工智能技术应用的非技术风险包括隐私风险和伦理风险,金融机构可以从如下两个方面对人工智能应用的非技术风险加以管理和防范。

(1)做好人工智能模型的解释工作 《关于规范金融机构资产管理业务的指导意见》(银发〔2018〕106 号)第 23 条指出:"金融机构应当向金融监督管理部门报备人工智能模型的主要参数以及资产配置的主要逻辑,为投资者单独设立智能管理账户,充分提示人工智能算法的固有缺陷和使用风险。"金融机构在运用人工智能开展业务时,一方面应向监管机构提供全面解释,包括 AI 系统的解决方案、算法实现原理、模型训练方法等,以及尽量提供额外的解释性资料,如数据治理报告和责任归属说明等;另一方面,考虑到普通投资者缺少 AI 的相关背景,无法理解 AI 模型运行的内在原理,金融机构应充分提示人工智能算法的固有缺陷和使用风险,充分保护投资者的知情权和自主决策权,并避免相关的声誉风险。

(2)加强技术创新 金融机构应加大研发投入,运用技术手段解决 AI 的数据及隐私风险。可以通过研究和运用多方安全计算、联邦学习、可信执行环境(Trusted Execution Environment,TEE)等隐私计算技术,为人工智能算法提供强有力的安全计算支持,在满足用户隐私保护、数据安全的前提下,使用数据并建模,防范人工智能的数据及隐私风险。

此外,从金融监管角度,我们要坚持创新与监管并行发展。银行在通过人工智能技术提供创新产品和服务的同时,也应积极向监管机构提供相应的监管科技解决方案,尤其是合规科技方案,提供产品的安全性保障,规避黑盒带来的监管盲区,提高创新业务的合规透明度,助力人工智能技术在银行业应用的可持续发展。

18.2.2 区块链

现如今,区块链技术应用探索已延伸到社会生活的方方面面,金融领域早已成为区块链技术布局的重点。一方面,区块链技术优化金融服务的潜力已经得到广泛认可;另一方面,区块链技术在金融领域应用探索的力度较大。然而,与金融科技其他新技术一样,区块链技术也有两面性,即在金融领域的实际应用中,也存在各种风险。

1. 功能和性能方面的风险

区块链技术通过大量的冗余数据和复杂的共识算法提升安全可信水平,金融业务需求的增加将导致系统处理量大幅增加,并加剧参与节点在信息存储、同步等方面的负担,在现有技术环境下可能导致系统性能和运行效率下降。

此外，基于区块链去中心化的分布式存储的特点，各个不同节点之间信息同步的量是非常大的，这在一定程度上造成了网络传输的压力，特别对于不同金融机构之间的联盟链，往往是通过机构之间的专线或者互联网线路进行传输，这在很大程度上造成了带宽的占用。用于隐私保护的密码技术尚不成熟，如组合环签名、零知识证明、同态加密等容易出现数据膨胀、性能低下等问题，距离实际应用还有一段距离。

2. 密钥的安全管理风险

未受保护的设备（移动设备或 PC）端口的漏洞可以让黑客获得访问区块链的密钥，黑客可以简单地绕过那些需要高访问权限的人（如投资银行）进入区块链网络，从而造成巨大的破坏。此外，私钥遗失或被盗等情况也会危害私钥所有者的权益，且私钥的唯一性使得上述损失难以补救。

3. 与实际需求不契合的风险

区块链技术目前适用的场景还是非常少的。但近年来，很多机构和个人出于各种目的，生搬硬套区块链技术，甚至创造了各类实际无法落地的业务场景，造成了大量资源的浪费。

4. 监管缺失的风险

区块链是去中心化的记账方式，如果没有有效监督，上链前数据的真实性和完整性无法保证，在将区块链技术用于各类资产溯源时，难以真正形成闭环以降低风险、减少投机，反而可能会因信息失真或扭曲而造成潜在损失。

此外，目前区块链架构要满足金融系统可用性与业务连续性的要求还有一定的难度。同时，信任机制、数据保存方式等仍需获得主流金融机构以及监管的接受和认可。

为有效防范和化解上述风险，针对区块链技术在金融领域的应用，我们需要进行缜密的考虑，具体措施如下。

1. 通过简化和提炼上链的信息提升区块链的应用性能

如果我们将所有需要存储的信息都纳入区块链，在很大程度上可能造成数据存储的压力以及数据同步的网络压力，从而影响区块链应用的性能。针对这个问题，一个解决办法是在信息上链前，提取信息的关键内容，或者对整个上链信息按照加密算法计算出摘要信息，使用精简的摘要信息上链，从而大幅降低数据存储和网络同步的压力。

2. 通过辅助手段做好密钥信息的管理

区块链的密钥管理是区块链技术本身无法解决的，只能通过辅助的技术手段进行管理。例如，将与区块链分离的其他系统单独存放并加密存储自己的私钥。也可以采用其他的辅助技术手段确保密钥的安全性和可管理。

3. 技术应用必须与实际需求相贴合

金融科技不能离开金融场景和业务需求空谈技术的先进性和安全性，应该审慎选择相对稳定成熟、与业务发展契合度较高的数字技术，明确合作各方的责任和管理要求，科学制订和实施技术应用的时间表、路线图、任务书，有计划、有步骤、有重点地推进金融科技创新。对于区块链技术，绝对不能为了用而用，否则必将造成资源的浪费。

4. 加强区块链技术应用的监管

在政策监管层面，应该加强研究，密切跟踪，重点关注区块链技术在金融领域应用可能对现有法律体系和监管框架带来的影响与挑战；探索对区块链等新兴技术应用的识别、评估和管理机制，对依法合规、风险可控、服务于实体经济的区块链技术创新和发展给予引导规范和适度包容；对于有违技术发展规律和损害金融秩序的不法行为和乱象，应保持高压态势，持续采取措施重拳打击，坚决遏制歪风邪气，并切实引导将区块链技术发展与此类乱象有效切割。

金融机构应深入研究区块链底层技术，推进区块链底层平台的持续优化演进，加大区块链人才培养力度，加快形成自主创新体系，不断实现区块链核心技术突破，充分考量金融业务场景的实用性，做好产品技术验证和项目推广，逐步走出实验室测试和内部试点，加速推动区块链技术在金融领域的商业落地。

18.2.3 云计算

云计算特别是公有云计算的使用，对于持有大量敏感信息和业务连续性要求极高的金融机构而言，是存在较大风险的。目前国内多数金融机构倾向于私有云的自建和使用，对于公有云的使用非常谨慎。对于金融机构而言，使用公有云的主要风险如下。

1. 数据的保密性、完整性和可用性风险

这一点主要包括两个方面。一方面是人为风险，即云服务商或其员工盗取数据的风险。由于云服务商对软硬件环境具有掌控权，使用云服务的各家金融机构很难确保云服务提供商或其员工个人不去盗取客户信息。另一方面是技术风险，在使用云服务对客户信息数据进行采集、处理、存储、传输的过程中，可能存在数据被截取、泄露的风险，甚至发生数据丢失、损坏和被篡改的恶性事件。

2. 业务连续性风险

金融机构对业务连续性的要求是非常高的，如果使用公有云的服务，则其业务连续性水平在很大程度上依赖于云服务厂商的管理水平，包括管理的有效性、基础设施和软硬件系统建设水平、团队责任心等。特别是当系统发生故障时，如何快速进行应急处置，确保数据和业务快速恢复，也是云服务商面临的巨大考验。此外，由于用户、信息资源的高度集中、获利性高，云平台遭受黑客攻击、信息泄露的可能性变得更大。

3. 虚拟化共享资源造成的风险

对于公有云服务商而言，对金融机构以及其他机构提供云服务是采用虚拟化的手段提供计算资源和存储资源。金融机构托管在云服务厂商的应用可能与云服务商所服务的其他客户的应用共用物理主机、网络设备、磁盘阵列等。这就失去了传统的基于物理安全边界的防护机制，难以保证金融机构应用及其数据的安全性。

针对云计算技术可能存在的各类风险，主要从如下几个方面加以应对。

1. 服从监管指引，做好云技术使用的充分评估

针对公有云的使用，近年来监管机构不断出台各种监管指引，对公有云的使用提出了很高的要求，特别是对于云服务厂商的资质审查以及每年一次的现场检查和评估等，避免安全管理的风险甚至是声誉风险。要坚持服务外包、责任不外包的原则，持续对云服务厂商提出管理要求，做好对云服务厂商的管理。

2. 加强技术管理，从技术层面做好安全保障

首先，有条件的金融机构可以尽可能地考虑自建私有云，这是较为彻底的从技术底层保证自身应用数据安全以及业务连续性的手段。其次，对于确实需要使用公有云服务的，需要在技术层面做如下考虑。

- 网络线路的保障：与云服务厂商之间最好采用专用线路，并在网络上使用加密系统和认证机制，从而维护信息安全。
- 计算和存储隔离：与云服务厂商之间可以通过协议约定，要求其提供专属的网络设备、存储设备和应用服务器，确保金融机构自身应用所需的计算资源与存储资源的有效隔离。必要时，可以采用存储加密的方式，避免数据被云服务厂商或其员工窃取。
- 本地数据备份：对于存储在云服务厂商的重要数据，应在金融机构自身的数据中心机房中部署实时或准实时的同步备份。必要情况下，须定期进行数据恢复的演练。

对于金融机构而言，云计算的应用场景非常广阔，这是基于对云服务提供商的强而有效的管理。从金融行业的特殊性而言，应该考虑被广大金融机构所普遍接受的行业云的使用。这在很大程度上降低了公有云使用的风险，又避免了私有云高昂的自建成本。

18.2.4 边缘计算

对于金融机构而言，边缘计算是将数据资源部署在数据中心外部并接近用户的计算设施。边缘计算设备的部署并不具备数据中心的物理安全性，也无法采用驻留在其中的软件或硬件所应用的访问、网络和数据安全性措施。边缘计算存在如下风险。

1. 数据存储、备份和保护风险

存储在边缘计算设施上的数据缺乏物理安全保护措施。实际上，网络攻击者仅通过从边缘计算资源中删除磁盘或插入 U 盘，就可以窃取数据库数据。由于边缘计算设备的本地资源有限，

因此备份关键文件也很困难，这意味着如果发生攻击事件，组织可能没有备份副本来恢复数据库。

2. 运维及安全管理的风险

由于边缘计算是将数据资源部署在数据中心外部，将其纳入数据中心的统一管理存在一定的困难，导致其管理水平较难达到数据中心的管理水平。而边缘计算系统本身可能必须通过数据中心内的应用程序来验证其应用程序，并且凭据通常存储在边缘计算设施中。这意味着边缘计算设施出现安全漏洞可能会使数据中心资产的访问凭据暴露，从而显著增加安全漏洞的风险。

对于边缘计算的应用，一定要确保其安全性。从边缘计算的安全性保障来说，主要遵循如下 6 个原则。

- 使用访问控制和监视来增强边缘计算的物理安全性。
- 从中央 IT 运营控制边缘计算的配置和运营。
- 建立审核程序以控制数据和应用程序托管在边缘的更改。
- 在设备 / 用户与边缘计算设施之间尽可能应用最高级别的网络安全性。
- 将边缘计算视为 IT 运营的公有云的一部分。
- 监视并记录所有边缘计算活动，尤其是与操作和配置有关的活动。

金融机构的边缘计算应用程序和数据托管应进行集中控制，并接受合规性审核。因为到边缘计算的网络连接是所有边缘计算信息以及所有操作实践和消息的通道，所以网络连接必须安全。

18.2.5　5G 和物联网

对于金融机构而言，5G 和物联网技术一方面带来了更好的便利性和更多商机，另一方面也诱发了许多潜在的风险。5G 和物联网技术接入的设备种类、数量将大大增加，风险也随之增大。5G 和物联网技术在金融领域的逐步应用可能带来业务、技术、网络、数据等叠加的多重风险，对金融安全性和稳定性提出新的挑战。

1. 网络安全风险

（1）数据中心基础设施的风险　理论上，5G 可以实现极高速率和极低延时。要实现这个目标，除了需要前端设备与本地网络设备或基站之间的连接，网络的大部分后端，包括运营商的基础设施、金融机构提供服务的服务器设备、网络设备等，也需要达到足以处理 5G 连接的速度或低延时的硬件和软件要求，这对金融机构现有数据中心的部署方式、处理能力等都提出了极高的要求，极有可能成为 5G 背景下极致用户体验的瓶颈。

（2）网络的安全风险　5G 网络的开放以及物联网设备的海量连接使得金融机构面临攻击规模更大、频率更高的压力。物联网设备在线时间长、数量规模大、防护较弱，黑客通过简单扫描就可以捕获大量存在漏洞的设备。这些设备可能成为网络攻击的跳板，使金融机构面临更大规模、更高频次的恶意网络攻击。平安金融安全研究院发布的《2017 金融科技安全分析报告》显示，在 2017 年的 DDoS 攻击中，来自物联网设备的攻击比例达到了 12%，已经成为 DDoS 网络环境中需要重点关注的一个类别。

2. 数据安全风险

大数据时代，数据在决策和价值创造等过程中的作用越来越重要，数据保护的重要性也愈加突出。5G 和物联网将支持丰富的应用服务，会涉及大量的用户隐私数据，特别是在金融应用场景中，将涉及更加敏感的用户身份信息、交易数据等。作为数据的载体，5G 和物联网将面临数据保护的严峻挑战。

（1）数据散落风险　5G 和物联网是一个庞大、复杂的生态系统，存在多方参与的情况，包括基础设施提供商、网络运营商、虚拟运营商等。在这样一个多种接入技术、多层网络、多种设备并存的复杂网络中传输用户数据时，容易出现用户隐私数据散布在网络各角落的情况，增加了数据管理的难度。

（2）数据遭攻击、泄露的风险　5G 和物联网大量引入虚拟化技术，带来灵活高效体验的同时也模糊了网络安全边界，在多个用户共享计算资源的情况下，用户的隐私数据更容易受到攻击和泄露。

金融机构在积极应用新技术的同时也必须高度重视技术本身及其利用过程中的安全风险，认真进行研究规划，及早采取防范措施，筑牢风险防火墙，如此才能发挥 5G 和物联网的积极作用。我们可以从如下 3 个方面出发。

1. 加强 5G 和物联网技术的使用规范

针对 5G 和物联网技术的使用，一定要从实际需求出发，结合真实的业务场景，在充分考虑投入产出比的情况下加以使用。对于 5G 和物联网技术的使用，除了要满足我国网络安全法的要求外，也要遵循行业的安全标准，确保满足金融机构安全管理的要求。

2. 加强供应商的管理和产品的验证工作

5G 和物联网环境下，接入网络的设备种类和数量将大大增加，运行于其上的应用也将大大增加，因此对设备供应商以及应用开发商要加强管理，对于他们所提供的产品以及所开发的应用，一定要做好测试与验证工作，确保符合行业的安全标准，以及金融机构自身的安全管理要求和规范。

3. 加强对 5G 和物联网技术应用的前瞻性研究

5G 和物联网的网络结构、技术体制相比以前发生了很大的变化，带来了新的安全需求。5G 和物联网应用后，更高的速率、更低的延时、更多的设备接入，将考验金融基础设施的承载能力，这些都要求金融机构及早开展对 5G 和物联网商用和相关辅助技术的跟踪研究，做好技术储备。

5G 应用下的极致金融服务体验需要各个环节基础设施的支持，需要提前规划金融基础设施建设模式、数据中心地理分布、服务承载能力等问题，以适应 5G 到来后的变化。此外，虽然目前 5G 商用刚刚起步，还没有具体的应用落地，且网络安全需要大规模投入，但基于以往的经验，要实现严苛的 5G 安全标准，必须在搭建网络架构之初就考量安全问题，同步做好网络安全规划和建设工作，避免走"先发展，后治理"的弯路。

当前传统金融机构在金融科技领域的创新探索不断加快，"开放银行""生态银行""API 银行"等创新概念不断涌现，新技术、新业态的发展，使得金融边界更加模糊、服务方式更加虚拟、经营环境更为开放，而 5G 网络大量引入的虚拟化技术也使得网络边界逐步模糊，这让安全不再是单个企业或某个领域的事情，各机构、各领域间必须协同合作，才能织好网络安全的"防护网"，共同对抗可能存在的风险。

对于金融机构而言，任何金融科技新技术的应用，在带来商业模式巨大变化的同时，也不可避免地带来新的风险。我们只能取其所长，避其所短，用好金融科技新技术，提升金融科技技术应用能力，更好地为客户提供服务。

18.3　本章小结

本章主要探讨了人工智能、大数据、区块链、云计算、边缘计算、5G 和物联网等金融科技新技术在信息科技风险管理中的应用，并针对它们在实际应用中可能带来的风险进行了论述。

金融机构需要积极拥抱金融科技新技术，通过提升金融科技应用能力，提升金融机构的客户服务水平与经营能力。在利用金融科技相关技术创造利润的同时，也要对应用过程中的风险加以防范，避免造成金融机构声誉与资金风险。

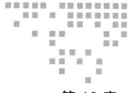

第 19 章 Chapter 19

业务风险技术防范

风险是金融机构业务的固有特性,与金融机构相伴而生。现代金融理论强调,金融机构就是在生产金融产品、提供金融服务、帮助客户分担风险的同时,能够有效管理自身风险以获利的机构,金融机构凭借承担风险溢价盈利。决定一家金融机构竞争力、经营能力的关键,就是对风险进行全面有效的管理,能积极主动地承担风险、管理风险,建立良好的风险管理架构和体系,以良好的风险定价策略获得利润。

本章首先介绍金融业面临的主要业务风险,然后从技术的角度详细介绍具体的防范措施。

19.1 金融业务风险分析

在金融业务风险的管理过程中,不同风险管理主体面临的风险性质和种类存在差异,管理风险的具体方法和措施也不尽相同。本节介绍金融业务风险的含义、种类和风险管理的发展历程。

19.1.1 金融业务风险的含义

金融业务风险是指在各种货币经营和信用活动过程中,由于各种不确定因素的影响,货币资金经营者的实际收益与预期收益之间产生偏差,从而使资金经营者蒙受损失。我们可以从以下方面加深对金融业务风险的理解。

- ❑ 金融风险不是损失、问题和危机本身,而是它们发生的可能性,也是盈利的可能性、发展的机会和经营机构经营的对象和资源。

- 金融风险包括可以计量的风险和不可计量的风险，不可计量的风险在金融风险和分析中占有更重要的地位。
- 狭义上金融风险的承担者是各类金融机构，即银行、证券公司、保险公司、信托投资公司、融资租赁公司等，研究的是广泛存在于这些金融机构所从事的业务活动中的各种风险。
- 风险管理是通过对风险的识别、衡量和控制，以最少的成本将风险可能导致的各种不利后果降到最低的科学管理方法。风险管理不等同于损失处置和问题处理，而是基于风险承担的经营管理，是金融的本质、核心和基本职能。
- 风险管理不限于为发展保驾护航，需要直接参与发展核心决策（经济资本配置下的风险定价、限额、绩效等），决定航向。风险管理能力是金融企业的核心竞争力，风险管理的目标是创造价值，不是简单地规避损失，也不是规避或降低风险。
- 实现风险管理、业务发展和科技应用三者有机结合，是金融风险管理发展的再次飞跃。

19.1.2 金融业务风险的种类

根据巴塞尔资本协议和国内金融市场监管要求，一般按驱动因素将金融风险划分为信用风险、市场风险、操作风险和其他风险，其中最主要的是信用风险、市场风险和操作风险。

1. 信用风险

信用风险是指合同的一方不履行义务的可能性，包括贷款、掉期、期权及在结算过程中交易对手违约带来损失的风险。金融机构签定贷款协议、场外交易合同和授信时，将面临信用风险。其中，银行业信用风险主要涉及贷款组合、投资组合、各种形式的担保和其他表内外信用风险敞口。

信托业信用风险主要表现在租赁业务承租人不能履行合同或承租人信用状况发生不利变化而造成的风险。通过风险管理、控制，要求交易对手保持足够的抵押品、支付保证金，以及在合同中规定净额结算条款等程序，金融机构可以最大限度地降低信用风险。

2. 市场风险

市场风险是指因市场波动而使得投资者不能获得预期收益的风险，包括价格、利率或汇率因经济原因而产生的不利波动。除股票、利率、汇率和商品价格的波动带来的不利影响外，市场风险还包括融券成本风险、股息风险和关联风险。银行业交易账户利率风险和外汇敞口汇率风险是市场风险的核心，一旦市场利率、汇率发生不利变动，将直接造成损失，影响资本充足率。另外，国际业务容易受所在国家的政治、经济等宏观因素的影响。

3. 操作风险

操作风险是指不完善或有问题的内部操作过程、人员、系统或外部事件而导致的直接或间接损失的风险。操作风险包含法律风险，但是不包含声誉风险。

操作风险可以通过正确的管理程序得到控制，如完整的账簿和交易记录、基本的内部控制和独立的风险管理、强有力的内部审计部门（独立于交易和收益产生部门）、清晰的人事限制和风险管理及控制政策。

4. 其他风险

包括流动性风险（主要指金融机构虽然有清偿能力，但无法及时获得充足资金或无法以合理的成本及时获得充足的资金以应对资产增长或支付到期债务的风险）、战略风险、声誉风险、法律风险、合规风险、国家风险等。

19.1.3 金融业务风险管理发展历程

我国金融行业的风险管控主要经历了 3 个发展阶段，即传统风控阶段、数字风控阶段和智能风控阶段。目前，虽然金融行业已进入智能风控阶段，但各金融机构的风控体系建设水平参差不齐，一些中小型金融机构的风控仍处于传统阶段，数字化、智能化手段非常匮乏，导致对风险的反应迟缓、业务支持能力弱，须加快风控的科技化进程。

1. 传统风控阶段

在传统风控阶段，金融行业主要依靠人工审核与经验判断潜在业务风险。以保险行业的寿险为例，在传统保险风控模式下，保险公司简单地根据客户地域来设置保费和保额，例如北京、上海、广州、深圳最高保额为 150 万元，而其他地域最高保额则为 80 万元。当其他区域客户向保险公司申请更高保额时，需要提供多种资产证明材料来配合保险公司的线下审核。

2. 数字风控阶段

随着电子化、互联网等技术的普及，金融行业进入数字风控阶段，金融机构通过设置简单的规则与事后稽查进行风险管控。通过对人工经验的总结，建立简单的风险管控规则，并通过半自动化的条件筛选方式实现风险预警，辅助人工判断。

因海量规则的建立需要投入巨大的人力成本，而且由于人工学习与数据处理的局限性，数字风控阶段的管控效果并不理想。一方面由于缺乏技术手段的支持，难以用系统方法防范金融业务风险；另一方面因为风险识别工具缺乏强延展性，无法有效侦测新风险。

3. 智能风控阶段

随着金融科技与金融行业的深度融合，金融行业开始进入智能风控阶段，深度应用人工智能、大数据、区块链和物联网等技术，实现智能预警和多维核验。智能风控管理的核心是基于智能算法，运用合适技术，以电脑协助人脑，自动进行一系列风险管控操作，从而准确快速、全面有效地实施各业务环节的风险识别、风险评估、风险预警和风险处理等。

智能风控改变了过去以合规、满足监管要求为导向的风险管理模式，强调用金融科技降低风险管理成本、提升客户体验、优化风控效能。

相对于传统风控手段，智能风控优势明显。

- ❏ 智能风控拥有海量风险规则，支持风险筛查，全面覆盖人工筛查容易遗漏的细小风险规则。
- ❏ 针对高风险环节，设置风险预警方案及时预警，防止风险向后流转。
- ❏ 为应对客户对风险管控的不同要求，可灵活修改及配置引擎规则中把握风控程度的阈值，实现个性化风险管控。
- ❏ 根据风险调查结果反馈及多维数据输入，机器可不断学习、进化与迭代，提升风控精度，应对新增的风险。

19.2 业务风险技术的防范措施

智能风控是大数据、人工智能等技术在金融风险领域的重要应用，构建主动、智能化、安全可靠的风险管理体系，突破以人工方式进行经验控制的传统风控的局限性，已成为金融机构塑造互联网金融时代核心竞争力的重要举措。

智能风控与传统风控的互补和革新主要体现在技术和应用两个方面。

- ❏ 技术方面：智能化技术综合应用互联网、大数据、人工智能、云计算、区块链等先进技术手段、措施和方法，达到机器和业务流程的智能化转型，实现数据驱动。
- ❏ 应用方面：构建智能风控体系，提高金融机构的业务效率和安全性。在有效降低风险事件发生概率和损失的前提下，扩展业务覆盖人群，完善业务流程，降低风控成本，实现应用场景全链条风控自动化的同时，促进风控管理的差异化和个性化。

19.2.1 建设智能风控体系的步骤

基于大数据的智能风控体系是以大数据为基础，以风控模型为工具，以风险指标为决策依据的体系。建设智能风控体系，首先要进行顶层设计，规划建设路径图；其次是打好基础，进行大数据治理，收集基础数据，尽量获取范围更广、层次更深、质量更高的数据；接着是建设风控模型体系，通过大数据分析、人工智能等算法，将获取的海量数据进行深度加工，建立高效准确的风控模型；再次是应用场景的建立和完善，在不同的风控场景中深入应用，从而实现智能风控在风险识别、计量、处置等风控环节的全覆盖，并推动风控体系的优化与完善；最后是智能风控范围要从信用风险、操作风险到全面风险，对金融机构已有的风险管理模式、业务流程进行优化、完善，实现全面风险管理、业务发展和科技应用三者的有机结合。

1. 顶层设计与现状评估

智能风控体系的建设涉及业务、风险、营运、科技等多个部门，为了减少重复投入，更好地实现数据共享和决策应用，需要从顶层设计开始，将智能风控体系的建设纳入金融机构数字化转型规划和全面风险管理体系建设规划，同时结合业务发展的规划和重点，针对金融机构风险管理体系建设的现状找差距、做规划、划重点。

现状评估范围包括数据治理体系、IT业务系统及风险管理系统、模型治理体系、风控人才体系、政策制度流程及报告体系等。后续基于现状评估的结果，对照建设目标，绘制智能风控体系建设路径图和项目群建设优先级。

2. 大数据治理体系建设

建设智能风控"大厦"，大数据的治理就相当于"打地基"。要整体规划金融机构企业级大数据建设的技术架构和数据架构，结合风控体系业务功能的需求，规划与建立数据治理体系，包括大数据范围、数据标准、元数据管理、数据质量管理、数据合规及安全管理体系等，明确数据治理相关部门的职责，可视化数据质量管理的进度和结果。

此外，还应建立数据治理的持续优化机制，结合数据应用反馈和建设，持续优化和丰富大数据治理体系，建立数据资产管理的理念并实践，提升数据应用的价值。

3. 风险模型管理体系建设

首先，基于智能风控建设的金融应用场景，明确风险模型建设的内容和评估标准。其次，建立从模型需求、设计、开发、验证、测试、上线、监控、优化与退出的全生命周期模型管理。再次，建立模型管理开发团队、验证团队及配套的政策制度流程。最后，模型建设要重视应用和业务价值的考核，要有可衡量的标准，明确模型的价值和局限（模型本身也有风险）。

4. 决策评估及优化

决策管控体系的建设要打通模型、业务规则和业务场景的应用效果。建立决策的设计、发布、协同、管理与监控机制和手段。决策引擎要支持敏捷开发、实时快速部署，对比不同决策效果，为模型优化迭代提供输入内容、可视化决策管理流程和结果评价。决策引擎要与业务系统无缝集成，可以说决策引擎的设计是智能风控体系价值的关键。

5. 从信用风险、操作风险到全面风险

通过信用风险（贷前、贷中、贷后）、操作风险风控模型和决策的应用来积累经验、培养团队。逐步建立企业级的模型实验室，实现模型资产管理。集中管控如风险部门的模型、业务部门的模型、财务部门的模型、营运部门的模型等，减少模型重复开发成本和维护成本。打通智能风控体系与全面风险管理体系的数据、模型和业务规则，建立协同工作平台，降低风险合规成本，既满足监管要求又满足业务需求，提升营运效率和数字化运营能力，加速数字化转型。

19.2.2 智能风控技术框架

基于大数据的智能风控系统，主要包含大数据技术、风险防控技术、风险类型三部分。

通过大数据技术，利用在线和离线方式分析数据，为智能化的风险防控提供技术支撑，金融机构可利用人工智能等技术不断迭代风控模型，主动识别和防控业务过程中的风险。智能风控技术框架如图 19-1 所示。（图中虚线框表示具体的分类和方法，由金融机构根据实际情况进行划分。）

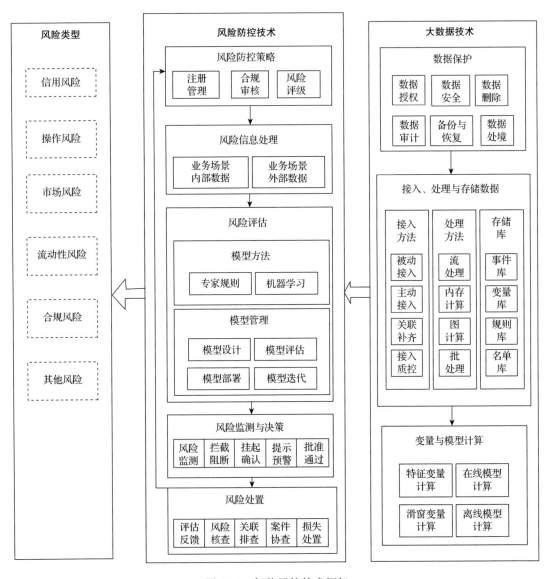

图 19-1　智能风控技术框架

1. 风险类型

根据金融行业风险的特点，划分为信用风险、操作风险、市场风险、流动性风险、合规风险、其他风险等类型，同时也存在多种风险交织并存的情况。

2. 风险防控技术

风险防控技术是基于大数据的风险智能防控技术框架的核心组成部分，包含风险防控策略、风险信息处理、风险评估、风险监测与决策、风险处置5个模块。

- 通过大数据、机器学习等技术建立满足要求的风控模型，进一步加强对风险的事前预测和事中识别的能力。
- 通过合理引入多个模型、抗AI攻击的模型等方式，提高模型评分的稳定性。
- 支持多渠道、多维度的数据整合，形成机构内统一的风控系统。

风险防控策略作为风险防控的第一道屏障，通过注册管理、合规审核、风险评级等控制，对潜在风险进行初步分辨。风险信息处理包含业务场景内部数据及外部数据，将过滤所得信息输出到风险评估模型中。风险评估从模型方法、模型管理等方面设计模型，完成对潜在风险的识别、分析和评价。根据风险模型的计算结果，结合业务要求，采取阻断、挂起、预警、批准等不同的决策行为。在决策的基础上，开展风险核查、关联排查、案件协查等，其结果可以优化风险防控策略。

3. 大数据技术

大数据技术主要为风险智能防控提供基础的数据处理支撑，对数据保护、接入、处理与存储数据，变量与模型计算等方面提出了技术和安全要求。

19.2.3 智能风控的应用场景

1. 信用风险防控方面

信用风险产生的根源是借贷双方的信息不对称。信用风险防控要解决的主要问题是如何更加准确、全面、清晰地了解客户信息，降低信息不对称的程度，并据此作出正确的决策。目前广泛使用的信用风险防控应用有客户画像、智能审批、智能催收、风险预警等。其中客户画像是运用大数据和知识图谱技术，建立全面的客户信息审察体系，衡量客户的还款能力和还款意愿，从而全景式展现客户的风险特征，为精细化客户管理提供技术支持。

2. 操作风险防控方面

操作风险是由于内部操作程序、人员、系统或者外部事件所造成的风险。在内部员工操作风险监测方面，银行在积累内部损失数据及引入外部损失数据的基础上，利用大数据技术对员工经营行为进行风险监测，由监测人员通过对实时预警信息的及时识别、核查及统计分析，揭示相应风险并及时处置和化解,提高了风险监控的针对性、有效性和时效性。

3. 市场风险防控方面

市场风险管理使用的风险技术工具主要包括风险数据库、交易限额监视系统、交易系统通道和敏感性模拟系统等。风险数据库实现每日按产品、资信度和国别等提供库存金融产品风险暴露头寸的相关信息。

交易限额检测系统使风险管理部门能及时检查交易行为是否符合交易限额。交易系统通道允许风险管理部门检测交易头寸,并进行分析。敏感性模拟系统用来估算市场波动不大和剧烈波动两种情形下的损益。每一次测算仅考虑一个重要风险因素,比如利率、汇率、证券和商品价格、信贷利差等,同时假设其他因素不变。以此为基础,风险管理部门可以检测到整个企业的市场风险,并根据需要调整投资组合。

4. 欺诈风险防控方面

近年来,金融欺诈事件的数量逐年攀升,欺诈团伙内部分工越来越精细,反侦查能力越来越强,欺诈行为也呈现出多样、复杂和隐蔽的特征。金融欺诈分子通过隐瞒、编造重要信息,制造信息不对称的假象,谋取不正当利益。传统的风控体系受制于数据信息不对称,反欺诈效果不够理想,智能风控体系可凭借数据和技术优势发现更多的线索,挖掘用户的行为特征、用户关联特征等异常事件,结合 IP、手机、位置等维度分析潜在的欺诈风险,极大提升反欺诈的效率和能力。

19.3 本章小结

守住不发生系统性金融风险的底线,是关乎金融稳定和经济安全的大事。准确判断金融风险隐患,科学制定应对措施,需要大批金融风险管理人才,积极开发、运用先进的风险管理技术工具。做到这些,我们面对金融风险时才能做到早识别、早预警、早处置,守住不发生系统性金融风险的底线,保障国家金融安全。

第 20 章　信息技术自主可控

金融机构信息技术自主可控的发展关系到国家金融安全，而长期以来，金融机构的科技系统特别是底层基础环境很依赖国外产品，关键技术存在被封锁的风险，可能威胁到国家金融安全。为确保国家经济的稳定及安全，金融机构须积极响应国家自由可控的总体部署，全面开展探索与尝试，推进信息技术自主可控的进程。

20.1　信息技术自主可控现状

信息技术自主可控的概念被提出后，很快上升至国家战略层面，国家持续加大对科技创新的支持力度，在高新技术研发方面提供了更多的政策与经费支持。我国自主可控产业发展迅速，逐渐在芯片、操作系统、数据库、中间件等多个高科技领域取得了技术突破，但基础薄弱，生态不完善，仍须持续发展与提高。

1. 部分国产产品的稳定性及性能有待提高

部分国产芯片服务器、操作系统、数据库、中间件等关键基础软硬件与国外成熟产品仍有一定的差距，性能不能完全满足金融机构高实时、大并发、强稳定的应用需求，需要不断优化。

2. 自主可控信息技术相关的产业链不成熟、生态不完善

- 底层硬件生态不完善：国产服务器、网络设备虽然发展较快，但芯片等核心部件仍受制于人。
- 上层应用生态不完善：底层硬件的落后制约着上层应用的发展，而反过来，上层应用生态不完善又限制了底层硬件的发展。

3. 核心架构转型困难，摆脱对国外产品依赖的难度大

随着信息技术的发展，各种应用系统越来越庞大、复杂，金融机构的科技包袱巨大，系统核心架构与国外产品深度耦合，难以摆脱对国外产品的依赖。同时，受限于产品替代可能会带来的潜在影响、替代难度大等因素，整体的自主可控性较差，特别是在芯片、存储等硬件产品和操作系统、数据库、中间件等关键基础软件方面，自主可控的道路仍然任重道远。

上述情况反映了国内金融机构信息技术自主可控的现状与面临的主要问题，可以看出从业务连续性、科技包袱及技术发展的角度来看，金融机构信息技术自主可控并不是一蹴而就的。具体来看，关键组件如芯片、操作系统、数据库、中间件等方面的发展情况与技术壁垒又不尽相同。国内目前各关键组件的发展情况如下。

1. 芯片自主可控有待持续发展

芯片是所有硬件设备的核心，目前国产处理器芯片主要包括飞腾、鲲鹏、海光、龙芯、申威、兆芯，相关情况如下。

兆芯和海光是X86内核授权，基于指令集系统进行系统级芯片（System on Chip，SoC）集成设计，其生态最为完善，但自主程度低，存在技术壁垒。

飞腾与鲲鹏基于ARM指令集架构授权自主设计的CPU核心，拥有长期自主研发能力，ARM暂停更新授权后，面临极大的挑战。

龙芯与申威是完全自主可控的引领者，目前面临的最大挑战在于生态体系的完善与丰富。

2. 操作系统须不断完善与提升

操作系统协调、管理和控制各类硬件资源和软件资源。近年来，随着我国在操作系统领域研发力度的持续加大，操作系统发展成效显著，部分产品已完成自主研发与生产，产品性能大幅提升。目前主流的操作系统如银河麒麟、统信UOS等已初步完成关键软硬件的适配及生态体系的建立。在硬件方面，已完成国内主流国产品牌终端与服务器的适配；在软件方面，兼容数据库、中间件、虚拟化、安全等软件厂家发布的应用。

与此同时，因国产操作系统也处于逐步成熟的阶段，目前存在如下问题需要持续优化与提升。

❑ 内核不统一，软硬件无法自由搭配，应用适配困难。
❑ 整体性能不佳。
❑ 产业基础薄弱，产业链供给存在外设驱动、常用工具软件、行业应用软件等关键软件缺失的问题。
❑ 面向云计算、工业控制、智能制造等新技术的创新能力不足，无法保证长远的可持续发展。
❑ 操作系统厂商从业人员相对较少，力量分散，专业水平不足。

3. 数据库产品成熟度还有待提高

数据库软件是建立各种信息系统的基础，虽然Oracle、IBM、微软等企业在国内金融机构

数据库方面占据主导地位,但我们也欣慰地看到,随着近年来国家自主可控的政策引导,结合数据量爆炸性增长及复杂度提升,诞生了大量国产数据库厂家,目前处于群雄逐鹿的阶段。但因国产数据库起步较晚,金融机构的信息系统对数据库要求较高,国产数据库推广应用的难度大。目前来看数据库自主可控主要存在如下困难。

(1)技术门槛比较高　国产数据库的研发难度大、周期长,数据库是业务连续性最为关键的基础平台,一旦出问题,极易造成信息系统崩溃的严重后果,而且随着互联网应用的发展和深化,数据库对于信息系统的重要性也日益凸显。在数据库自主可控的研发过程中,对其稳定性、安全性和性能容量的要求会非常严格。与此同时,数据库技术众多、发展迅速,从现有信息系统使用的国外数据库切换至国产数据库的成本和难度也会非常大,这也是国产数据库推广应用过程中的一大难题。

(2)市场的竞争壁垒比较高　经过多年的市场运作和推广,国外数据库软件拥有很高的用户认知度与接受度,而国产数据库研发推广的时间较短,国内用户对其认知不足,而且由于缺乏实践落地的经验,用户对国产数据库也缺乏信心。我们必须充分地认识到国产数据库软件发展的艰巨性和长期性。

4. 中间件有望快速突破垄断

中间件作为三大核心基础软件之一,起着类似"过滤通道"的作用,诸多数据传输和通信协议都要通过中间件完成,中间件是否自主可控是信息技术产品是否可靠的关键。

近年来,基于云的分布式应用服务、消息队列等中间件工具的需求不断增长,促使国产中间件厂商技术升级,我国自主可控中间件的发展现状如下。

- ❑ 自主可控中间件国内市场份额占比仍较小,仅为35%左右。
- ❑ 电信、金融和政府行业采购是自主可控中间件的市场主体,中小企业市场有待开拓。
- ❑ 自主可控中间件发展迅速,逐步得到国际认可。
- ❑ 新兴信息技术逐渐催生新一代中间件需求,为自主可控厂商带来发展机遇。
- ❑ 自主可控中间件厂商在标准制订上话语权逐渐加大,为行业发展奠定了较好的基础。

同时,国产中间件在发展过程中也面临着如下问题。

- ❑ 中间件相关技术的投入不够,尤其缺乏对深层基础技术的研究。
- ❑ 不同行业的中间件市场壁垒悄然形成,不利于自主可控中间件的发展。
- ❑ 缺乏专业人才,协调高效的团队急须建立。

20.2　信息技术自主可控面临的问题

近年来,金融机构也开始了信息技术自主可控的探索与实践,特别是 2020 年以来,随着试点与推广工作的开展，信息科技自主可控在金融行业已取得了一定的成果。

在应用层面，试点金融机构按办公管理类系统、一般业务系统、关键业务系统及终端机具的分类，在自主可控的环境进行部署与应用。在自主基础环境方面，对于国产芯片、服务器、网络设备、操作系统、数据库、中间件，试点机构基本采用全栈模式建设。总体来说，信息技术自主可控在金融行业已取得了一定的突破。

随着金融机构自主可控的进一步推进，我们也可以清晰地看到，金融机构关键业务系统长期依赖国外产品，自主可控推进任务艰巨。同时国产自主可控产品仍存在稳定性不足、服务与生态须完善的现状。在业务连续性要求特别高的金融行业，推进过程存在如下问题。

- ❑ 金融业信息系统长期依赖国外信息技术产品，替换难度大。在银行系统中，最常用的IOE架构（IBM小型机、Oracle数据库、EMC存储）可靠性高，这些传统的产品设备缺乏扩展性，系统架构耦合度高，如须实施自主可控信息技术转型与产品替代，则需要投入更多的人力和物力，成本较高。
- ❑ 自主可控技术路线选择存在困境。国产产品处于起步或发展阶段，在发展过程中必然存在竞争与淘汰，金融机构的选择存在一定的困难与风险。
- ❑ 自主可控产品的服务体系尚不成熟，生态尚不完善，信息技术自主可控应用的推进难度大。目前，自主可控产品服务仍须经过市场不断的打磨完善，而在此过程中又需要生态与场景的支持，推进难度大。
- ❑ 兼容适配问题。由于金融机构自主可控工作涉及国内众多厂商，技术、能力等方面参差不齐，产品存在兼容性差异，相互间缺乏统一协调，直接导致金融机构信息技术自主可控体系建设困难。
- ❑ 金融业自主可控信息技术的实施缺少整体的解决方案和实践借鉴。近年来，金融业在自主可控技术的应用方面进行了许多尝试，但目前还缺少整体解决方案和实践借鉴，这在一定程度上制约了自主可控的推广。
- ❑ 试错成本与风险大，缺少足够的容错空间。由于金融机构对业务的连续性和稳定性要求极高，造成业务对安全、可靠、性能的要求极高。金融机构信息技术自主可控涉及银行从基础架构到应用架构，各层级改造存在潜在风险，安全稳定责任风险重大，导致金融机构信息技术自主可控整体落地困难，特别是没有足够的人力与容错空间来支持自主可控的试验与探索，自主可控的推进工作难度非常大。

总体来说，金融机构因为长期以来依赖国外产品，且对业务连续性又有非常严格的要求，试错成本与风险较高，推进信息技术自主可控仍存在不少困难，需要在后续的试点工作中不断总结。

20.3 信息技术自主可控的推进策略

金融机构推进信息技术自主可控，须根据国家战略部署及金融行业自主可控的计划，结合自身的实际情况开展。首先是高层要充分认识到重要性及复杂性,并提供充足的人力与费用支出保障,这是有效推进自主可控的基础;其次须对产品、厂商进行深入调研分析和广泛交流,并经常开展同业交流,探索适合自身的实施路径和方法,从而推动自主可控信息技术应用的发展。

20.3.1 总体原则

1. 意识为先

金融机构须认识到信息化自主可控是必然的、不可避免的,同时也是漫长且艰难的。高层领导需要充分认识到重要性与重杂性,技术人员也需要改变对国外信息技术产品的依赖,在进行充分的调研规划后,果断地迈出自主可控工作的第一步。

2. 统筹规划

金融机构信息系统的自主可控必须在考虑先进性、成熟性、可靠性、可扩展性的基础上,最大限度地保障信息系统高效稳定运行。要结合自身的实际情况,依据积极稳妥、风险可控的原则,制订切实可行的规划,推进信息系统自主可控的进程。

3. 分步适度

金融机构在实施信息系统自主可控的过程中,要充分认识到自主可控工作并不是一蹴而就的。在充分认识这项工作的作用和意义的基础上,根据自主可控产品和技术的发展情况,明确各个推进阶段的目标,从易到难、从无到有地逐步推进自主可控进程。

4. 良性循环

建立与厂商、服务商和专业院校的合作框架,共同实现自主可控技术迁移,通过深度合作和知识共享,进一步加速自主可控信息技术成果的实践与运用。同时,及时反馈自主可控工作的实际需求及实践结果,实现自主可控技术探索生态圈的良性循环。

20.3.2 整体规划

在战略层面,金融机构在推进自主可控的过程中要建立健全的组织架构,成立跨部门的协调小组,明确责任分工,制订自主可控信息技术推进工作的总体战略规划。以保障信息安全和提升自主可控能力为根本出发点,围绕提升关键信息技术产品以及核心应用自主可控水平,通过建立自主可控技术的长效引入机制,迅速提升自主可控的应用比例,从而逐步实现信息系统整体自主可控的战略目标。

在架构转型层面,要妥善处理技术转型和业务发展的关系。目前高可用、高性能的集中化系统架构保障了信息系统安全稳定运行。架构转型或单一产品的替换在运营风险、成本投入、技术难度、实施周期等方面存在一定的挑战,如何合理平衡自主可控工作推进和业务连续性发展之间的关系，是自主可控工作的一大难点。在保证信息系统安全稳定运行的基础上，应循序渐进地完成架构转型，包括以下 3 个方面。

- 应用架构转型：在现有系统功能的基础上，重点关注系统数量多、功能较为分散、界限不清晰等问题，实现各类应用的整合。改变耦合度高、关系应用复杂的单体应用模式，需要对业务系统进行充分的组件化和服务化改造。
- 数据架构转型：依托大数据及云计算技术自建大数据平台，逐步实现从数据支撑向数据驱动的模式转变。
- 技术架构转型：须对自主可控趋势进行合理预估，通过对业务与技术现状的深度分析，充分考虑高质高效、安全稳定、弹性扩展等因素，按照先内部后外部、先普通后关键、先外围后核心的路径开展技术架构转型工作。

在保证信息系统安全稳定运行的基础上，平衡自主可控进度安排和业务连续性之间的关系，加强顶层设计，通过科学规划，逐步实现全面的自主可控。

在实施路线层面，要多措并举、分类推进。

- 对于已成熟或较成熟的国产软硬件产品，要采取各种措施，积极推进自主可控工作，调整现有产品的采购策略，结合产品技术的成熟度，不断扩大自主可控产品的使用范围。
- 对于暂时没有国产替代的产品，要通过架构优化和新技术运用，实现软硬件以及系统间的逐层解耦，降低替换难度，减少对国外产品的依赖。
- 对于国内不成熟的软硬件产品，金融机构须持续保持关注，随时了解技术发展趋势及市场行情。

在推进路径方面，两套并行、各有侧重。金融行业信息化自主可控是必然趋势，自主可控产品要逐步成熟，必然需要有业务场景与生态的支持，在实际使用中，与业务连续性要求会产生一定的矛盾，对于重要的系统，金融机构可选择两套并行，即在非自主可控系统不下线的情况下，新建自主可控环境，承载部分流量，在锻炼自身能力的同时，也为产品厂商提供验证的环境。

20.4 信息技术自主可控的应用与预期效果

通过国家及监管机构的政策指引，自主可控信息技术在金融机构会实现质和量的突破。随着产品的逐渐成熟、生态逐渐完善，金融机构逐渐实现核心架构转型，摆脱对国外产品的依赖。未来，金融机构将实现从内至外，从底层到上层，从芯片到硬件、再到关键基础软件和应用软件的全面自主可控，有效控制金融风险，具体实现以下应用效果。

- 提高我国关键核心技术的创新能力，有效控制金融风险。通过推进信息技术自主可控的实现，逐步加大国产信息技术的应用，有效促进我国核心技术的发展。
- 全面提升国家网络安全的整体水平，提升我国核心技术的竞争力。通过加大自主可控信息技术产品的应用，降低对国外核心产品的依赖，提升国家整体网络安全水平，促进我国信息技术产业的创新发展，提升国家核心技术的竞争力。
- 促进我国信息安全产业的发展。只有完善的信息安全产业才能支撑国家信息安全保障体系的建设，推进信息技术自主可控的实现可全面促进我国信息安全产业的发展。

20.5 信息技术自主可控的挑战

近年来，在监管机构的指导下，金融机构信息技术自主可控取得了一定的突破，同时，不可否认的是，当前也面临着很多挑战，需要金融机构不断地创新与尝试，攻坚克难。具体挑战如下。

1. 技术路线的选择

目前自主可控产品处于百花齐放的阶段，存在不同的技术路线，产品的质量及保障服务良莠不齐，后续的发展趋势也不明朗，金融机构在选择时存在较大困难，存在选择不当导致未来须调整技术路线的风险。

2. 终端及服务器自主可控生态成熟度

终端生态如何实现有效过渡，自主可控终端访问未改造应用系统可能存在兼容性问题，外设的驱动可能也存在兼容性问题，生态成熟度仍有不足的挑战。业务系统从 X86 服务器迁移至自主可控服务器，存在服务器生态不完整、性能不稳定的挑战。

3. 技术力量不足的挑战

虽然自主可控近年来发展迅速，但目前国内人才处于匮乏阶段，金融机构自身技术力量也需要在实践中成长与提升，技术力量不足是非常大的挑战。

4. 业务连续性的挑战

金融机构业务连续性关系到国家金融安全稳定，监管机构有明确的要求，而信息技术自主可控势必会使用正在成长中的国产系统，业务连续性保障面临挑战。

20.6 本章小结

本章介绍了金融机构信息技术自主可控的现状，通过近年来国家政策的引导与监管机构的督促，金融机构已踏出了信息技术自主可控的第一步，同时，我们也清醒地看到，由于多年来对国外技术的依赖及金融机构业务连续性的高要求，在推进过程中存在不少的问题，需要金融机构坚定目标，并采用一定的策略，应对过程中的各种挑战，最终实现金融机构的信息技术自主可控。

第 21 章

总结及展望

金融机构信息科技风险管理覆盖了信息科技治理、信息科技风险管理、信息科技审计管理、信息安全管理、信息科技开发及测试、信息科技运行及维护、业务连续性管理和信息科技外包管理八个领域,每个领域一旦深入探讨均可成书。本章从整体角度,根据我们自身的从业经验,对金融机构信息科技风险管理的合规管理理论以及技术防控手段进行总结及展望。

21.1 总结和启示

整体而言,金融机构信息科技风险管理工作要从如下几个方面入手。

1. 紧扣金融机构的战略决策,并获得机构高层的大力支持

这一点是金融机构首席信息官的重要职责。作为首席信息官,须充分学习和深入理解本机构的战略决策和规划,并与各个高管进行充分的沟通,实现两方面的目的:一方面让高管层充分了解信息科技,并相信通过信息科技的合理运用可以帮助本机构快速提升经营效率和服务水平,为机构带来更多的业务价值;另一方面,从高管层获得对信息科技的大力支持,通过必要的人力和财力投入,在创造价值的同时,有效地防范信息科技风险。

信息科技水平的不断提升,离不开信息科技风险的防范。信息科技风险管理的投入,包括信息安全风险管理的投入、运维风险管理的投入、业务连续性风险管理的投入等,往往是金融机构高管层很难看到直接价值的。

金融机构出于资本回报的考虑,会产生消减信息科技风险管理支出的想法。针对这种情况,首席信息官需要大力提升信息科技服务水平,在引领信息科技不断为业务创造价值的同时,与高管层密切沟通，让高管层充分认识到信息科技风险管理的必要性和重要性，在获取高层的大力支持后，加强信息科技风险管理水平，确保信息科技可不断提升业务服务能力。

2. 深植整个金融机构的业务发展，并获得业务部门的充分认可

这一点是金融机构信息科技部管理人员的重要职责。作为信息科技部的负责人或管理层，需要加强与业务部门的横向沟通，深入业务一线，了解业务部门的真实需求与痛点，不断提升对业务部门的服务水平。一方面，让业务部门充分理解信息科技，并充分认可信息科技是业务部门开拓业务市场，提升业务能力水平的利器；另一方面，通过与业务部门的充分融合，让业务部门充分信赖信息科技人员的工作能力，认可信息科技人员的工作成绩。

信息科技风险管理对业务部门来说，似乎是遥不可及的事情。由于不接触、不理解，业务部门对信息科技风险管理的支持程度不高。针对这种情况，信息科技的负责人和管理层需要与业务部门充分沟通，让业务部门在感受到信息科技能力的同时，加强对信息科技风险管理的认识，在实际的生产运营和业务经营过程中，能够主动配合信息科技部门做好信息科技风险管理工作，提升信息科技风险管理水平。

3. 强化信息科技风险管理，全部门人员同心聚力

这一点是金融机构内信息科技全体人员需要共同努力之处。作为信息科技部门的人员，一方面，要不断提升自身的技术水平，及时学习和掌握业界先进的技术与应用，结合本机构业务发展的实际需求，为业务发展助力，创造更大的业务价值；另一方面，不断提升信息科技风险管理意识，系统、全面地梳理本机构信息科技风险管理方面存在的问题，有计划、有步骤地提升整个金融机构信息科技风险管理能力，强化整个信息科技部门的风险管理意识，并实现全部门人员的同心聚力。

即便是信息科技部门的人员，也不一定对信息科技风险管理的重要性有充分的认识。例如应用开发人员不一定对信息安全管理和运维风险管理有充分的认识，甚至觉得很多信息科技风险管理的流程和制度要求对他们日常工作是一种阻碍。这就需要信息科技部门加强沟通，通过信息科技风险管理培训，以及相互工作的密切配合，甚至必要时通过人员岗位流动，让信息科技部门的每一名员工充分认识到信息科技风险管理的重要性和必要性，并在日常的工作中真正支持信息科技风险管理工作。

总而言之，信息科技风险管理工作不是某一个人的工作，也不仅仅是金融机构信息科技部门的工作，而是需要整个金融机构从上至下，从信息科技部门到全体业务部门的共同努力才能达成的工作。

信息科技风险管理需要金融机构高管层的大力支持，需要业务部门的通力配合，需要全体员工的全力拥护。无论首席信息官、信息科技部管理人员，还是信息科技部的每一位成员，都要为之付出努力。一方面通过科技创新，让整个金融机构充分享受到信息科技带来的价值；另

一方面，通过整个金融机构的共同努力，不断提升信息科技风险管理水平。

21.2 未来展望

信息科技风险管理因金融机构业务发展进入信息时代而诞生，并随着金融机构业务信息化程度不断提升而得到了迅猛发展。随着金融机构数字化、智能化转型工作的深入，金融机构科技风险管理必然也会随之迈上新的台阶。

展望未来，信息科技风险管理的压力会越来越大，监管对金融机构风险管理的要求也会逐步提升。与此同时，信息科技风险管理的内容会逐步延伸，金融机构风险管理的技术能力也需要不断提升。未来金融机构信息科技风险管理需要适应以下几个方面的趋势变化。

1. 金融科技的不断发展

近年来，金融科技的快速发展在帮助金融机构不断提升客户服务能力的同时，也帮助金融机构创造了巨大的业务价值。特别是中小型金融机构，金融科技帮助它们大大缩小了与大型金融机构的差距。金融科技的迅猛发展迫使我们在应用金融科技技术能力的同时，管控金融科技的风险。

我国金融科技将加快迈出国际化步伐，金融科技的运用和发展是机遇与风险并存的。一方面，全球跨境电商平台需求将更加强劲，非接触生活与非接触金融服务业态将在全球广泛应用，由此带来的跨境电商、跨境高效资金结算、消费贷款、货物担保抵押、融资租赁、进出口企业配套的金融科技服务等，将产生广泛的国际市场空间，我国金融科技的国际化步伐必将加速推进。另一方面，金融开放政策稳步推进，国际竞争将倒逼国内金融科技加速升级。目前，我国已彻底取消了银行、证券、基金、期货、人身险领域外资股比的限制，国际金融机构纷纷进入中国，从而带来竞争的"鲇鱼效应"。

当前，我国金融机构的 IT 投入与国际同行相比还存在差距，金融科技带动的业务服务提升仍有较大空间。例如，我国券商证券经纪业务收入占比仍达 25%，与之对比的是，国际部分同行已率先实现零佣金，不再单纯依靠通道中介服务获利，而是通过金融科技的应用，在高附加值服务，尤其是财富管理及其延伸的上下游业务中竞争优势明显。这些都将迫使我们加大金融科技的投入，由技术升级带来的数字化转型进程将进一步加速。

结合我国提出的新基建发展要求，我们可以从金融机构基础设施层面做好数字化转型，让金融机构新基建成为金融机构建立竞争优势的重要底座和金融机构风险防范的基础阵地。2020年 3 月印发的《统筹监管金融基础设施工作方案》提出，金融基础设施是指为各类金融活动提供基础性公共服务的系统及制度安排，在金融市场运行中居于枢纽地位，是金融市场稳健高效运行的基础性保障，是实施宏观审慎管理和强化风险防控的重要抓手。

伴随着数字经济的发展，当前已有不少金融机构纷纷加入金融新基建的角逐，在金融资产登记托管系统、清算结算系统、交易设施、交易报告库、重要支付系统、基础征信系统等基础设施方面持续推动新技术的应用。

作为金融机构信息科技风险管理的重要组成部分，在将金融机构的新型基础设施打造成金融业竞争力重要底座的同时，我们也需要通过各类科技手段提升系统能力，深入推进金融业基础设施数字化转型，将其构建成金融机构风险防范的基础阵地。

2. 监管科技的日益加强

监管科技的日益加强要求我们强化合规意识，不断提升对监管要求的响应能力。相比金融科技，大部分人对监管科技比较陌生。从业务和研究领域来看，监管科技是金融科技的一个分支。监管对于当今的金融科技发展来说是一个非常普遍和重要的话题。面对金融技术的提升和突破，各个国家都颁布了一套较为严格的监管政策，以应对潜在的风险问题。为了应对这些监管措施，不少金融机构不得不提高其运营成本。在这种情况下，监管科技被看作一种"以科技应对监管"的颠覆性创新。

金融科技的核心是运用新技术提高效率，以更好地解决信息不对称的问题。金融科技发展的特点如下。

- ❏ 让信息获取的渠道更加丰富，便于金融机构便捷地获取精准的信息。
- ❏ 以机器学习、人机交互为代表的人工智能技术快速发展，得到更多的实际应用。
- ❏ 大数据、云计算等关键底层技术提供了有力的支持。

以上特点使得传统的信息不对称问题得到了一定程度的缓解。与金融科技类似，监管科技要得到更好的发展，必须充分运用新技术，着力解决好监管合规管理中的信息不对称问题，切实提高金融机构合规管理的能力和水平。

以监管指标合规为例，传统的监控方式难以奏效的原因往往在于数据存在跨系统存取的问题，依托大数据及数据分析技术，可以实现企业级数据整合和调用分析，为事中及时监控预警提供技术支持。

例如当前各金融机构借助金融科技实现的金融业务，其发展就需要与风险管控统筹兼顾。近年来，在数字经济的驱动下，场景金融已成为产业数字化时代的宠儿。早在数年前移动互联网快速发展时期，各金融机构将金融服务嵌入消费场景，促进消费交易行为，助力商品跨期交易。当前，客户对于个性化、定制化的金融需求越来越明显。而各种生产和消费场景的数字化发展，正是金融机构捕捉客户行为和了解客户痛点的一个切入点，嵌入式场景金融给金融机构带来了新的红利。

与此同时，我们需要重点关注到，场景金融相对传统金融产品有一定的复杂度，还存在诸多风险。近年来，出现了诸如长租公寓场景、医美分期场景、教育分期场景等爆雷的情况，凸显了场景金融风险控制的重要性。这需要金融机构在监管科技发展的大背景下，不断在场景金融的风险识别和管控方面加强技术投入，通过技术手段的赋能来看透场景风险，助力场景风险管控，从而提升新形势下对监管合规的响应能力。

3. 国际国内形势的巨大变化

国际国内形势的巨大变化，促使我们不断加强自主创新的能力。在"十四五规划"中，我国明确提出将科技自立作为驱动国家创新发展的核心战略。创新是当今时代的重大命题，新一轮科技革命和产业变革加速演进，更加凸显了加快提高科技创新能力的紧迫性。作为国民经济运行的命脉行业，国家近年来在金融领域频频提出金融自主可控的指导意见，金融行业一直在不断探索和推进自主创新的工作。

提升自主创新能力，形成核心科技的护城河，将成为金融行业共识。金融机构在发展自身核心技术与核心业务的同时，要清晰地意识到，金融业的安全是国家经济安全的核心之一，而金融安全对金融科技领域提出的要求中，自主创新能力的重要性尤为凸显。

把核心技术掌握在自己手里，确保对于金融科技应用能力的自主把控，既是强化自身关键竞争力的保证，也是应对市场和用户灵活需求的举措。通过推进技术的自主可控，一方面减少在软硬件维保、技术支持以及开发方面对供应商的依赖度，实现技术内化，加强对核心能力的掌控；另一方面，通过自身掌控的技术能有效支撑业务快速发展，为金融机构的数字化转型提供核心竞争力。

金融机构竞争力的提升在很大程度上除了依赖业务驱动，也依赖对技术的理解、对本土客户的理解，依赖满足政策监管、合规方面的表现。只有真正理解金融机构的业务，才能够理解云计算、大数据、区块链等技术的运用，才能够将自主可控落实在业务中，不断驱动业务提高效率，提高金融机构的竞争力。

4. 组织自我完善与提升

为进一步加强信息科技风险的防控，提升金融机构信息科技风险管理的水平，金融机构须建立和完善全面、可量化、跨部门、跨机构的预警指标体系，以提升风险管控能力。具体可以从以下几个方面进一步加强信息科技风险管理的研究。

- 借鉴科技创新的生命周期理论、金融结构理论、金融深化理论等理论成果，系统阐述金融机构信息科技风险的识别机理。
- 借鉴现有关于信息科技风险构成的研究成果，依据内外因的辩证关系原理，从内源性科技金融、市场科技金融、公共科技金融3个维度以及显性风险、隐性风险两个层面提取和筛选金融科技风险的评价指标，构建信息科技风险的预警评价指标体系，为信息科技的风险防范提供理论依据。
- 结合细分区域以及自身信息科技发展的现实情况，运用熵权法、因子分析法、灰色评价法进一步优化指标，建立信息科技风险预警模型，使理论模型具有实用性和参考价值。

❑ 针对测算和比较细分区域或自身的信息科技风险预警指数，通过小组讨论、情景分析、案例分析、专家咨询等方式诊断现存问题及其成因，并提出相应的政策性建议。

21.3 本章小结

本章首先对金融机构信息科技风险管理进行总结，提出应在紧扣金融机构战略决策、深植金融机构业务发展的基础上强化信息科技的风险管理，然后从金融科技不断发展、监管科技日益加强、国内国际形势不断变化以及组织自我完善与提升 4 个方面对金融机构信息科技风险管理未来的发展方向进行了展望。

随着金融机构信息化建设的不断深入，信息科技风险管理的要求与实践也会与时俱进，不断创新。这需要金融机构的每一名科技人员不断更新自己的知识体系，提升信息科技风险防范意识，只有这样，才能在后续的金融信息化工作中不断贡献自己的智慧和力量。

推荐阅读

企业级业务架构设计：方法论与实践

作者：付晓岩

从业务架构"知行合一"角度阐述业务架构的战略分析、架构设计、架构落地、长期管理，以及架构方法论的持续改良

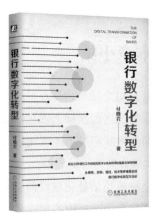

银行数字化转型

作者：付晓岩

有近20年银行工作经验的资深业务架构师的复盘与深刻洞察，从思维、目标、路径、技术多维度总结银行数字化转型方法论

凤凰架构：构建可靠的大型分布式系统

作者：周志明

超级畅销书《深入理解Java虚拟机》作者最新力作，从架构演进、架构设计思维、分布式基石、不可变基础设施、技术方法论5个维度全面探索如何构建可靠的大型分布式系统

架构真意：企业级应用架构设计方法论与实践

作者：范钢 孙玄

资深架构专家撰写，提供方法更优的企业级应用架构设计方法论详细阐述当下热门的分布式系统和大数据平台的架构方法，提供可复用的经验，可操作性极强，助你领悟架构的本质，构建高质量的企业级应用

推荐阅读

《智能风控：原理、算法与工程实践》

本书基于Python全面介绍了机器学习在信贷风控领域的应用与实践，从原理、算法与工程实践3个维度全面展开，包含21种实用算法和26个解决方案。

作者是智能风控、人工智能和算法领域的资深专家，曾在多加知名金融科技企业从事风控算法方面的研究与实践，经验丰富，本书得到了风控领域9位专家的高度评价。

《智能风控：Python金融风险管理与评分卡建模》

这是一本以实战为导向的信用风险管理指南，是《智能风控：原理、算法与工程实践》的姊妹篇，围绕信贷风险业务，利用机器学习、数据分析、数据挖掘等技术手段，从信用风险量化、评分卡建模等维度讲解了信用风险管理的系统理论和实践方法。

《智能风控与反欺诈：体系、算法与实践》

这是一部指导信贷业务如何用智能风控、反欺诈的技术和方法实现风险控制的著作。作者是资深的智能风控算法专家，先后就职于头部的互联网公司的金融部门以及头部的公募基金公司，致力于人工智能算法在信贷风控领域的应用。

本书不仅体系化地讲解了智能风控和反欺诈的体系、算法、模型以及它们在信贷风控领域实践的全流程，而且还从业务和技术两个角度讲解了传统的金融风控体系如何与智能风控方法实现双剑合璧。全书以实战为导向，辅以多个用Python实现的综合案例，便于读者理解和实操。

推荐阅读

《银行数字化转型：路径与策略》

本书将分别从行业研究者、行业实践者、科技赋能者和行业咨询顾问的视角探讨银行数字化转型，汇集1个银行数字化转型课题组、33家银行、5家科技公司、4大咨询公司的研究成果和实践经验，讲解银行业数字化转型的宏观趋势、行业先进案例、科技如何为银行数字化转型赋能以及银行数字化转型的策略。

《银行数字化营销与运营：突围、转型与增长》

从营销和运营两个维度，深度解读数字化时代银行转型与增长的方法。

在这个数字化时代，银行如何突破自身桎梏，真正完成营销和运营方面的数字化转型？在面对互联网企业这个门口的野蛮人时，银行如何结合自身优势，借助数字化方式实现逆势增长？书中涉及数十个类似的典型问题，涵盖获客、业务、营收等多个方面。为了帮助读者彻底解决这些问题，书中不仅针对这些问题进行了深度分析，寻求问题出现的根源，还结合作者多年的银行从业经验给出了破解方法。

《中小银行运维架构：解密与实战》

这是一部全面剖析中小银行运维架构和运维实战经验的著作。作者团队均来自金融机构或知名互联网企业，有丰富的运维实战经验，近年来持续探索中小规模银行如何推广和落地虚拟化、容器化、分布式、云计算等新兴技术，综合运用各种技术手段，打造高质量、自动化、智能化的运维体系，提升系统稳定性和运维效率。

本书是该团队的经验总结，书中把一些优秀的实践、流程、方法固化为代码、工具和平台，希望对银行、证券、基金等行业的科技团队或金融科技公司有所帮助。